AF830481

Kommentar

zum Gesetz betreffend die

Gesellschaften mit beschränkter Haftung.

Von

Dr. Hermann Staub,

Justizrat, Rechtsanwalt und Notar in Berlin.

Berlin 1903.

J. Guttentag, Verlagsbuchhandlung,

Gesellschaft mit beschränkter Haftung.

Vorrede.

Zahlreiche Wünsche sind an mich herangetreten, ich möchte das Gesetz betreffend die Gesellschaften mit beschränkter Haftung in gleicher Weise, wie das Handelsgesetzbuch und die Wechselordnung kommentieren. Die Aufgabe reizte mich wegen der täglich sich mehrenden Wichtigkeit des Gesetzes und wegen seiner inneren Vorzüge, die ich in täglicher Praxis schätzen gelernt habe.

Ich wünsche und hoffe, daß meine Arbeit beitragen möge, die in Betracht kommenden Rechtsverhältnisse zu klären.

Ich empfehle auch noch das auf Seite VII enthaltene nicht umfangreiche Verzeichnis der Nachträge und Berichtigungen der geneigten Beachtung vor der Benutzung des Buches. Besonders verweise ich auf den dort gemachten Nachtrag zu § 24 Anm. 11. Ich habe hier an einem Beispiel die im § 24 angeordnete Haftung dargelegt. Dieses Beispiel zeigt deutlich die Gefahren, die der § 24 in sich birgt und an welche ich an verschiedenen Stellen dieses Werkes gemahnt habe.

Bei den Korrekturen haben mir die Rechtsanwälte Alfred Story und Dr. Hugo Bamberg zu Berlin wesentliche Hilfe geleistet und ich verfehle nicht, ihnen hierfür zu danken.

Das Register verdanke ich meinem Schwager, dem hiesigen Rechtsanwalt Arthur Schindler.

Berlin, im Februar 1903.

Staub.

Inhaltsverzeichnis.

Verzeichnis der Abkürzungen.

Birkenbihl = Das Reichsgesetz betreffend die Gesellschaften mit beschränkter Haftung vom 20. April 1892. Von Ferdinand Birkenbihl. Berlin 1893.

Bolze = Die Praxis des Reichsgerichts in Civilsachen.

Cosack = Lehrbuch des Handelsrechts von Heinrich Cosack. 5. Auflage.

Dernburg = Das bürgerliche Recht des Deutschen Reichs und Peußens von Heinrich Dernburg.

D.J.Z. = Deutsche Juristen-Zeitung, Verlag von Otto Liebmann, herausgegeben von Laband, Stenglein und Staub.

F.G. = Reichsgesetz über die Angelegenheiten der freiwilligen Gerichtsbarkeit vom 17. Mai 1898.

Förtsch = Gesetz, betreffend die Gesellschaften mit beschränkter Haftung, erläutert von R. Foertsch, Reichsgerichtsrat. 2. Auflage.

G.Z. = Zeitschrift für das gesamte Handelsrecht. Herausgegeben von L. Goldschmidt und andere (z. B. von Keyßner und Lehmann).

Heinitz = Kommentar zum preußischen Stempelsteuergesetz von Justizrat Ernst Heinitz, 2. Aufl.

Holdheim = Monatsschrift für Handelsrecht, herausgegeben von Dr. Paul Holdheim.

Johow und Ring = Jahrbuch für Entscheidungen des Kammergerichts, herausgegeben von Johow und Ring.

J.W. = Juristische Wochenschrift, Organ des Deutschen Anwaltsvereins, Berlin, Moser's Verlag.

Liebmann = Kommentar zum Gesetz betreffend die Gesellschaften mit beschränkter Haftung von Dr. J. Liebmann, 4. Auflage.

Merzbacher = Reichsgesetz betreffend die Gesellschaften mit beschränkter Haftung. Von Sigmund Merzbacher. München 1900.

Motive = Gesetzentwurf betr. die Gesellschaften mit beschränkter Haftung mit Begründung, Reichstag-Aktenstück Nr. 660 für 1892.

Mugdan & Falkmann = Die Rechtsprechung der Oberlandesgerichte; herausgegeben von den Kammergerichtsräten Mugdan und Falkmann. Leipzig, Veit & Co.

Neukamp = Das Reichsgesetz betreffend die Gesellschaften mit beschränkter Haftung von Ernst Neukamp, 2. Auflage.

Parisius und Crüger = Das Reichsgesetz betreffend die Gesellschaften mit beschränkter Haftung. Von Ludolf Parisius und Hans Crüger. 3. Auflage, Berlin 1901.

R.G. = Entscheidungen des Reichsgerichts in Civilsachen.

R.J.A. = Entscheidungen in Angelegenheiten der freiwilligen Gerichtsbarkeit und des Grundbuchrechts, zusammengestellt im Reichsjustizamt.

Ring = Das Handelsgesetzbuch, erläutert von Carl Lehmann und Victor Ring.

R.O.H. = Entscheidungen des Reichsoberhandelsgerichts.

Simon = Die Bilanzen der Aktiengesellschaften von Dr. Hermann Veit Simon, 2. Auflage.

Staub H.G.B. = Kommentar zum Handelsgesetzbuch vom Verfasser.

Nachträge und Berichtigungen.

S. 49. In Anm. 26 Abs. 2 muß es heißen: Die daneben bestehende Weiterhaftung des Geschäftsveräußerers (statt Geschäftsführers).

S. 59. Zu Anm. 34 ist noch hinzuzufügen:

Ferner ist zu erwähnen, daß, wenn nicht die Objekte selbst, sondern nur der aus einem Vertrage hervorgehende Anspruch auf Überlassung der Objekte eingebracht wird, nicht der Einbringungsstempel von 1 % bezw. 1/3 %, sondern nur der Stempel für Einbringung von Forderungen im Betrage von 1/50 % zu verwenden ist (vergl. Anm. 33 zu § 55).

S. 65. In Zeile 7 vor dem Gedankenstriche hinzuzufügen: Dem Erfordernisse ist aber dann nicht genügt, wenn die Sache einem Dritten verpfändet ist.

S. 101. In Anm. 9 Zeile 2 muß es heißen: Die Summe der Stammeinlagen (statt die Summe der Stammeinlage). In Anm. 11 muß es heißen: Die Bezeichnung des Geschäftsanteils (statt: die Bezeichnung des Stammkapitals).

S. 125. Der Anm. 4 ist noch hinzuzufügen: Über das Rechtsverhältnis der Gesellschaft zum Verpfänder und zum Pfandgläubiger siehe Anm. 23 im Exkurse zu § 84.

S. 127. Der Anm. 10 ist noch hinzuzufügen: Über die Gewährleistung beim Kauf in der Zwangsversteigerung siehe Anm. 26 im Exkurse zu § 84.

S. 138. In Anm. 16 Zeile 2 muß es heißen: der Gesellschafter (statt der Gesellschaft).

S. 167. In Anm. 11a ist noch hinzuzufügen: Folgende Beispiele sollen die Berechnung klar machen: Eine Gesellschaft wird von drei Gesellschaftern A, B und C gebildet. A hatte einen Geschäftsanteil von 900000 Mark übernommen und darauf 300000 Mark eingezahlt, B und C haben jeder einen Geschäftsanteil von 50000 Mark übernommen und voll eingezahlt. Wenn nunmehr A insolvent wird, so haben B und C, obwohl ihr Geschäftsanteil nur je 50000 Mark beträgt, dennoch jeder 300000 Mark in die Gesellschaftskasse einzuzahlen. Und wenn der Gesellschafter C nicht in Betracht kommt, sei es von vornherein indem die Gesellschaft nur von jenen beiden Gesellschaftern A und B gegründet wurde, oder dadurch, daß C nachträglich insolvent wurde, so hat B die ganzen 600000 Mark, deren Einziehung von A nicht möglich ist, zur Gesellschaft einzuzahlen.

S. 174. Den Anmerkungen zu § 26 ist hinzuzufügen:

Zusatz: Über die Frage, ob Beschlüsse über Nachschüsse zu versteuern sind, siehe Heinitz S. 368. Eine Entscheidungd es Reichsgerichts über diese Frage ist demnächst zu erwarten.

S. 289. In Anm. 9 Zeile 2 muß es wie folgt heißen: In solchen Fällen ist wie folgt zu verfahren. Der Vorsitzende entscheidet zunächst, ob der betreffende Gesellschafter zuzulassen ist. Hierauf wird in der Sache selbst abgestimmt ꝛc. (Die Sätze: „Die Versammlung beschließt darüber“ ꝛc. bis „ist vorläufig maßgebend“, Zeile 3—7 fallen fort).

I.

Der Gesetzestext

ohne Anmerkungen.

Gesetz,

betreffend

die Gesellschaften mit beschränkter Haftung

vom 20. April 1892

in der Fassung der Bekanntmachung vom 20. Mai 1898.

Erster Abschnitt.

Errichtung der Gesellschaft.

§ 1. Gesellschaften mit beschränkter Haftung können nach Maßgabe der Bestimmungen dieses Gesetzes zu jedem gesetzlich zulässigen Zweck errichtet werden.

§ 2. Der Gesellschaftsvertrag bedarf des Abschlusses in gerichtlicher oder notarieller Form. Er ist von sämtlichen Gesellschaftern zu unterzeichnen.

Die Unterzeichnung durch Bevollmächtigte ist nur auf Grund einer gerichtlich oder notariell errichteten oder beglaubigten Vollmacht zulässig.

§ 3. Der Gesellschaftsvertrag muß enthalten:

1. die Firma und den Sitz der Gesellschaft,
2. den Gegenstand des Unternehmens,
3. den Betrag des Stammkapitals,
4. den Betrag der von jedem Gesellschafter auf das Stammkapital zu leistenden Einlage (Stammeinlage).

Soll das Unternehmen auf eine gewisse Zeit beschränkt sein oder sollen den Gesellschaftern außer der Leistung von Kapitaleinlagen noch andere Verpflichtungen gegenüber der Gesellschaft auferlegt werden, so bedürfen auch diese Bestimmungen der Aufnahme in den Gesellschaftsvertrag.

§ 4. Die Firma der Gesellschaft muß entweder von dem Gegenstande des Unternehmens entlehnt sein, oder die Namen der Gesellschafter oder den Namen wenigstens eines derselben mit einem das Vorhandensein eines Gesellschaftsverhältnisses andeutenden Zusatze enthalten. Die Namen anderer Personen als der Gesellschafter dürfen in die Firma nicht aufgenommen werden. Die Beibehaltung der Firma eines auf die Gesellschaft übergegangenen Geschäfts (Handelsgesetzbuch § 22) wird hierdurch nicht ausgeschlossen.

Die Firma der Gesellschaft muß in allen Fällen die zusätzliche Bezeichnung „mit beschränkter Haftung“ enthalten.

§ 5. Das Stammkapital der Gesellschaft muß mindestens zwanzigtausend Mark, die Stammeinlage jedes Gesellschafters muß mindestens fünfhundert Mark betragen.

Kein Gesellschafter kann bei Errichtung der Gesellschaft mehrere Stammeinlagen übernehmen.

Der Betrag der Stammeinlage kann für die einzelnen Gesellschafter verschieden bestimmt werden. Derselbe muß in Mark durch hundert teilbar sein. Der Gesamtbetrag der Stammeinlagen muß mit dem Stammkapital übereinstimmen.

Sollen von Gesellschaftern Einlagen, welche nicht in Geld zu leisten sind, auf das Stammkapital gemacht oder soll die Vergütung für Vermögensgegenstände, welche die Gesellschaft übernimmt, auf Stammeinlagen angerechnet werden, so muß die Person des Gesellschafters, der Gegenstand der Einlage oder Übernahme sowie der Geldwert, für welchen die Einlage angenommen wird, oder die für die übernommenen Gegenstände zu gewährende Vergütung im Gesellschaftsvertrage festgesetzt werden.

§ 6. Die Gesellschaft muß einen oder mehrere Geschäftsführer haben.

Zu Geschäftsführern können Gesellschafter oder andere Personen bestellt werden. Die Bestellung erfolgt entweder im Gesellschaftsvertrage oder nach Maßgabe der Bestimmungen des dritten Abschnitts.

Ist im Gesellschaftsvertrage bestimmt, daß sämtliche Gesellschafter zur Geschäftsführung berechtigt sein sollen, so gelten nur die der Gesellschaft bei Festsetzung dieser Bestimmung angehörenden Personen als die bestellten Geschäftsführer.

§ 7. Die Gesellschaft ist bei dem Gericht, in dessen Bezirke sie ihren Sitz hat, zur Eintragung in das Handelsregister anzumelden.

Die Anmeldung darf nur erfolgen, nachdem von jeder Stammeinlage, soweit nicht andere als in Geld zu leistende Einlagen auf das Stammkapital gemacht sind, ein Viertel, mindestens aber der Betrag von zweihundertundfünfzig Mark eingezahlt ist.

§ 8. Der Anmeldung müssen beigefügt sein:

1. der Gesellschaftsvertrag und im Falle des § 2 Abs. 2 die Vollmachten der Vertreter, welche den Gesellschaftsvertrag unterzeichnet haben, oder eine beglaubigte Abschrift dieser Urkunden,
2. die Legitimation der Geschäftsführer, sofern dieselben nicht im Gesellschaftsvertrage bestellt sind,
3. eine von den Anmeldenden unterschriebene Liste der Gesellschafter, aus welcher Name, Vorname, Stand und Wohnort der letzteren, sowie der Betrag der von einem jeden derselben übernommenen Stammeinlage ersichtlich ist,
4. in dem Falle, daß der Gegenstand des Unternehmens der staatlichen Genehmigung bedarf, die Genehmigungsurkunde.

In der Anmeldung ist die Versicherung abzugeben, daß die im § 7 Abs. 2 bezeichneten Leistungen auf die Stammeinlagen bewirkt sind, und daß der Gegenstand der Leistungen sich in der freien Verfügung der Geschäftsführer befindet.

Die Geschäftsführer haben ihre Unterschrift zur Aufbewahrung bei dem Gerichte zu zeichnen.

§ 9. Die Anmeldenden haften der Gesellschaft solidarisch für die Richtigkeit ihrer Angaben hinsichtlich der auf die Stammeinlagen gemachten Leistungen (§ 7 Abs. 2).

Verzichtleistungen oder Vergleiche der Gesellschaft in Betreff der ihr nach Absatz 1 zustehenden Ersatzansprüche sind unwirksam, soweit der Ersatz zur Befriedigung der Gläubiger der Gesellschaft erforderlich ist. Auf einen Vergleich, welchen der Ersatzpflichtige im Falle der Zahlungsunfähigkeit zur Abwendung oder Beseitigung des Konkursverfahrens mit seinen Gläubigern abschließt, findet diese Bestimmung keine Anwendung.

Die Ansprüche auf Grund der vorstehenden Bestimmungen verjähren in fünf Jahren seit der Eintragung der Gesellschaft in das Handelsregister.

§ 10. Bei der Eintragung in das Handelsregister sind die Firma und der Sitz der Gesellschaft, der Gegenstand des Unternehmens, die Höhe des Stammkapitals, der Tag des Abschlusses des Gesellschaftsvertrages und die Personen der Geschäftsführer anzugeben.

Enthält der Gesellschaftsvertrag besondere Bestimmungen über die Zeitdauer der Gesellschaft oder über die Befugnis der Geschäftsführer oder der Liquidatoren zur Vertretung der Gesellschaft, so sind auch diese Bestimmungen einzutragen.

In die Veröffentlichung, durch welche die Eintragung bekannt gemacht wird, sind außer dem Inhalte der Eintragung die nach § 5 Abs. 4 getroffenen Festsetzungen und, sofern der Gesellschaftsvertrag besondere Bestimmungen über die Form enthält, in welcher öffentliche Bekanntmachungen der Gesellschaft erlassen werden, auch diese Bestimmungen aufzunehmen.

§ 11. Vor der Eintragung in das Handelsregister des Sitzes der Gesellschaft besteht die Gesellschaft mit beschränkter Haftung als solche nicht.

Ist vor der Eintragung im Namen der Gesellschaft gehandelt worden, so haften die Handelnden persönlich und solidarisch.

§ 12. Auf die Anmeldung der Gesellschaft zur Eintragung in das Handelsregister eines Gerichts, in dessen Bezirk sie eine Zweigniederlassung besitzt, finden die Bestimmungen im § 8 Absatz 1 und 2 keine Anwendung. Der Anmeldung ist eine von dem Gerichte der Hauptniederlassung beglaubigte Abschrift des Gesellschaftsvertrages und der Liste der Gesellschafter beizufügen.

Die Eintragung hat die im § 10 Absatz 1 und 2 bezeichneten Angaben zu enthalten. In die Veröffentlichung, durch welche die Eintragung bekannt gemacht wird, sind auch die im § 10 Absatz 3 bezeichneten Bestimmungen aufzunehmen, die nach § 5 Absatz 4 getroffenen Festsetzungen jedoch nur dann, wenn die Eintragung innerhalb der ersten zwei Jahre nach der Eintragung in das Handelsregister des Sitzes der Gesellschaft erfolgt.

Zweiter Abschnitt.

Rechtsverhältnisse der Gesellschaft und der Gesellschafter.

§ 13. Die Gesellschaft mit beschränkter Haftung als solche hat selbständig ihre Rechte und Pflichten; sie kann Eigentum und andere dingliche Rechte an Grundstücken erwerben, vor Gericht klagen und verklagt werden.

Für die Verbindlichkeiten der Gesellschaft haftet den Gläubigern derselben nur das Gesellschaftsvermögen.

Die Gesellschaft gilt als Handelsgesellschaft im Sinne des Handelsgesetzbuchs.

§ 14. Der Geschäftsanteil jedes Gesellschafters bestimmt sich nach dem Betrage der von ihm übernommenen Stammeinlage.

§ 15. Die Geschäftsanteile sind veräußerlich und vererblich.

Erwirbt ein Gesellschafter zu seinem ursprünglichen Geschäftsanteile weitere Geschäftsanteile, so behalten dieselben ihre Selbständigkeit.

Zur Abtretung von Geschäftsanteilen durch Gesellschafter bedarf es eines in gerichtlicher oder notarieller Form geschlossenen Vertrages.

Der gerichtlichen oder notariellen Form bedarf auch eine Vereinbarung, durch welche die Verpflichtung eines Gesellschafters zur Abtretung eines Geschäftsanteils begründet wird. Eine ohne diese Form getroffene Vereinbarung wird jedoch durch den nach Maßgabe des vorigen Absatzes geschlossenen Abtretungsvertrag gültig.

Durch den Gesellschaftsvertrag kann die Abtretung der Geschäftsanteile an weitere Voraussetzungen geknüpft, insbesondere von der Genehmigung der Gesellschaft abhängig gemacht werden.

§ 16. Der Gesellschaft gegenüber gilt im Falle der Veräußerung des Geschäftsanteils nur derjenige als Erwerber, dessen Erwerb unter Nachweis des Übergangs bei der Gesellschaft angemeldet ist.

Die vor der Anmeldung von der Gesellschaft gegenüber dem Veräußerer oder von dem letzteren gegenüber der Gesellschaft in Bezug auf das Gesellschaftsverhältnis vorgenommenen Rechtshandlungen muß der Erwerber gegen sich gelten lassen.

Für die zur Zeit der Anmeldnng auf den Geschäftsanteil rückständigen Leistungen ist der Erwerber neben dem Veräußerer verhaftet.

§ 17. Die Veräußerung von Teilen eines Geschäftsanteils kann nur mit Genehmigung der Gesellschaft stattfinden.

Die Genehmigung bedarf der schriftlichen Form; sie muß die Person des Erwerbers und den Betrag bezeichnen, welcher von der Stammeinlage des ungeteilten Geschäftsanteils auf jeden der durch die Teilung entstehenden Geschäftsanteile entfällt.

Im Gesellschaftsvertrage kann bestimmt werden, daß für die Veräußerung von Teilen eines Geschäftsanteils an andere Gesellschafter, sowie für die Teilung von Geschäftsanteilen verstorbener Gesellschafter unter deren Erben eine Genehmigung der Gesellschaft nicht erforderlich ist.

Die Bestimmungen im § 5 Absatz 1 und 3 über den Betrag der Stammeinlagen finden bei der Teilung von Geschäftsanteilen entsprechende Anwendung.

Eine gleichzeitige Übertragung mehrerer Teile von Geschäftsanteilen eines Gesellschafters an denselben Erwerber ist unzulässig.

Außer dem Falle der Veräußerung und Vererbung findet eine Teilung von Geschäftsanteilen nicht statt. Sie kann im Gesellschaftsvertrage auch für diese Fälle ausgeschlossen werden.

§ 18. Steht ein Geschäftsanteil mehreren Mitberechtigten ungeteilt zu, so können sie die Rechte aus demselben nur gemeinschaftlich ausüben.

Für die auf den Geschäftsanteil zu bewirkenden Leistungen haften sie der Gesellschaft solidarisch.

Rechtshandlungen, welche die Gesellschaft gegenüber dem Inhaber des Anteils vorzunehmen hat, sind, sofern nicht ein gemeinsamer Vertreter der Mitberechtigten vorhanden ist, wirksam, wenn sie auch nur gegenüber einem Mitberechtigten vorgenommen werden. Gegenüber mehreren Erben eines Gesellschafters findet diese Bestimmung nur in Bezug auf Rechtshandlungen Anwendung, welche nach Ablauf eines Monats seit dem Anfalle der Erbschaft vorgenommen werden.

§ 19. Die Einzahlungen auf die Stammeinlagen sind nach Verhältnis der letzteren zu leisten.

Die Stammeinlagen können den Gesellschaftern außer dem Falle einer Herabsetzung des Stammkapitals weder erlassen noch gestundet werden. Eine Aufrechnung können die Gesellschafter nicht geltend machen; ebensowenig findet an dem Gegenstande einer nicht in Geld zu leistenden Einlage wegen Forderungen, welche sich nicht auf den Gegenstand beziehen, ein Zurückbehaltungsrecht statt.

Eine Leistung auf die Stammeinlage, welche nicht in Geld besteht oder welche durch Aufrechnung einer für die Überlassung von Vermögensgegenständen zu gewährenden Vergütung bewirkt wird, befreit den Gesellschafter von seiner Verpflichtung nur, soweit sie in Ausführung einer nach § 5 Absatz 4 getroffenen Bestimmung erfolgt.

§ 20. Ein Gesellschafter, welcher den auf die Stammeinlage eingeforderten Betrag nicht zur rechten Zeit einzahlt, ist zur Entrichtung von Verzugszinsen von Rechtswegen verpflichtet.

§ 21. Im Falle verzögerter Einzahlung kann an den säumigen Gesellschafter eine erneute Aufforderung zur Zahlung binnen einer zu bestimmenden Nachfrist unter Androhung seines Ausschlusses mit dem Geschäftsanteil, auf welchen die Zahlung zu erfolgen hat, erlassen werden. Die Aufforderung erfolgt mittelst eingeschriebenen Briefes. Die Nachfrist muß mindestens einen Monat betragen.

Nach fruchtlosem Ablauf der Frist ist der säumige Gesellschafter seines Geschäftsanteils und der geleisteten Teilzahlungen zu Gunsten der Gesellschaft verlustig zu erklären. Die Erklärung erfolgt mittelst eingeschriebenen Briefes.

Wegen des Ausfalls, welchen die Gesellschaft an dem rückständigen Betrage oder den später auf den Geschäftsanteil eingeforderten Beträgen der Stammeinlage erleidet, bleibt ihr der ausgeschlossene Gesellschafter verhaftet.

§ 22. Wegen des von dem ausgeschlossenen Gesellschafter nicht bezahlten Betrages der Stammeinlage ist der Gesellschaft der letzte und jeder frühere, bei der Gesellschaft angemeldete Rechtsvorgänger des Ausgeschlossenen verhaftet.

Ein früherer Rechtsvorgänger haftet nur, soweit die Zahlung von dessen Rechtsnachfolger nicht zu erlangen ist; dies ist bis zum Beweise des Gegenteils anzunehmen, wenn der letztere die Zahlung nicht bis zum Ablauf eines Monats geleistet hat, nachdem an ihn die Zahlungsaufforderung und an den Rechtsvorgänger die Benachrichtigung von derselben erfolgt ist.

Die Haftpflicht des Rechtsvorgängers ist auf die innerhalb der Frist von fünf Jahren auf die Stammeinlage eingeforderten Einzahlungen beschränkt. Die Frist beginnt mit dem Tage, an welchem der Übergang des Geschäftsanteils auf den Rechtsnachfolger ordnungsmäßig angemeldet ist.

Der Rechtsvorgänger erwirbt gegen Zahlung des rückständigen Betrages den Geschäftsanteil des ausgeschlossenen Gesellschafters.

§ 23. Ist die Zahlung des rückständigen Betrages von Rechtsvorgängern nicht zu erlangen, so kann die Gesellschaft den Geschäftsanteil im Wege öffentlicher Versteigerung verkaufen lassen. Eine andere Art des Verkaufs ist nur mit Zustimmung des ausgeschlossenen Gesellschafters zulässig.

§ 24. Soweit eine Stammeinlage weder von den Zahlungspflichtigen eingezogen, noch durch Verkauf des Geschäftsanteils gedeckt werden kann, haben die übrigen Gesellschafter den Fehlbetrag nach Verhältnis ihrer Geschäftsanteile aufzubringen. Beiträge, welche von einzelnen Gesellschaftern nicht zu erlangen sind, werden nach dem bezeichneten Verhältnis auf die übrigen verteilt.

§ 25. Von den in den §§ 21 bis 24 bezeichneten Rechtsfolgen können die Gesellschafter nicht befreit werden.

§ 26. Im Gesellschaftsvertrage kann bestimmt werden, daß die Gesellschafter über den Betrag der Stammeinlagen hinaus die Einforderung von weiteren Einzahlungen (Nachschüssen) beschließen können.

Die Einzahlung der Nachschüsse hat nach Verhältnis der Geschäftsanteile zu erfolgen.

Die Nachschußpflicht kann im Gesellschaftsvertrage auf einen bestimmten, nach Verhältnis der Geschäftsanteile festzusetzenden Betrag beschränkt werden.

§ 27. Ist die Nachschußpflicht nicht auf einen bestimmten Betrag beschränkt, so hat jeder Gesellschafter, falls er die Stammeinlage vollständig eingezahlt hat, das Recht, sich von der Zahlung des auf den Geschäftsanteil eingeforderten Nachschusses dadurch zu befreien, daß er innerhalb eines Monats nach der Aufforderung zur Einzahlung den Geschäftsanteil der Gesellschaft zur Befriedigung aus demselben zur Verfügung stellt. Ebenso kann die Gesellschaft, wenn der Gesellschafter binnen der angegebenen Frist weder von der bezeichneten Befugnis Gebrauch macht, noch die Einzahlung leistet, demselben mittelst eingeschriebenen Briefes erklären, daß sie den Geschäftsanteil als zur Verfügung gestellt betrachte.

Die Gesellschaft hat den Geschäftsanteil innerhalb eines Monats nach der Erklärung des Gesellschafters oder der Gesellschaft im Wege öffentlicher Versteigerung verkaufen zu lassen. Eine andere Art des Verkaufs ist nur mit Zustimmung des Gesellschafters zulässig. Ein nach Deckung der Verkaufskosten und des rückständigen Nachschusses verbleibender Ueberschuß gebührt dem Gesellschafter.

Ist die Befriedigung der Gesellschaft durch den Verkauf nicht zu erlangen, so fällt der Geschäftsanteil der Gesellschaft zu. Dieselbe ist befugt, den Anteil für eigene Rechnung zu veräußern.

Im Gesellschaftsvertrage kann die Anwendung der vorstehenden Bestimmungen auf den Fall beschränkt werden, daß die auf den Geschäftsanteil eingeforderten Nachschüsse einen bestimmten Betrag überschreiten.

§ 28. Ist die Nachschußpflicht auf einen bestimmten Betrag beschränkt, so finden, wenn im Gesellschaftsvertrage nicht ein Anderes festgesetzt ist, im Falle verzögerter Einzahlung von Nachschüssen die auf die Einzahlung der Stammeinlagen bezüglichen Vorschriften der §§ 21—23 entsprechende Anwendung. Das Gleiche gilt im Falle des § 27 Absatz 4 auch bei unbeschränkter Nachschußpflicht, soweit die Nachschüsse den im Gesellschaftsvertrage festgesetzten Betrag nicht überschreiten.

Im Gesellschaftsvertrage kann bestimmt werden, daß die Einforderung von Nachschüssen, auf deren Zahlung die Vorschriften der §§ 21 bis 23 Anwendung finden, schon vor vollständiger Einforderung der Stammeinlagen zulässig ist.

§ 29. Die Gesellschafter haben Anspruch auf den nach der jährlichen Bilanz sich ergebenden Reingewinn, soweit nicht im Gesellschaftsvertrage ein anderes bestimmt ist.

Die Verteilung erfolgt nach Verhältnis der Geschäftsanteile. Im Gesellschaftsvertrage kann ein anderer Maßstab der Verteilung festgesetzt werden.

§ 30. Das zur Erhaltung des Stammkapitals erforderliche Vermögen der Gesellschaft darf an die Gesellschafter nicht ausgezahlt werden.

Eingezahlte Nachschüsse können, soweit sie nicht zur Deckung eines Verlustes am Stammkapital erforderlich sind, an die Gesellschafter zurückgezahlt werden. Die Zurückzahlung darf nicht vor Ablauf von drei Monaten erfolgen, nachdem der Rückzahlungsbeschluß durch die im Gesellschaftsvertrage für die Bekanntmachungen der Gesellschaft bestimmten öffentlichen Blätter und in Ermangelung solcher durch die für die Bekanntmachungen aus dem Handelsregister bestimmten öffentlichen Blätter bekannt gemacht ist. Im Falle des § 28 Absatz 2 ist die Zurückzahlung von Nachschüssen vor der Volleinzahlung des Stammkapitals unzulässig. Zurückgezahlte Nachschüsse gelten als nicht eingezogen.

§ 31. Zahlungen, welche den Vorschriften des § 30 zuwider geleistet sind, müssen der Gesellschaft erstattet werden.

War der Empfänger in gutem Glauben, so kann die Erstattung nur insoweit verlangt werden, als sie zur Befriedigung der Gesellschaftsgläubiger erforderlich ist.

Ist die Erstattung von dem Empfänger nicht zu erlangen, so haften für den zu erstattenden Betrag, soweit er zur Befriedigung der Gesellschaftsgläubiger erforderlich ist, die übrigen Gesellschafter nach Verhältnis ihrer Geschäftsanteile. Beiträge, welche von einzelnen Gesellschaftern nicht zu erlangen sind, werden nach dem bezeichneten Verhältnis auf die übrigen verteilt.

Zahlungen, welche auf Grund der vorstehenden Bestimmungen zu leisten sind, können den Verpflichteten nicht erlassen werden.

Die Ansprüche der Gesellschaft verjähren in fünf Jahren; die Verjährung beginnt mit dem Ablauf des Tages, an welchem die Zahlung, deren Erstattung beansprucht wird, geleistet ist. Fällt dem Verpflichteten eine bösliche Handlungsweise zur Last, so findet die Bestimmung keine Anwendung.

Für die in den Fällen des Absatz 3 geleistete Erstattung einer Zahlung sind den Gesellschaftern die Geschäftsführer, welchen in Betreff der geleisteten Zahlung ein Verschulden zur Last fällt, solidarisch zum Ersatze verpflichtet.

§ 32. Liegt die im § 31 Absatz 1 bezeichnete Voraussetzung nicht vor, so sind die Gesellschafter in keinem Falle verpflichtet, Beträge, welche sie in gutem Glauben als Gewinnanteile bezogen haben, zurückzuzahlen.

§ 33. Die Gesellschaft darf eigene Geschäftsanteile, auf welche die Stammeinlage noch nicht vollständig eingezahlt ist, nicht erwerben.

Sie soll auch eigene Geschäftsanteile, auf welche die Stammeinlage vollständig eingezahlt ist, nicht erwerben, sofern nicht der Erwerb aus dem über den Betrag des Stammkapitals hinaus vorhandenen Vermögen geschehen kann.

§ 34. Die Einziehung (Amortisation) von Geschäftsanteilen darf nur erfolgen, soweit sie im Gesellschaftsvertrage zugelassen ist.

Ohne die Zustimmung des Anteilsberechtigten findet die Einziehung nur statt, wenn die Voraussetzungen derselben vor dem Zeitpunkt, in welchem der Berechtigte den Geschäftsanteil erworben hat, im Gesellschaftsvertrage festgesetzt waren.

Die Bestimmung im § 30 Absatz 1 bleibt unberührt.

Dritter Abschnitt.

Vertretung und Geschäftsführung.

§ 35. Die Gesellschaft wird durch die Geschäftsführer gerichtlich und außergerichtlich vertreten.

Dieselben haben in der durch den Gesellschaftsvertrag bestimmten Form ihre Willenserklärungen kundzugeben und für die Gesellschaft zu zeichnen. Ist nichts darüber bestimmt, so muß die Erklärung und Zeichnung durch sämtliche Geschäftsführer erfolgen. Ist der Gesellschaft gegenüber eine Willenserklärung abzugeben, so genügt es, wenn dieselbe an einen der Geschäftsführer erfolgt.

Die Zeichnung geschieht in der Weise, daß die Zeichnenden zu der Firma der Gesellschaft ihre Namensunterschrift beifügen.

§ 36. Die Gesellschaft wird durch die in ihrem Namen von den Geschäftsführern vorgenommenen Rechtsgeschäfte berechtigt und verpflichtet; es ist gleichgültig, ob das Geschäft ausdrücklich im Namen der Gesellschaft vorgenommen worden ist, oder ob die Umstände ergeben, daß es nach dem Willen der Beteiligten für die Gesellschaft vorgenommen werden sollte.

§ 37. Die Geschäftsführer sind der Gesellschaft gegenüber verpflichtet, die Beschränkungen einzuhalten, welche für den Umfang ihrer Befugnis, die Gesellschaft zu vertreten, durch den Gesellschaftsvertrag oder, soweit dieser nicht ein anderes bestimmt, durch die Beschlüsse der Gesellschafter festgesetzt sind.

Gegen dritte Personen hat eine Beschränkung der Befugnis der Geschäftsführer, die Gesellschaft zu vertreten, keine rechtliche Wirkung. Dies gilt insbesondere für den Fall, daß die Vertretung sich nur auf gewisse Geschäfte oder Arten von Geschäften erstrecken oder nur unter gewissen Umständen oder für eine gewisse Zeit oder an einzelnen Orten stattfinden soll, oder daß die Zustimmung der Gesellschafter oder eines Organs der Gesellschaft für einzelne Geschäfte erfordert ist.

§ 38. Die Bestellung der Geschäftsführer ist zu jeder Zeit widerruflich, unbeschadet der Entschädigungsansprüche aus bestehenden Verträgen.

Im Gesellschaftsvertrage kann die Zulässigkeit des Widerrufs auf den Fall beschränkt werden, daß wichtige Gründe denselben notwendig machen. Als solche Gründe sind insbesondere grobe Pflichtverletzung oder Unfähigkeit zur ordnungsmäßigen Geschäftsführung anzusehen.

§ 39. Jede Änderung in den Personen der Geschäftsführer sowie die Beendigung der Vertretungsbefugnis eines Geschäftsführers ist zur Eintragung in das Handelsregister anzumelden.

Der Anmeldung ist eine Abschrift der Urkunden über die Bestellung der Geschäftsführer oder über die Beendigung der Vertretungsbefugnis beizufügen. Diese Bestimmung findet auf die Anmeldung zum Handelsregister einer Zweigniederlassung keine Anwendung.

Die Geschäftsführer haben ihre Unterschrift zur Aufbewahrung bei dem Gerichte zu zeichnen.

§ 40. Alljährlich im Monat Januar haben die Geschäftsführer eine von ihnen unterschriebene Liste der Gesellschafter, aus welcher Name, Vorname, Stand und Wohnort der letzteren sowie ihre Stammeinlagen zu entnehmen sind, zum Handelsregister einzureichen. Sind seit Einreichung der letzten Liste Veränderungen hinsichtlich der Person der Gesellschafter und des Umfangs ihrer Beteiligung nicht eingetreten, so genügt die Einreichung einer entsprechenden Erklärung.

§ 41. Die Geschäftsführer sind verpflichtet, für die ordnungsmäßige Buchführung der Gesellschaft zu sorgen.

Sie müssen in den ersten drei Monaten des Geschäftsjahres die Bilanz für das verflossene Geschäftsjahr nebst einer Gewinn- und Verlustrechnung aufstellen.

Durch den Gesellschaftsvertrag kann die bezeichnete Frist bis auf sechs Monate, bei Gesellschaften, deren Unternehmen den Betrieb von Geschäften in überseeischen Gebieten zum Gegenstande hat, bis auf neun Monate erstreckt werden.

Für Gesellschaften bei welchen der Gegenstand des Unternehmens im Betriebe von Bankgeschäften besteht, ist die Bilanz innerhalb der vorbezeichneten Fristen in den im § 30 Absatz 2 bestimmten öffentlichen Blättern durch die Geschäftsführer bekannt zu machen. Die Bekanntmachung ist zum Handelsregister einzureichen.

§ 42. Für die Aufstellung der Bilanz kommen die Vorschriften des § 40 des Handelsgesetzbuches mit folgenden Maßnahmen zur Anwendung:

1. Anlagen und sonstige Vermögensgegenstände, welche nicht zur Weiterveräußerung,

sondern dauernd zum Betriebe des Unternehmens bestimmt sind, dürfen höchstens zu dem Anschaffungs- oder Herstellungspreise angesetzt werden; sie können ohne Rücksicht auf einen geringeren Wert zu diesem Preise angesetzt werden, sofern ein der Abnutzung gleichkommender Betrag in Abzug oder ein derselben entsprechender Erneuerungsfonds in Ansatz gebracht wird;

2. die Kosten der Organisation und Verwaltung dürfen nicht als Aktiva in die Bilanz eingesetzt werden;
3. das Recht der Gesellschaft zur Einziehung von Nachschüssen der Gesellschafter ist als Aktivum in die Bilanz nur insoweit einzustellen, als die Einziehung bereits beschlossen ist und den Gesellschaftern ein Recht, durch Verweisung auf den Geschäftsanteil sich von der Zahlung der Nachschüsse zu befreien, nicht zusteht; den in die Aktiva der Bilanz aufgenommenen Nachschußansprüchen muß ein kleiner Kapitalbetrag in den Passiven gegenübergestellt werden;
4. der Betrag des im Gesellschaftsvertrage bestimmten Stammkapitals ist unter die Passiva aufzunehmen. Das Gleiche gilt von dem Betrage eines jeden Reserve- und Erneuerungsfonds, sowie von dem Gesamtbetrage der eingezahlten Nachschüsse, soweit nicht die Verwendung eine Abschreibung der betreffenden Passivposten begründet;
5. der aus der Vergleichung sämtlicher Aktiva und Passiva sich ergebende Gewinn oder Verlust muß am Schlusse der Bilanz besonders angegeben werden.

§ 43. Die Geschäftsführer haben in den Angelegenheiten der Gesellschaft die Sorgfalt eines ordentlichen Geschäftsmannes anzuwenden.

Geschäftsführer, welche ihre Obliegenheiten verletzen, haften der Gesellschaft solidarisch für den entstandenen Schaden.

Insbesondere sind sie zum Ersatze verpflichtet, wenn den Bestimmungen des § 30 zuwider Zahlungen aus dem zur Erhaltung des Stammkapitals erforderlichen Vermögen der Gesellschaft gemacht oder den Bestimmungen des § 33 zuwider eigene Geschäftsanteile der Gesellschaft erworben worden sind. Auf den Ersatzanspruch finden die Bestimmungen im § 9 Absatz 2 entsprechende Anwendung. Soweit der Ersatz zur Befriedigung der Gläubiger der Gesellschaft erforderlich ist, wird die Verpflichtung der Geschäftsführer dadurch nicht aufgehoben, daß dieselben in Befolgung eines Beschlusses der Gesellschafter gehandelt haben.

Die Ansprüche auf Grund der vorstehenden Bestimmungen verjähren in fünf Jahren.

§ 44. Die für die Geschäftsführer gegebenen Vorschriften gelten auch für Stellvertreter von Geschäftsführern.

§ 45. Die Rechte, welche den Gesellschaftern in den Angelegenheiten der Gesellschaft, insbesondere in Bezug auf die Führung der Geschäfte zustehen, sowie die Ausübung derselben bestimmen sich, soweit nicht gesetzliche Vorschriften entgegenstehen, nach dem Gesellschaftsvertrage.

In Ermangelung besonderer Bestimmungen des Gesellschaftsvertrages finden die Vorschriften der §§ 46 bis 51 Anwendung.

§ 46. Der Bestimmung der Gesellschafter unterliegen:

1. die Feststellung der Jahresbilanz und die Verteilung des aus derselben sich ergebenden Reingewinns;
2. die Einforderung von Einzahlungen auf die Stammeinlagen;
3. die Rückzahlung von Nachschüssen;
4. die Teilung sowie die Einziehung von Geschäftsanteilen;
5. die Bestellung und die Abberufung von Geschäftsführern sowie die Entlastung derselben;
6. die Maßregeln zur Prüfung und Überwachung der Geschäftsführung;
7. die Bestellung von Prokuristen und von Handlungsbevollmächtigten zum gesamten Geschäftsbetriebe;
8. die Geltendmachung von Ersatzansprüchen, welche der Gesellschaft aus der Gründung oder Geschäftsführung gegen Geschäftsführer oder Gesellschafter zustehen, sowie die Vertretung der Gesellschaft in Prozessen, welche sie gegen die Geschäftsführer zu führen hat.

§ 47. Die von den Gesellschaftern in den Angelegenheiten der Gesellschaft zu treffenden Bestimmungen erfolgen durch Beschlußfassung nach der Mehrheit der abgegebenen Stimmen.

Jede hundert Mark eines Geschäftsanteils gewähren eine Stimme.

Vollmachten bedürfen zu ihrer Gültigkeit der schriftlichen Form.

Ein Gesellschafter, welcher durch die Beschlußfassung entlastet oder von einer Verbindlichkeit befreit werden soll, hat hierbei kein Stimmrecht und darf ein solches auch nicht für andere ausüben. Dasselbe gilt von einer Beschlußfassung, welche die Vornahme eines Rechtsgeschäfts oder die Einleitung oder Erledigung eines Rechtsstreites gegenüber einem Gesellschafter betrifft.

§ 48. Die Beschlüsse der Gesellschafter werden in Versammlungen gefaßt.

Der Abhaltung einer Versammlung bedarf es nicht, wenn sämtliche Gesellschafter schriftlich mit der zu treffenden Bestimmung oder mit der schriftlichen Abgabe der Stimmen sich einverstanden erklären.

§ 49. Die Versammlung der Gesellschafter wird durch die Geschäftsführer berufen.

Sie ist außer den ausdrücklich bestimmten Fällen zu berufen, wenn es im Interesse der Gesellschaft erforderlich erscheint.

Insbesondere muß die Versammlung unverzüglich berufen werden, wenn aus der Jahresbilanz oder aus einer im Laufe des Geschäftsjahres aufgestellten Bilanz sich ergibt, daß die Hälfte des Stammkapitals verloren ist.

§ 50. Gesellschafter, deren Geschäftsanteile zusammen mindestens dem zehnten Teile des Stammkapitals entsprechen, sind berechtigt, unter Angabe des Zwecks und der Gründe die Berufung der Versammlung zu verlangen.

In gleicher Weise haben die Gesellschafter das Recht zu verlangen, daß Gegenstände zur Beschlußfassung der Versammlung angekündigt werden.

Wird dem Verlangen nicht entsprochen oder sind Personen, an welche dasselbe zu richten wäre, nicht vorhanden, so können die im Absatz 1 bezeichneten Gesellschafter unter Mitteilung des Sachverhältnisses die Berufung oder Ankündigung selbst bewirken. Die Versammlung beschließt, ob die entstandenen Kosten von der Gesellschaft zu tragen sind.

§ 51. Die Berufung der Versammlung erfolgt durch Einladung der Gesellschafter mittelst eingeschriebener Briefe. Sie ist mit einer Frist von mindestens einer Woche zu bewirken.

Der Zweck der Versammlung soll jederzeit bei der Berufung angekündigt werden.

Ist die Versammlung nicht ordnungsgemäß berufen, so können Beschlüsse nur gefaßt werden, wenn sämtliche Gesellschafter anwesend sind.

Das Gleiche gilt in Bezug auf Beschlüsse über Gegenstände, welche nicht wenigstens drei Tage vor der Versammlung in der für die Berufung vorgeschriebenen Weise angekündigt worden sind.

§ 52. Ist nach dem Gesellschaftsvertrage ein Aufsichtsrat zu bestellen, so finden auf denselben, soweit nicht im Gesellschaftsvertrage ein anderes bestimmt ist, die für den Aufsichtsrat einer Aktiengesellschaft nach § 243 Absatz 1, 2, 4, §§ 244 bis 248 und § 249 Absatz 1, 2 des Handelsgesetzbuchs geltenden Vorschriften entsprechende Anwendung.

Schadenersatzansprüche gegen die Mitglieder des Aufsichtsrats wegen Verletzung ihrer Obliegenheiten verjähren in fünf Jahren.

Vierter Abschnitt.

Abänderungen des Gesellschaftsvertrages.

§ 53. Eine Abänderung des Gesellschaftsvertrages kann nur durch Beschluß der Gesellschafter erfolgen.

Der Beschluß muß gerichtlich oder notariell beurkundet werden, derselbe bedarf einer Mehrheit von drei Vierteilen der abgegebenen Stimmen. Der Gesellschaftsvertrag kann noch andere Erfordernisse aufstellen.

Eine Vermehrung der den Gesellschaftern nach dem Gesellschaftsvertrage obliegenden Leistungen kann nur mit Zustimmung sämtlicher beteiligter Gesellschafter beschlossen werden.

§ 54. Die Abänderung des Gesellschaftsvertrages ist zur Eintragnng in das Handelsregister anzumelden.

Bei der Eintragung genügt, sofern nicht die Abänderung die im § 10 Absatz 1 und 2 bezeichneten Angaben betrifft, die Bezugnahme auf die bei dem Gerichte eingereichten Urkunden über die Abänderung. Die öffentliche Bekanntmachung findet in Betreff aller Bestimmungen statt, auf welche sich die im § 10 Absatz 3 und im § 12 vorgeschriebenen Veröffentlichungen beziehen.

Die Abänderung hat keine rechtliche Wirkung, bevor sie in das Handelsregister des Sitzes der Gesellschaft eingetragen ist.

§ 55. Wird eine Erhöhung des Stammkapitals beschlossen, so bedarf es zur Ubernahme jeder auf das erhöhte Kapital zu leistenden Stammeinlage einer gerichtlich oder notariell aufgenommenen oder beglaubigten Erklärung des Übernehmers.

Zur Ubernahme einer Stammeinlage können von der Gesellschaft die bisherigen Gesellschafter oder andere Personen, welche durch die Übernahme ihren Beitritt zu der Gesellschaft erklären, zugelassen werden. Im letzteren Falle sind außer dem Betrage der Stammeinlage auch sonstige Leistungen, zu welchen der Beitretende nach dem Gesellschaftsvertrage verpflichtet sein soll, in der im Absatz 1 bezeichneten Urkunde ersichtlich zu machen.

Wird von einem der Gesellschaft bereits angehörenden Gesellschafter eine Stammeinlage auf das erhöhte Kapital übernommen, so erwirbt derselbe einen weiteren Geschäftsanteil.

Die Bestimmungen im § 5 Absatz 1 und 3 über den Betrag der Stammeinlagen sowie die Bestimmung im § 5 Absatz 2 über die Unzulässigkeit der Übernahme mehrerer Stammeinlagen finden auch hinsichtlich der auf das erhöhte Kapital zu leistenden Stammeinlagen Anwendung.

§ 56. Soll auf das erhöhte Stammkapital eine Einlage gemacht werden, welche nicht in Geld zu leisten ist, oder soll eine Vergütung für Vermögensgegenstände, welche die Gesellschaft übernimmt, auf eine Einlage angerechnet werden, so muß die Person desjenigen, welcher die Einlage zu leisten oder die Vermögensgegenstände zu überlassen hat, sowie der Gegenstand der Einlage oder Überlassung und der Geldwert, für welchen die Einlage angenommen wird, oder die für den überlassenen Gegenstand zu gewährende Vergütung in dem Beschlusse auf Erhöhung des Stammkapitals festgesetzt und in der im § 55 Absatz 1 bezeichneten Erklärung angegeben werden.

Die Bestimmung im § 19 Absatz 3 findet entsprechende Anwendung.

§ 57. Die beschlossene Erhöhung des Stammkapitals ist zur Eintragung in das Handelsregister anzumelden, nachdem das erhöhte Kapital durch Übernahme von Stammeinlagen gedeckt ist.

Die Bestimmung im § 7 Absatz 2 über die vor der Anmeldung des Gesellschaftsvertrages zu leistende Einzahlung, sowie die Bestimmung im § 8 Absatz 2 über die in der Anmeldung abzugebende Versicherung finden entsprechende Anwendung.

Der Anmeldung sind beizufügen!

1. die im § 55 Absatz 1 bezeichneten Erklärungen oder eine beglaubigte Abschrift derselben;
2. eine von den Anmeldenden unterschriebene Liste der Personen, welche die neuen Stammeinlagen übernommen haben; aus der Liste muß der Betrag der von jedem übernommenen Einlage ersichtlich sein.

In Bezug auf die Verantwortlichkeit der Anmeldenden für die Richtigkeit ihrer Angaben finden die Bestimmungen im § 9 entsprechende Anwendung.

§ 58. Eine Herabsetzung des Stammkapitals kann nur unter Beobachtung der nachstehenden Bestimmungen erfolgen:

1. der Beschluß auf Herabsetzung des Stammkapitals muß von den Geschäftsführern zu drei verschiedenen Malen durch die im § 30 Absatz 2 bezeichneten Blätter bekannt gemacht werden; in diesen Bekanntmachungen sind zugleich die Gläubiger der Gesellschaft aufzufordern, sich bei derselben zu melden; die aus den Handelsbüchern der Gesellschaft ersichtlichen oder in anderer Weise bekannten Gläubiger sind durch besondere Mitteilung zur Anmeldung aufzufordern;
2. die Gläubiger, welche sich bei der Gesellschaft melden und der Herabsetzung nicht zustimmen, sind wegen der erhobenen Ansprüche zu befriedigen oder sicherzustellen;

3. die Anmeldung des Herabsetzungsbeschlusses zur Eintragung in das Handelsregister erfolgt nicht vor Ablauf eines Jahres seit dem Tage, an welchem die Aufforderung der Gläubiger in den öffentlichen Blättern zum dritten Male stattgefunden hat;
4. mit der Anmeldung sind die Bekanntmachungen des Beschlusses einzureichen; zugleich haben die Geschäftsführer die Versicherung abzugeben, daß die Gläubiger, welche sich bei der Gesellschaft gemeldet und der Herabsetzung nicht zugestimmt haben, befriedigt oder sichergestellt sind.

Die Bestimmung im § 5 Absatz 1 über den Mindestbetrag des Stammkapitals bleibt unberührt. Erfolgt die Herabsetzung zum Zweck der Zurückzahlung von Stammeinlagen oder zum Zweck des Erlasses der auf diese geschuldeten Einzahlungen, so darf der verbleibende Betrag der Stammeinlagen nicht unter den in § 5 Absatz 1 und 3 bezeichneten Betrag herabgehen.

§ 59. Auf die Anmeldungen zu dem Handelsregister eines Gerichts, in dessen Bezirke die Gesellschaft eine Zweigniederlassung besitzt, finden die Bestimmungen im § 57 Absatz 2, Absatz 3 Nr. 1 und im § 58 Absatz 1 Nr. 4 keine Anwendung.

Fünfter Abschnitt.

Auflösung und Nichtigkeit der Gesellschaft.

§ 60. Die Gesellschaft mit beschränkter Haftung wird aufgelöst:
1. durch Ablauf der im Gesellschaftsvertrage bestimmten Zeit;
2. durch Beschluß der Gesellschafter; derselbe bedarf, sofern im Gesellschaftsvertrage nicht ein anderes bestimmt ist, einer Mehrheit von drei Vierteilen der abgegebenen Stimmen;
3. durch gerichtliches Urteil oder durch Entscheidung des Verwaltungsgerichts oder der Verwaltungsbehörde in den Fällen der §§ 61 und 62;
4. durch Eröffnung des Konkursverfahrens; wird das Verfahren nach Abschluß eines Zwangsvergleichs aufgehoben oder auf Antrag des Gemeinschuldners eingestellt, so können die Gesellschafter die Fortsetzung der Gesellschaft beschließen.

Im Gesellschaftsvertrage können weitere Auflösungsgründe festgesetzt werden.

§ 61. Die Gesellschaft kann durch gerichtliches Urteil aufgelöst werden, wenn die Erreichung des Gesellschaftszweckes unmöglich wird, oder wenn andere, in den Verhältnissen der Gesellschaft liegende, wichtige Gründe für die Auflösung vorhanden sind.

Die Auflösungsklage ist gegen die Gesellschaft zu richten. Sie kann nur von Gesellschaftern erhoben werden, deren Geschäftsanteile zusammen mindestens dem zehnten Teile des Stammkapitals entsprechen.

Für die Klage ist das Landgericht ausschließlich zuständig, in dessen Bezirk die Gesellschaft ihren Sitz hat.

§ 62. Wenn eine Gesellschaft das Gemeinwohl dadurch gefährdet, daß die Gesellschafter gesetzwidrige Beschlüsse fassen oder gesetzwidrige Handlungen der Geschäftsführer wissentlich geschehen lassen, so kann sie aufgelöst werden, ohne daß deshalb ein Anspruch auf Entschädigung stattfindet.

Das Verfahren und die Zuständigkeit der Behörden richtet sich nach den für streitige Verwaltungssachen landesgesetzlich geltenden Vorschriften. Wo ein Verwaltungsstreitverfahren nicht besteht, kann die Auflösung nur durch gerichtliches Erkenntnis auf Betreiben der höheren Verwaltungsbehörde erfolgen. Ausschließlich zuständig ist in diesem Falle das Landgericht, in dessen Bezirk die Gesellschaft ihren Sitz hat.

§ 63. Über das Vermögen der Gesellschaft findet das Konkursverfahren außer dem Falle der Zahlungsunfähigkeit auch in dem Falle der Überschuldung statt.

Die auf das Konkursverfahren über das Vermögen einer Aktiengesellschaft bezüglichen Vorschriften im § 207 Absatz 2, § 208 der Konkursordnung finden auf die Gesellschaft mit beschränkter Haftung entsprechende Anwendung.

§ 64. Die Geschäftsführer haben die Eröffnung des Konkursverfahrens zu beantragen, sobald die Zahlungsunfähigkeit der Gesellschaft eintritt oder aus der Jahresbilanz oder aus einer im Laufe des Geschäftsjahres aufgestellten Bilanz Überschuldung sich ergibt.

Die Geschäftsführer sind der Gesellschaft zum Ersatze aller nach diesem Zeitpunkt geleisteten Zahlungen verpflichtet. Auf den Ersatzanspruch finden die Bestimmungen in § 43 Absatz 3 und 4 entsprechende Anwendung.

§ 65. Die Auflösung der Gesellschaft ist außer dem Falle des Konkursverfahrens zur Eintragung in das Handelsregister anzumelden. Das Gleiche gilt von einer Fortsetzung der Gesellschaft in den im § 60 Absatz 1 Nr. 4 bezeichneten Fällen.

Die Auflösung ist von den Liquidatoren zu drei verschiedenen Malen durch die im § 30 Absatz 2 bezeichneten öffentlichen Blätter bekannt zu machen. Durch die Bekanntmachung sind zugleich die Gläubiger der Gesellschaft aufzufordern, sich bei derselben zu melden.

§ 66. In den Fällen der Auflösung außer dem Falle des Konkursverfahrens erfolgt die Liquidation durch die Geschäftsführer, wenn nicht dieselbe durch den Gesellschaftsvertrag oder durch Beschluß der Gesellschafter anderen Personen übertragen wird.

Auf Antrag von Gesellschaftern, deren Geschäftsanteile zusammen mindestens dem zehnten Teile des Stammkapitals entsprechen, kann aus wichtigen Gründen die Bestellung von Liquidatoren durch das Gericht (§ 7 Absatz 1) erfolgen.

Die Abberufung von Liquidatoren kann durch das Gericht unter derselben Voraussetzung wie die Bestellung stattfinden. Liquidatoren, welche nicht vom Gerichte ernannt sind, können auch durch Beschluß der Gesellschafter vor Ablauf des Zeitraums, für welchen sie bestellt sind, abberufen werden.

§ 67. Die ersten Liquidatoren sind durch die Geschäftsführer, jede Änderung in den Personen der Liquidatoren sowie eine Beendigung ihrer Vertretungsbefugnis ist durch die Liquidatoren zur Eintragung in das Handelsregister anzumelden.

Der Anmeldung ist eine Abschrift der Urkunden über die Bestellung der Liquidatoren oder über die Änderung in den Personen derselben beizufügen. Diese Vorschrift findet auf die Anmeldung zum Handelsregister einer Zweigniederlassung keine Anwendung.

Die Eintragung der gerichtlichen Ernennung oder Abberufung von Liquidatoren geschieht von Amtswegen.

Die Liquidatoren haben ihre Unterschrift zur Aufbewahrung bei dem Gerichte zu zeichnen.

§ 68. Die Liquidatoren haben in der bei ihrer Bestellung bestimmten Form ihre Willenserklärungen kundzugeben und für die Gesellschaft zu zeichnen. Ist nichts darüber bestimmt, so muß die Erklärung und Zeichnung durch sämtliche Liquidatoren erfolgen.

Die Bestimmung ist mit der Bestellung der Liquidatoren zur Eintragung in das Handelsregister anzumelden.

Die Zeichnungen geschehen in der Weise, daß die Liquidatoren der bisherigen, nunmehr als Liquidationsfirma zu bezeichnenden Firma ihre Namensunterschrift beifügen.

§ 69. Bis zur Beendigung der Liquidation kommen ungeachtet der Auflösung der Gesellschaft in Bezug auf die Rechtsverhältnisse derselben und der Gesellschafter die Vorschriften des zweiten und dritten Abschnitts zur Anwendung, soweit sich aus den Bestimmungen des gegenwärtigen Abschnitts und aus dem Wesen der Liquidation nicht ein anderes ergibt.

Der Gerichtsstand, welchen die Gesellschaft zur Zeit ihrer Auflösung hatte, bleibt bis zur vollzogenen Verteilung des Vermögens bestehen.

§ 70. Die Liquidatoren haben die laufenden Geschäfte zu beendigen, die Verpflichtungen der aufgelösten Gesellschaft zu erfüllen, die Forderungen derselben einzuziehen und das Vermögen der Gesellschaft in Geld umzusetzen; sie haben die Gesellschaft gerichtlich und außergerichtlich zu vertreten. Zur Beendigung schwebender Geschäfte können die Liquidatoren auch neue Geschäfte eingehen.

§ 71. Die Liquidatoren haben die aus §§ 36, 37, § 41 Absatz 1, § 43 Absatz 1, 2 und 4, § 49 Absatz 1 und 2, § 64 sich ergebenden Rechte und Pflichten der Geschäftsführer.

Sie haben sofort bei Beginn der Liquidation und demnächst in jedem Jahre eine Bilanz aufzustellen.

§ 72. Das Vermögen der Gesellschaft wird unter die Gesellschafter nach Verhältnis ihrer Geschäftsanteile verteilt. Durch den Gesellschaftsvertrag kann ein anderes Verhältnis für die Verteilung bestimmt werden.

§ 73. Die Verteilung darf nicht vor Tilgung oder Sicherstellung der Schulden der Gesellschaft und nicht vor Ablauf eines Jahres seit dem Tage vorgenommen werden, an welchem die Aufforderung an die Gläubiger (§ 65 Absatz 2) in den öffentlichen Blättern zum drittenmale erfolgt ist.

Meldet sich ein bekannter Gläubiger nicht, so ist der geschuldete Betrag, wenn die Berechtigung zur Hinterlegung vorhanden ist, für den Gläubiger zu hinterlegen. Ist die Berichtigung einer Verbindlichkeit zur Zeit nicht ausführbar oder ist eine Verbindlichkeit streitig, so darf die Verteilung des Vermögens nur erfolgen, wenn dem Gläubiger Sicherheit geleistet ist.

Liquidatoren, welche diesen Vorschriften zuwiderhandeln, sind zum Ersatze der verteilten Beträge solidarisch verpflichtet. Auf den Ersatzanspruch finden die Bestimmungen im § 43 Absatz 3 und 4 entsprechende Anwendung.

§ 74. Nach Beendigung der Liquidation sind die Bücher und Schriften der Gesellschaft für die Dauer von 10 Jahren einem der Gesellschafter oder einem Dritten in Verwahrung zu geben. Der Gesellschafter oder der Dritte wird in Ermangelung einer Bestimmung des Gesellschaftsvertrages oder eines Beschlusses der Gesellschafter durch das Gericht (§ 7 Absatz 1) bestimmt.

Die Gesellschafter und deren Rechtsnachfolger sind zur Einsicht der Bücher und Schriften berechtigt. Gläubiger der Gesellschaft können von dem Gericht (§ 7 Absatz 1) zur Einsicht ermächtigt werden.

§ 75. Enthält der Gesellschaftsvertrag nicht die nach § 3 Absatz 1 wesentlichen Bestimmungen oder ist eine dieser Bestimmungen nichtig, so kann jeder Gesellschafter, jeder Geschäftsführer und, wenn ein Aufsichtsrat bestellt ist, jedes Mitglied des Aufsichtsrats im Wege der Klage beantragen, daß die Gesellschaft für nichtig erklärt werde.

Die Vorschriften der §§ 272, 273 des Handelsgesetzbuchs finden entsprechende Anwendung.

§ 76. Ein Mangel, der die Bestimmungen über die Firma oder den Sitz der Gesellschaft oder den Gegenstand des Unternehmens betrifft, kann durch einstimmigen Beschluß der Gesellschafter geheilt werden.

§ 77. Ist die Nichtigkeit einer Gesellschaft in das Handelsregister eingetragen, so finden zum Zwecke der Abwickelung ihrer Verhältnisse die für den Fall der Auflösung geltenden Vorschriften entsprechende Anwendung.

Die Wirksamkeit der im Namen der Gesellschaft mit Dritten vorgenommenen Rechtsgeschäfte wird durch die Nichtigkeit nicht berührt.

Die Gesellschafter haben die versprochenen Einzahlungen zu leisten, soweit es zur Erfüllung der eingegangenen Verbindlichkeiten erforderlich ist.

Sechster Abschnitt.

Schlußbestimmungen.

§ 78. Die in diesem Gesetze vorgesehenen Anmeldungen zum Handelsregister sind durch die Geschäftsführer oder die Liquidatoren, die im § 7 Absatz 1, § 12 Absatz 1, § 57 Absatz 1, § 58 Absatz 1 Nr. 3, § 80 Absatz 5 vorgesehenen Anmeldungen sind durch sämtliche Geschäftsführer zu bewirken.

§ 79. In Ansehung der in §§ 7, 54, § 57 Absatz 1, § 58 Absatz 1 Nr. 3, § 80 Absatz 5 bezeichneten Anmeldungen zum Handelsregister findet, soweit es sich um die Anmeldung zum Handelsregister des Sitzes der Gesellschaft handelt, eine Verhängung von Ordnungsstrafen nach § 14 des Handelsgesetzbuchs nicht statt.

§ 80. Wird eine Aktiengesellschaft zum Zweck der Umwandlung in eine Gesellschaft mit beschränkter Haftung aufgelöst, so kann die Liquidation derselben unterbleiben, wenn hinsichtlich der Errichtung der neuen Gesellschaft den nachstehenden Bestimmungen genügt wird.

Das Stammkapital der neuen Gesellschaft darf nicht geringer sein als das Grundkapital der aufgelösten Gesellschaft.

Den Aktionären ist durch öffentliche Bekanntmachung oder in sonst geeigneter Weise Gelegenheit zu geben, mit dem auf ihre Aktien entfallenden Anteil an dem Vermögen der aufgelösten Gesellschaft sich bei der neuen Gesellschaft zu beteiligen. Die Aktien der sich beteiligenden Mitglieder müssen mindestens drei Vierteile des Grundkapitals der aufgelösten Gesellschaft darstellen.

Der auf jede Aktie entfallende Anteil an dem Vermögen der aufgelösten Gesellschaft wird auf Grund einer Bilanz berechnet, welche der Generalversammlung der Aktionäre zur Genehmigung vorzulegen ist. Der Beschluß, durch welchen die Genehmigung erfolgt, bedarf einer Mehrheit von drei Vierteilen des in der Generalversammlung vertretenen Grundkapitals.

Die neue Gesellschaft muß spätestens binnen einem Monate nach Auflösung der Aktiengesellschaft zur Eintragung in das Handelsregister angemeldet werden. Die Eintragung darf nur erfolgen, nachdem die Beobachtung der vorstehenden Bestimmungen nachgewiesen ist.

§ 81. In dem Falle des § 80 geht das Vermögen der aufgelösten Gesellschaft einschließlich ihrer Schulden mit der Eintragung der neuen Gesellschaft in das Handelsregister auf diese von Rechtswegen über.

Jeder Aktionär, welcher bei der neuen Gesellschaft sich nicht beteiligt hat, kann von dieser die Auszahlung eines seinem Anteil an dem Vermögen der aufgelösten Gesellschaft entsprechenden Betrages verlangen.

Unverzüglich nach der Eintragung der neuen Gesellschaft in das Handelsregister sind die Gläubiger der aufgelösten Gesellschaft nach Maßgabe der Bestimmungen des § 297 des Handelsgesetzbuchs durch die Geschäftsführer der neuen Gesellschaft aufzufordern, sich bei dieser zu melden. Die Gläubiger, welche sich melden und der Umwandlung nicht zustimmen, sind zu befriedigen oder sicherzustellen. Die Geschäftsführer sind den Gläubigern der aufgelösten Gesellschaft persönlich und solidarisch für die Beobachtung dieser Vorschriften verantwortlich.

§ 82. Mit Gefängnis bis zu einem Jahre und zugleich mit Geldstrafe bis zu fünftausend Mark werden bestraft:

1. Geschäftsführer und Mitglieder einer Gesellschaft mit beschränkter Haftung, welche behufs Eintragung der Gesellschaft in das Handelsregister, sowie Geschäftsführer, welche behufs Eintragung einer Erhöhung des Stammkapitals in das Handelsregister dem Gericht (§ 7 Absatz 1) hinsichtlich der Einzahlungen auf die Stammeinlagen wissentlich falsche Angaben machen;
2. Geschäftsführer einer Gesellschaft mit beschränkter Haftung, welche, um die Eintragung einer Herabsetzung des Stammkapitals in das Handelsregister zu erwirken, dem Gericht (§ 7 Absatz 1) hinsichtlich der Befriedigung oder Sicherstellung der Gläubiger wissentlich eine unwahre Versicherung abgeben;
3. Geschäftsführer, Liquidatoren, sowie Mitglieder eines Aufsichtsrats oder ähnlichen Organs einer Gesellschaft mit beschränkter Haftung, welche in einer öffentlichen Mitteilung die Vermögenslage der Gesellschaft wissentlich unwahr darstellen oder verschleiern.

Zugleich kann auf Verlust der bürgerlichen Ehrenrechte erkannt werden.

Sind mildernde Umstände vorhanden, so tritt ausschließlich die Geldstrafe ein.

§ 83. Die Strafvorschriften der §§ 239 bis 241 der Konkursordnung finden gegen die Geschäftsführer einer Gesellschaft mit beschränkter Haftung, welche ihre Zahlungen eingestellt hat oder über deren Vermögen das Konkursverfahren eröffnet worden ist, Anwendung, wenn sie in dieser Eigenschaft die mit Strafe bedrohten Handlungen begangen haben.

§ 84. Die Geschäftsführer oder Liquidatoren einer Gesellschaft mit beschränkter Haftung werden mit Gefängnis bis zu drei Monaten und zugleich mit Geldstrafe bis zu eintausend Mark bestraft, wenn entgegen den Vorschriften im § 64, § 71 Absatz 1 der Antrag auf Eröffnung des Konkursverfahrens unterlassen ist.

Sind mildende Umstände vorhanden, so tritt ausschließlich die Geldstrafe ein.

Straflos bleibt derjenige, bezüglich dessen festgestellt wird, daß der Antrag auf Eröffnung des Konkursverfahrens ohne sein Verschulden unterblieben ist.

II.

Der Kommentar.

(Text mit Anmerkungen.)

Allgemeine Einleitung.

I. Entstehungsgeschichte des Gesetzes.

Von vielen Seiten, von den Vertretern des Handelsstandes und im Parlament, war Anm. 1. angeregt worden, den bestehenden Gesellschaftsformen eine neue hinzuzufügen, bei welcher die Teilnehmer lediglich ihr eingelegtes Kapital riskiren, ohne zu der komplizierten Organisation und schweren Anforderungen des Aktiengesellschaftsrechts greifen zu müssen. Diesen Anregungen folgend, wurde im Reichsjustizamt der Entwurf eines Gesetzes betreffend die Gesellschaften mit beschränkter Haftung ausgearbeitet und dem Reichstag vorgelegt, woselbst er in der Sitzung vom 19. Februar 1892 zur ersten Lesung gelangte. Nach kommissarischer Durchberatung wurde der Entwurf schon in der Sitzung vom 21. März 1892 in dritter Lesung en bloc angenommen und nach erfolgter Zustimmung des Bundesrats am 20. April 1892 ausgefertigt und im Reichsgesetzblatt vom 26. April 1892 verkündet, so daß er am 10. Mai 1892 Gesetzeskraft erlangte.

Im Anschluß an die am 1. Januar 1900 in Kraft getretene neue Gesetzgebung wurden im E.G. zum H.G.B. Art. 11 mehrfache Änderungen des Gesetzes vorgenommen und im Art. 13 E.G. zum H.G.B. der Reichskanzler ermächtigt, den neuen Text des Gesetzes unter fortlaufender Nummernfolge der Paragraphen und Abschnitte durch das Reichsgesetzblatt bekannt zu machen. Auf Grund dieser Ermächtigung hat der Reichskanzler den neuen Text des Gesetzes durch Bekanntmachung vom 20. Mai 1898 so publiziert, wie dasselbe vom 1. Januar 1900 ab gilt.

II. Die Quellen des Rechts betreffend die Gesellschaften mit beschränkter Haftung.

1. **Die vornehmste Quelle ist das vorliegende Gesetz.** Anm. 2.
2. **Subsidiär aber kommen folgende Rechtsquellen in Betracht.**
   a) Da die Gesellschaft mit beschränkter Haftung eine Handelsgesellschaft ist (§ 13 Abs. 3), so kommen subsidiär alle diejenigen Vorschriften zur Anwendung, welche sich aus dieser Eigenschaft ergeben. So hat sie z. B. die Verpflichtung, Bücher zu führen, ihre Geschäfte sind präsumtive Handelsgeschäfte u. s. w. (vergl. Näheres hierüber Anm. zu § 13).
   b) Im übrigen kommen die Vorschriften des bürgerlichen Rechts zur Anm. 3. Anwendung. **Insbesondere kommen subsidiär die Vorschriften des B.G.B. über die Vereine in Betracht.** Das ist hier in gleicher Weise anzunehmen wie bei der Aktiengesellschaft. Dort nimmt es die herrschende Ansicht an (Staub H.G.B. Anm. 9 zu § 178; Makower H.G.B. S. 347; Ring bei Lehmann und Ring S. 374; Lehmann, Das Recht der Aktiengesellschaften I S. 102; Simon in G.Z. 49 S. 1ffg.; Gierke bei Kohler u. Ring Bd. 19 S. 131). Diese herrschende Ansicht stützt sich mit Recht auf § 22 B.G.B., wonach auch solche Vereine, deren Rechtsfähigkeit auf besonderer reichsgesetzlicher Vorschrift beruht, rechtsfähige Vereine im Sinne des B.G.B. sind, auf § 6 H.G.B., aus welchem folgt, daß Aktiengesellschaften Vereine sind, und auf Art. 2 E.G. zum B.G.B., wonach in Handelssachen das B.G.B. überall da zur Anwendung kommt, wo das H.G.B. nichts Abweichendes vorschreibt. Pinners gegenteilige Ansicht (i. G.Z. 50 S. 105) ist

schon für das Aktienrecht verfehlt. Er sagt: Ausgeschlossen ist die Anwendung von Einzelbestimmungen des B.G.B. auf handelsrechtliche Institute, die ihre Regelung im H.G.B. gefunden haben. „Indem das H.G.B. ein Institut einheitlich regelt, hat es die Präsumtion für sich, daß diese Regelung eine geschlossene sein soll." Allein wenn dies richtig wäre, so wäre das B.G.B. von der subsidiären Anwendung auf dem Gebiete des Handelsrechts so gut wie gänzlich ausgeschlossen. Der Kaufmann, die Prokura und die Handlungsvollmacht, die Firma, die Handelsbücher, das Kontokurrent, der Kommissionär, der Lagerhalter, der Spediteur, der Frachtführer, das alles sind handelsrechtliche „Institute", die das H.G.B. „einheitlich" regelt. Ist darum die Regelung eine „geschlossene" und die subsidiäre Anwendung des B.G.B. ausgeschlossen? Wissenschaft und Praxis müßten umkehren, wenn dies richtig wäre. Denn bei allen diesen Instituten ist bisher in allen denjenigen Punkten, die das H.G.B. nicht regelt, das B.G.B. von Wissenschaft und Praxis angewendet worden. Wie soll denn, wenn das B.G.B. im Aktienrecht nicht zur Anwendung gelangen soll, die Frage, in welcher Weise dem Erfordernisse der schriftlichen Form der Aktienzeichnung genügt wird, in welcher Weise die solidarisch haftbaren Mitglieder haften, wie sie die Ausgleichung untereinander vorzunehmen haben, die Fragen über den Beginn, das Ende, die Hemmung und Unterbrechung der im Aktienrechte angeordneten mannigfachen Verjährungen, und zahllose andere Fragen, beantwortet werden? Auch Goldmann und Lilienthal (I S. 52) vertreten die Pinnersche Auffassung. „Soweit reichsgesetzliche Vorschriften über ein vereinsrechtliches Institut den Charakter einer Kodifikation haben, sagen sie, soweit sie „also" den dieses Institut betreffenden Rechtsstoff ausschließlich regeln, kommen die allgemeinen Vorschriften des B.G.B. über die rechtsfähigen Vereine auch nicht ergänzend zur Anwendung." Der Fehler liegt hier in dem „also": Daraus, daß ein Gesetzbuch eine Materie kodifiziert, folgt noch nicht, daß dieselbe „ausschließlich" geregelt wird. Der Einfluß des B.G.B. erstreckt sich vielmehr auf alle Rechtsgebiete, auf alle Gesetze. Überall wo z. B. die Begriffe der Geschäftsfähigkeit, des Irrtums, des Vertrages, des Kaufes, der Fahrlässigkeit eine Rolle spielen, sind diese jetzt dem B.G.B. zu entnehmen. Diesem Einflusse des B.G.B. sind auch diejenigen Gesetze nicht entzogen, die den Charakter selbständiger Kodifikationen haben, so das Patentgesetz, die Stempelgesetze, das Strafgesetzbuch. Um wieviel weniger ist ein Gesetzbuch diesem Einflusse entzogen, in dessen Einführungsgesetz (Art. 2 E.G. zum H.G.B.) ausdrücklich gesagt ist, daß das B.G.B. überall da Anwendung findet, wo das Gesetzbuch selbst nichts Abweichendes vorschreibt! Endlich gehört Dernburg I § 82 Nr. IV zu unseren Gegnern. Doch ist auch seine Begründung unzureichend. Er meint, daß die Bestimmungen des B.G.B. über rechtsfähige Vereine, wie aus ihrer Entwicklungsgeschichte und ihrem Aufbaue hervorgeht, für die handelsgesellschaftlichen Körperschaften nicht bestimmt sind. Ganz richtig. Die Vorschriften des B.G.B. sind samt und sonders zunächst nur für diejenigen Verhältnisse bestimmt, die das Gesetzbuch selbst regelt. Aber das hindert doch auch sonst nicht, sie auch auf alle anderen Verhältnisse anzuwenden, soweit nicht aus den diese anderen Verhältnisse regelnden Vorschriften etwas Abweichendes sich ergibt, und besonders kann dies doch kein Hindernis sein bei der Auslegung eines Gesetzbuchs, das nach seinem Einführungsgesetze die subsidiäre Anwendung des B.G.B. ausdrücklich angeordnet hat. Dernburg muß übrigens selbst zugeben, daß der § 31 B.G.B. auch auf Aktiengesellschaften Anwendung findet; dies erklärt er damit, daß dieser Grundsatz ein „allgemeiner" sei. Das ist doch aber wohl nicht mehr als ein Verlegenheitswort.

Anm. 4. Würde die hier bekämpfte Meinung im Rechte sein, so würde sie umsomehr für das Recht der Gesellschaft mit beschränkter Haftung gelten. Denn hier liegt noch unzweifelhafter die „einheitliche" Regelung eines Rechtsinstituts, eine „geschlossen geregelte Materie", eine „Kodifikation" vor. Alle Fragen, die in unserem Gesetze keine Regelung gefunden haben, müßten aus sich selbst heraus, aus der Natur der Sache, nicht aber ergänzender Weise aus den vielleicht willkürlichen positiven Vorschriften des

B.G.B. beantwortet werden, und Wissenschaft und Praxis, die bei der Auslegung unseres Gesetzes stets die gegenteiligen Wege gegangen sind, müßten auch hier umkehren. Nie sind unsere Reichsgesetze und Reichsgesetzbücher anders ausgelegt worden, als dahin, daß überall dort, wo sie selbst im Stiche lassen, das betreffende Landesrecht ergänzend herangezogen wurde, und daraus folgt jetzt (wie auch die im Art. 4 E.G. zum B.G.B. enthaltene Vorschrift ergiebt), daß das B.G.B. ergänzend herangezogen werden muß. Nach Pinner und Goldmann-Lilienthal wäre diese ganze Auslegungsart ein großer schwerer Irrtum. Es leuchtet ein, daß dies nicht richtig ist. Vielmehr finden ergänzenderweise die Vorschriften des B.G.B. Anwendung, und zwar überall da, wo es sich um vereinsrechtliche Fragen handelt, die Vorschriften des B.G.B. über rechtsfähige Vereine. Denn auch die Gesellschaft mit beschränkter Haftung ist ein Verein (§ 13 des Gesetzes, § 6 H.G.B.). Unsere Auffassung teilt das Kammergericht im Beschlusse v. 2. Dezember 1901 in D.J.Z. 7 S. 53, bei Johow u. Ring 23 S. A 105 u. R.J.A. 3 S. 25; Liebmann Anm. 2 zu § 1; Neukamp Anm. 1d zu § 13, Gierke bei Kohler u. Ring 19 S. 132. Abweichend Parisius u. Crüger, deren Begründung aber zum Teil unrichtig, zum Teil unklar ist. Unrichtig ist es, wenn sie sagen, daß nach § 22 B.G.B. bei Vereinen, deren Zweck auf einen wirtschaftlichen Geschäftsbetrieb gerichtet sei und die besonderer reichsgesetzlicher Regelung unterliegen, *lediglich das betreffende Reichsgesetz entscheide*. Denn davon steht im § 22 B.G.B. nichts. Unklar aber ist es, wenn sie sagen: „Das vorliegende Gesetz will die Rechtsverhältnisse der Gesellschaft mit beschränkter Haftung einheitlich und vollständig regeln, das B.G.B. kommt auf diese Gesellschaft nur subsidiär zur Anwendung." Der zweite Satz hebt ja den ersten auf. Regelt unser Gesetz die Gesellschaft mit beschränkter Haftung vollständig, so kommt das B.G.B. eben nicht zur subsidiären Anwendung; kommt es aber zur subsidiären Anwendung, so hat eben unser Gesetz die Rechtsverhältnisse der Gesellschaften mit beschränkter Haftung nicht vollständig geregelt.

Die subsidiäre Anwendbarkeit bedeutet hier wie beim H.G.B., daß in allen Fragen, wo aus dem vorliegenden Gesetze weder direkt noch durch Auslegung noch durch Analogie etwas zu entnehmen ist, das bürgerliche Recht zur Anwendung gelangt. So sind z. B. die Begriffsmerkmale eines Rechtsgeschäfts, über welches unser Gesetz Regeln aufstellt, ohne es zu definieren, aus dem B.G.B. (beziehungsweise aus dem H.G.B.) zu entnehmen; ebenso sind die Rechtswirkungen von Begriffen, mit welchen unser Gesetz operiert, soweit dieselben nicht in unserem Gesetz angeordnet sind, dem B.G.B. (bezw. H.G.B.) zu entnehmen, und endlich sind die allgemeinen Rechtsgrundsätze, mit denen sich unser Gesetz überhaupt nicht beschäftigt, so die Wirkungen des Irrtums, Betruges, Zwanges, Scherzes, dem B.G.B. zu entnehmen (vergl. hierüber Staub H.G.B. Allgemeine Einleitung Anm. 14). Anm. 5.

c) Aber auch andere Reichsgesetze sind maßgebend, so z. B. § 144 des Gesetzes über die Angelegenheiten der freiwilligen Gerichtsbarkeit, der die Löschung der Gesellschaft von Amtswegen wegen Nichtigkeit regelt, und § 148 desselben Gesetzes. Anm. 6.

d) **Landesgesetze** können nur insoweit in Betracht kommen, als öffentlichrechtliche Vorschriften in Betracht kommen (Art. 55 E.G. zum B.G.B.). Anm. 7.

3. **Ob zu den Quellen des Rechts auch das Gewohnheitsrecht** gehört und in welcher Reihenfolge es als Rechtsquelle in Betracht kommt, kann hier eingehend nicht untersucht werden. Wir haben diese Fragen im Kommentar zum H.G.B. (Allg. Einl. Anm. 17 ffg.) erörtert und sind dort zu der Ansicht gelangt, daß sich Reichsgewohnheitsrecht zur Ergänzung des geschriebenen Rechts jedenfalls bilden kann. Die Frage, ob sich Gewohnheitsrecht gegen das geschriebene Gesetz bilden kann, ist derart schwierig und dabei auf unserem Gebiet so unpraktisch, daß wir sie hier füglich übergehen können. Anm. 8.

III. Übergangsfragen.

Die Übergangsfragen sind hier von geringer Wichtigkeit, weil die Änderungen, welche am 1. Januar 1900 in Kraft getreten sind, nicht erheblicher Natur sind. Doch mag betont Anm. 9.

werden, daß auch hier der Grundsatz gelten muß, daß die neuen Vorschriften auf diejenigen Gesellschaften, welche am 1. Januar 1900 bestanden, Anwendung finden: das neue gesellschaftliche Leben regelt sich nach dem neuen Recht. Dagegen werden Rechte Dritter, welche vor dem 1. Januar 1900 entstanden waren, durch entgegenstehende Vorschriften des neuen Rechts nicht berührt, es sei denn, daß sie nur befriedigt werden können durch Maßregeln, welche neuen Bestimmungen öffentlichrechtlicher Natur widersprechen (vergl. über alles dies Näheres Staub H.G.B. Anm. 1ffg. zum § 178).

IV. Die rechtliche Natur der Gesellschaft mit beschränkter Haftung.

Anm.10. A. **Die Grundprinzipien der Gesellschaft mit beschränkter Haftung sind die gleichen wie die der Aktiengesellschaft** (so auch Förtsch Anm. 2 zu § 1; Dernburg I § 89). Wenn § 178 H.G.B., um das Wesen der Aktiengesellschaft zu charakterisieren, sagt: „Die sämtlichen Gesellschafter sind mit Einlagen auf das in Aktien zerlegte Grundkapital der Gesellschaft beteiligt, ohne persönlich für ihre Verbindlichkeiten zu haften", so gilt im Wesen der Sache das Gleiche auch hier.

Anm.11. 1. Auch hier sind die Gesellschafter für die Verbindlichkeiten der Gesellschaft nicht haftbar. Für die Verbindlichkeiten der Gesellschaft haftet lediglich das Gesellschaftsvermögen (§ 13). Im Grunde genommen ist denn auch der Name, den das Gesetz unserer Gesellschaft gegeben hat, nicht zutreffend. Der Name „Gesellschaft mit beschränkter Haftung" deutet grammatikalisch darauf hin, daß die Gesellschaft nur beschränkt haftet, was doch nicht der Fall ist, da die Gesellschaft mit ihrem gesamten Vermögen haftet. Die Mitglieder aber haften nicht beschränkt, sondern überhaupt nicht. Denn unter der Haftung versteht man in der Rechtssprache eine Haftung gegenüber den Gläubigern. Eine solche besteht hier nicht, ebensowenig wie bei der Aktiengesellschaft, und anders als bei der offenen Handelsgesellschaft und der Kommanditgesellschaft. Wenn nach § 24 und § 31 Abs. 3 in gewissen Hinsichten die einzelnen Gesellschafter für die Verpflichtungen der anderen haften, so handelt es sich hier überall doch nur um Verbindlichkeiten gegenüber der Gesellschaft, nicht um eine Haftung gegenüber den Gläubigern. Das Gleiche gilt von der Nachschußpflicht, wenn eine solche statutarisch vereinbart wird (§ 26). Ganz korrekt hätte der Name unserer Gesellschaft heißen müssen: Gesellschaft ohne Haftung der Mitglieder und mit beschränkter Beitragspflicht.

Daß die Gesellschafter für die Schulden der Gesellschaft nicht haften, wie dies auch bei der Aktiengesellschaft der Fall ist, macht sie zur juristischen Person. Wenn die Gesellschafter nicht haften, ein haftendes Rechtssubjekt aber vorhanden ist, nämlich die Gesellschaft (§ 13 Abs. 2), so ist eben die Gesellschaft ein selbständiges gedachtes Rechtssubjekt, eine juristische Person. Bestätigt wird dies durch § 13 Abs. 1 (vergl. über die juristische Persönlichkeit der Gesellschaft mit beschränkter Haftung Näheres zu § 13).

Anm.12. Wegen dieser Nichthaftung der Gesellschafter für die Schulden einerseits, und weil andererseits die Verhältnisse der Gesellschaft nicht, wie bei der Aktiengesellschaft, in erheblichem Umfange zu publizieren sind, ist unsere Gesellschaftsform sehr beliebt. Es kann auf diese Weise, wie Parisius und Crüger zutreffend hervorheben, ein Industrieller sich von der persönlichen Haftung für seine mehr oder minder gewagten Unternehmungen befreien, wenn er für dieselben eine Gesellschaft mit beschränkter Haftung mit einem Anderen, z. B. seiner Ehefrau bildet, und sich von dem einzigen Gesellschafter, der außer ihm beteiligt ist, dessen Geschäftsanteil wieder abtreten läßt. Geht dann die Sache schief, so bleibt ihm sein Privatvermögen. Auch sonstige Nebenzwecke können mit dieser Gesellschaftsform verfolgt und erreicht werden. So kann z. B. jemand sein Grundstück in eine Gesellschaft mit beschränkter Haftung inferieren, auf dieser einzigen Basis die Gesellschaft gründend; er läßt sich dann von seinem Mitgesellschafter dessen Geschäftsanteil cedieren. Die so in einer Hand vereinigten Geschäftsanteile repräsentieren das ganze Gesellschaftsvermögen. Wer sie besitzt, kann das Grundstück wirtschaftlich sein eigen nennen. Durch Abtretung der Geschäftsanteile kann dieses Vermögen von Hand zu Hand übergehen, ohne daß der Immobiliarstempel verwendet zu werden braucht.

2. Auch hier sind die Gesellschafter mit Einlagen auf das in einzelne Teile zerlegte Grundkapital beteiligt. Die Teile, in welche das Grundkapital zerlegt wird, heißen hier nicht Aktien, sondern Geschäftsanteile. Doch ist dies lediglich ein Unterschied im Namen, in der Bezeichnung, kein sachlicher Unterschied, geradeso wie es kein sachlicher Unterschied ist, daß das Grundkapital hier Stammkapital heißt (§ 3 Nr. 3). Anm.13.

Demgemäß gilt hier das Gleiche, was wir bei der Aktiengesellschaft (Staub H.G.B. Anm. 13 u. 14 zu § 178) ausgeführt haben:

a) Sämtliche Mitglieder beteiligen sich mit Einlagen (§ 3 Nr. 4), deren Geldbetrag dem Nennbetrag des entsprechenden Anteils gleichkommt (§ 14). Dagegen ist auch hier nicht gesagt, daß die Gesellschafter sich nur mit Stammeinlagen beteiligen. Schon für das Aktienrecht ist ein solcher Ausspruch im neuen H.G.B. vermieden, weil es hier nach § 212 H.G.B. auch sonstige Leistungsversprechen giebt und demgemäß statutarisch vereinbart werden kann, daß die Mitgliedschaft nur dadurch erworben wird, daß außer jener Einlage auch gewisse sonstige Verpflichtungen übernommen werden. Bei der Gesellschaft mit beschränkter Haftung ist dies in noch viel weiterem Umfange der Fall (§ 3 Abs. 2). Anm.14.

b. Einlagen auf das in Teile zerlegte Grundkapital sind es, mit welchen jedes einzelne Mitglied beteiligt ist. Die Teile, in welche das Grundkapital, hier Stammkapital genannt, zerlegt wird, heißen hier Geschäftsanteile. Auch hier, wie bei der Aktiengesellschaft, wird also die Mitgliedschaft der Gesellschafter zum Ausdruck gebracht in Teilbeträgen einer Grundziffer. Auch hier, wie bei der Aktie, liegt darin ein zwar äußerliches Moment; aber die Bedeutung desselben liegt darin, daß der Wert des Anteils nicht ausgedrückt wird in einer Quote des Gesellschaftsvermögens, sondern in einer bestimmten Ziffer. Dieses Moment birgt auch hier Gefahren in sich, weil eine solche fixe Ziffer den Schein erweckt, als stelle der Geschäftsanteil einen unwandelbaren Vermögenswert dar, der dieser Ziffer gleichkommt, und als sei ein jener Grundziffer entsprechender Barbetrag oder wenigstens sonstiger Wert von Anfang an vorhanden gewesen und stets vorhanden. Anm.15.

Den Gefahren, die dieser Schein in sich birgt, sucht der Gesetzgeber durch seine Einzelbestimmungen vorzubeugen. Einmal dadurch, daß eine Unterpari-Emission verboten ist. Wer einen Wert von 1000 Mk. einlegt, kann dafür nicht einen Geschäftsanteil von 1200 Mk. erhalten (§ 14). Aber trotzdem bleibt die Ziffer des Geschäftsanteils eine fiktive. Man denke nur an die Fälle, wo Sacheinlagen inferiert werden. Ob die inferierten Objekte wirklich soviel wert sind, als der Nennbetrag der dafür gewährten Geschäftsanteile, bleibt stets problematisch. Und dann erwäge man, daß die Nennziffer des Stammkapitals auf alle Fälle eine fiktive wird, sobald die Gesellschaft ins Verkehrsleben tritt. In diesem Augenblicke ist das Vermögen der Gesellschaft einem fortwährenden Wechsel ausgesetzt, und trotz dieses Wechsels bleibt die Ziffer des Stammkapitals unverändert. Das Stammkapital ist solcher Gestalt nicht etwa gleichbedeutend mit dem jedesmaligen Gesellschaftsvermögen, die Ziffer des Stammkapitals bedeutet nicht etwa, trotz des volltönenden Ausdrucks „Stammkapital", einen unverrückbaren Stamm von Gesellschaftsvermögen. Sie ist vielmehr nur eine Ziffer, ein Rechnungsfaktor. Sie zeigt an, wieviel an Werten als Äquivalent für die Ausgabe der Anteile mindestens geleistet worden ist oder wenigstens geleistet werden sollte. Sie wird ferner meist als Grundziffer einer Berechnung benutzt, um auszurechnen, wie hoch die Beteiligung des einzelnen Mitglieds an dem Ergebnisse der Gesellschaft ist, und sie zeigt endlich an — und das ist das Wichtigste —, welcher Betrag an Gesellschaftsvermögen mindestens vorhanden sein muß, ehe an eine Verteilung von Gewinn an die Mitglieder herangetreten werden kann (§ 42 Nr. 4), oder mit anderen Worten welchen Betrag reinen Aktivvermögens die Gesellschaft ihren Gläubigern unter allen Umständen zu reservieren verspricht. Die einzelnen Geschäftsanteile aber bedeuten nichts weiter als die Ziffer des Betrages, der mindestens auf die Geschäftsanteile eingelegt worden ist. Das Beteiligungsverhältnis wird keineswegs damit immer angegeben. Denn es ist nicht nötig, Anm.16.

daß der Gewinn und die Liquidationsraten nach Verhältnis der Geschäftsanteile verteilt werden (Näheres zu § 14).

Anm.17. B. **Die Unterschiede von der Aktiengesellschaft** sind hiernach nicht in den Grundprinzipien zu suchen, sondern in den einzelnen Bestimmungen, die das Prinzip nicht berühren. So sind die Gründungskautelen geringer, die Veräußerung der Geschäftsanteile ist an schwerere Formen geknüpft, die über die Geschäftsanteile etwa ausgegebenen Urkunden haben nicht den Charakter von Wertpapieren; die Veröffentlichung der Bilanzen ist, außer bei Bankgeschäften, nicht erfordert. Dagegen ist andererseits Teilung der Geschäftsanteile grundsätzlich zulässig; es kann die Nachschußpflicht konstituiert werden; die Gesellschaft braucht keinen Aufsichtsrat u. s. w. u. s. w. Es würde zu weit führen, alle Unterschiede an dieser Stelle zu registrieren.

Anm.18. Doch muß betont werden, daß, wenn bei der Gesellschaft mit beschränkter Haftung § 5 Abs. 3 bestimmt, daß die Anteile der einzelnen Gesellschafter ihrem Nennbetrage nach verschieden sein können, hierin von Förtsch S. 5 u. S. 25 und von Neukamp S. 3 mit Unrecht ein Unterschied von der Aktiengesellschaft gefunden wird. Vielmehr gilt auch für die Aktiengesellschaft keine Vorschrift, wonach die Aktien über gleiche Beträge lauten müssen (vergl. Staub H.G.B. Anm. 2 zu § 180). Tatsächlich kommen denn auch zahlreiche Gründungen und Emissionen mit verschiedenen Aktienbeträgen vor: es werden z. B. Aktien zu 1000 Mark und zu 1500 Mark ausgegeben oder zu 1000 Mark und zu 200 Mark, letztere als vinkulierte Namensaktien.

Anm.19. **Einer der Hauptunterschiede von der Aktiengesellschaft und ein sehr wichtiges Charakteristikum der Gesellschaft mit beschränkter Haftung ist die in der Praxis oft übersehene Haftung jedes Gesellschafters für die rückständigen Einlagen der anderen Gesellschafter** (§ 24) und für die zu Unrecht empfangenen Zahlungen der Gesellschafter (§ 31 Abs. 3). Die Bestimmung des § 202 Abs. 3 H.G.B. ist damit garnicht zu vergleichen, da sie nur eine Haftung der Gründer (nicht der Gesellschafter als solcher) und auch dieser nur für Verschulden aufstellt.

Erster Abschnitt.

Errichtung der Gesellschaft.

§ 1.

Gesellschaften mit beschränkter Haftung können nach Maßgabe der Bestimmungen dieses Gesetzes zu jedem gesetzlich zulässigen Zweck errichtet werden.

Der vorliegende Paragraph enthält die Vorschrift, daß sich eine Gesellschaft mit beschränkter Haftung zu jedem gesetzlich zulässigen Zweck bilden kann. Einleitung.

I. **Zu jedem Zweck können sich Gesellschaften mit beschränkter Haftung bilden.**

1. In erster Linie kommen natürlich Erwerbsgesellschaften in Betracht. Anm. 1.

a) So sind denn Gesellschaften mit beschränkter Haftung zu den verschiedensten Zwecken errichtet worden: im Bergbau- und Hüttenwesen, in der Industrie der Steine und Erden, in der Metallverarbeitung, in der Maschinenfabrikation, in der chemischen, in der Beleuchtungsindustrie, in der Textil-, der Papier-, in der Nahrungs- und Genußmittelindustrie, im Baugewerbe, zur Errichtung von Markthallen, von Ausstellungen, im Verkehrswesen (Straßen- und Kleinbahnen), im Speditions- und Transportgewerbe, im Gastwirts- und Hotelgewerbe, zu Bädern und Heilanstalten, zum Betriebe von Theatern.

b) Auch Bankgeschäfte können in dieser Gesellschaftsform betrieben werden. Ein in der Reichstagskommission gestellter Antrag, die Bankgeschäfte auszuschließen, wurde abgelehnt. Doch wurde für Bankgeschäfte die Sonderbestimmung des § 41 Abs. 4 wegen Veröffentlichung der Bilanz hinzugefügt. Der Betrieb des Hypothekenbankgeschäfts jedoch ist den Gesellschaften mit beschränkter Haftung untersagt d. h. der Betrieb eines Unternehmens, welches in der hypothekarischen Beleihung von Grundstücken und der Ausgabe von Schuldverschreibungen auf Grund der erworbenen Hypotheken besteht (§§ 1 und 2 des Hypothekenbankgesetzes vom 13. Juli 1899). Anm. 2.

c) Auch das Versicherungsgeschäft gegen Prämien kann unter dieser Gesellschaftsform betrieben werden. Geschieht dies, so fällt die Gesellschaft unter das Gesetz über die privaten Versicherungsunternehmungen vom 12. Mai 1901. Nach § 6 Abs. 2 und 3 dieses Gesetzes aber kann zum Betriebe der verschiedenen Arten der Lebensversicherung, sowie zum Betriebe der Unfall-, Haftpflicht-, Feuer- oder Hagelversicherung die Erlaubnis nur an Versicherungsvereine auf Gegenseitigkeit und an Aktiengesellschaften erteilt werden, also nicht an Gesellschaften mit beschränkter Haftung. Dabei gilt als Lebensversicherung auch die Invaliditäts-, Alters-, Witwen-, Waisen-, Aussteuer- und Militärdienstversicherung, gleichviel ob auf Kapital oder Renten. Die Erlaubnis kann Gesellschaften mit beschränkter Haftung also nur erteilt werden für andere Versicherungszweige (Kreditversicherung, Transportversicherung, Hypothekenversicherung, Seeversicherung, Frostgefahrversicherung, Diebstahlsversicherung, Streikversicherung; Krankenversicherung mit Ausnahme der Unfallversicherung; Überschwemmungsgefahrversicherung; Mißwachsversicherung). Doch kann nach § 117 jenes Gesetzes der Bundesrat eine Erschwerung und eine Erleichterung anordnen: Anm. 3.

a) Er kann anordnen, daß die Vorschrift des § 6 Abs. 2 des gedachten Gesetzes auch für andere als die dort bezeichneten Versicherungszweige gilt, d. h. also daß die Erlaubnis zum Geschäftsbetriebe auch hinsichtlich der anderen Versicherungszweige,

z. B. hinsichtlich der Diebstahlsversicherung nur an Versicherungsgesellschaften auf Gegenseitigkeit oder an Aktiengesellschaften erteilt werden kann — das ist die Erschwerung,

β) er kann anordnen, daß für Versicherungszweige, für welche die Vorschrift des § 6 Abs. 2 nicht gilt (z. B. für Diebstahlsversicherung), die Vorschriften des gedachten Gesetzes ganz oder teilweise außer Anwendung bleiben.

Anm. 4. 2. Es braucht aber überhaupt kein Erwerbszweck zu sein. Es können auch, obwohl die Gesellschaft mit beschränkter Haftung eine Handelsgesellschaft ist, ideale Zwecke in dieser Form verfolgt werden. So sind in der Tat bereits Gesellschaften mit beschränkter Haftung gegründet worden zur Errichtung von privaten Gesellschaftshäusern (z. B. Logen oder sonstigen Vereinshäusern), für gemeinnützige und Wohltätigkeitsanstalten, als Erziehungs- und Unterrichtsanstalten, als Sportvereine u. s. w. Daß die Gesellschaft mit beschränkter Haftung nicht bloß zu wirtschaftlichen Zwecken errichtet werden kann, geht aus unsrem Paragraphen mit voller Deutlichkeit hervor. Die im Aktienrecht hierüber entstandene Streitfrage (vergl. einerseits Simon in G.Z. 49 S. 8 und 9; andererseits Gierke bei Kohler und Ring 19 S. 133) kann hier gar nicht auftauchen. Doch sind wir auch im Aktienrecht der Auffassung, daß Simons Ansicht nicht zutrifft, wonach Aktiengesellschaften infolge der §§ 21 u. 22 B.G.B. nur zu wirtschaftlichen Zwecken errichtet werden können.

Anm. 5. II. **Der Zweck muß jedoch ein gesetzlich zulässiger sein.** Ist der Zweck gesetzlich verboten, so darf die Gesellschaftsform nicht gewählt werden. Eine Gesellschaft zur Förderung des gewerbsmäßigen Glücksspiels oder eine Diebesbande oder eine Gesellschaft zum Betriebe einer Bordellwirtschaft kann sich in dieser Form nicht konstituieren. Aber ebenso darf die Gesellschaftsform ohne staatliche Genehmigung nicht gewählt werden, wenn die Zwecke nur mit staatlicher Genehmigung verfolgt werden dürfen, ganz gleichgültig ob dieses Erfordernis staatlicher Genehmigung auf Reichs- oder Landesgesetz beruht, und von welcher Behörde die Staatsgenehmigung zu erteilen ist. (Welche Fälle hierher gehören, hierüber s. zu § 8.) Wenn der Zweck nicht gerade gesetzlich verboten, aber doch unsittlich ist, so greift zwar unser Paragraph nicht Platz, aber die Gesellschaftsgründung ist aus einem anderen Grunde nicht möglich. Denn der Gesellschaftsvertrag ist alsdann nichtig (§ 138 B.G.B.). Aus dem gleichen Grunde kann z. B. eine Vereinigung zum Abschlusse von Börsentermingeschäften mit Personen, die nicht in das Börsenregister eingetragen sind, sich nicht als Gesellschaft mit beschränkter Haftung bilden; denn eine solche Vereinigung ist nichtig (§ 66 Abs. 2 des Börsengesetzes). Eine Vereinigung zum Abschlusse von reinen Differenzgeschäften dagegen wäre in dieser Form zulässig (vergl. Staub H.G.B. Anm. 59 im Exkurse zu § 376).

Anm. 6. III. **Rechtsfolgen, wenn ein gesetzlich unzulässiger Zweck gewählt würde.**

1. Solange die Gesellschaft nicht in das Handelsregister eingetragen ist, hat der Registerrichter das Recht und die Pflicht, darüber zu wachen, daß eine solche Gesellschaft nicht zur rechtlichen Existenz gelange. Er hat das Recht und die Pflicht zu prüfen, ob der Zweck erlaubt ist. Einen Anhaltspunkt gewährt ihm die Angabe des Gegenstandes des Unternehmens im Gesellschaftsvertrage (§ 3 Nr. 2). Kommt er aber zu der Überzeugung, daß diese Angabe auf Schein beruht, daß unter diesem Deckmantel in Wahrheit andere Zwecke verfolgt werden, so kann der Registerrichter die Eintragung verweigern. Er wird von diesem Rechte freilich nur sehr vorsichtigen Gebrauch machen. Aber im Prinzip ist ihm dieses Recht nicht zu versagen. Er kann auch Ermittlungen veranstalten, um festzustellen, ob der angegebene Gesellschaftszweck nicht auf Schein beruht, falls er einen solchen Verdacht hat (§ 12 F.G.). — Wo die staatliche Genehmigung erforderlich ist, muß der Anmeldung die Genehmigungsurkunde beigefügt werden (hierüber zu Anm. 8 u. 9 § 8).

Anm. 7. 2. Wenn aber die Gesellschaft eingetragen ist, obgleich sie sich zu einem gesetzlich unzulässigen Zweck gebildet hatte, so liegt ein Fall des § 75 vor: eine nach § 3 Abs. 1 wesentliche Bestimmung des Gesellschaftsvertrages ist nichtig, nämlich die Angabe des Gegenstandes des Unternehmens. Es kann daher die Nichtigkeitsklage angestellt werden und ebenso greifen die §§ 142 und 144 F.G. Platz, wonach das Registergericht von Amtswegen die Auflösung der Gesellschaft herbeiführen kann. Näheres zu §§ 75 u. 76.

(Daneben greift noch § 62 Platz für das Recht zur Herbeiführung der Auflösung, wenn das Gemeinwohl gefährdet wird.)

3. Das Gleiche gilt überall, wenn der Gesellschaftsvertrag gegen die guten Sitten verstößt und deshalb nichtig ist. Anm. 8.

4. Wenn der Gesellschaftszweck ursprünglich gehörig gewählt war, die Gesellschaft aber nachher andere, gesetzlich unzulässige oder unsittliche Zwecke verfolgt, so z. B. wenn ihr die Konzession entzogen wird, oder eine Gesellschaft, die sich mit dem Betriebe der Gastwirtschaft beschäftigt, nachträglich zum Betriebe einer Bordellwirtschaft übergeht, so wird dadurch die Gesellschaft weder nichtig, noch eo ipso aufgelöst. Im Wege des Privatrechts kann in solchem Falle nur mit der Auflösungsklage nach § 61 vorgegangen werden. Daneben haben die öffentlichen Behörden die ihnen durch öffentliches Recht gewährleisteten Rechte zum Einschreiten, dazu gehört die Befugnis nach § 62, wenn das Gemeinwohl gefährdet ist. Anm. 9.

§ 2.

Der Gesellschaftsvertrag bedarf des Abschlusses in gerichtlicher oder notarieller Form. Er ist von sämtlichen Gesellschaftern zu unterzeichnen.

Die Unterzeichnung durch Bevollmächtigte ist nur auf Grund einer gerichtlich oder notariell errichteten oder beglaubigten Vollmacht zulässig.

Der vorliegende Paragraph bestimmt die Form des Gesellschaftsvertrages (Abs. 1) **und die Zulässigkeit und Form von Vollmachten zum Abschlusse des Gesellschaftsvertrages** (Abs. 2). Einleitung.

1. (Abs. 1.) **Der Gesellschaftsvertrag muß in gerichtlicher oder notarieller Form abgeschlossen werden und ist von sämtlichen Mitgliedern zu unterzeichnen.** Mit der gerichtlichen oder notariellen Form ist diejenige Form gemeint, welche § 128 B.G.B. die gerichtliche oder notarielle Beurkundung nennt. Die näheren Vorschriften für die Beobachtung dieser Form sind in den §§ 168 ffg. F.G. enthalten. Die weitere Vorschrift, daß der Gesellschaftsvertrag von sämtlichen Gesellschaftern unterzeichnet werden muß, hat den Zweck, die Successivgründung auszuschließen. Der Gesellschaftsvertrag muß also von sämtlichen Personen festgestellt werden, welche die ersten Gesellschafter sein sollen. Es ist nicht zulässig, daß der Gesellschaftsvertrag (das Statut) durch eine einzelne Person festgestellt wird und die anderen Personen durch Zeichnung oder sonstwie dem Vertrage beitreten und daß auf diese Weise die Gesellschaft errichtet wird. Damit ist jedoch nicht gesagt, daß sämtliche Gesellschafter oder ihre Vertreter beim Abschlusse gleichzeitig zugegen sein müssen. Das Erfordernis gleichzeitiger Anwesenheit ist hier nicht, wie im § 925 B.G.B. für die Auflassung, vorgeschrieben. Vielmehr ist hier diejenige successive Vertragsschließung zulässig, die bei der gerichtlichen oder notariellen Beurkundung überhaupt zulässig ist, d. h. es können nach §§ 128 u. 152 B.G.B. Antrag und Annahme besonders beurkundet werden (Kammergericht vom 13. August 1901 bei Mugdan und Falkmann 3 S. 262). Es ist auch nicht zutreffend, wenn Förtsch Anm. 3 sagt, daß das besonders umständlich sei. Gesetzt der Gesellschaftsvertrag soll von 5 Personen geschlossen werden, von denen drei in Berlin und zwei in Memel wohnen. Dann kann die Vertragsschließung, wenn die beiden in Memel wohnenden Personen nicht durch Bevollmächtigte bei der Verhandlung in Berlin vertreten sind, in der Weise erfolgen, daß die drei Berliner sich gegenseitig die Abschließung des Gesellschaftsvertrags offerieren und diese Offerte gleichzeitig annehmen und ferner den beiden Memelern die Errichtung eines Gesellschaftsvertrages unter den angegebenen Bedingungen antragen, und daß alsdann die beiden Memeler vor dem Notar in Memel diesen Antrag annehmen. Diese Annahmeerklärung braucht nicht, wie Parisius und Crüger Anm. 12 annehmen, den gesamten Inhalt des Gesellschaftsvertrages zu enthalten, es genügt eine deutliche Bezugnahme auf den Antrag (vergl. das Formularbuch des Berliner Anwaltsvereins S. 227). Anm. 1.

Die notarielle Beurkundung erfolgt normalerweise so, daß der Gesellschaftsvertrag Anm. 2.

zu Protokoll erklärt wird. Er kann aber auch überreicht und als Anlage zum Protokoll genommen werden (§§ 174, 176 Abs. 2, 177 F.G.). In diesem Falle braucht der Gesellschaftsvertrag nicht besonders unterzeichnet zu werden. Es genügt, wenn das Protokoll unterzeichnet wird. Der Abs. 1 Satz 2 unseres Paragraphen steht dem nicht entgegen. Er will, wie oben Anm. 1 ausgeführt, nur besagen, daß sämtliche Gesellschafter den Gesellschaftsvertrag feststellen müssen. Indem sie das Protokoll, in welchem dies geschieht, unterzeichnen, wird der Vorschrift des Abs. 1 Satz 2 genügt.

Anm. 3. Die gerichtliche Beurkundung braucht nicht notwendig vor dem Amtsgericht zu erfolgen, welches das zuständige Registergericht ist. Ob die Gerichte oder die Notare zuständig oder beide zuständig sind, bestimmt das Landesgesetz (Art. 141 E.G. zum B.G.B.), in Preußen sind beide zuständig (Preußisches Gesetz über die freiwillige Gerichtsbarkeit Art. 31).

Anm. 4. 2. (Abs. 2.) **Die Bevollmächtigung ist zulässig, doch muß die Vollmacht gerichtlich oder notariell errichtet oder beglaubigt sein.** Im Allgemeinen ist die Vollmacht zum Abschlusse von Rechtsgeschäften formlos, auch wenn das Geschäft selbst an eine Form gebunden ist (§ 167 Abs. 2 H.G.B.). Hier aber ist für die Vollmacht eine Form vorgeschrieben. Der Gesellschaftsvertrag ist daher nicht gültig, falls dem Bevollmächtigten nicht eine beglaubigte Vollmacht erteilt ist. Dieselbe kann aber auch nachträglich erteilt oder nachträglich beglaubigt werden; sie ist dann als Genehmigung aufzufassen (vergl. unten Anm. 10).[1]

Anm. 5. Welchen Inhalt die Vollmacht haben muß, ergibt die Natur der Sache. Sie muß unzweideutig ersehen lassen, daß sie zu dem Abschlusse des betreffenden Gesellschaftsvertrages ermächtigt. Ob dies der Fall ist, kann nur von Fall zu Fall enschieden werden. Allgemeine Vorschriften lassen sich darüber nicht geben. Es ist verfehlt, das allgemeine Erfordernis aufzustellen, daß die Höhe der Stammeinlagen enthalten sein muß (so auch Johow 19 S. 17). Es ist auch verfehlt, eine Generalvollmacht für ungenügend zu erklären (Liebmann Anm. 5; dagegen Birkenbihl Anm. 8). Der Begriff der Generalvollmacht oder vielmehr das Erfordernis der Spezialvollmacht ist ja im allgemeinen dem neuen Recht nicht bekannt. Es kann sich immer nur darum handeln, ob deutlich ersichtlich ist, daß die Vollmacht zur Errichtung der betreffenden Gesellschaft ermächtigt. Eine generelle Handlungsvollmacht wird im allgemeinen nicht genügen. Denn der Betrieb eines Handelsgewerbes bringt wohl im allgemeinen die Beteiligung bei der Gründung von Gesellschaften mit beschränkter Haftung nicht gewöhnlich mit sich. Doch kann auch dies der Fall sein. Wenn z. B. im Gesellschaftsvertrage einer offenen Handelsgesellschaft oder Aktiengesellschaft die Beteiligung bei der Gründung von Gesellschaften mit beschränkter Haftung einer bestimmten Art als Gegenstand des Unternehmens bezeichnet ist, so bezieht sich eine allgemeine Handlungsvollmacht auch hierauf. Der Prokurist ist dazu bevollmächtigt: denn dieser ist ja nicht bloß zu den gewöhnlichen Geschäften des betreffenden Betriebes, sondern zu allem berechtigt, was der Betrieb eines Handelsgewerbes mit sich bringt.

Anm. 6. Es können auch alle Gesellschafter ein und dieselbe Person ermächtigen, den Gesellschaftsvertrag abzuschließen (§ 181 B.G.B.).

Anm. 7. Gesetzliche Vertreter bedürfen keiner Vollmacht. Inwieweit diese legitimiert sind, bestimmt sich nach anderen Vorschriften (vergl. hierüber unten Anm. 13 u. 14). Gesetzliche Vertreter werden ihre Vertretungsbefugnis anderweit nachweisen müssen: z. B. der Vorstand einer Aktiengesellschaft durch den Registerauszug (falls nicht etwa dasselbe Registergericht in Frage kommt), der offene Gesellschafter ebenso; der Vormund durch seine Bestallung; der Konkursverwalter ebenso. Es gibt Fälle, in denen ein gesetzlicher Vertreter nur auf Grund amtlicher Autorisation Vertretungsbefugnis erlangt; so z. B. ist die Berechtigung, den Provinzialverband bezw. Kreis zu vertreten, in dem preußischen Gesetze von einer besonderen urkundlichen Autorisation abhängig gemacht (§ 91 der Provinzialordnung; § 137 der Kreisordnung von 1872/1881). Die Erteilung einer solchen Er-

---

[1]) Eine unbeglaubigte Vollmacht kann aber als Verpflichtung zur Erteilung der Vollmacht aufgefaßt werden und ist in diesem Sinne nicht wirkungslos (vergl. unten Anm. 25).

mächtigung, mag sie sich auch selbst als Vollmacht bezeichnen, ist keine Vollmacht im Sinne unseres Absatzes 2 und bedarf keiner Beglaubigung (Kammergericht vom 13. August 1901 bei Mugdan u. Falkmann Bd. 3 S. 259).

Der gleichen Form, wie die Vollmacht, bedarf auch eine zur Wirksamkeit der Beteiligungserklärung erforderliche Zustimmung (z. B. des Ehemannes), es sei denn, daß es sich um die Genehmigung einer öffentlichen Behörde (z. B. des Vormundschaftsgerichts) handelt.

3. **Hinzuzufügen ist, daß die nachträgliche Genehmigung die gleiche Kraft hat, wie die im voraus erfolgte Bevollmächtigung.** Das Gesetz erwähnt das zwar nicht; aber es ist aus allgemeinen Grundsätzen zu entnehmen, daß der Gesellschaftsvertrag auch von einer Person abgeschlossen werden kann, welche keine Vollmacht hat, aber als Vertreter einer anderen Person auftritt. Ein so abgeschlossener Gesellschaftsvertrag wird gültig, wenn nur die nachträgliche Genehmigung, und zwar, analog dem Abs. 2, in gerichtlicher oder notarieller Beurkundung oder Beglaubigung beigebracht wird (Förtsch Anm. 6; Kammergericht vom 13. August 1901 bei Mugdan u. Falkmann 3 S. 261). Den gleichen Grundsatz hat das Kammergericht bei der noch strengeren Form der Auflassung aufgestellt, und zwar auf Grund der allgemeinen Vorschrift des § 177 B.G.B., die hier von der Verwendung nicht ausgeschlossen sein sollte (Kammergericht v. 4. März 1901 in R.J.A. 2 S. 85). Anm. 8.

Es kann also, wenn nicht alle Gesellschafter anwesend oder gehörig vertreten sind, der Gesellschaftsvertrag entweder, wie oben Anm. 1 erwähnt, in der im § 128 B.G.B. vorgesehenen Form abgeschlossen werden oder so, daß eine Person als Vertreter des abwesenden Gesellschafters auftritt und nachträglich eine gehörig beglaubigte Genehmigungserklärung des abwesenden Gesellschafters beibringt. Hatte solch ein Vertreter den Gesellschaftsvertrag mit abgeschlossen, aber unter Vorbehalt der Genehmigung des Vertreters, so ist diese Erklärung als Erklärung mit Vorbehalt nichtig (vergl. unten Anm. 18). Immerhin gelten die bisherigen Erklärungen der Gesellschafter mindestens als Vertragsofferte und es kann der Vertrag durch den Beitritt des Vertretenen gemäß § 128 B.G.B. perfekt werden (so auch Kammergericht v. 13. August 1901 bei Mugdan u. Falkmann Bd. 3 S. 262 oben). Anm. 9.

Als nachträgliche Genehmigung muß es auch gelten, wenn nachträglich die Vollmacht erteilt oder die erteilte beglaubigt wird (vergl. oben Anm. 4). Anm. 10.

Zusatz 1. Zahl und Qualität der Gründer.

1. Über die Zahl ist nichts bestimmt. Da es sich um eine Gesellschaft handelt und ein Vertrag geschlossen werden muß, so sind zur Gründung der Gesellschaft mindestens zwei Personen erforderlich, und da das Gesetz eine größere Anzahl nicht fordert, so kann ein Gesellschaftsvertrag, durch welchen eine Gesellschaft mit beschränkter Haftung gegründet wird, auch zwischen zwei Personen geschlossen werden, so z. B. auch zwischen zwei Eheleuten. Zweifelsfragen stoßen hier auf, wenn offene Handelsgesellschaften oder Kommanditgesellschaften Gründer sind. Kann die offene Handelsgesellschaft und ein Gesellschafter miteinander eine Gesellschaft mit beschränkter Haftung schließen? Oder eine Kommanditgesellschaft mit ihrem Komplementar oder mit ihren Kommanditisten? Ist das Erfordernis der Zweizahl erfüllt? Die Fragen müssen bejaht werden. Jene Gesellschaften besitzen ja formelle Parteifähigkeit und außerdem sind zwei physische Personen vorhanden, welche die rechtliche Gründerverantwortlichkeit übernehmen, was ebenfalls erforderlich ist. Anm. 11.

2. **Über die Qualität der Gründer** ist im Gesetze gleichfalls nichts gesagt. Wer fähig ist, Mitglied eines rechtsfähigen Vereins zu sein, kann Mitglied einer Gesellschaft mit beschränkter Haftung werden: also jede physische oder juristische Person. Anm. 12.

   a) Die physischen Personen brauchen nicht selbständig verpflichtungsfähig zu sein. Für Minderjährige, Geisteskranke, Verschwender kann der gesetzliche Vertreter auftreten. Ob dazu die Genehmigung des Vormundschaftsgerichts nötig ist, richtet sich nach anderen Vorschriften. In dieser Beziehung sei bemerkt, daß der § 1822 Nr. 2 (bezw. der § 1643) B.G.B. hier nicht Platz greift. Der Vormund oder Vater bedürfen daher der Genehmigung des Vormundschaftsgerichts nicht, weil es sich in diesem Sinne nicht um einen Gesellschaftsvertrag handelt, der zum Betriebe eines

Erwerbsgeschäfts eingegangen wird. Als solcher ist nur ein Gesellschaftsvertrag zu verstehen, Inhalts dessen die Kontrahenten selbst das Geschäft betreiben wollen. Hier aber soll die als selbständige juristische Person entstehende neue Gesellschaft das Erwerbsgeschäft betreiben. Planck Anm. 3b zu § 1822 B.G.B. erachtet nicht einmal Beteiligung als Kommanditist als unter diesen Paragraphen fallend, obwohl doch hierbei eine persönliche Haftung in gewissen Grenzen konstituiert wird, um wieviel weniger fällt darunter die Beteiligung als Gesellschafter einer Gesellschaft mit beschränkter Haftung. Ob die Genehmigung nach § 1822 Nr. 1 oder Nr. 13 erforderlich ist, richtet sich nach den Bedingungen der Beteiligung.

Anm. 13. b) Auch juristische Personen können als Gründer einer Gesellschaft mit beschränkter Haftung auftreten (Kammergericht v. 13. August 1901 bei Mugdan u. Falkmann 3 S. 260), insbesondere also rechtsfähige Vereine im Sinne des B.G.B., Aktiengesellschaften, Aktienkommanditgesellschaften, öffentlich-rechtliche Korporationen, z. B. Kreisverbände, Stadtgemeinden; auch Gesellschaften mit beschränkter Haftung.

Für juristische Personen tritt natürlich der gesetzliche Vertreter auf und übernimmt dadurch die etwaige strafrechtliche Verantwortlichkeit. Natürlich muß dabei der gesetzliche Vertreter innerhalb seiner Vertretungsbefugnis handeln. Bei der schrankenlosen und unbeschränkbaren Vertretungsbefugnis, die dem Vorstande der hier in Frage stehenden Vereine regelmäßig zukommt, wird dieser Legitimationspunkt regelmäßig keine Schwierigkeiten machen. Fraglich ist es aber geworden, ob der Liquidator einer Gesellschaft mit beschränkter Haftung sich durch Inferierung des gesamten Vermögens seiner Gesellschaft in eine zu gründende Gesellschaft mit beschränkter Haftung bei der Gründung einer solchen beteiligen darf. Doch kann dieser Frage erst bei § 70 nähergetreten werden. Bei dem Vorstande und den Liquidatoren von Aktiengesellschaften richtet sich diese Frage nach § 303 H.G.B.

Anm. 14. c) Endlich können auch diejenigen Gesellschaften, die nicht juristische Persönlichkeit, aber doch eine gewisse Parteifähigkeit besitzen, als Gründer einer Gesellschaft mit beschränkter Haftung auftreten, nämlich die offene Handelsgesellschaft und die Kommanditgesellschaft. Vergl. oben Anm. 11.

Anm. 15. d) Kann aber auch eine bürgerliche Gesellschaft als Gründer auftreten? Eine bürgerliche Gesellschaft als solche allerdings nicht. Denn sie besitzt keine Parteifähigkeit. Aber sie kann in dem Sinne und mit der Wirkung als Gründerin auftreten, daß die wahren Gründer in solchem Falle die Mitglieder der bürgerlichen Gesellschaft sind. Diese sind nach § 8 Nr. 3 nach Namen, Stand und Wohnort anzugeben. Dies würde allerdings dann unzulässig sein, wenn es unzulässig wäre, daß mehrere Personen gemeinsam einen Stammanteil bei der Gründung übernehmen. Es ist das aber nicht unzulässig, weil es überhaupt nicht unzulässig ist, daß mehrere Personen einen Geschäftsanteil durch Rechtsgeschäft unter Lebenden erwerben (vergl. hierüber zu § 18). Ganz dasselbe gilt überall für den nicht rechtsfähigen Verein. Denn für ihn gilt ja das Recht der Gesellschaft (§ 54 B.G.B.). Auch er kann also nicht als Gründer einer Gesellschaft mit beschränkter Haftung auftreten (Dernburg I § 80 Nr. VI). Geschieht dies dennoch, so sind die einzelnen Vereinsmitglieder die Gründer. Außerdem haften aber die Handelnden für die durch den Gründungsvertrag entstehenden Verbindlichkeiten (§ 54 B.G.B.). Gierke (Vereine ohne Rechtsfähigkeit 2. Aufl. S. 30) erachtet den nicht rechtsfähigen Verein ohne weiteres für fähig, Mitglied eines rechtsfähigen Vereins zu sein. Dem kann aber nicht gefolgt werden. Denn es fehlt ihm (außer in gewissen prozessualischen Hinsichten) die formelle Parteifähigkeit, wie sie der offenen Handelsgesellschaft zukommt, er ist nicht nach den Regeln dieser, sondern nach den Regeln über die bürgerliche Gesellschaft zu beurteilen. Das bestimmt das Gesetz ausdrücklich.

Anm. 16. e) Ein Einzelkaufmann kann nach unser Ansicht nicht unter seiner Firma als Gründer einer Gesellschaft mit beschränkter Haftung fungieren.

Dies folgt daraus, daß überall da, wo aus öffentlichrechtlichen Gründen der Name gewisser Personen zum Zwecke der möglichst sicheren Feststellung der Identität in öffentliche Listen eingetragen werden muß, unter dem Namen nicht der Handelsname, sondern der bürgerliche Name zu verstehen ist, weil nur dieser dem Erfordernis der möglichst sicheren Feststellung der Identität genügt (Staub H.G.B. Anm. 3 zu § 17). Die Praxis verfährt jedoch anders.

f) Der Gesellschaftsvertrag kann bestimmen, daß Gesellschafter bestimmte Eigen- Anm.17. schaften haben müssen, z. B. daß sie nur physische Personen sein können oder nur Inländer oder nur Frauen u. s. w.

Zusatz 2. Muß die Beteiligungserklärung notwendigerweise vorbehaltlos und unbedingt Anm.18. **abgegeben werden?** Das Reichsgericht hat diese Frage, zwar ohne Begründung, doch mit Recht bejaht. Nach R.G. 33 S. 93 entkräftet jeder in der Beteiligungserklärung gemachte Vorbehalt (und demzufolge auch jede hinzugefügte Bedingung) die Beteiligungserklärung. Das ist zutreffend (zust. Kammergericht v. 13. August 1901 bei Mugdan u. Falkmann 3 S. 261). Der Abschluß des Gesellschaftsvertrages im Sinne des § 2 des Gesetzes ist nämlich wohl zu unterscheiden von denjenigen Erklärungen, durch welche sich die einzelnen Gesellschafter gegeneinander zur Errichtung der Gesellschaft verpflichten (vgl. unten Anm. 25). Diese Verpflichtungserklärungen können mit Vorbehalten und Bedingungen abgegeben werden. Die Errichtung der Gesellschaft selbst aber ist die Errichtung eines für die öffentlichen Straßen des Rechtsverkehrs bestimmten rechtlichen Gebäudes. Dazu sind nur Definitiverklärungen geeignete Bausteine. Vorbehalte und Bedingungen, die ein einzelner Gesellschafter oder ein Teil der Gesellschafter hinzufügt, würden ja auch schon deshalb den Gesellschaftsvertrag entkräften, weil dann die sämtlichen Erklärungen nicht kongruent wären. Wenn aber sämtliche Gesellschafter sich nur unter Vorbehalten oder unter Bedingungen beteiligen zu wollen erklärten, dann wäre der ganze Gesellschaftsvertrag seinem Wesen nach aus den gedachten Gründen nichtig.

Daß ein in die Urkunde nicht aufgenommener Vorbehalt der Gesellschaft Anm.19. gegenüber unwirksam ist, und nicht etwa die Beteiligungserklärung unwirksam macht, hat das Reichsgericht Bd. 33 S. 93 ebenfalls ausgesprochen. Auch dieser Ausspruch trifft zu. Die Gründe hierfür s. unten Anm. 21.

Zusatz 3. Muß der Gründer sich für eigene Rechnung bei der Gesellschaft beteiligen? Anm.20. Ist es ungültig, wenn er im eigenen Namen, aber für Rechnung eines Andern den Gesellschaftsvertrag abschließt? Die Fragen sind zu verneinen, ebenso wie im Aktienrecht. Auch hier ist der Scheingründer, der Strohmann, wahrer Gründer. Der Gesellschaft gegenüber ist auch der Scheingründer der alleinige Verpflichtete und Berechtigte (für das Aktienrecht R.G 28. S. 77; 41 S. 13; R.G. v. 11. Mai 1901 in J.W. S. 485; R.G. in Strafsachen 30 S. 314).

Zusatz 4. Anfechtbarkeit der Gründungsbeteiligungserklärungen wegen Irrtums, Betrugs Anm.21. **oder wegen zugefügter Bedingungen und Vorbehalte.** Eine solche Anfechtung ist ausgeschlossen. Das R.O.H. und das Reichsgericht haben in konstanter Rechtsprechung im Aktienrecht betont, daß die Vorschriften der Civilrechte, welche eine Anfechtung des erklärten Willens zum Gegenstande haben, „auf dem Gebiete solcher Erklärungen, welche dazu bestimmt sind, über den Kreis derjenigen, welchen zunächst erklärt wird, hinaus Dritten das Vorhandensein des erklärten Verhältnisses kundzugeben und mit dieser Kundgebung auf ihre Entschließung zu wirken, wie zur öffentlichen Kenntnis bestimmte Beteiligungserklärungen, nur in äußerst beschränkten Grenzen anwendbar seien“. (Worte des Reichsgerichts Bd. 9 S. 38.) In besonders hohem Maße, sagt das Reichsgericht an dieser Stelle, muß die ausschließliche Maßgeblichkeit der Erklärungen gelten, wenn es sich nm eine Beteiligungserklärung handelt, welche der Behörde abgegeben wird und an deren Prüfung durch die Behörde das Gesetz in rechtspolizeilichem Interesse bestimmte, das öffentliche Interesse berührende und nicht wieder zurückzunehmende Wirkungen knüpft. Solche Erklärungen, ist hinzuzufügen, werden gewissermaßen nicht bloß der Gegenpartei, sondern auch dem Verkehr und der Registerbehörde gegenüber abgegeben, und dem Verkehr und der Registerbehörde gegenüber müssen sie so gelten, wie sie diesen gegenüber abgegeben wurden. Etwaige Anfechtungsgründe interner Art müssen außer Betracht bleiben. Daraus folgt, daß die im Gesellschaftsvertrage abgegebene Aktienübernahmeerklärung weder wegen Irrtums, noch wegen Betruges angefochten werden kann (R.O.H. 5 S. 415; 20 S. 270; R.G. 2 S. 132; 9 S. 37;

19 S. 126; 45 S. 108; R.G. v. 25. März 1899 in J.W. S. 306; so auch Dernburg I § 83 Anm. 9; Gierke, Genossenschafts-Theorie S. 132). Das Gleiche muß auch für die Gesellschaft mit beschränkter Haftung gelten. Das soeben an letzter Stelle zitierte Erkenntnis des Reichsgerichts bezieht sich auf diese. Hier muß das Prinzip ausgedehnt werden auf die Hinzufügung von Vorbehalten und Bedingungen, obgleich eine Vorschrift des Gesetzes, welche eine solche in die Erklärung selbst nicht aufgenommene Hinzufügung wirkungslos macht, hier fehlt. Nach früherem Aktienrechte, wo eine solche positive Vorschrift gleichfalls fehlte, wurde dasselbe ebenfalls angenommen (R.G. 2 S. 132). Etwaige Ansprüche wegen Betruges kann der Getäuschte hiernach und gegen diejenigen Personen erheben, die ihn getäuscht haben, nicht auch gegen die gegründete Gesellschaft mit beschränkter Haftung.

Anm. 22. Aus den gleichen Gründen kann der Gesellschafter seine Beteiligung auch nicht einfach deshalb anfechten, weil ein anderer Gesellschafter seine Beteiligung z. B. wegen mangelnder Vertretung mit Erfolg angefochten hat, (wobei bemerkt wird, daß diese Frage in der Entscheidung des Kammergerichts vom 11. November 1901 bei Johow u. Ring 23 S. A 101 und in R.J.A. 3 S. 16 nicht beantwortet ist, dort ist vielmehr bloß verneint, daß die Gesellschaft durch solche Anfechtung nichtig werde).

Anm. 23. Das hier ausgesprochene Prinzip gilt auch für die Kapitalserhöhung. Im Aktienrecht ist das angenommen worden (R.G. 2 S. 132; R.G. v. 4. Juni 1902 in der Deutschen Juristenzeitung 7 S. 435; Staub bei Holdheim 10 S. 133; Dernburg I S. 252; Kammergericht v. 22. Mai 1902 bei Mugdan u. Falkmann 4 S. 469; dagegen Lehmann im Recht 1901 S. 466). Wohl aber kann die Mitgliedschaft dann als nichtig hingestellt werden, wenn ein Pseudovertreter den Gründungsvertrag abgeschlossen hat; denn in diesem Falle braucht der Vertreter die Erklärung überhaupt nicht gegen sich gelten zu lassen (vergl. Anm. 22).

Anm. 24. **Zusatz 5. Auslegung des Gesellschaftsvertrages.** Für den Gesellschaftsvertrag ist das maßgebend, was die Parteien erklärt haben, nicht das, was sie gewollt haben. Der Gesellschaftsvertrag ist nach objektiven Momenten auszulegen. Wenn nicht Alle dasselbe gewollt haben, so ist das ja selbstverständlich. Wenn aber auch Alle dasselbe gewollt haben, so gilt der festgesetzte Gesellschaftsvertrag nur so, wie er eingetragen ist, da er ja nach außen wirken und Bedeutung haben soll für das ganze Rechtsleben, nicht bloß für die Personen, welche den Vertrag abgeschlossen haben. Es gilt hier das Analoge, wie bei der Frage der Wirksamkeit der inter partes in unwirksamer Weise abgegebenen Beteiligungserklärungen (vgl. oben Anm. 20). Wäre entscheidend, was die Gründer gewollt haben, wohin würde Das z. B. bei einer Gesellschaft, von welcher Tausende von Anteilen im Verkehr sind, führen?

Anm. 25. **Zusatz 6. Bedarf auch ein Rechtsgeschäft, durch welches die Verpflichtung zur Gründung oder Mitgründung einer Gesellschaft mit beschränkter Haftung eingegangen wird, der gerichtlichen oder notariellen Form?** Dies wird vom R.G. (43 S. 136) bejaht. Aber diese Entscheidung muß bekämpft werden. Das Reichsgericht sagt: „Es gibt keinen Anspruch auf Vollziehung der Form, wenn das Gesetz dem rechtsgeschäftlichen Willen nur in der gebührenden Form Beachtung schenkt." Dieser Satz ist richtig. Aber das Reichsgericht vermengt hier zwei Dinge: die Verpflichtung, sich bei einer Gesellschaft mit beschränkter Haftung zu beteiligen, ist wohl zu scheiden von dem „Abschluß des Gesellschaftsvertrages", von welchem im § 2 unseres Gesetzes die Rede ist. Der Abschluß des Gesellschaftsvertrages ist derjenige Rechtsakt, durch welchen die Gesellschaft gebildet wird, die Errichtung desjenigen juristischen Gebäudes, welches, nachdem in der Eintragung die Krönung hinzukommt, eine Gesellschaft mit beschränkter Haftung ist. Dieses juristische Gebäude betrifft die Festsetzung der Lebensbedingungen der künftigen **Gesellschaft**, die Gestaltung der Rechtsverhältnisse, wie sie zwischen der Gesellschaft und den Gesellschaftern bestehen sollen, die „dauernde, auch Dritten erkennbar zu machende Grundlage der Gesellschaftsverhältnisse" (Motive zu § 2). Von der Festsetzung dieser Satzungen sind begrifflich verschieden diejenigen Abreden, durch welche sich die einzelnen Gesellschafter verpflichten, ein solches Rechtsgebäude zu errichten. Das ist auch bei der Aktiengesellschaft nicht anders. Verpflichtet sich jemand, sein Fabrikgrundstück in eine Aktiengesellschaft zu inferieren, so werden hierüber eine Reihe von Abreden getroffen, die mit der Errichtung der Aktiengesellschaft selbst, mit den Lebensbedingungen der künftigen Gesellschaft, mit den Rechtsverhältnissen der Gesellschafter zur

Gesellschaft nicht das Geringste zu tun haben. Der Fabrikbesitzer erklärt sich z. B. zur Inferierung bereit, jedoch nur gegen die Verpflichtung der anderen Kontrahenten, ihm die Aktien nach einer bestimmten Zeit oder zu einem bestimmten Kurse abzunehmen oder sie ihm zu lombardieren, oder gegen die Abrede, seinen Sohn zum Vorstande der Gesellschaft anzustellen u. s. w. u. s. w. Bei der Gründung einer Gesellschaft mit beschränkter Haftung haben derartige Abreden inter socios oft zum Inhalt, daß der eine Gesellschafter dem andern seine Geschäftsanteile jederzeit zu einem bestimmten Kurse abkaufen oder überlassen muß, oder daß ein Teil dem andern seine Geschäftsanteile abkaufen muß, wenn sich eine bestimmte Unterbilanz herausstellt, oder daß eine gewisse Zeit lang der eine Gesellschafter den halben Gewinn dem andern überlassen muß u. s. w. u. s. w. Oder es wird einem Gesellschafter das Recht eingeräumt, nach Ablauf einer gewissen Zeit neues Kapital einzuschießen, und die übrigen Gesellschafter werden verpflichtet, dem zuzustimmen. Für die Gesellschaft ist dies natürlich nicht bindend, ein Bestandteil des Gesellschaftsvertrags ist dies nicht, weil der Kapitalserhöhungsbeschluß nur in Form eines konkreten Beschlusses auf Abänderung eines Gesellschaftsvertrages gültig ist; aber inter socios können solche Verpflichtungen vereinbart und eventuell klagend geltend gemacht werden. Eine solche Verschiedenheit der Rechtsakte kommt auch sonst im Rechtssystem vor: man kann sich mündlich verpflichten, eine Wechselverpflichtung einzugehen, aber man kann sie nur eingehen in der strengen Form des Wechsels; man kann sich mündlich verpflichten, eine Hypothek zu bestellen, aber man bestellt sie nur in den bekannten erschwerenden Formen. Wäre die Auffassung des Reichsgerichts richtig, so könnte man sich einem D r i t t e n gegenüber überhaupt nicht verpflichten, einer Gesellschaft mit beschränkter Haftung beizutreten. Denn das wäre ja kein Gesellschaftsvertrag, und für eine solche Verpflichtung gegenüber dem Dritten gäbe es keine Rechtsform, wenn man nicht etwa annehmen wollte, daß man sich einem Dritten gegenüber formlos und nur dem künftigen Mitgesellschafter gegenüber nur notariell verpflichten könnte, einer Gesellschaft mit beschränkter Haftung beizutreten, ein Ergebnis, das unannehmbar ist. Das Reichsgericht war offenbar früher auch anderer Ansicht. Sonst wäre es nicht zu erklären, daß es in der Entscheidung Bd. 41 S. 282 sorgfältig untersucht, ob die in einfacher Schriftform abgegebene Verpflichtungserklärung eines Brauereibesitzers, seine Brauerei in eine zu gründende Aktiengesellschaft zu inferieren, nicht wegen ungenügender Bestimmtheit, besonders hinsichtlich der Rechtsverhältnisse der künftigen Aktiengesellschaft, ungültig ist. Wozu diese umständlichen Untersuchungen der materiellen Frage, wenn die Form fehlte? Denn auch im Aktienrecht ist für den eigentlichen Gründungsvertrag die notarielle oder gerichtliche Form Erfordernis. Dagegen nimmt das Reichsgericht in Bd. 43 zu Unrecht auf seine früheren Entscheidungen in Bd. 14 S. 93 und Bd. 40 S. 48 Bezug. In diesen beiden Entscheidungen hatte es die Frage untersucht, ob derjenige Rechtsakt, durch welchen jemand Mitglied einer Genossenschaft oder einer Aktiengesellschaft wird, notwendig in der gesetzlichen Form betätigt werden muß. Das hat das Reichsgericht mit Recht bejaht. Die Aktienzeichnung als solche, der Akt, durch welchen man Mitglied wird, ist allerdings nur in schriftlicher Form gültig, nur in dieser Form wird die Mitgliedschaft erworben. Dagegen war bisher nicht bezweifelt worden, daß die einem Dritten oder einem künftigen Mitgesellschafter gegenüber abgegebene V e r p f l i c h t u n g, e i n e A k t i e z u z e i c h n e n, auch in mündlicher Form gültig ist.

D i e V e r p f l i c h t u n g, e i n e r G e s e l l s c h a f t m i t b e s c h r ä n k t e r H a f t u n g b e i z u t r e t e n, b e d a r f h i e r n a c h u n s e r e r A n s i c h t n a c h k e i n e r b e s o n d e r e n F o r m. Anm. 26. Die Form kann freilich aus anderen Gründen notwendig werden, so wenn sich jemand verpflichtet, sein Grundstück oder sein ganzes Vermögen zu inferieren (§§ 311, 313 B.G.B.). **Auch muß die Verpflichtungserklärung die nötige materielle Bestimmtheit haben**: es muß feststehen, nach welchen Rechtsverhältnissen die künftige Gesellschaft leben soll. (Vergl. hierüber R.G. 30 S. 95 und 41 S. 282). Es müssen also insbesondere alle wesentlichen Erfordernisse des Gesellschaftsvertrages feststehen, und es muß feststehen, daß im übrigen nichts besonderes vereinbart werden soll, oder was sonst besonders vereinbart werden soll. Das Erfordernis der Bestimmtheit oder Bestimmbarkeit ist aber nicht allzu streng aufzufassen, nicht etwa dahin, daß gerade alle Festsetzungen des abzuschließenden Gesellschaftsvertrages unabänderlich feststehen müssen. Es genügt vielmehr eine gewisse Wandelbarkeit, die das Erfordernis der Bestimmtheit nicht beeinträchtigt. Man kann sich z. B. gültig verpflichten, einer Gesellschaft mit beschränkter Haftung beizutreten, welche entweder die Firma A. Schulze & Co. Gesellschaft mit beschränkter Haftung trägt oder einen der anderen Namen der Gesellschafter mit einem das Gesellschaftsverhältnis andeutenden Zusatz oder ohne einen solchen; es genügt, wenn das künftige Gesellschaftskapital in minimo und in maximo feststeht, wenn die von dem Verpflichteten übernommene Einlage in maximo feststeht u. s. w.

Anm. 27. **Zusatz 7. Wenn der Gesellschaftsvertrag in nicht gehöriger Form abgeschlossen und gleichwohl eingetragen worden ist,** so bleibt die Gesellschaft gültig. Ein Fall des § 75 liegt nicht vor. Vielmehr muß das Prinzip, welches das Reichsgericht in Bd. 26 S. 68 ausgesprochen hat, wonach auch im Aktienrecht ein formlos abgeschlossener Gesellschaftsvertrag, wenn die Eintragung nur mit dem Willen der Kontrahenten erfolgt ist, die Nichtigkeit der Gesellschaft nicht zur Folge hat, auch hierauf ausgedehnt werden. Für die formlos beschlossene Kapitalserhöhung hat dies das Kammergericht unter Bezugnahme auf die Entscheidung des Reichsgerichts in Bd. 26 bereits angenommen (Kammergericht v. 9. Juli 1900 in R.J.A. 1 S. 116). Der § 75 ist dahin auszulegen, daß Nichtigkeit dann eintritt, wenn eine der im § 3 Abs. 1 enthaltenen Bestimmungen fehlt oder ihrem Inhalte nach nichtig ist, wogegen Mängel der Gesellschaftserrichtung nicht mehr in Betracht kommen, wenn der Gesellschaftsvertrag eingetragen ist. Das Kammergericht hat diesen Grundsatz ausdrücklich ausgesprochen in einem Fall, wo der Gesellschaftsvertrag nichtig war, weil ein Gründer nicht gehörig vertreten war (Kammergericht vom 11. November 1901 bei Johow und Ring 23 S. A 101 und in R.J.A. 3 S. 16). Näheres zu § 75. Über das Stadium, in welchem ein nichtiger Gesellschaftsvertrag noch nicht eingetragen ist, s. Anm. 1 zum § 75.

Anm. 28. **Zusatz 8. Stempelfrage.** Von Reichswegen ist der Gesellschaftsvertrag nicht stempelpflichtig. In Preußen kommen folgende Stempel zum Ansatz:

a) Nach pos. 25 des Preußischen Stempeltarifs beträgt der Stempel bei Errichtung der Gesellschaft, falls das Stammkapital 100000 Mk. oder weniger beträgt: $^1/_{50}$ %, wenn es mehr als 100000 Mk., aber nicht mehr als 300000 Mk. beträgt: $^1/_{10}$ %, wenn es mehr als 300000 Mk., aber nicht mehr als 500000 Mk. beträgt: $^1/_2$ %, wenn es mehr als 500000 Mk. beträgt: 1 %.

b) Für Sacheinlagen kommt ein besonderer Wertstempel in Ansatz. Darüber s. zu § 5.

c) Befreit sind von dem Stempel zu a alle Verträge über Errichtung von Gesellschaften, deren Zweck nicht auf den Gewinn der Teilnehmer gerichtet ist, also nicht bloß gemeinnützige oder Wohltätigkeitsgesellschaften, sondern alle diejenigen, deren Reingewinn nicht in höherem Maße verteilt werden darf, als dem landesüblichen und zeitgemäßen Zinsfuß für Kapitalanlagen entspricht. Hier wird jedoch ein Fixstempel von 1,50 Mk. erhoben. Die im § 5g des Stempelgesetzes angeordnete allgemeine Befreiung von Stempeln für gewisse gemeinnützige Gesellschaften greift in Bezug auf den Errichtungsstempel nicht Platz, weil nicht die Gesellschaft, sondern die Gesellschafter für den Errichtungsstempel haftbar sind (vergl. unten zu d). Von dem Stempel unter b ist befreit das Einbringen von Nachlaßgegenständen unter gewissen Umständen (hierüber zu § 5).

d) Zur Zahlung der Stempelsteuer verpflichtet sind alle Teilnehmer an dem Vertrage (§ 12 c des Stempelsteuergesetzes), also alle Gesellschafter, einerlei ob sie selbst oder durch Bevollmächtigte handeln. Die Gesellschaft selbst ist nicht haftbar (§§ 12 a u. 13 b des Preuß. Stempelsteuergesetzes; Liebmann Anm. 6; Heinitz 2. Aufl. S. 367).

e) Für den Fall, daß die Einzahlungen bei der Gründung nur teilweise erfolgen, s. zu § 7.

§ 3.

Der Gesellschaftsvertrag muß enthalten:

1. die Firma und den Sitz der Gesellschaft,
2. den Gegenstand des Unternehmens,
3. den Betrag des Stammkapitals,
4. den Betrag der von jedem Gesellschafter auf das Stammkapital zu leistenden Einlage (Stammeinlage).

Soll das Unternehmen auf eine gewisse Zeit beschränkt sein oder sollen den Gesellschaftern außer der Leistung von Kapitaleinlagen noch andere Verpflichtungen gegenüber der Gesellschaft auferlegt werden, so bedürfen auch diese Bestimmungen der Aufnahme in den Gesellschaftsvertrag.

Der vorliegende Paragraph regelt in seinem ersten Absatze die wesentlichen Erfordernisse des Gesellschaftsvertrages, in seinem zweiten Absatze hebt er einige Bestimmungen hervor, die gültig nur im Gesellschaftsvertrage getroffen werden können. Einleitung.

I. (Abs. 1.) **Die wesentlichen Erfordernisse des Gesellschaftsvertrages.**

A. Im Allgemeinen ist hierüber zu sagen: Anm. 1.

1. Ein Beispiel eines in knappster Form gehaltenen Gesellschaftsvertrages ist folgendes: Die Kaufleute Heinrich Schneider und Albert Schuster zu Berlin, beide Friedrichstraße 31 wohnhaft, vereinigen sich hiermit zu einer Gesellschaft mit beschränkter Haftung, deren Firma „Berliner Leder-Engrosgeschäft, Gesellschaft mit beschränkter Haftung" lauten, deren Gegenstand der Betrieb eines Leder-Engrosgeschäfts sein und deren Stammkapital 20000 Mk. betragen soll, worauf jeder Gesellschafter die Leistung einer Einlage von 10000 Mk. übernimmt.

   Alle sonstigen Rechtsverhältnisse ergeben sich, wenn der Gesellschaftsvertrag diese kürzeste Form hat, aus dem Gesetze.

2. Enthält der Gesellschaftsvertrag eines dieser Erfordernisse nicht, so muß Anm. 2. der Registerrichter die Eintragung ablehnen. Jeder Gesellschafter kann die Nichtigkeit durch Feststellungsklage feststellen lassen. Haben sich die Parteien in anderer Weise gültig verpflichtet, eine Gesellschaft mit beschränkter Haftung zu bilden (vgl. hierüber Anm. 25 u. 26 zu § 2), so kann auf Abänderung des Gesellschaftsvertrags zur Herstellung seiner Gültigkeit geklagt werden. Ist trotz des Fehlens eines wesentlichen Erfordernisses die Eintragung der Gesellschaft erfolgt, so liegt Nichtigkeit gemäß §§ 75 und 76 vor. Auch in diesem Falle kann, wenn die Gesellschafter in anderer Weise sich gültig verpflichtet haben, eine Gesellschaft mit beschränkter Haftung zu bilden, auf Abgabe derjenigen Erklärungen geklagt werden, welche zur Beseitigung der Nichtigkeit geeignet sind.

B. Die einzelnen wesentlichen Erfordernisse des Gesellschaftsvertrages. Anm. 3.

1. **Die Firma und der Sitz der Gesellschaft.**

   a) Die Firma. Hierüber s. ausführlich zu § 4.

   b) Der Sitz der Gesellschaft. Der Sitz der Gesellschaft ist eigentlich der Ort, an welchem die Verwaltung geführt wird. Es ist aber nicht ungültig, wenn die Statuten einen anderen Ort als Sitz bestimmen. Das wird im Aktienrecht angenommen (Staub, H.G.B. Anm. 10 zu § 182) und ebenso allgemein bei der Gesellschaft mit beschränkter Haftung. Durch § 24 B.G.B. wird dies bestätigt (vgl. auch R.G. v. 28. Januar 1902 bei Holdheim 11 S. 125). Der so frei gewählte Ort gilt als Sitz und Hauptniederlassung der Gesellschaft mit beschränkter Haftung, und zwar für alle Rechtsverhältnisse, so z. B. auch für den Prozeß (§ 17 C.P.O.).

   Der Sitz ist ein einheitlicher. Die Gesellschaft mit beschränkter Haftung Anm. 4. kann ebensowenig wie die Aktiengesellschaft einen mehrfachen Sitz haben. Sie kann nur einen Hauptsitz und im übrigen Zweigniederlassungen haben. Wird die Verwaltung oder das Geschäft anderswo geführt als am nominellen Sitz der Gesellschaft, so muß an jenem andern Orte eine Zweigniederlassung angemeldet werden. Dort ist auch der Sitz der gewerblichen Niederlassung nach § 21 C.P.O. (R.G. v. 28. Januar 1902 bei Holdheim 11 S. 125).

   Der Sitz muß selbstverständlich in Deutschland sein (R.G. 7 S. 67). Anm. 5. Das folgt auch aus § 7.

   Der Sitz kann auch verlegt werden. Dazu ist erforderlich und aus- Anm. 6. reichend ein Beschluß auf Abänderung des Gesellschaftsvertrages. Der Aufsichtsrat z. B. kann die Sitzverlegung nicht beschließen, auch kann ihm durch Gesellschaftsvertrag ein solches Recht nicht übertragen werden. Dabei gilt aber die Verlegung des Geschäftsbetriebes nicht als Sitzverlegung, da ja der Sitz der Gesellschaft und der Ort ihres Geschäftsbetriebes nicht gleichbedeutende Begriffe sind (Johow 13 S. 45; vgl. oben Anm. 3).

Anm. 7. Über das Verfahren bei der Sitzverlegung gilt Folgendes: Der Beschluß auf Sitzverlegung wird zunächst in das Handelsregister des bisherigen Sitzes eingetragen und dadurch rechtsgültig (Glücksmann bei Holdheim 10 S. 161 gegen Staub H.G.B. 6 u. 7. Auflage Anm. 10 zu § 182; Kammergericht v. 28. Januar 1901 bei Johow u. Ring 21 S. A 269 und bei Mugdan u. Falkmann 2 S. 336). Von dieser Eintragung ab hat die Gesellschaft ihren Sitz am neuen Orte. Dort muß sie jedoch ebenfalls eingetragen werden, wenn auch nicht zum Zwecke der Gültigkeit des Sitzverlegungsbeschlusses. Die betreffende Anmeldung wird die Gesellschaft in ihrem eigenen Interesse bewirken. Eventuell wird der Richter des neuen Ortes auf Grund der §§ 14 H.G.B. und 132 ffg. F.G. die Gesellschaft zur Anmeldung anzuhalten haben und die Organe des Handelsstandes, auch der Registerrichter des aufgegebenen Sitzes werden ihn auf die Sitzverlegung aufmerksam machen. Schlimmsten Falls kann das Registergericht des neuen Ortes für schleunige Eintragungen anderer Art auch vor der Eintragung der Sitzverlegung am neuen Orte tätig werden. Denn, wie gesagt, die Sitzverlegung ist erfolgt durch Eintragung am alten Sitze. Ja nach der zitierten Kammergerichtsentscheidung ist eine Eintragung der Gesellschaft am neuen Sitze überhaupt nicht vorgeschrieben. Indessen davon ist nur soviel richtig, daß sie nicht ausdrücklich im Gesetze vorgeschrieben ist. Aber ihre Notwendigkeit folgt zwingend aus dem Wesen und dem Zwecke des Handelsregisters. Zweifelhaft kann aber mangels einer ausdrücklichen Gesetzesbestimmung sein, in welcher Weise die Anmeldung am neuen Orte zu bewirken ist. Als Minimum wird man fordern müssen: die Einreichung des Gesellschaftsvertrages, die Führung des Nachweises, daß die Gesellschaft eingetragen und der Sitz verlegt ist, und endlich muß, damit die zur Zeit gültigen Eintragungen auch am neuen Orte erfolgen können (z. B. die Vorstandsmitglieder, die Prokuristen u. s. w.), der Nachweis gefordert werden, welche Eintragungen am alten Sitze zur Zeit bestehen. Am besten erfolgt diese Nachweisung dadurch, daß der Registerrichter des alten Sitzes dem des neuen Sitzes die Akten übersendet. Glücksmann a. a. O. fordert weiter, daß die Vorstandsmitglieder ihre Unterschrift zu zeichnen haben. Doch ist nicht ersichtlich, warum dies geschehen soll.

Über Zweigniederlassungen s. § 12.

Anm. 8. 2. **Der Gegenstand des Unternehmens.**

a) Derselbe bedarf nach unserer Ansicht keiner Spezialisirung (vergl. Staub H.G.B. Anm. 11 zu § 182, für das Recht der G. m. b. H. zustimmend Liebmann Anm. 3). Auch die Vorschrift des § 8 Nr. 4, wonach, wenn der Gegenstand des Unternehmens vorheriger Genehmigung bedarf, die Genehmigungsurkunde beizubringen ist, ändert hieran nichts. Es ist nicht zutreffend, wenn Förtsch Anm. 6 sagt: Die Bezeichnung des Gegenstandes des Unternehmens müsse ersichtlich machen, ob derselbe der staatlichen Genehmigung bedarf oder nicht. Denn legalia praesumuntur. Ist der Gegenstand so allgemein gefaßt, daß an sich auch Geschäfte darunter fallen können, welche staatlicher Genehmigung bedürfen (z. B. Handelsgeschäfte aller Art: darunter kann z. B. auch die Gastwirtschaft, die Eisenbahnunternehmung, die Versicherung auf Prämien fallen), so ist doch davon auszugehen, daß solche nicht beabsichtigt sind. Aus dem gleichen Grunde ist ja auch trotz § 1 nicht ersichtlich zu machen, daß erlaubte Zwecke verfolgt werden. Auch dies wird vermutet. Es würde daher z. B. die Angabe genügen: der Betrieb der Gastwirtschaft, und es braucht nicht hinzugefügt zu werden, daß nicht beabsichtigt wird, mit Hilfe kupplerischer Mittel die Gastwirtschaft zu betreiben. Wenn Förtsch Anm. 6 mit Rücksicht auf § 41 Abs. 4 weiter behauptet, daß die Bezeichnung des Gegenstandes ersichtlich machen müsse, ob der Gegenstand des Unternehmens im Betriebe von Bankgeschäften besteht, und deshalb die Bezeichnung „Handelsgeschäfte aller Art“ hier bei der Gesellschaft mit beschränkter Haftung nicht

Zu bemerken ist hier auch, daß es sich um öffentliche Bekanntmachungen handelt. Ist bestimmt, daß die Einladung der Gesellschafter durch eingeschriebene Briefe zu erfolgen hat, so ist dies nicht zu publizieren.

γ) Auch der Tag der Eintragung des Gesellschaftsvertrages ist zu veröffentlichen. Denn dieser ist ja, wenn auch nicht nach Abs. 1 und 2 unseres Paragraphen, so doch nach § 130 F.G. einzutragen und nach unserem Abs. 3 ist der Inhalt der Eintragung, also der ganze Inhalt der Eintragung zu veröffentlichen. Anm. 18.

c) Weitere Punkte sind nicht zu veröffentlichen. Insbesondere ist nichts zu veröffentlichen: Anm. 19.

α) über die Zahl und die Namen der Gesellschafter, über die einzelnen Stammeinlagen, sofern sie nicht Sacheinlagen sind u. s. w.,

β) über den Aufsichtsrat. Hier besteht sogar ein Inkongruenz. Der § 244 H.G.B., der dem Vorstand der Aktiengesellschaft zur Pflicht macht, jede Änderung in den Personen des Aufsichtsrats in den Gesellschaftsblättern bekannt zu machen, und die Bekanntmachung zum Handelsregister einzureichen, ist für anwendbar erklärt (§ 52). Der § 195 Nr. 4 H.G.B. dagegen, nach welchem bei der Gründung die Urkunden über die Bestellung des Aufsichtsrats einzureichen sind, und der § 199 Nr. 4 H.G.B., wonach der erste Aufsichtsrat vom Registerrichter zu veröffentlichen ist, ist nicht anwendbar (Anm. 10 zu § 8). So ist aus dem Handelsregister der Bestand des ersten Aufsichtsrats nicht zu ersehen, wohl aber spätere Veränderungen im Personalbestande des Aufsichtsrats, Anm. 20.

γ) über die Zulässigkeit von Nachschüssen,

δ) über Vorrechte bestimmter Teilnehmer,

ε) über das Geschäftsjahr.

2. **Wo erfolgt die Publikation?** Jedenfalls im Deutschen Reichsanzeiger, außerdem in den vom Amtsgericht bezeichneten Blättern (vergl. Anm. 29 zu § 7). Anm. 21.

3. **Die rechtliche Bedeutung der Publikation** ist diejenige, die sich aus § 15 H.G.B. ergiebt (vergl. hierüber Anm. 28 u. 33 zu § 7). Daß die Veröffentlichung nur die Bedeutung einer Ordnungsvorschrift hätte, wie Parisius und Crüger Anm. 2 lehren, ist nicht richtig. Anm. 22.

§ 11.

Vor der Eintragung in das Handelsregister des Sitzes der Gesellschaft besteht die Gesellschaft mit beschränkter Haftung als solche nicht.

Ist vor der Eintragung im Namen der Gesellschaft gehandelt worden, so haften die Handelnden persönlich und solidarisch.

Der vorliegende Paragraph behandelt den rechtlichen Charakter der Gesellschaft im Stadium zwischen dem Abschlusse des Gesellschaftsvertrages und der Eintragung in das Handelsregister (Abs. 1) **und bestimmt ferner eine Civilstrafe für das Handeln im Namen der Gesellschaft vor der Eintragung** (Abs. 2). Einleitung.

I. (Abs. 1.) Der rechtliche Charakter der Gesellschaft zwischen dem Abschlusse des Gesellschaftsvertrages und vor der Eintragung und die aus diesem Rechtscharakter sich ergebenden Konsequenzen. Anm. 1.

1. **Der rechtliche Charakter.** Zunächst muß als Wille des Gesetzes angesehen werden, daß die Gesellschaft mit beschränkter Haftung im Stadium zwischen dem Abschluß des Gesellschaftsvertrages und der Eintragung in gewissen Grenzen und mit gewissen Wirkungen im Rechtsverkehr auftreten kann. Durch den Abschluß des Gesellschaftsvertrages entsteht eine Vereinigung, die dazu bestimmt ist, in das Handelsregister eingetragen und dadurch Gesellschaft mit beschränkter Haftung zu werden. Schon um dies zu werden, muß sie in gewissen Grenzen im Rechtsverkehr auftreten. Denn sie soll ja ausgestattet mit gewissen Rechten und

behaftet mit gewissen Pflichten entstehen. Sie soll zunächst Einlagen erwerben. Denn ohne solche kann sie gar nicht zum Handelsregister angemeldet werden, also niemals eine Gesellschaft mit beschränkter Haftung werden. Dadurch, daß Geldeinlagen gemacht werden, erwirbt sie Eigentum an den Geldstücken. Dadurch, daß Sacheinlagen gemacht werden, erwirbt sie Eigentum an den betreffenden Mobilien, Immobilien, Wertpapieren, immateriellen Gütern, Vertragsrechten 2c. Es muß ihr ferner in diesem Stadium ein Geschäftsführer bestellt werden; denn nur dieser kann die Anmeldung bewirken. Dadurch nun, daß ihr ein Geschäftsführer bestellt wird, entsteht zwischen diesem und der Gesellschaft ein Dienstverhältnis, Kraft dessen Rechte und Pflichten für die Gesellschaft entstehen. Weiter: die erworbenen Gegenstände müssen verwaltet, das Geld muß zur Aufbewahrung einer sicheren Stelle übergeben, die Mobilien aufbewahrt, die Immobilien bewirtschaftet werden. Weiter: ein bestehendes Geschäft, das als Sacheinlage erworben wird, muß zwischen Anmeldung und Eintragung fortgeführt werden. Durch alles dies entstehen neue Rechtsverhältnisse, neue Rechte und Pflichten, zunächst für die entstehende Gesellschaft, und so daß sie im Augenblicke der Eintragung Rechte und Pflichten der entstandenen Gesellschaft werden. Hierin liegt aber kein Übergang der Rechte und der Pflichten. Denn die in der Entstehung begriffene und die entstandene Gesellschaft sind identisch, nur der rechtliche Charakter der Vereinigung verwandelt sich. Die entstehende und die entstandene Gesellschaft sind in ihren Eigenschaften verschieden, aber sie sind identische Vereinigungen. Sie sind ebenso identisch, wie die Knospe und die Blüte, die Puppe und der Schmetterling, der Embryo und das Kind identisch sind. Darum hat das Gesetz nicht so unrecht, wenn es sagt: Vor der Eintragung besteht die Gesellschaft mit beschränkter Haftung „als solche" nicht. Als solche, als Gesellschaft mit beschränkter Haftung besteht sie nicht. Aber es besteht eine Gesellschaft, die zwar ihrer rechtlichen Natur nach verschieden ist von der demnächst eingetragenen Gesellschaft, die aber durch den Akt der Eintragung in das Handelsregister Gesellschaft mit beschränkter Haftung wird. Sie ist die Gesellschaft mit beschränkter Haftung in dem Stadium der Entwickelung. Die Gesellschaft mit beschränkter Haftung besteht in diesem Stadium, aber nicht „als solche". (Vergl. die ähnlichen Erwägungen hinsichtlich einer entstehenden Genossenschaft in R.G. 39 S. 29.)

Anm. 2. Aber als was sonst besteht die in der Entstehung begriffene Gesellschaft mit beschränkter Haftung? Welchen rechtlichen Charakter hat denn nun das vor der Eintragung bestehende Rechtswesen? Man könnte denken, es sei ein nicht rechtsfähiger Verein. Allein dieser Gedanke ist abzuweisen. Denn der nicht rechtsfähige Verein ist dazu bestimmt, in seiner eigenartigen Rechtsgestaltung dauernd im Rechtsverkehr aufzutreten, was hier nicht der Fall ist (so auch Dernburg I S. 174). Hier ist eine Vereinigung von Personen vorhanden, die einen Augenblickszweck hat, nämlich den Zweck, Gesellschaft mit beschränkter Haftung zu werden. Es ist eine Gelegenheitsgesellschaft, also eine Gesellschaft bürgerlichen Rechts (vergl. Staub H.G.B. Anm. 9 zu § 188; auch Preuß. Oberverwaltungsgericht vom 20. Februar 1902 in D.J.Z. 7 S. 511). Sehr erheblich ist es allerdings nicht, ob man eine bürgerliche Gesellschaft oder einen rechtsfähigen Verein als vorhanden annimmt, weil auch für die nichtrechtsfähigen Vereine die Vorschriften über die Gesellschaft gelten (§ 54 B.G.B.). Doch fehlt der Vereinigung die passive Parteifähigkeit im Prozesse, wenn man sie nicht als Verein ohne Rechtsfähigkeit, sondern als Gesellschaft auffaßt (§ 50 C.P.O.).

Anm. 3. 2. **Welche Rechtsverhältnisse entstehen nun durch das Handeln Namens der errichteten Gesellschaft?**

a) Zu bemerken ist hierbei zunächst, daß hier nur ein Handeln Namens der im Stadium der Gründung befindlichen Gesellschaft behandelt wird, d. h. ein Handeln, bei welchem der Sach- und Rechtslage entsprechend der Gegenkontrahent darüber nicht im Zweifel ist, daß es sich um eine errichtete, aber noch nicht eingetragene Gesellschaft mit beschränkter Haftung handelt. Über das Handeln Namens der Gesellschaft derart, als sei die Gesellschaft mit beschränkter Haftung schon eingetragen, darüber verhält sich Abs. 2 unseres Paragraphen (siehe unten Anm. 9—14.)

b) Aus dem solchergestalt abgeschlossenen Vertrage wird zunächst die Vereinigung berechtigt, d. h. die Gesellschafter in ihrer Vereinigung. Sie erwerben Gesamteigentum gemäß § 718 B.G.B. Und im Augenblicke der Eintragung wird die eingetragene Gesellschaft mit beschränkter Haftung die Eigentümerin. Nach dem Willen und der Konstruktion des Gesetzes ist dies kein Rechtsübergang, sondern ein Wechsel in der Rechtsnatur des Rechtssubjekts, nicht ein Wechsel des Rechtsträgers (vergl. oben Anm. 1). Anm. 4.

Ebenso wird verpflichtet zunächst die als bürgerliche Gesellschaft bestehende Vereinigung, und im Augenblicke der Eintragung wird die Gesellschaft mit beschränkter Haftung als solche verpflichtet. Zunächst wird die als bürgerliche Gesellschaft bestehende Vereinigung verpflichtet, jedoch nicht etwa die Gesellschafter solidarisch mit ihrem ganzen Vermögen, sondern so, daß die solchergestalt vereinigten Personen mit dem Gesellschaftsvermögen haften. Das entspricht auch allgemeinen Grundsätzen. Es ist zulässig, daß eine Gesellschaft bürgerlichen Rechts derart im Rechtsverkehr auftritt, daß die Gesellschafter nur mit einer zur Haftung bestimmten Vermögensmasse haften. Denn wie es zulässig ist, daß eine Gesellschaft bürgerlichen Rechts durch Vertrag mit dem Gläubiger ihre Haftung auf bestimmte Gegenstände beschränkt (R.G. 12 S. 229), so ist es auch zulässig, eine solche Vereinbarung stillschweigend zu treffen, und das geschieht auch dadurch, daß eine Gesellschaft sich eine Verfassung giebt, kraft welcher sie nur mit einer bestmmten Vermögensmasse haften will, und diese Verfassung bei ihrem Auftreten im Rechtsverkehr ersichtlich macht, z. B. schon durch ihren Namen (vergl. R.G. 39 S. 31). Das ist hier der Fall. Deutlich ausgedrückt ist die Absicht, nur beschränkt haften zu wollen dadurch, daß im Namen einer im Entstehen begriffenen Gesellschaft mit beschränkter Haftung kontrahiert wird. Anm. 5.

Die Geschäftsführer persönlich haften für solche Akte nicht. Abs. 2 betrifft ja einen anderen Fall. Alles zusammengefaßt, so ist die Wirkung des Auftretens einer im Entstehen begriffenen Gesellschaft mit beschränkter Haftung folgende: die Vereinigung wird berechtigt, d. h. die Gesellschafter werden Gesamteigentümer; die Vereinigung wird verpflichtet, d. h. die Gesellschafter in ihrer Vereinigung werden verpflichtet, haften jedoch nur mit dem Gesellschaftsvermögen; Rechte und Pflichten gehen im Augenblicke der Eintragung auf die entstehende Gesellschaft mit beschränkter Haftung über. Die Geschäftsführer haften nicht. Das Entsprechende gilt natürlich überall für solche Rechtsakte, welche andere Gesellschaftsorgane (der Aufsichtsrat, die Gesellschafter) befugt in diesem Stadium vornehmen z. B. wenn eines dieser Organe den Geschäftsführer bestellt. Anm. 6.

c) Doch ist dabei zu beachten, daß diese eigenartigen Verhältnisse, d. h. das Handeln im Rechtsverkehr mit den ebengedachten Wirkungen, nur dann Platz greift, wenn das Auftreten im Rechtsverkehr sich in denjenigen Grenzen hält, die der Gesellschaft in diesem Zwischenstadium zugewiesen sind. Nur wenn diejenigen Akte, die für dieses Zwischenstadium erforderlich sind, getätigt werden, treten jene Rechtsfolgen ein. Welches diese Rechtsakte sind, ergiebt sich aus Folgendem: Es handelt sich um die Empfangnahme und Verwaltung der Einlagen, um den Abschluß und das Eingehen eines Dienstverhältnisses mit den Geschäftsführern, um sonstige Akte zur Vorbereitung der Gesellschaftsentstehung (z. B. Beauftragung des Notars). Wenn die Gesellschaft darüber hinaus im Rechtsverkehr auftritt, dann tritt Haftung nach den gewöhnlichen Grundsätzen ein und auf die entstehende Gesellschaft selbst gehen die so entstandenen Verpflichtungen nicht ohne weiteres über. So z. B. wenn die Geschäftsführer Namens der Gesellschaft Übernahmeverträge abschließen, die nicht in den Gesellschaftsvertrag aufgenommen waren (vergl. Anm. 18 zu § 5), wenn sie z. B. ein Grundstück kaufen, oder ein Geschäftslokal mieten, oder Personal engagieren, und sei es auch um den Betrieb zu beginnen. Denn wohlgemerkt: nicht diejenigen Rechtsgeschäfte, welche der künftige Geschäftsbetrieb bedingt, sondern nur diejenigen, ohne welche die Anm. 7.

Gesellschaft nicht entstehen kann, bewegen sich in den zulässigen Grenzen. Nur wenn ein im Gange befindliches Geschäft die Einlage bildet, sind die Grenzen natürlich weiter gesteckt. In diesem Falle liegen die auf die Fortführung des Geschäfts gerichteten Geschäfte in den zulässigen Grenzen. Für Rechtsgeschäfte dieser Art, d. h. für Rechtsgeschäfte, welche Namens der noch nicht eingetragenen Gesellschaft über den Rahmen des vom Gesetze zugelassenen Aktionskreises einer solchen Gesellschaft hinaus geschlossen werden, haften die Gesellschafter in Höhe der versprochenen Einlagen (oben Anm. 5), und auf die eingetragene Gesellschaft mit beschränkter Haftung gehen solche Rechte und Pflichten nicht ohne weiteres über, sondern nur durch Akte der Rechtsübertragung und der Schuldübernahme.

Anm. 8. 3. **Welche Rechtsverhältnisse gelten nach innen bei der in der Entstehung begriffenen Gesellschaft?** Es frägt sich, ob in diesem Stadium die Beschlüsse nach dem Prinzip der Majorität gefaßt werden. Dies ist zu verneinen. Die Verfassung, die der Gesellschaftsvertrag enthält, bezieht sich auf die Zeit nach der Eintragung. Wird das Eingreifen der Gesellschafter in dem Stadium der Gründung notwendig, so haben alle Gesellschafter zuzustimmen. So z. B., wenn der bestellte Geschäftsführer stirbt und ein neuer bestellt werden muß. Der § 197 H.G.B. findet keine entsprechende Anwendung.

Anm. 9. II. (Abs. 2.) **Die Civilstrafe für das Handeln im Namen der Gesellschaft.**

1. Die Vorschrift bezieht sich auf das Handeln im Namen der Gesellschaft, als bestände sie schon als eingetragene Gesellschaft mit beschränkter Haftung. An dieser Auffassung der Vorschrift halten wir fest trotz der Entscheidung des Reichsgerichts Bd. 47 S. 1 (auch R.G. vom 22. März 1902 in J.W. S. 317 und in D.J.Z. 7 S. 295 für unser Gesetz), welches die analoge Vorschrift des § 200 H.G.B. dahin auffaßt, daß es darauf nicht ankomme, ob das Auftreten so erfolgt ist, als sei die Aktiengesellschaft schon eingetragen. Allein unsere Auffassung wird bestätigt durch den Ausspruch der Motive des für die Gestaltung des früheren Artikel 211 H.G.B. vorbildlich gewordenen Artikel 181 des preußischen Entwurfs zum Handelsgesetzbuch: „Die Bestimmung solle verhüten, daß Aktiengesellschaften vor erteilter landesherrlicher Genehmigung faktisch als solche ihre Geschäfte beginnen." Während das Reichsgericht diesen Ausspruch für seine Ansicht anführt, ist sie nach unserer Auffassung als durchschlagendes Argument für die unserige zu verwerten. Denn hiernach sollte nur verhütet werden, daß die Aktiengesellschaft „als solche" ihre Geschäfte beginne. Ehe sie rechtlich „als solche" besteht, soll sie auch „faktisch als solche", als perfekte Aktiengesellschaft nicht im Rechtsverkehr auftreten. Ferner wird durch den früheren Artikel 55 und den jetzigen § 179 B.G.B. der § 11 Abs. 2 unseres Gesetzes auch nach unserer Auffassung keineswegs überflüssig, weil diese Gesetzesstellen den Fall im Auge haben, wo der Vertretene existiert, während hier ein Fall vorliegt, wo der Pseudovertreter im Namen einer zukünftigen, erst entstehenden Person handelt. Ob auch in diesem Falle die Grundsätze des § 179 B.G.B. Platz greifen, kann zweifelhaft sein und der § 11 Abs. 2 hätte seine volle Berechtigung schon dann, wenn er dazu dienen sollte, die Zweifel zu beseitigen. Schließlich aber ist es vom Standpunkte gesetzgeberischer Erwägungen gar nicht anzunehmen, daß derjenige, der redlicherweise im Namen der entstehenden, aber noch uneingetragenen Gesellschaft handelt, persönlich haften soll. Welcher gesetzgeberische Grund sollte vorliegen, um den Geschäftsführer, der, um ein Warenlager, welches als Sacheinlage übergeben ist, ordnungsmäßig aufzubewahren, einen Verwahrungsvertrag schließt, persönlich für die Kosten der Verwahrung haften zu lassen, um den Aufsichtsrat, der im Stadium der Gründung einen Geschäftsführer bestellt, persönlich haften zu lassen? (Gegen das Reichsgericht auch Heine in der Deutschen Juristenzeitung Bd. 6 S. 555.)

Anm. 10. 2. Danach ist Voraussetzung der Anwendung unseres Abs. 2, daß der Gegenkontrahent die Nichtexistenz der Gesellschaft nicht kennt. Ist dies der Fall, dann tritt die Civilstrafe des vorliegenden Abs. 2 ein. Im Namen der Gesellschaft mit beschränkter Haftung, gleich als ob sie bestände, darf nicht gehandelt werden. Soweit tritt die Haftung des Absatzes 2 ein. Siehe das Folgende.

III. **Es haften die Handelnden persönlich und solidarisch**, und zwar auch nach Eintragung der Gesellschaft. Anm. 11.

1. Die Vorschrift bezieht sich, wie oben Anm. 9 u. 10 dargetan, nur auf das Handeln derart, daß darin das Vorgeben liegt, es sei die Gesellschaft mit beschränkter Haftung entstanden. Die für das Aktienrecht gefällte entgegengesetzte Entscheidung des R.G. (47 S. 1) kann aus den oben (Anm. 9) angegebenen Gründen nicht gebilligt werden.

2. Als handelnde Personen sind diejenigen zu betrachten, die sich als Vertreter der Gesellschaft mit beschränkter Haftung gerieren. Es haften aber aber auch diejenigen, in deren Auftrage so gehandelt worden ist z. B. der Aufsichtsrat oder die Gesellschafter, die solchen Auftrag erteilt haben, welcher Auftrag auch durch konkludente Handlungen erteilt werden kann (vergl. unten Anm. 16). Die letztere Haftung folgt aus dem Zwecke unserer Vorschrift, die den Dritten wirksam schützen soll gegen die Gefahren eines Handelns im Namen einer noch nicht eingetragenen Gesellschaft mit beschränkter Haftung. Die zur Erreichung dieses Schutzes statuierte Civilstrafe muß alle diejenigen treffen, welche durch ihr Handeln jene Gefahren heraufbeschwören, welche also in jener Weise selbst handeln, oder solches Handeln veranlaßt haben. Auf die formale Frage, wer dem Dritten gegenüber handelnd aufgetreten ist, kann hierbei das entscheidende Gewicht nicht gelegt werden. Dagegen haften nicht ohne weiteres diejenigen, mit deren Willen und Zustimmung gehandelt ist (siehe auch Anm. 16). Anm. 12.

3. Das durch diese Haftung entstehende Rechtsverhältnis ist im einzelnen nicht geregelt. Zunächst haften die handelnden Personen und nur sie, nicht auch die Gesellschaft, auch nachdem diese eingetragen ist, während die Folgen der gehörig und befugt für die errichtete und noch nicht eingetragene Gesellschaft getätigten Rechtsakte zunächst die Gesellschafter treffen und alsdann auf die Gesellschaft mit beschränkter Haftung mit ihrer Entstehung übergehen (vergl. oben Anm. 5), die über den gesetzlichen Aktionskreis einer entstehenden Gesellschaft mit beschränkter Haftung hinaus, aber Namens der entstehenden Gesellschaft getätigten Akte dagegen nur die Gesellschafter treffen (oben Anm. 7). Es kann indessen nicht gemeint sein, daß der Vertrag ohne weiteres zwischen den unbefugt handelnden Vertretern der noch nicht bestehenden Gesellschaft und dem Gegenkontrahenten gilt. Denn diesem würde dadurch ein Rechtsverhältnis aufgedrängt werden, in das er nicht eintreten wollte. Er wollte ja mit einer Gesellschaft mit beschränkter Haftung kontrahieren. Vielmehr wird man nach Analogie des § 179 B.G.B. dem Gegenkontrahenten das Recht geben müssen, nach seiner Wahl Erfüllung oder Schadensersatz zu verlangen, wenn nicht die Gesellschaft in den Vertrag binnen mäßiger Frist eintritt. Die im § 177 B.G.B. vorgesehene Frist von zwei Wochen wird hier nicht strikte gelten können, aber einen Anhaltspunkt bieten. Den in mäßiger Frist erfolgten Eintritt der Gesellschaft mit beschränkter Haftung wird sich der Gegenkontrahent gefallen lassen müssen. Er erfolgt durch Genehmigung des Geschäfts nach § 184 B.G.B. Denn das Geschäft ist zwar fälschlich im Namen der Gesellschaft, jedenfalls aber im Interesse der Gesellschaft geschlossen, und man wird den in Frage stehenden Verhältnissen dann gerecht, wenn man annimmt, daß die Gesellschaft mit beschränkter Haftung dem Gegenkontrahenten gegenüber berechtigt ist, durch Genehmigung des in ihrem Interesse geschlossenen Geschäfts Rechte und Verpflichtungen zu übernehmen. Erfolgt aber diese Genehmigung, so fällt die Haftung des Pseudovertreters fort. Die Genehmigung erfolgt formlos (§ 182 B.G.B.). Anm 13.

4. Die Solidarhaft richtet sich nach den §§ 421 ffg. B.G.B., desgleichen die Ausgleichungsansprüche unter den mehreren Haftenden. Anm. 14.

5. Die Rechte aus den betreffenden Rechtsgeschäften entstehen zunächst für die handelnden Personen. Für wen sollten sie sonst entstehen? Auch ist dies ja das Korrelat ihrer alleinigen Haftung. Genehmigt die entstandene Gesellschaft das Geschäft, so geht das Recht von selbst auf die Gesellschaft über (vergl. Anm. 13). Ein besonderer Akt der Rechtsübertragung ist nicht erforderlich. Es ist das allerdings ein Rechtsübergang eigener Art. Anm. 15.

6. Haften außer den handelnden Personen noch die Gesellschafter persön- Anm. 16.

lich? Als solche nicht. In ihrem Namen bezw. im Namen der von ihnen gebildeten bürgerlichen Gesellschaft — denn eine solche ist ja die errichtete und noch nicht eingetragene Gesellschaft (oben Anm. 1 u. 2) — ist ja gar nicht gehandelt worden, sondern im Namen einer eingetragenen, also als solche angeblich bestehenden Gesellschaft mit beschränkter Haftung. Wie aber, wenn sie wußten, daß die Geschäftsführer Namens der Gesellschaft handeln, als sei sie schon entstanden? Darin kann ein stillschweigender Auftrag liegen, und dann haften sie als handelnde Personen (vergl. oben Anm. 12). Dagegen wird ihre Haftung dadurch allein nicht begründet, daß sie nachträglich von solchem Gebaren der Geschäftsführer erfahren und ihm nicht widersprechen oder es gar genehmigen. Darin kann ein stillschweigender Auftrag für die Zukunft liegen, weiter so zu handeln, aber ein Rechtsgrund, weshalb sie für das ohne ihren Auftrag bereits Geschehene haften sollen, besteht nicht. Der § 177 B.G.B. findet hierauf keine Anwendung, weil dieser nur vorschreibt, daß durch die Genehmigung des fälschlich Vertretenen das Rechtsgeschäft wirksam wird, hier aber ist ja, wie gesagt, nicht im Namen der Gesellschafter oder der von ihnen gebildeten Gründungsgesellschaft, sondern im Namen einer Gesellschaft mit beschränkter Haftung als solcher gehandelt worden, als sei sie schon eingetragen.

§ 12.[1])

Auf die Anmeldung der Gesellschaft zur Eintragung in das Handelsregister eines Gerichts, in dessen Bezirke sie eine Zweigniederlassung besitzt, finden die Bestimmungen im § 8 Absatz 1 und 2 keine Anwendung. Der Anmeldung ist eine von dem Gerichte der Hauptniederlassung beglaubigte Abschrift des Gesellschaftsvertrages und der Liste der Gesellschafter beizufügen.

Die Eintragung hat die im § 10 Absatz 1 und 2 bezeichneten Angaben zu enthalten. In die Veröffentlichung, durch welche die Eintragung bekannt gemacht wird, sind auch die im § 10 Absatz 3 bezeichneten Bestimmungen aufzunehmen, die nach § 5 Absatz 4 getroffenen Festsetzungen jedoch nur dann, wenn die Eintragung innerhalb der ersten zwei Jahre nach der Eintragung in das Handelsregister des Sitzes der Gesellschaft erfolgt.

Einleitung. **Der vorliegende Paragraph behandelt die Anmeldung und Eintragung der Zweigniederlassung.** Vorher sind jedoch zur Vollständigkeit und zum Verständnis eine Reihe von Vorbemerkungen zu machen.

Anm. 1. I. **Vorbemerkungen.**

1. Die erste Vorbemerkung geht dahin, daß sowohl im § 13 H.G.B., als im vorliegenden Paragraphen lediglich diejenige Zweigniederlassung behandelt ist, welche an einem Orte außerhalb des Gerichtsbezirks des

---

1) Zur Ergänzung dient § 13 H.G.B. Derselbe lautet:

Soweit nicht in diesem Gesetzbuch ein Anderes vorgeschrieben ist, sind die Eintragungen in das Handelsregister und die hierzu erforderlichen Anmeldungen und Zeichnungen von Unterschriften sowie die sonst vorgeschriebenen Einreichungen zum Handelsregister bei jedem Registergericht, in dessen Bezirke der Inhaber der Firma eine Zweigniederlassung besitzt, in gleicher Weise wie bei dem Gerichte der Hauptniederlassung zu bewirken.

Eine Eintragung bei dem Gerichte der Zweigniederlassung findet nicht statt, bevor nachgewiesen ist, daß die Eintragung bei dem Gerichte der Hauptniederlassung geschehen ist.

Diese Vorschriften kommen auch zur Anwendung, wenn sich die Hauptniederlassung im Auslande befindet. Soweit nicht das ausländische Recht eine Abweichung erforderlich macht, haben die Anmeldungen, Zeichnungen und Eintragungen bei dem Gerichte der Zweigniederlassung in gleicher Weise zu geschehen, wie wenn sich die Hauptniederlassung im Inlande befände.

Hauptsitzes besteht, die von uns sogenannte externe Zweigniederlassung. Errichtet die Gesellschaft eine Zweigniederlassung an einem anderen Orte, als dem Sitze der Gesellschaft, aber in demselben Gerichtsbezirke, so ist das zwar auch eine Zweigniederlassung, allein diese von uns sogenannte interne Zweigniederlassung ist zwar ebenfalls anzumelden und abzumelden, nämlich gemäß § 29 H.G.B. beim Hauptregister, jedoch nicht in der im § 12 angeordneten Weise. Ein besonderes Zweigregister wird über eine solche interne Zweigniederlassung nicht gebildet, und alle späteren Eintragungen beziehen sich, indem sie im Hauptregister gemacht werden, auf sie eo ipso mit. Hat endlich die Gesellschaft an demselben Orte mehrere Geschäfte, und sei es auch an verschiedenen Stellen und von verschiedener Branche, so liegt eine Zweigniederlassung überhaupt nicht vor.

2. Über den Begriff der Zweigniederlassung gilt im Allgemeinen dasjenige, was Anm. 2. zu § 13 H.G.B. gelehrt wird (vergl. Staub H.G.B. Anm. 3 zu § 13).

Eine Zweigniederlassung im Sinne des Gesetzes ist vorhanden, wenn an einem vom Sitze des Hauptgeschäfts verschiedenen Orte gleichartige Geschäfte des Prinzipals abgeschlossen werden, dieser abgezweigte Betrieb nach seiner Organisation auf die Dauer berechnet ist und der damit Beauftragte eine selbständige Tätigkeit entwickelt (Johow und Küntzel 5 S. 22 und 23; Johow 14 S. 12; 18 S. 18; R.O.H. 14 S. 402; R.G. 7 S. 324). Zum Begriff der Selbständigkeit gehört dabei lediglich, daß der Leiter der Zweigniederlassung nicht bloß Geschäftsvermittler, sondern nach außen selbständig aufzutreten berechtigt ist, wenn auch nicht gerade notwendig im unbeschränkten Umfange. Auf die innerliche Abhängigkeit vom Prinzipal kommt es überhaupt nicht an (Brendel bei Gruchot 33 S. 223), auch darauf nicht, ob in dem Nebengeschäfte alle Geschäftszweige des Hauptgeschäfts betrieben werden (O.G. Wien bei Adler und Clemens Nr. 1334; Johow 5 S. 22; Kammergericht vom 24. Mai 1897 bei Perl und Wreschner 1897 S. 82). Als einzelne Merkmale der Selbständigkeit sind aufzustellen: daß von der Filiale aus eigene Geschäfte wie von der Hauptniederlassung — im Gegensatz zu bloßen Vorbereitungs-, Vermittelungs- und Ausführungsgeschäften — abgeschlossen werden, daß die Filiale eine äußerlich selbständige Leitung hat, daß sie mit einem intern gesonderten Geschäftsvermögen ausgestattet ist und für sie eine besondere Buchführung besteht (Johow 18 S. 18; R.O.H. 14 S. 401 ffg.). Eine Geschäftsstelle, an der nur die von dem Hauptgeschäfte gesandten Waren zu den vom Prinzipal bestimmten Preisen durch Angestellte verkauft werden, ist hiernach keine eintragungspflichtige Zweigniederlassung (Johow 18 S. 17). Desgleichen liegt eine Zweigniederlassung nicht vor, wenn einer der Geschäftsführer an einem anderen Orte wohnt und von dort aus, sei es auch an einem anderen Orte, Waren verkauft und die erzielten Ordres dem Hauptgeschäfte zur Effektuierung übermittelt, wenn im übrigen jene Merkmale des Zweiggeschäfts nicht vorliegen. Zweigniederlassungen sind ferner nicht die Fabriken und technischen Bureaus (Bolze 22 Nr. 695 b, Kammergericht bei Perl und Wreschner 1897 S. 82; O.G. Wien bei Adler und Clemens Nr. 1271), Speicher zum Empfangnehmen und Aushändigungsstellen, Agenturen, weil der Agent nicht selbständig abschließt, wohl aber die Subdirektionen und Generalagenturen der Versicherungsgesellschaften (Johow und Küntzel 5 S. 22; R.O.H. 14 S. 402); nicht die Eisenbahndirektionen, dieselben sind Teile des Hauptunternehmens, nicht Pertinenzien, sie sind Glieder des ganzen Organismus (R.G. 2 S. 391).

Bei der Gesellschaft mit beschränkter Haftung modifiziert sich übrigens der Begriff Anm. 3. der Zweigniederlassung ebenso, wie bei der Aktiengesellschaft dadurch, daß auch die Gesellschaft mit beschränkter Haftung frei bestimmen kann, wo sie ihren Sitz haben soll (Anm. 3 zu § 3). Hat sie dort, wo sie ihren Sitz hat, nicht ihren Betrieb oder die Zentralstelle ihrer Verwaltung, oder hat sie dort, wo sie ihren Sitz hat, einen Kleinbetrieb, ihren Hauptbetrieb und die Zentralverwaltung in einem anderen Gerichtsbezirke, so ist an der letzteren Stelle eine Zweigniederlassung vorhanden und demgemäß anzumelden (Johow 13 S. 42).

Hervorzuheben ist, daß die Zweigniederlassung kein selbständiges Rechtssubjekt ist. Anm. 4. Das maßgebende Rechtssubjekt, Träger der Rechte und Pflichten, welche durch den Betrieb der Zweigniederlassung entstehen, ist der Inhaber der Hauptniederlassung, hier die Gesellschaft mit beschränkter Haftung als solche (R.G. 38 S. 403). Vergl. unten Anm. 12.

Anm. 5. 3. Die Errichtung der Zweigniederlassung ist ein reiner Verwaltungsakt. Wenn daher die Statuten nichts anderes bestimmen, so erfordert sie keine Statutenänderung (R.O.H. 22 S. 282; Staub H.G.B. Anm. 2 zu § 201). Auch sonst ist von Gesetzeswegen weder ein Gesellschafterbeschluß, noch die Zustimmung des Aufsichtsrats, wo ein solcher besteht, einzuholen. Vielmehr ist von Gesetzeswegen und wenn die Statuten nicht entgegenstehen, der Geschäftsführer allein zur Errichtung der Zweigniederlassung befugt, scil. auch nach innen. Nach außen ist er stets dazu befugt, auch wenn die Statuten in dieser Hinsicht seine Machtbefugnis einschränken (§ 37 Abs. 2).

Anm. 6. 4. Die Eintragung der Zweigniederlassung ist weder für die rechtliche Existenz der Gesellschaft mit beschränkter Haftung selbst, noch für die rechtliche Existenz der Zweigniederlassung entscheidend. Die Gesellschaft mit beschränkter Haftung entsteht durch die Eintragung am Hauptsitze (§ 11 Abs. 1). Die Zweigniederlassung besteht von dem Augenblicke an, wo die Gesellschaft mit beschränkter Haftung an dem betreffenden Orte ein Geschäft betreibt, welches die oben Anm. 2 angegebenen Erfordernisse aufweist. Betreibt sie das Geschäft an einem anderen Orte in dem Gerichtsbezirke, zu welchem der Hauptsitz der Gesellschaft gehört, so wird dies gemäß § 29 H.G.B. beim Hauptregister eingetragen (vergl. oben Anm. 1). Betreibt sie ein Geschäft an einem anderen Orte, als an ihrem statutarischen Sitze, und zwar in einem anderen Gerichtsbezirke, so wird die Eintragung notwendig nach § 13 H.G.B. und nach unserem § 12, und erzwungen werden beide Eintragungen nach § 14 H.G.B.

Anm. 7. 5. In das Zweigregister sind nach § 13 Abs. 1 H.G.B. grundsätzlich, d. h. soweit nicht im Einzelfalle etwas Gegenteiliges vorgeschrieben ist, alle Anmeldungen, Unterschriftszeichnungen und Einreichungen zu bewirken.

a) Ausnahmen hiervon siehe in unserem § 12 Abs. 1, ferner in § 39 Abs. 2, § 59, § 67 Abs. 2 Satz 2 des Gesetzes.

b) Hervorzuheben ist, daß auch die Liste der Gesellschafter einzureichen ist, nicht bloß bei der ersten Anmeldung der Zweigniederlassung (darüber siehe unten Anm. 20), sondern auch später. Das Letztere folgt aus § 40 unseres Gesetzes und § 13 Abs. 1 H.G.B.

c) Alle Eintragungen in das Zweigregister setzen den Nachweis voraus, daß die Eintragung im Hauptregister bereits erfolgt ist (§ 13 Abs. 2 H.G.B.). Davon sind selbstverständlich ausgenommen diejenigen Eintragungen, die sich lediglich auf das Zweigregister beziehen, z. B. die Eintragung einer bloß für die Zweigniederlassung bestellten Prokura (§ 50 Abs. 3 H.G.B.); ferner die Aufhebung der Zweigniederlassung; diese ist beim Hauptregister nur zu vermerken, nicht dort anzumelden und einzutragen (vergl. unten Anm. 8).

Anm. 8. 6. Werden die Errichtung und Aufhebung der Zweigniederlassung nicht auch zum Hauptregister angemeldet und dort eingetragen? Hier wird, um Mißverständnisse zu vermeiden, wiederum nur von der sogenannten Externzweigniederlassung oder eigentlichen Zweigniederlassung gesprochen, d. h. von derjenigen, die in einem anderen Orte außerhalb des Gerichtsbezirkes besteht. Die interne oder uneigentliche Zweigniederlassung, die an einem andern Orte innerhalb des Gerichtsbezirkes des Hauptsitzes besteht, wird ja gemäß § 29 H.G.B. zum Hauptregister angemeldet und dort eingetragen. Die Anmeldung der externen Zweigniederlassung zum Hauptregister ist aber nicht vorgeschrieben und eine eigentliche Eintragung der Zweigniederlassung erfolgt im Hauptregister nicht. Vielmehr hat der Registerrichter der Zweigniederlassung nach § 131 F.G. dem Registerrichter des Hauptsitzes Nachricht zu geben von der Eintragung der Zweigniederlassung und der Letztere hat einen diesbezüglichen Vermerk im Hauptregister zu machen. Auch eine Publikation des Vermerkes erfolgt nicht. Das Gleiche gilt von der Aufhebung der Zweigniederlassung.

Anm. 9. 7. Die Bedeutung der Eintragung und Publikation im Zweigregister. Bei solchen Rechtsakten, deren Wirksamkeit nicht bloß dem gutgläubigen Dritten gegenüber, sondern überhaupt von der Eintragung abhängt, ist für die Vorfrage, ob der Rechtsakt wirksam ist, die Eintragung im Hauptregister entscheidend. Ist aber ein solcher Akt eingetragen, und handelt es sich um die Frage, inwieweit der Dritte sich denselben entgegenhalten zu lassen braucht, so ist für den Geschäftsverkehr mit der eingetragenen Zweigniederlassung die Eintragung und Publikation bei der Zweigniederlassung, nicht die Publikation bei der Hauptniederlassung entscheidend. Das ergiebt sich aus § 15 Abs. 3 H.G.B. (vergl. auch Anm. 28 zu § 7).

8. Die Firma der Zweigniederlassung. Hierüber greift die allgemeine Vorschrift des Anm. 10. § 30 H.G.B. Platz (vergl. daher Staub, H.G.B. Anm. 6ffg. zu § 30). Unseren dortigen Ausführungen ist zu entnehmen, daß eine absolut verschiedene Firma die Gesellschaft am Hauptsitze und am Orte der Zweigniederlassung nicht führen kann; hier wie bei der Aktiengesellschaft schon deshalb nicht, weil auch unsere Gesellschaft nur eine Firma führen darf (Anm. 19 zu § 4). Entsteht also durch den erforderlichen Zusatz eine wirkliche Verschiedenheit der Firma, so bleibt nichts übrig, als das Statut zu ändern (so auch Förtsch Anm. 3). Doch begründen Zusätze, wie Filiale oder Filiale Frankfurt a. M., keine wirkliche Verschiedenheit der Firma und sind ohne statutarische Firmenänderung zulässig. Weiter geht nach früherem Recht das Kammergericht (bei Johow 14 S. 13) und auch nach jetzigem Recht Pinner, Aktienrecht S. 68, für das Aktienrecht, welche auch sonstige unterscheidende Zusätze gestatten, letzterer mit Rücksicht auf § 30 Abs. 3, den wir aber anders auslegen (vergl. Staub H.G.B. Anm. 7 zu § 30). Mit Pinner auch Dernburg I S. 300.

9. Vertretung der Zweigniederlassung. Dieselbe ist nicht besonders geregelt. Es Anm. 11. folgt aus dem in Anm. 2 Gesagten, daß nicht etwa ein Geschäftsführer oder ein Prokurist vertreten muß, es kann auch ein Handlungsbevollmächtigter sein (R.O.H. 17 S. 320). Die Bestellung eines besonderen Geschäftsführers für die Zweigniederlassung ist nicht zulässig (Johow 12 S. 34 für das Aktienrecht; vergl. zu § 37). Dagegen ist die Bestellung eines besonderen Prokuristen für die Zweigniederlassung zulässig (§ 50 Abs. 3 H.G.B.).

10. **In prozeßualischer Hinsicht** ist zweierlei zu bemerken. Anm. 12.

a) Die Frage, ob die Zweigniederlassung unter ihrer Firma klagen oder verklagt werden kann, ist nicht richtig gestellt. Die Zweigniederlassung ist ein als Pertinenz im weiteren Sinne eines Hauptgeschäfts zu betrachtendes Geschäft. Ein Geschäft ist aber kein Rechtssubjekt, ein Zweiggeschäft ist eben so wenig prozeßfähig, wie ein Hauptgeschäft. Es kann also weder klagen, noch verklagt werden. Klagen und verklagt werden kann aus den durch das Zweiggeschäft entstehenden Rechtsbeziehungen nur die Gesellschaft mit beschränkter Haftung selbst. Diese ist die Trägerin dieser Rechtsbeziehungen (vergl. oben Anm. 4).

b) Einen besonderen allgemeinen Gerichtsstand begründet die Zweigniederlassung nicht, da sie kein zweites Domizil begründet. Aber der Gerichtsstand der Verwaltung und der Gerichtsstand der Erfüllung können am Sitze der Zweigniederlassung begründet sein (R.O.H. 17 S. 319, O.L.G. Hamburg in G.Z. 42 S. 503). Anm. 13.

II. **Die Anmeldung und Eintragung der Zweigniederlassung.**

1. Es ist hier nochmals darauf hinzuweisen, daß es sich lediglich um die externe Anm. 14. oder eigentliche Zweigniederlassung handelt, d. h. um eine Niederlassung außerhalb des Gerichtsbezirks des Hauptsitzes. Errichtet die Gesellschaft eine Niederlassung an einem andern Orte als dem Sitze der Gesellschaft, aber in demselben Gerichtsbezirke, so erfolgt die Anmeldung zwar ebenfalls, aber nicht in der hier vorgeschriebenen Weise, sondern gemäß § 29 H.G.B. (vergl. oben Anm. 1 u. 8).

2. **Bei der externen oder eigentlichen Zweigniederlassung gilt über die Anmeldung Folgendes:** Anm. 15.

a) Die Anmeldung muß erfolgen. Sie wird sonst gemäß § 14 H.G.B. erzwungen. Die Anmeldung der errichteten Gesellschaft zum Hauptsitze braucht nicht zu erfolgen. D. h. sie kann nicht vom Gericht erzwungen werden. Nur besteht die Gesellschaft nicht, solange die Eintragung am Gerichte des Hauptsitzes nicht erfolgt. (§ 79, § 11.) Ist sie aber dort erfolgt und betreibt die Gesellschaft eine Zweigniederlassung an einem anderen Orte außerhalb des Gerichtsbezirks des Hauptsitzes, so greift § 14 H.G.B. Platz. D. h. diese Zweigniederlassung muß eingetragen und diese Eintragung kann erzwungen werden.

Anm. 16. b) Die Anmeldung erfolgt in der Form des § 12 H.G.B., also persönlich bei dem Gerichte, oder in öffentlich beglaubigter Form. Außerdem kann nach § 128 F.G. die Anmeldung auch zu Protokoll des Gerichtsschreibers des Registergerichts erfolgen.

Anm. 17. c) Die anmeldungspflichtigen Personen sind die sämtlichen Geschäftsführer (§ 78 des Gesetzes).

Anm. 18. d) Über den Inhalt der Anmeldung ist nichts gesagt. Es ist nur gesagt, was beizufügen ist. Es ist anzugeben, daß die Gesellschaft mit beschränkter Haftung eine Zweigniederlassung in dem betreffenden Orte betreibt und unter welcher Firma (d. h. mit welchem Zusatze, wenn ein solcher gewählt ist). Demgemäß werde die Gesellschaft zur Eintragung in das Handelsregister dieses Gerichtsbezirkes angemeldet. Unrichtig ist es, wenn Cohn, das Handels- und Genossenschaftsregister, 2. Aufl. S. 267 fordert, daß die Anmeldung alle diejenigen Angaben enthalten müsse, welche Gegenstand der Eintragung sind (vergl. unten Anm. 24). Vergl. dagegen das richtige Formular im Formularbuch des Berliner Anwaltsvereins I S. 137. Außerdem ist die Unterschrift zu zeichnen gemäß § 13 Abs. 1 H.G.B. (oben Anm. 7), was daraus folgt, daß unser Paragraph den § 8 Abs. 1 und 2, aber nicht § 8 Abs. 3 von der Anwendung ausschließt. Die im § 8 Abs. 2 vorgeschriebene Versicherung, daß die Leistungen auf die Einlagen erfolgt sind, ist nicht erforderlich, auch wenn die Anmeldung der Zweigniederlassung sich unmittelbar an die Gründung der Gesellschaft anschließt, da § 8 Abs. 2 von der Anwendung ausgeschlossen ist.

Anm. 19. e) Die Beilagen der Anmeldung. Sie sind im Abs. 1 deutlich bezeichnet. Danach ist beizufügen:

α) Eine von dem Gericht der Hauptniederlassung zu beglaubigende Abschrift des Gesellschaftsvertrages. Ist der Gesellschaftsvertrag geändert worden — unter Umständen ist dies mehrfach geschehen —, so müssen auch von den Abänderungsbeschlüssen beglaubigte Abschriften beigefügt werden. Die Abschriften müssen von dem Gerichte der Hauptniederlassung beglaubigt sein. Eine notarielle Beglaubigung der Ausfertigung oder eine von irgend einem Gericht herrührende Beglaubigung der Ausfertigung genügt also nicht.

Anm. 20. β) Eine von dem Gerichte der Hauptniederlassung beglaubigte Abschrift der Liste der Gesellschafter ist beizufügen. Wird die Zweigniederlassung nicht unmittelbar nach Eintragung der Gesellschaft am Hauptsitze, sondern erst geraume Zeit später errichtet, bezw. angemeldet, so muß die Liste natürlich auf den zeitigen Stand zurückgeführt sein. Sie muß zu diesem Zwecke auch ausnahmsweise außerhalb des Jahres (während nach § 40 die Liste nur alljährlich eingereicht werden muß) am Hauptsitze eingereicht werden. Sonst könnte ja das Gericht des Hauptsitzes keine beglaubigte Abschrift der Liste, wie sie den jetzigen Verhältnissen entspricht, erteilen.

Anm. 21. γ) Außerdem aber muß der Nachweis beigebracht werden, daß die Gesellschaft am Hauptsitze eingetragen ist. Das folgt aus § 13 Abs. 2 H.G.B. Dieser Nachweis erfolgt durch einen vom Gerichte des Gesellschaftssitzes zu beglaubigenden Auszug der dort erfolgten Eintragung der Gesellschaft (Cohn a. a. O. S. 268).

Anm. 22. δ) Dagegen bedarf es nicht der Vorlage der Vollmachten der Vertreter, welche den Gesellschaftsvertrag unterzeichnet haben, nicht der Vorlage der Legitimation der Geschäftsführer oder der Urkunde über die staatliche Genehmigung. Darin liegt eine Abänderung des § 13 Abs. 1 H.G.B. durch unseren § 12 Abs. 1.

Anm. 23. f) Der Inhalt der Eintragung. Er ist der gleiche, wie bei der Eintragung der Gesellschaft am Hauptsitze. Das folgt aus unserem Abs. 2. Es ist daher auf Anm. 5—9 zu § 10 zu verweisen. Zu bemerken ist auch hier, daß außerdem noch der Tag der Eintragung (nämlich der Eintragung im Zweigregister) bei der Eintragung anzugeben ist und die Unterschrift des zuständigen Beamten.

g) Die Publikation. In dieselbe sind regelmäßig die im § 10 Abs. 3 bezeichneten Bestimmungen aufzunehmen (das Gesetz sagt eigentümlicherweise „auch“ die im § 10 Abs. 3 bezeichneten Bestimmungen). Das Nähere hierüber siehe Anm. 16ffg. zu § 10. Doch ist hier eine Ausnahme gemacht. Die Illationsfestsetzungen nach § 5 Abs. 4 sind in die Publikation nur dann aufzunehmen, wenn die Eintragung der Zweigniederlassung innerhalb der ersten zwei Jahre nach der Eintragung in das Handelsregister des Sitzes der Gesellschaft erfolgt. Mit der Zeit verliert die Art, wie die Gesellschaft entstanden ist, immer mehr an Interesse. Daher diese Vorschrift. Anm.23.

h) Was später in das Zweigregister einzutragen ist, darüber siehe oben Anm. 7.

i) Welche rechtliche Bedeutung die Eintragung in das Zweigregister und die betreffende Publikation hat, darüber siehe oben Anm. 9.

k) Was hat der Registerrichter zu prüfen bei der Eintragung der Zweigniederlassung. Er hat nur zu prüfen, ob die Anmeldung den Vorschriften des Gesetzes entspricht. Nicht hat er zu prüfen, ob die für die Eintragung der Gesellschaft selbst vorgeschriebenen gesetzlichen Bestimmungen erfüllt sind, da die Gesellschaft mit der Eintragung der Gesellschaft am Sitze besteht. Auch wenn Nichtigkeitsgründe vorliegen sollten, so ist es nicht seine Sache, die Zweigniederlassung deshalb von der Eintragung auszuschließen. Er mag dann bei dem Richter des Sitzes das Verfahren gemäß § 144 F.G. anregen. Ob eine Zweigniederlassung tatsächlich vorliegt, ist aber sein Recht zu prüfen, da er ja (vergl. Anm. 27 zu § 7) überhaupt das Recht hat, nachzuprüfen, ob die vor ihm erklärten Tatsachen der Wirklichkeit entsprechen (anders Cohn a. a. O. S. 269). Ob das Unternehmen staatlich genehmigt ist, hat er im allgemeinen nicht nachzuprüfen. Diese Frage ist erledigt durch die Eintragung der Gesellschaft am Hauptsitze. Wenn aber die Genehmigung örtlich begrenzt ist, so hat er zu prüfen, ob sie auch seinen Bezirk betrifft, und eventuell die Eintragung von einer Ausdehnung der Genehmigung abhängig zu machen (Cohn a. a. O. S. 269). Anm.24.

Zusatz 1. Auch die Aufhebung der Zweigniederlassung ist anzumelden und einzutragen und zwar nur zum Register der Zweigniederlassung. Der Registerrichter der Zweigniederlassung zeigt die Eintragung der Aufhebung dem Registerrichter der Hauptniederlassung an und dieser vermerkt die Aufhebung im Hauptregister (vergl. oben Anm. 8). Anm.25.

Zusatz 2. Die inländische Zweigniederlassung einer ausländischen Gesellschaft mit beschränkter Haftung. Anm.26.

1. Kann eine solche vorkommen? Im Allgemeinen nicht. Wie wir in Anm. 10ffg. der Allgemeinen Einleitung ausgeführt haben, besteht zwischen der Aktiengesellschaft und der Gesellschaft mit beschränkter Haftung eine Verschiedenheit im Wesen nicht. Nur die Ausgestaltung im Einzelnen weist Verschiedenheiten auf. Bis zum Erlaß des Gesetzes betr. die Gesellschaften mit beschränkter Haftung waren zweifellos hiesige Zweigniederlassungen ausländischer Erwerbsgesellschaften, welche im wesentlichen auf der Grundlage aufgebaut waren, daß lediglich ein Gesellschaftsvermögen den Gläubigern haftete und die Beteiligung ziffermäßig nach Nennbeträgen zerlegt war, sie mochten im Auslande heißen wie immer (limited, societé anonyme), als deutsche Zweigniederlassungen ausländischer Aktiengesellschaften zu betrachten und zu behandeln. Es ist nicht anzunehmen, daß sich dies seit dem Erlaß unseres Gesetzes geändert hat, auch dann nicht, wenn bei der betreffenden ausländischen Gesellschaft die Ausgestaltung im einzelnen sich unserer Gesellschaft mit beschränkter Haftung nähert. Denn entscheidend bleibt immer noch, daß das Grundwesen einer solchen Gesellschaft auch das der Aktiengesellschaft ist; daß ferner unsere Gesetze für die registermäßige Behandlung inländischer Zweigniederlassungen ausländischer Aktiengesellschaften fürsorgliche Bestimmungen getroffen haben (§ 201 Abs. 5 H.G.B.), nicht aber Spezialbestimmungen über inländische Zweigniederlassungen ausländischer Gesellschaften mit beschränkter Haftung — was zwar nicht zwingend darauf hinweist, aber doch der Vermutung Raum giebt, daß solche Zweigniederlassungen überhaupt nicht eingetragen werden sollen, sondern eben nur als Zweigniederlassungen ausländischer Aktiengesellschaften

— und daß endlich die letztere Art der Behandlung dem öffentlichen Interesse weit mehr dient, als wenn die Eintragung als Zweigniederlassung einer ausländischen Gesellschaft mit beschränkter Haftung erfolgte, da die Kautelen bei den Aktiengesellschaften schärfer sind.

Anm. 27. Die Ausleger unseres Gesetzes stimmen mit dem vorstehenden Ergebnisse überein, doch leider nicht mit zureichenden Gründen. Liebmann Anm. 2 sagt, daß die Gesellschaft mit beschränkter Haftung eine spezifisch deutsche Gesellschaft sei. Doch ist damit nichts bewiesen, weil es ja immerhin sein kann, daß nach den Gesetzen irgend eines Staates Gesellschaften errichtet werden können, welche im Grundwesen und in der Ausgestaltung im einzelnen den gleichen Aufbau gestatten, wie unsere Gesellschaft mit beschränkter Haftung. Was dann? Parisius und Crüger Anm. 4 sagen, daß „ausländische Gesellschaftsfirmen bei diesem deutschen Gesetze nicht in Betracht kommen können". Das ist für sich nicht verständlich. Sie citieren aber Liebmann und daraus ist zu entnehmen, daß sie dasselbe wie dieser besagen wollen. Liebmann's Ansicht ist aber eben widerlegt worden. Förtsch Anm. 6 meint, daß es im deutschen Recht Zweigniederlassungen ausländischer Gesellschaften mit beschränkter Haftung schon deshalb nicht geben könnte, weil die ausländischen Gesellschaften den Zusatz „mit beschränkter Haftung" annehmen müßten, was doch nicht angängig sei. Warum sollte das nicht angängig sein? Daß der Zusatz gerade deutsch sein müsse, meint wohl Förtsch auch nicht, eine solche Annahme wäre ja gänzlich grundlos. Man nimmt auch im Aktienrecht nicht an, daß die ausländischen Aktiengesellschaften den Zusatz „Aktiengesellschaft" in deutscher Sprache annehmen müssen, um fähig zu sein, ihre Zweigniederlassungen in Deutschland eintragen zu lassen. Und wie, wenn eine ausländische Gesellschaft mit beschränkter Haftung den Zusatz in deutscher Sprache annimmt? Sind nun auch die Gründe unserer Streitgenossen nicht zutreffend, so ist es doch ihr Ergebnis. Inländische Zweigniederlassungen ausländischer Gesellschaften mit beschränkter Haftung wird es also regelmäßig nicht geben.

Anm. 28. Ausnahmsweise ist dies allerdings denkbar, nämlich dann, wenn ein ausländisches Gesetz in der zweifellosen, sei es ausgesprochenen oder sonst erkennbaren Absicht, die Bildung gleicher Gesellschaften, wie die deutschen Gesellschaften mit beschränkter Haftung zu ermöglichen, ein unserem Gesetze adäquates Gesetz schaffen würde. Wenn auf Grund eines solchen Gesetzes sich in dem betreffenden Staate Gesellschaften bilden und in Deutschland Zweigniederlassungen errichten würden, so würden diese hier eintragungsfähig und eintragungspflichtig sein als Zweigniederlassungen einer ausländischen Gesellschaft mit beschränkter Haftung.

Anm. 29. 2. **Welche Grundsätze gelten für die inländische Zweigniederlassung einer ausländischen Gesellschaft mit beschränkter Haftung?**

a) **Der Hauptgrundsatz ist der in Anm. 28 betonte: die ausländische Gesellschaft muß eine offenbare Nachbildung unserer Gesellschaftsform sein.** Sie muß insbesondere auch einen Zusatz **in der Firma** enthalten, der nichts weiter ist als eine Übersetzung der Worte „mit beschränkter Haftung." Und ferner muß die Ausgestaltung im Einzelnen mit den den für unsere Gesellschaft charakteristischen Vorschriften unseres Gesetzes übereinstimmen. Insbesondere muß die Übertragung der Anteile in gleicher Weise erschwert sein, wie bei uns; die Haftung des § 24 muß ebenfalls festgesetzt sein.

Anm. 30. b) **Der Sitz der Gesellschaft** muß sich im Auslande befinden.

c) **Der Gegenstand des Unternehmens muß nach deutschem Rechte erlaubt sein.** Eine Gesellschaft mit beschränkter Haftung zum Zwecke des Sklavenhandels würde hier nicht eingetragen werden können.

Anm. 31. d) **Die Höhe des Grundkapitals** muß mindestens 20000 Mark sein. Das ist ein Prohibitivgesetz. Doch ist die ausländische Währung zulässig. Der Betrag des einzelnen Geschäftsanteils muß mindestens 500 Mark sein.

Anm. 32. e) **Die Anmeldung, Eintragung und Publikation** richtet sich nach § 13 Abs. 3 H.G.B., modificiert durch die Vorschriften unseres Gesetzes. Es erfolgen die gleichen

Eintragungen, wie bei der Hauptniederlassung und die gleiche Publikation, soweit nicht das ausländische Recht Abweichungen ergiebt. Die Abweichungen dürfen natürlich nicht derart sein, daß die Anmeldung überhaupt nicht statthaft ist.

Zusatz 3. Ob die Zweigniederlassung einer deutschen Gesellschaft mit beschränkter Haftung im Auslande eingetragen werden kann, richtet sich nach dem ausländischen Rechte. In der Schweiz z. B. ist sie nach der Rechtsprechung einzutragen (vergl. Cahn, Die Gesellschaft mit beschränkter Haftung im Gesellschaftsrecht, Schaffhausen 1899 S. 150, auch Beschluß des Schweizerischen Bundesrats vom 16. Juni 1902 in der Deutschen Juristen-Zeitung 7 S. 475). Anm. 23.

Zweiter Abschnitt.

Rechtsverhältnisse der Gesellschaft und der Gesellschafter.

§ 13.

Die Gesellschaft mit beschränkter Haftung als solche hat selbständig ihre Rechte und Pflichten; sie kann Eigentum und andere dringliche Rechte an Grundstücken erwerben, vor Gericht klagen und verklagt werden.

Für die Verbindlichkeiten der Gesellschaft haftet den Gläubigern derselben nur das Gesellschaftsvermögen.

Die Gesellschaft gilt als Handelsgesellschaft im Sinne des Handelsgesetzbuchs.

Der vorliegende Paragraph giebt drei Fundamentalgrundsätze über das Wesen der Gesellschaft mit beschränkter Haftung: über ihre Parteifähigkeit (Abs. 1), über die Haftung für die Verbindlichkeiten (Abs. 2), und endlich über ihre Eigenschaft als Handelsgesellschaft (Abs. 3). Einleitung.

I. (Abs. 1.) **Über ihre Parteifähigkeit ist bestimmt: daß sie als solche selbständig ihre Rechte und Pflichten hat; daß sie Eigentum und andere dingliche Rechte an Grundstücken erwerben kann; daß sie vor Gericht klagen und verklagt werden kann.** Anm. 1.

1. Sie ist dadurch zur juristischen Person erhoben. Wenn die Gesetze sagen, daß eine Gesellschaft „selbständig als solche" ihre Rechte und Pflichten hat, so ist damit eine derartige Selbständigkeit statuiert, wie sie nur der juristischen Person eigen ist. So auch bei der Aktiengesellschaft im § 210 H.G.B., die auf Grund des gleichen Ausspruches ganz allgemein als juristische Person erachtet wird. Dazu kommt aber ebenso zwingend, wenn nicht gar zwingender der Grundsatz des Absatzes 2; wonach für die Verbindlichkeiten der Gesellschaft nur das Gesellschaftsvermögen haftet. Es haftet also nur die Gesellschaft, eine direkte Haftung der einzelnen Gesellschafter sollte mit diesem Ausspruche abgelehnt werden (vergl. Motive S. 23). Wenn nun aber kein Gesellschafter und doch die Gesellschaft haften soll, so ist gar nicht ersichtlich, wie das anders denkbar wäre, als so, daß die Gesellschaft, als selbständiges Rechtssubjekt gedacht, Trägerin der Haftung ist.

So ist denn auch die Annahme, daß die Gesellschaft mit beschränkter Haftung juristische Person ist, weitaus die herrschende Ansicht. Alle Kommentare zu diesem Gesetze nehmen dies an, ebenso das oberste Landesgericht München in seinen Entscheidungen Bd. 16 S. 148; Keyßner in G.Z. 40 S. 397; Simon, in der Wochenschrift für Aktienrecht 1892 S. 225; Goldschmidt, Alte und neue Formen der Handelsgesellschaft S. 33; Dernburg, Bürgerliches Recht I S. 225; das Kammergericht in der Entscheidung v. 2. Dezember 1901 bei Johow und Ring 23 S. A. 105 und in R.J.A. 3 S. 25; das Reichsgericht in seiner Entscheidung v. 30. Mai 1902 in J.W. S. 394. Auch das preußische Oberverwaltungsgericht, welches in seiner Entscheidung Bd. 30 S. 1 die juristische Persönlichkeit der Gesell- Anm. 2.

schaft verneint hat, hat doch in anderen Entscheidungen (z. B. in seiner Entscheidung Bd. 32 S. 76) wieder anerkannt, daß sie ein selbständiges Rechtssubjekt sei, welches nur auf dem Gebiete des öffentlichen Rechts nicht in allen Beziehungen den juristischen Personen gleichstehe.

Anm. 3. Neuerdings hat jedoch Meurer (die juristischen Personen nach deutschem Reichsrecht Stuttgart 1901) die juristische Persönlichkeit der Gesellschaft mit beschränkter Haftung mit Entschiedenheit verneint. Für ihn ist der § 13 „nur eine Umschreibung der Rechtsstellung der Gesellschaft nach außen, während nach innen das reine Gesellschaftsbild besteht." Indessen die Rechtsstellung nach außen ist doch das Entscheidende. Ist die Gesellschaft in ihrer Rechtsstellung nach außen eine juristische Person, so ist sie eben eine juristische Person. Es kommt ja darauf an, welchen Charakter im Rechtsverkehr nach außen die Gesellschaft annimmt; ob sie im Rechtsverkehr selbständig ist; ob sie oder die Gesellschafter den Gläubigern haften; ob im Namen der Gesellschafter oder im Namen der Gesellschaft kontrahiert wird ꝛc. Nach innen ist selbstverständlich ein Gesellschaftsbild vorhanden. Meurer weist darauf hin, daß das Stammkapital durch die Stammeinlagen der Gesellschafter gebildet wird, daß sich der Geschäftsanteil nach dem Betrage der übernommenen Stammeinlage bestimmt, daß nach dem Verhältnis der Geschäftsanteile die Verteilung des Reingewinnes erfolge, sich das Stimmrecht und das Einberufungsrecht richte ꝛc ꝛc. Alle diese Vorschriften sind aber nichts weiter, als Bestandteile der Verfassung, welche jede juristische Person haben muß. Die eine Verfassung hat diesen, die andere jenen Inhalt. Alle Verfassungen aber laufen darauf hinaus, in welcher Art das Gesellschaftsvermögen von den Gesellschaftern aufgebracht, wie sie an der Verwaltung teilnehmen und wie ihnen die Früchte des gesellschaftlichen Lebens zu gute kommen sollen. Das ist doch bei keiner juristischen Person anders. Überall muß das Verhältnis der Gesellschaft zu den Gesellschaftern durch eine Verfassung geordnet werden, welche die Pflichten und Rechte der Gesellschafter zur Gesellschaft regelt. Das bietet immer das reine Gesellschaftsbild. Aber für die Frage der juristischen Persönlichkeit entscheidend ist die Rechtsstellung der Gesellschaft nach außen. Meurer's Argumente sind in keiner Weise geeignet, die herrschende Ansicht umzustimmen.

Anm. 4. Aus der juristischen Persönlichkeit der Gesellschaft mit beschränkter Haftung ergeben sich die im § 13 aufgezählten rechtlichen Fähigkeiten von selbst.

a) *Sie hat selbständig ihre Rechte und Pflichten.* „Ihre" Rechte und Pflichten, das bedeutet: sie ist fähig zu allen denjenigen Rechten und Pflichten, welche sich mit ihrer Eigenschaft als juristische Person vertragen, welche, wie Lehmann, Aktienrecht I S. 254 zutreffend sagt, kraft ihrer Beschaffenheit nicht auf physische Personen zugeschnitten sind.

Zunächst trifft dies auf Privatrechte und privatrechtliche Verpflichtungen zu. Ob es gerade vermögensrechtliche Verpflichtungen im eigentlichen Sinne sind, entscheidet hierbei nicht. So kann sie zwar familienrechtliche Befugnisse nicht haben, wohl aber ist sie fähig, des Namens- oder Zeichenrechts, des Urheberrechts und Erfinderrechts teilhaftig zu werden. Sie kann Erbin und Legatarin sein (Lehmann Aktienrecht I S. 256; Ring Nr. 1 zu § 210 H.G.B.; vergl. § 2101 B.G.B.). Sie kann auch Vollmachtträgerin sein, da hierzu die unbeschränkte Geschäftsfähigkeit des Vertreters nicht gehört (§ 165 B.G.B.; O.L.G. Dresden in G.Z. 33 S. 242 für die Aktiengesellschaft; Ring Nr. 1 zu § 210 H.G.B. für die Aktiengesellschaft). Es steht daher nichts entgegen, daß eine Gesellschaft mit beschränkter Haftung die Vertretung eines Aktionärs in der Generalversammlung einer Aktiengesellschaft oder einer Gesellschaft mit beschränkter Haftung übernimmt. Desgleichen können gegen sie Verpflichtungen der entsprechenden Art begründet werden: sie kann aus der Verletzung des Zeichenrechts, des Namensrechts, der Erfinderrechte, aus der Verletzung der Urheberrechte, wegen unlauteren Wettbewerbes verklagt und verurteilt werden.[1])

---

[1]) Durch diese allgemeine Rechtserwerbs- und Verpflichtungsfähigkeit werden aber landesgesetzliche Vorschriften, welche den Erwerb von Rechten durch juristische Personen beschränken oder

Auf den Rechtsgrund der fraglichen Rechte und Verpflichtungen kommt es nicht an. Auch nicht auf den Gegenstand. Die Gesellschaft mit beschränkter Haftung wird nicht etwa bloß insoweit berechtigt und verpflichtet, als der Gegenstand ihres Unternehmens reicht (vergl. zu § 35). Was die Verpflichtungen angeht, so haftet die Gesellschaft mit beschränkter Haftung auch dann, wenn es solche aus Delikten sind (vergl. zu § 35), so daß sie also auch aus Delikten haften kann, allerdings nur privatrechtlich. Bestraft kann sie nicht werden (R.O.H. 17 S. 291; R.G. in Strafsachen 16 S. 123). Ebenso stehen ihr zu Rechte aus Delikten, welche gegen sie begangen werden. Das Letztere kann sehr wohl der Fall sein, z. B. wenn ihre Urheberrechte verletzt werden. Nur können freilich nicht solche Delikte gegen sie begangen werden, welche sich ihrem Wesen nach gegen physisch empfindende Personen wenden. Daher können strafrechtlich verfolgbare Beleidigungen im Allgemeinen nicht gegen die Gesellschaft mit beschränkter Haftung begangen werden (R.G. in Strafsachen 1 S. 178; 9 S. 2), wohl aber kann das Delikt der kreditgefährdenden Verleumdung gegen die Gesellschaft mit beschränkter Haftung begangen werden (Lehmann Aktienrecht I S. 256), und zwar nicht bloß mit der Wirkung, daß die Gesellschaft auf Zahlung einer Buße antragen oder auf Entschädigung klagen kann, sondern auch mit dem Erfolge der Bestrafung (vergl. Str.P.O. § 414 Abs. 2). Desgleichen kann die Gesellschaft mit beschränkter Haftung aus den §§ 1, 6, 7 und 8 des Gesetzes zur Bekämpfung des unlauteren Wettbewerbes strafrechtlich vorgehen. Anm. 5.

Inwieweit die Gesellschaft mit beschränkter Haftung am Gesellschaftsleben teilnehmen kann, hängt davon ab, ob ihre Eigenschaft als juristische Person oder ihre besondere Konstruktion nicht entgegensteht. Sie kann z. B. Aktionärin sein, auch eine Aktiengesellschaft begründen; sie kann aber nicht Teilhaberin einer offenen Handelsgesellschaft sein (Staub H.G.B. Anm. 19 zu § 105); demgemäß auch nicht Komplementarin einer Kommanditgesellschaft, wohl aber kann sie Kommanditistin einer Kommanditgesellschaft sein (Staub H.G.B. Anm. 7 zu § 161); sie kann nicht Komplementarin, wohl aber Kommanditistin einer Aktien-Kommanditgesellschaft sein; sie kann Mitglied einer Gesellschaft mit beschränkter Haftung sein (vergl. oben Anm. 13 zu § 2). Sie kann stille Gesellschafterin sein und auch einen stillen Gesellschafter aufnehmen (Staub H.G.B. Anm. 5 und 11 zu § 335). Anm. 6.

Ob und inwieweit die Gesellschaft mit beschränkter Haftung öffentlichrechtliche Rechte und Pflichten hat, unterliegt besonderen Vorschriften. Das H.G.B. legt ihr z. B. die Führung der Bücher, unser Gesetz die Veröffentlichung der Bilanzen, wenn das Geschäft ein Bankgeschäft ist, auf. Andere öffentlichrechtliche Pflichten enthalten z. B. die Steuergesetze, die sozialpolitischen Versicherungsgesetze, das Haftpflichtgesetz. Ob aus der Verletzung solcher Verpflichtungen die Gesellschaft oder ihre gesetzlichen Vertreter oder beide haften, kann nur an der Hand jeder einzelnen Vorschrift beantwortet werden. Für Strafen haftet im Allgemeinen die Gesellschaft nicht, weil sie keine Delikte begehen kann (R.G. in Strafsachen 5 S. 182; 16 S. 121), aber für die sonstigen vermögensrechtlichen Leistungen (Steuern, Versicherungsbeiträge ꝛc.) haftet die Gesellschaft. Anm. 7.

b) Sie kann Eigentum an Grundstücken und andere dingliche Rechte daran erwerben. Damit ist aber nur gesagt, daß von Reichswegen aus der juristischen Anm. 8.

---

von staatlicher Genehmigung abhängig machen, soweit diese Vorschriften Gegenstände im Werte von mehr als 5000 Mark betreffen, nicht berührt (Art. 86 E.G. zum B.G.B.). Nach Art. 6 des preußischen Ausführungsgesetzes zum B.G.B. bedürfen Schenkungen an juristische Personen zu ihrer Wirksamkeit der staatlichen Genehmigung, wenn sie Gegenstände im Werte von mehr als 5000 Mark betreffen. Nach Art. 7 desselben Gesetzes bedarf allerdings auch ein Grundstückserwerb durch eine juristische Person im Werte von mehr als 5000 Mark der staatlichen Genehmigung; doch bezieht sich dies nicht auf juristische Personen, deren Rechtsfähigkeit auf einem anderen Gesetze als dem B.G.B. beruht, also auch nicht auf Gesellschaften mit beschränkter Haftung. Über den Erwerb von Grundstücken in Preußen durch außerpreußische Gesellschaften mit beschränkter Haftung siehe Anm. 8.

Natur der Gesellschaft mit beschränkter Haftung Hindernisse für den Rechtserwerb nicht bestehen. Landesrechtliche Beschränkungen für den Eigentumserwerb nicht preußischer juristischer Personen sind hierdurch für die Gesellschaft mit beschränkter Haftung nicht beseitigt (Art. 88 E.G. zum B.G.B.). Es gilt also auch die preußischrechtliche Beschränkung hinsichtlich des Erwerbes von Grundeigentum für die Gesellschaften mit beschränkter Haftung anderer Bundesstaaten; dieselbe geht dahin, daß juristische Personen, die in einem anderen Bundesstaate ihren Sitz haben, zum Erwerbe von Grundstücken im Werte von mehr als 5000 Mark der staatlichen Genehmigung bedürfen (Art. 7 Abs. 1 des preußischen Ausführungsgesetzes zum B.G.B.), ausländische juristische Personen sogar ohne Rücksicht auf den Wert (Art. 7 Abs. 2 daselbst). Die Berliner Zweigniederlassung einer in Dresden domizilierenden Gesellschaft mit beschränkter Haftung bedarf daher der staatlichen Genehmigung bei dem Erwerbe eines Grundstücks in Preußen im Werte von mehr als 5000 Mark.

Anm. 9. c) Sie kann vor Gericht klagen und verklagt werden.

α) Sie ist parteifähig, aber nicht prozeßfähig, d. h. sie ist fähig, Subjekt von Rechten und Verbindlichkeiten und damit auch Prozeßsubjekt zu werden, sie ist aber unfähig, selbständig Verpflichtungen zu kontrahieren und daher nicht fähig, vor Gericht handelnd aufzutreten, sie bedarf dazu notwendig eines Vertreters. Die Prozeßfähigkeit setzt die Parteifähigkeit voraus, aber eine parteifähige Person ist nicht notwendig prozeßfähig (R.G. 12 S. 399; 32 S. 175). Zur Aufrechnung stellen kann sie nur Forderungen der Gesellschaft selbst, und nur Forderungen an die Gesellschaft können zur Kompensation benutzt werden, wenn sie klagt. Sie wird im Prozeß vertreten durch Geschäftsführer als gesetzliche Vertreter, außer im Falle des § 46 Nr. 8: an einen von den Geschäftsführern erfolgen gültig Zustellungen und Ladungen auch wenn im Übrigen diese Geschäftsführer kollektiv vertretungsberechtigt sind (§ 171 Abs. 3 C.P.O.). Die Eide sind von den Geschäftsführern zu leisten. Diese können daher auch nicht als Zeugen vernommen werden (vergl. R.G. 2 S. 400 für die Vorstandsmitglieder der Aktiengesellschaft). Wohl aber kann jeder Gesellschafter als Zeuge vernommen werden, weil er eben nicht Partei ist (R.G. vom 30. Mai 1902 in J.W. S. 294). Doch kommt für die Verweigerungs- und Beeidigungsfragen nach §§ 384 Nr. 1 und 393 Nr. 4 C.P.O. der Grad der wirtschaftlichen Beteiligung in Betracht (Dernburg, Bürgerliches Recht I § 68 Anm. 4; Liebmann Anm. 5). Das Reichsgericht (v. 30. Mai 1902 in J.W. S. 394) meint jedoch, daß der Beeidigung niemals ein Hindernis im Wege steht, weil es sich immer nur um ein tatsächliches Interesse am Ausgange des Rechtsstreits handele, eine Auffassung, die uns sehr formell und sehr bedenklich erscheint. Der letztere Gesichtspunkt ist allerdings nicht maßgebend für die Frage, ob ein Gesellschafter im Prozesse der Gesellschaft als Richter fungieren kann. Die Frage ist vom R.G. 7 S. 311 für die Aktiengesellschaft bejaht; für die Gesellschaft mit beschränkter Haftung muß dasselbe gelten (Birkenbihl Anm. 4). Hier ist allein maßgebend, daß er weder Partei, noch mitberechtigt oder mitverpflichtet ist (§ 41 Nr. 1 C.P.O.). Doch kann er nach § 42 C.P.O. unter Umständen wegen seines hohen Interesses zur Sache wegen Befangenheit abgelehnt werden. Dagegen wird man der Ansicht Dernburgs a. a. O. nicht beitreten können, daß auch bei der Frage nach dem Ausschlusse des Richters kraft Gesetzes auf den Grad der wirtschaftlichen Beteiligung Rücksicht genommen werden müsse, so daß z. B. ein Richter, der der alleinige oder der Hauptgesellschafter ist, ausgeschlossen sei. Denn das Gesetz geht eben hier nicht von dem Grade des wirtschaftlichen Interesses aus, sondern legt die juristische Parteirolle zu grunde. Der Grad des wirtschaftlichen Interesses kommt bei der Frage nach der Ablehnung wegen Befangenheit zur Geltung.

Anm. 10. β) Die Auflösung der Gesellschaft hat auf das schwebende Verfahren folgenden Einfluß.

Der Prozeß setzt sich mit den Liquidatoren fort, nachdem er allerdings zunächst unterbrochen ist. Die Unterbrechung wird von Wilmowski und Levy (Kommentar zur C.P.O. Anm. 3 zu § 219) für den Fall geleugnet, daß der Geschäftsführer Liquidator wird. Allein auch in diesem Falle hört die gesetzliche Vertretungsbefugnis des Geschäftsführers auf, er erhält eine neue Vertretungsbefugnis anderer Art. Nicht der Wechsel der vertretenden Person, sondern der Wechsel der Vertretungsbefugnis ist nach § 241 C.P.O. entscheidend. Wie aber, wenn die Liquidatoren ihr Amt niederlegen? Alsdann kann der Prozeßrichter einen Prozeßpfleger bestellen (§ 57 C P.O.) oder es kann nach § 29 B.G.B. ein anderer Vertreter der Gesellschaft bestellt werden.

Verschieden von der Auflösung ist der Untergang der Gesellschaft, wie er durch Amortisation sämtlicher Geschäftsanteile eintritt. In diesem Falle kann der Prozeß nicht fortgesetzt werden. Es liegt herrenloses Gut vor.

γ) Die Wirkung des gegen die Gesellschaft ergangenen Urteils ist einfach die, daß dasselbe lediglich gegen die Gesellschaft rechtskräftig und vollstreckbar ist. Die Gesellschafter werden davon nicht berührt, höchstens wirtschaftlich, weil die Gesellschaft mit beschränkter Haftung ein selbständiges Rechtssubjekt ist. Anm. 11.

δ) Gerichtsstand. Die Gesellschaft hat ihren ordentlichen Gerichtsstand dort, wo sie ihren Sitz hat (§ 17 C.P.O.). Neben dem gesetzlichen Gerichtsstand, aber eben nur neben dem gesetzlichen, nicht statt desselben, ist auch ein statutarischer Gerichtsstand zulässig (§ 17 Abs. 3 C.P.O.). Anm. 12.

II. (Abs. 2.) **Die Haftung für die Verbindlichkeiten der Gesellschaft.** Anm. 13.

Für die Verbindlichkeiten der Gesellschaft haftet lediglich das Gesellichaftsvermögen. Darin liegt zweierlei:

1) Es haftet lediglich die Gesellschaft mit ihrem Gesellschaftsvermögen,
2) es haftet das ganze Gesellschaftsvermögen.

1. Es haftet lediglich die Gesellschaft mit ihrem Gesellschaftsvermögen. Anm. 14.

Die durch das Auftreten der Gesellschaft im Rechtsverkehr entstehenden Verbindlichkeiten sind Verbindlichkeiten der Gesellschaft. Für sie haftet infolgedessen nur die Gesellschaft, oder wie unser Absatz sagt, das Gesellschaftsvermögen. Die Gesellschafter stehen mit den Gläubigern der Gesellschaft in keinem direkten Rechtsbande. Nicht einmal dann, wenn sie sich rechtswidrig Teile des Gesellschaftsvermögens auszahlen lassen, die sie sich um der Gläubiger Willen nicht auszahlen lassen durften, haften sie den Gläubigern direkt (§ 31 des Gesetzes; weitergehend § 317 H.G.B.). Auch die im § 24 angeordnete Haftung der Gesellschafter für die rückständigen Einlagen der anderen Gesellschafter ist keine Haftung gegenüber den Gläubigern, sondern gegenüber der Gesellschaft. Das Gleiche gilt von der Pflicht zur Einzahlung von Nachschüssen gemäß § 26 ffg.

Alle diese Verpflichtungen der Gesellschafter geben dem Gläubiger kein direktes Recht gegenüber dem Gesellschafter. Doch kann der Gläubiger sich die Rechte der Gesellschaft aus diesen Verpflichtungen pfänden und überweisen lassen und auf diesem Wege sich den Weg zu einem direkten Angriff gegen die Gesellschafter ebnen. Doch beruht dieser dann auf jus cessum. Im Konkurse kann natürlich der Konkursverwalter und nur dieser jene Rechte geltend machen, da ja die Disposition über die Rechte der Gesellschaft auf ihn übergeht. Doch ist auch hierbei darauf aufmerksam zu machen, daß die durch Nachschußverbindlichkeit entstehenden Rechte Bestandteile des Gesellschaftsvermögens erst dadurch werden, daß sie von den Gesellschaftern beschlossen werden. Der Konkursverwalter kann durch seinen Willensakt diesen Beschluß nicht ersetzen (vergl. zu § 26). Anm. 15.

2. Es haftet das ganze Gesellschaftsvermögen. Das ist selbstverständlich und wird nur deshalb hervorgehoben, weil in einem Beschlusse eines angesehenen Berliner Gerichts die auffällige Ansicht vertreten wurde, daß nur das durch die Stammeinlagen aufgebrachte Gesellschaftsvermögen den Gläubigern hafte! Anm. 16.

Anm. 17. III. (Abs. 3.) **Die Gesellschaft mit beschränkter Haftung gilt als Handelsgesellschaft im Sinne des Handelsgesetzbuchs.**

1. Daß der Betrieb im Einzelfall kein Handelsgewerbe darstellt, ändert daran nichts. Das ist in dem korrespondierenden § 210 H.G.B. ausdrücklich in dieser Weise zum Ausdruck gebracht. Hier sollte derselbe Gedanke zum Ausdruck gebracht werden, wenn auch in kürzerer Form (vergl. Motive S. 23). Es kommt also garnicht darauf an, worin der Gegenstand des Unternehmens besteht, so daß z. B. eine Gesellschaft, die ein Gewerbe betreibt, das nicht unter § 1 H.G.B., aber auch nicht unter § 2 H.G.B. fällt, indem es so klein ist, daß es kaufmännische Einrichtungen nicht erfordert, ja sogar eine Gesellschaft zur Verfolgung rein idealer Tendenzen (z. B. die Gesellschaft mit beschränkter Haftung Loge Leopold zur Treue) eine Handelsgesellschaft ist.

Sie ist aber nicht bloß Handelsgesellschaft, sondern sie hat auch die Rechte und Pflichten eines Vollkaufmanns (§ 6 Abs. 2 H.G.B.).

Anm. 18. 2. *Sie ist also eine als Vollkaufmann geltende Handelsgesellschaft, die nicht notwendig ein Handelsgewerbe betreibt.* Aus dieser Rechtsstellung ergeben sich folgende Konsequenzen:

a) Sie ist eine als Vollkaufmann geltende Handelsgesellschaft und hat daher diejenigen Rechte und Pflichten, welche sich an die Eigenschaft als Vollkaufmann knüpfen. Sie hat z. B. die Buchführungspflicht, auch wenn sie kein Handelsgewerbe betreibt. Denn diese Pflicht wird schlechtweg an die Vollkaufmannsqualität geknüpft.

Anm. 19. Aber sie betreibt nicht notwendig ein Handelsgewerbe. Sie ist auch dann Handelsgesellschaft und Vollkaufmann, wenn sie kein Handelsgewerbe betreibt. Man kann nicht umgekehrt, wie dies Ring Nr. 5 zu § 210 H.G.B. bezüglich der Aktiengesellschaft tut, sagen: „Da Kaufmann im Sinne des H.G.B nur ist, wer ein Handelsgewerbe betreibt, so gilt die Aktiengesellschaft stets als ein Handelsgewerbe betreibend." Bleiben wir zunächst bei der Aktiengesellschaft, so ist dies deshalb schief, weil ja allerdings die Regel des § 1 H.G.B. dahin geht, daß Kaufmann der ist, der ein Handelsgewerbe betreibt, von dieser Regel aber gerade im § 210 H.G.B. eine Ausnahme gemacht ist, indem dieser Paragraph wörtlich sagt: „Die Aktiengesellschaft gilt als Handelsgesellschaft, auch wenn der Gegenstand des Unternehmens nicht in dem Betrieb eines Handelsgewerbes besteht." Hier wird also das Rechtssubjekt Kaufmann, obgleich der Gegenstand des Unternehmens *kein* Handelsgewerbe ist. Der umgekehrte Satz aber, daß, wenn ein Rechtssubjekt Kaufmann ist, seine Tätigkeit im Rechtsverkehr dadurch notwendig den Charakter eines Handelsgewerbes habe, ist nicht zutreffend und nirgends enthalten. Auch § 344 H.G.B. besagt das nicht. Man denke doch: eine Studentenverbindung soll dadurch, daß sie sich die Form einer Gesellschaft mit beschränkter Haftung giebt, ein Handelsgewerbe betreiben. Davon ist im Gesetz keine Rede, weder im Aktiengesetz, noch in unserem, für welches letztere überall die gleichen Erwägungen gelten müssen, da die Vorschrift ausgesprochener Maßen das Gleiche besagen soll, wie der § 210 H.G.B. (Motive S. 23). Die Gesellschaft ist also Handelsgesellschaft und Vollkaufmann, und betreibt möglicherweise dennoch kein Handelsgewerbe. Das ist wichtig für alle diejenigen Rechtsvorschriften, in denen die Gesetze den Ton nicht darauf legen, daß der betreffende Rechtsakt von einem Kaufmann, sondern darauf, daß er von einer Person im Betriebe ihres Handelsgewerbes erfolgt. Fällt dies auch regelmäßig zusammen, so doch nicht immer.

Anm. 20. b) Folgende beiden Fälle müssen unterschieden werden:

α) *Die Gesellschaft betreibt ein Gewerbe,* aber ein solches, das nicht unter § 1 H.G.B., noch unter § 2 des H.G.B. fällt, oder ein Kleingewerbe, das zwar unter § 1 fällt, aber gleichzeitig unter § 4 H.G.B. Hier greift der § 5 H.G.B. ein. Da die Firma ein Gewerbe betreibt und im Handelsregister eingetragen ist, so können zufolge des § 5 Einwendungen aus der Art des Gewerbes unter keinen Umständen gemacht werden. Der Betrieb gilt also als Handelsgewerbe und zwar als Vollhandelsgewerbe, sofern sie nur überhaupt ein Gewerbe betreibt.

Ihre Geschäfte sind dann Handelsgeschäfte, ihre Vollmachten Handelsvollmachten, ihre Bürgschaften Handelsbürgschaften, für ihre Geschäftsbesorgung kann sie Provision fordern, die von ihr übernommenen Vertragsstrafen sind nach § 348 H.G.B., ihre Kontokurrente nach dem H.G.B. zu beurteilen. Überhaupt ist hier in allen privatrechtlichen Beziehungen davon auszugehen, nicht bloß, daß man es mit einer Handelsgesellschaft und einem Vollkaufmann zu tun hat, sondern auch mit Geschäften im Betriebe eines Vollhandelsgewerbes. Anm. 21.

Daß auch ihre Grundstücksgeschäfte Handelsgeschäfte sind, wird nur gegenüber der Erinnerung an das frühere Recht, nach welchem Verträge über Grundstücke keine Handelsgeschäfte waren, in diesem Zusammenhange erwähnt. Aber andererseits muß hier gleichzeitig bemerkt werden, daß die Formvorschrift des § 313 B.G.B. auch bei Grundstücksveräußerungsverträgen einer Gesellschaft mit beschränkter Haftung gilt. Anm. 22.

β) Betreibt die Gesellschaft aber kein Gewerbe, handelt es sich vielmehr um einen Verein mit rein idealen Tendenzen und Bestrebungen und einer sich demgemäß vollziehenden Lebenstätigkeit, so ist der § 5 H.G.B. kein Hindernis, dies geltend zu machen. Freilich können auch in diesem Falle die Umstände so liegen, daß sie nicht einwenden kann, ihr Gewerbe sei kein Handelsgewerbe, wenn sie sich z. B. im Rechtsverkehr als gewerbetreibende Gesellschaft geriert (vergl. Staub H.G.B. Exkurs zu § 5). Allein, wenn das nicht der Fall ist, wenn z. B. die Gesellschaft mit beschränkter Haftung Loge Leopold zur Treue einem ihrer Gesellschafter ein Darlehn verschaffen will und einem mit den Verhältnissen der Gesellschaft genau vertrauten Darlehnsgläubiger gegenüber die Bürgschaft für dieses Darlehn übernimmt, so greift der § 350 H.G.B. nicht Platz. Denn der § 350 H.G.B. findet nur Anwendung, wenn die Bürgschaft auf Seiten des Bürgen ein Handelsgeschäft ist, ein Handelsgeschäft ist aber nicht jedes Geschäft eines Kaufmanns, sondern nur dasjenige, welches zum Betriebe seines Handelsgewerbes gehört. Wenn aber das Rechtssubjekt kein Gewerbe betreibt, so betreibt es weder ein Handelsgewerbe, noch liegt der Fall des § 5 vor, nach welchem sich das Rechtssubjekt gefallen lassen muß, daß es so angesehen wird, als betreibe es ein Handelsgewerbe. Eine solche Bürgschaft bedarf daher der schriftlichen Form gemäß § 766 B.G.B. (so auch Förtsch Anm. 5). Anm. 23.

c) Auch in anderer als handelsrechtlicher Hinsicht wird nicht etwa jede Gesellschaft mit beschränkter Haftung schlechtweg als handelsgewerbetreibende Gesellschaft angesehen. Betreibt sie kein Handelsgewerbe, so finden auf sie die Bestimmungen der Gewerbeordnung über die Sonntagsruhe im Handelsgewerbe keine Anwendung. Betreibt sie kein Gewerbe, so ist sie nicht gewerbesteuerpflichtig (Entscheidung des preußischen Oberverwaltungsgerichts in Staatssteuersachen Bd. 2 S. 235, für das Aktienrecht). Anm. 24.

§ 14.

Der Geschäftsanteil jedes Gesellschafters bestimmt sich nach dem Betrage der von ihm übernommenen Stammeinlage.

Der vorliegende Paragraph bestimmt, daß der Geschäftsanteil mit einem Nennbetrage bezeichnet wird, der eben so groß ist, wie der Betrag der übernommenen Stammeinlage. Einleitung.

1. Jeder Geschäftsanteil wird mit einem dem Betrage der übernommenen Stammeinlage entsprechenden Nennbetrage bezeichnet. Damit ist hier genau dasselbe angeordnet, wie bei der Aktiengesellschaft für den Gesellschaftsanteil eines jeden Aktionärs, die Aktie. Auch diese wird bezeichnet mit einem Nennbetrage, der dem Betrag der übernommenen Kapitalseinlage entspricht. Die Vorschrift steht mit den Grundprinzipien der Gesellschaft mit beschränkter Haftung im Einklang oder vielmehr sie ist eine der Anm. 1.

Grundprinzipien der Gesellschaft mit beschränkter Haftung. Die Gesellschaft mit beschränkter Haftung kann nicht entstehen, ohne ein Vermögenssubstrat. Dasselbe wird von dem Personensubstrat, den Gründern, aufgebracht, indem diese sich zur Leistung verpflichten.

Anm. 2. Die sämtlichen Leistungen, oder wenigstens ein Teil derselben bilden das sogenannte Stammkapital. Das Stammkapital ist der Betrag, welchen die Gesellschafter mindestens an Werten einzulegen sich verpflichten, und welcher das Fundament der Gesellschaft werden soll. Zu diesem Zwecke figuriert dieses Stammkapital in der Passivseite, wodurch der Erfolg erreicht wird, daß an die Gesellschafter nicht eher Gewinn verteilt wird, als bis soviel an Aktiven vorhanden ist, daß außer den Schulden auch der Betrag des Stammkapitals gedeckt ist. Die Gesellschafter können außer denjenigen Einlagen, welche in der Ziffer des Grundkapitals zum Ausdruck kommen, noch andere Verpflichtungen übernehmen (§ 3 Abs. 2 des Gesetzes). Doch sind dies Nebenleistungen, nicht das, was das Gesetz Kapitaleinlage (§ 3 Abs. 2) oder Stammeinlage (§ 3 Nr. 4, § 5) nennt.

Anm. 3. Die Stammeinlage ist also derjenige Bestandteil der Einlage, der in der Ziffer des Stammkapitals zum Ausdruck kommt. Der Gesamtbetrag der Stammeinlage muß notwendiger Weise mit dem Stammkapital übereinstimmen, und der § 5 Abs. 3 hebt, indem er dies noch ausdrücklich bestimmt, etwas Überflüssiges hervor (vergl. Anm. 4 zu § 5).

Anm. 4. Als Äquivalent für die Stammeinlage erwirbt der Gesellschafter die Mitgliedschaft. Diese Mitgliedschaft, die Summe der aus der Mitgliedschaft fließenden Rechte — auf Mitverwaltung, Gewinnbezug, Anspruch auf Liquidationsguthaben — wird der Geschäftsanteil genannt. Es ist dasselbe, was bei der Aktiengesellschaft die Aktie genannt wird.

Anm. 5. Die Bezeichnung des Geschäftsanteils könnte nun, rein abstrakt betrachtet, auf verschiedene Weise erfolgen. Sie könnte erfolgen durch einen Bruchteil. Beträgt das Stammkapital 90000 Mark und hat der Gesellschafter A. 30000 Mark, der Gesellschafter B. 60000 Mark davon eingelegt, so könnte das Gesetz davon sprechen, daß A. einen Geschäftsanteil im Betrage von $^1/_3$ des Stammkapitals, B. einen Geschäftsanteil im Betrage von $^2/_3$ des Stammkapitals erhält. Diese Art der Bezeichnung besteht bei den Kuxen. Jeder Kux bedeutet einen alliquoten Teil des gesamten Gesellschaftsvermögens. Es stände begrifflich auch nichts entgegen, daß die Stammanteile nach Nummern (Nr. 1, Nr. 2, Nr. 3 2c.) bezeichnet werden, oder auch nach Namen (Stammanteil Bertha, Caroline 2c.). Das Gesetz wählt nun die Bezeichnung derart, daß jeder Geschäftsanteil mit einem Nennbetrage bezeichnet wird, der dem Betrage der übernommenen Stammeinlage entspricht. Die Bezeichnung des Geschäftsanteils erfolgt also in gleicher Weise, wie die Bezeichnung der Aktien im Aktienrecht. In dieser Beziehung stehen sich das Recht der Gesellschaft mit beschränkter Haftung und das Recht der Aktiengesellschaft gleich. Der Gedanke hat in den beiden Gesetzen nur einen verschiedenen Ausdruck erhalten. Während hier von der Stammeinlage ausgegangen und zunächst betont wird, daß die Summe der sämtlichen Stammeinlagen mit der Gesamtziffer des Stammkapitals übereinstimmen muß (§ 5 Abs. 3), alsdann aber im vorliegenden § 14 gesagt wird, daß jeder Geschäftsanteil mit dem Nennbetrage bezeichnet wird, der dem Betrage der übernommenen Stammeinlage gleichkommt, geht das Aktienrecht von dem Verhältnis des Grundkapitals zum Geschäftsanteil aus, indem es im § 178 mit der Bestimmung beginnt, daß das Aktienkapital in Aktien zerlegt wird. Es würde auf dasselbe hinauskommen, wenn auch unser Gesetz sich dahin ausgedrückt hätte: Das Stammkapital wird in Geschäftsanteile zerlegt, auf jeden Geschäftsanteil muß eine Einlage gemacht werden, die ihrem Werte nach mindestens dem Betrage des Geschäftsanteils entspricht. Es kann nur zum Verständnis des Gesetzes dienen, wenn man sich alles dies klar macht. Für diese Klarstellung ist besonders eingetreten Esser zu § 47. Förtsch Anm. 4 zu § 47 und Keyßner in G.Z. 1898 S. 533 stimmt ihm zu. Nur Neukamp bestreitet, daß der Geschäftsanteil einen Nennwert habe, aber sehr mit Unrecht.

Anm. 6. 2. Es muß betont werden, daß die Vorschrift unseres Paragraphen nichts weiter enthält, als eine Vorschrift über die Art, wie der Geschäftsanteil zu bezeichnen ist. Es kann nur zum Verständnis des Gesetzes und seiner Grundbegriffe beitragen, wenn man die Bedeutung unserer Vorschrift, so wichtig sie sein mag, nicht überschätzt. Die Vorschrift bedeutet, wie gesagt, nichts weiter, als daß der Geschäftsanteil mit einem Nennbetrage bezeichnet wird, der dem Betrage der übernommenen Stammeinlage gleichkommt.

Das ist nichts weiter, als eine an die Gründungsgeschichte der Gesellschaft anknüpfende Identitätsbezeichnung. Lautet z. B. der Geschäftsanteil auf 1000 Mark, so ist damit angedeutet, daß der erste Übernehmer des Geschäftsanteils Werte im Betrage von 1000 Mark in die Gesellschaft einzulegen übernommen hat. Aber wie wenig bedeutet das für die Folgezeit? In dem Augenblicke, wo die Gesellschaft in das Verkehrsleben tritt, ist das Stammkapital einem unaufhörlichen Wechsel unterworfen. Eine Gesellschaft, die mit 100000 Mark Stammkapital in das Leben tritt, kann schon in kurzer Zeit weit mehr oder weniger in ihrem Besitz haben, und wer von einer solchen Gesellschaft einen Geschäftsanteil von 1000 Mark hat, kann, selbst wenn der gesetzlichen Regel gemäß die Gesellschafter im Verhältnis der Anteilbeträge an der Gesellschaft beteiligt sind, nicht ohne weiteres sagen, er besitze in seinem Geschäftsanteil eine Mitgliedschaft, die einen Wert von 1000 Mark hat. Er kann damit seinen Geschäftsanteil bald zu hoch, bald zu gering einschätzen. Zu diesen wirtschaftlichen Erwägungen kommt aber noch hinzu, daß auch in rechtlicher Hinsicht der Nennbetrag des Stammanteils nichts mehr ist, als die Bekundung der historischen Tatsache, daß der betreffende ursprüngliche Gesellschafter mindestens so viel an Werten einzulegen übernommen hat, als der Betrag des Geschäftsanteils lautet. Denn keineswegs bedeutet der Nennbetrag des Geschäftsanteils notwendig, daß der betreffende Gesellschafter in jenem Verhältnisse bei der Gesellschaft beteiligt ist, welcher dem Zahlenverhältnis des Nennbetrages zur Gesamtziffer des Stammkapitals entspricht. Bei einer Gesellschaft von 100000 Mark Stammkapital ist der Inhaber eines Geschäftsanteils von 10000 Mark keineswegs notwendig mit $^1/_{10}$ am gesamten Stimmrechte, am Gewinnbezuge, an der Ausschüttung des Vermögens beteiligt. In allen diesen Hinsichten kann vielmehr der Gesellschaftsvertrag das Beteiligungsverhältnis anders bestimmen (§§ 29, 45 Abs. 2, 47 Abs. 2, 72 des Gesetzes). Anm. 7.

So ist der Nennbetrag, welcher zur Bezeichnung des Geschäftsanteils dient, juristisch und wirtschaftlich nichts weiter, als eine historische Reminiszenz. Als solche mag sie ja zur Bezeichnung des Geschäftsanteils sehr geeignet sein, aber daß sie nichts weiter als das ist, muß mit aller Schärfe betont werden. Diese historische Reminiszenz mag ja auch unter Umständen der zeitigen Wahrheit wirtschaftlich und juristisch gleich oder nahezu gleichkommen. Aber da dies nicht notwendig ist, so kann vom juristischen Standpunkt immer nur betont werden, daß sie eine juristische Bedeutung nicht hat. Anm. 8.

3. Um dies kurz zu wiederholen, ist zu sagen:

a) Die Stammeinlage ist diejenige Einlage des Gesellschafters, welche in der Ziffer des Stammkapitals zum Ausdruck gelangt. (Die Summe der Stammeinlage ist gleich der Ziffer des Stammkapitals; der Gesellschafter kann auch noch andere Verpflichtungen übernehmen, das sind aber keine Stammeinlagen, sondern Nebenverpflichtungen oder Nebeneinlagen.) Anm. 9.

b) Der Geschäftsanteil ist die Mitgliedschaft, der Inbegriff derjenigen Rechte, welche der Gesellschafter als Äquivalent für seine Einlagen nicht bloß für seine Stammeinlagen, sondern für alles das erhält, was er zu leisten verspricht. Der Geschäftsanteil ist die durch die Übernahme der Einlage geschaffene Rechtsposition des Gesellschafters (vergl. Motive S. 23). Anm. 10.

c) Die Bezeichnung des Stammkapitals erfolgt durch einen Nennbetrag, der dem Betrage der übernommenen Stammeinlage gleichkommt. Die Bezeichnung hat als solche den Wert einer historischen Reminiszenz. Sie gewährt wohl einen historischen Anhaltspunkt, aber keinen sicheren Schluß auf das Maß von Rechten, welches dem Inhaber des Geschäftsanteils zukommt, und auf den Wert seiner Rechte. Anm. 11.

4. Zu bemerken ist, daß der Nennbetrag des Geschäftsanteils sich nach dem Betrage der **übernommenen** Stammeinlage, nicht etwa nach dem Betrage des gezahlten Anm. 12.

Teils der Stammeinlage richtet, wie ja auch die Aktie denjenigen Nennbetrag enthält, den der Aktionär zu leisten verspricht, nicht den, den er leistet.

Anm. 13. 5. Daß der Inhaber des Geschäftsanteils auch Verpflichtungen gegen die Gesellschaft haben kann, braucht für den ersten Inhaber desselben nicht betont zu werden. Der Geschäftsanteil ist ja der Gegenwert für die von ihm übernommenen Verpflichtungen. Betont mag aber werden, daß auch der spätere Erwerb des Geschäftsanteils mit der Übernahme von Verpflichtungen verbunden ist (§§ 16 Abs. 3, 26 des Gesetzes). (Vergl. Anm. 14ffg. zu § 16.)

Exkurs zu § 14.

Von den Gesellschaftsanteilscheinen und den sonstigen Urkunden über die Rechte der Gesellschafter.

Anm. 1. I. **Die Anteilscheine.**

1. Von Gesetzeswegen kann der Gesellschafter hier keine Anteilscheine verlangen. Anders als im Aktienrecht (vergl. Staub H.G.B. Anm. 11 und 12 zu § 179).

Aber durch den Gesellschaftsvertrag kann ein solches Recht begründet werden (R.G. vom 15. Mai 1901 in J.W. S. 521). Die Statuten der Gesellschaft mit beschränkter Haftung bestimmen oft, daß Anteilscheine ausgegeben werden. In den Motiven ist die Zulässigkeit der Anteilscheine ausdrücklich erwähnt (Motive S. 24).

Anm. 2. 2. Welche rechtliche Bedeutung haben die auf Grund der Gesellschaftsverträge ausgegebenen Anteilscheine? Sie haben nicht die Bedeutung, welche die Aktie hat, nämlich nicht die Bedeutung von Wertpapieren, d. h. es hängt die Übertragung des Anteilscheins (und die Verpfändung desselben) nicht von der Übertragung des Anteilscheins ab. Sie ist lediglich eine Beweisurkunde, wie der Schuldschein, der über eine Darlehnsforderung ausgestellt ist (Motive S. 24; R.G. vom 15. Mai 1901 in J.W. 1901 S. 521). Die Übertragung des Geschäftsanteils erfolgt durch gerichtlichen oder notariellen Vertrag. Sind Anteilscheine ausgegeben, so ist mit Abschluß des Vertrages und Wahrung der obengedachten Form die Übertragung (oder Verpfändung) rechtsgültig vollzogen; die Aushändigung des Scheins kann später erfolgen und der Erwerber kann sie verlangen auf Grund des § 402 B.G.B.[1]) Geschäftsanteilscheine an Ordre oder solche auf den Inhaber giebt es nicht (Motive S. 14).

Anm. 3. Das ist besonders zu beachten bei gerichtlichen Pfändungen und Verwertung des Geschäftsanteils. Die Pfändung und Verwertung des Geschäftsanteils hängt nicht davon ab, daß der etwa ausgestellte Anteilschein mit gepfändet oder übertragen wird. Es genügt, wenn überall die Identität nur festgestellt wird. Die Pfändung und Versteigerung kann auch dann erfolgen, wenn der Anteilschein nicht zur Stelle ist. Der Ersteigerer erwirbt den Geschäftsanteil auch ohne Aushändigung des Scheins und kann auf Grund des § 402 B.G.B. von dem Schuldner die Herausgabe des Scheins verlangen.

Anm. 4. Auch in allen sonstigen Hinsichten ist der Anteilschein kein Wertpapier. Überall, wo die Gesetze von Wertpapieren sprechen, sind darunter Anteilscheine einer Gesellschaft mit beschränkter Haftung nicht gemeint (vergl. z. B. § 1 Nr. 1 H.G.B.; § 381 H.G.B.).

Anm. 5. 3. Die Form des Anteilscheins richtet sich nach § 127 B.G.B. Es ist eine durch Rechtsgeschäft bestimmte schriftliche Urkunde. Für eine solche gelten die Regeln des § 126 B.G.B. Sie muß also von dem Aussteller, d. h. von den Vertretern der Gesell-

---

[1]) Ob der Gesellschaftsvertrag gemäß § 15 Abs. 5 die Übertragung des Geschäftsanteils an die Übertragung des Scheines knüpfen kann, soll zu § 15 erörtert werden. Aber auch in diesem Falle ist die Voraussetzung des Scheins nur eine „weitere" Voraussetzung. Die Übertragung setzt jedenfalls einen gerichtlichen oder notariellen Vertrag voraus.

schaft Namens derselben eigenhändig durch Namensunterschrift unterzeichnet werden. Faksimilierte Unterschriften würden nicht genügen, da kein Inhaberpapier vorliegt (§ 793 Abs. 2 B.G.B.) und eine Sondervorschrift, wie im § 181 H.G.B., hier nicht gegeben ist, da ja das Gesetz diese Anteilscheine überhaupt nicht erwähnt.

4. Oft wird nicht über jeden Anteil ein Anteilschein ausgegeben, sondern es wird unter Zerlegung des Stammkapitals in gleichmäßige Teile, über jeden dieser Teile ein Anteilschein ausgegeben. Dieses Verfahren ist zur Verwirrung der Begriffe sehr geeignet. Bei großer Vorsicht und unter Festhaltung der in Frage kommenden juristischen Begriffe ist jedoch auch dieses Verfahren unschädlich. Es beträgt z. B. das Stammkapital 90000 Mark und der Gesellschafter A., der 30000 Mark eingelegt hat, erhält 30 Anteilscheine à 1000 Mark, der Gesellschafter B., der 60000 Mark eingelegt hat, erhält 60 Anteilscheine à 1000 Mark. Dadurch kann allerdings der Gesellschafter A. verleitet werden, einen Geschäftsanteil von 1000 Mark ohne Zustimmung der Gesellschaft zu veräußern, ohne die Vorschrift des § 17 zu beachten, weil er im Glauben ist, er besitze in Wahrheit 30 Geschäftsanteile. Unschädlich ist jene inkorrekte Bildung von 30 Scheinen über einen Geschäftsanteil dann, wenn sich A. klar macht, daß dies in Wahrheit nichts weiter ist, als die durch 30 Urkunden erfolgte Verbriefung eines Geschäftsanteils. Hält er dies fest, so wird er wissen, daß er ohne Zustimmung der Gesellschaft, für den Fall, daß die Statuten nichts dem Entgegenstehendes bestimmen, nur den ganzen, 30000 Mark betragenden Geschäftsanteil veräußern kann, einen Teilbetrag von 1000 Mark aber nur mit Zustimmung der Gesellschaft. Tut er das erstere, so wird er auf Grund der erfolgten Cession seine 30 Anteilscheine dem Erwerber aushändigen. Tut er das letztere, so wird er einen Anteil schein dem Erwerber aushändigen. Anm. 6.

Es steht also nichts entgegen, daß derartige Anteilscheine über Teile von Geschäftsanteilen ausgestellt worden, ehe solche Teile von Geschäftsanteilen vorhanden sind. Jene Anteilscheine sind dann eben im voraus, eventuell ausgestellt, und erfüllen ihre Funktionen in dem Falle, wo die Eventualität, nämlich die zulässige Teilung des Geschäftsanteils in dieser Weise eintritt.

5. Ein Aufgebot verlorener Anteilscheine gemäß §§ 946 ffg. C.P.O. findet nicht statt, da jenes Aufgebotsverfahren nur in den gesetzlich bestimmten Fällen erfolgt und eine gesetzliche Vorschrift, wonach derartige Urkunden aufgeboten werden können, fehlt (§ 946 C.P.O.). Ein solches Verfahren kann auch nicht durch Statut vorgeschrieben werden (Gaupp, C.P.O., Anm. II zu § 946 C.P.O.). Derartige Statutenbestimmungen, die nicht selten vorkommen, sind ungültig. Wer auf Grund eines verlorenen Anteilscheins einen Geschäftsanteil gutgläubig von einem Nichtberechtigten erwirbt, hat ein nullum erworben (Anm. 65 zu § 15). Anm. 7.

6. Stempelpflichtig sind Geschäftsanteilscheine weder im Reich, noch in Preußen. Anm. 8.

II. **Dividendenscheine.**

1. Können auch Dividendenscheine ausgestellt werden, insbesondere auch Dividendenscheine auf den Inhaber? Beides ist zu bejahen (vergl. Motive S. 24; Liebmann Anm. 4 zu § 14). Auch im Aktienrechte ist die Ausgabe von Dividendenscheinen, insbesondere auch von solchen auf den Inhaber nur deshalb gestattet, weil keine gesetzliche Bestimmung entgegensteht. Insbesondere steht der § 795 B.G.B. der Ausstellung von Inhaberscheinen ohne staatliche Genehmigung schon deshalb nicht entgegen, weil es sich nicht um einen Geldanspruch auf eine bestimmte Summe handelt. Auch der Umstand, daß der Geschäftsanteil nur durch gerichtlichen oder notariellen Vertrag übertragen werden kann, steht dieser Annahme nicht entgegen. Auch bei der Aktiengesellschaft wird mit Recht angenommen, daß auch bei Namensaktien Dividendenscheine auf den Inhaber zulässig sind, (Staub H.G.B. Anm. 13 zu § 213). Der Grund liegt darin, daß die Stellung auf den Namen nur die Bedeutung hat, daß die Aktie selbst, das Aktienrecht, nur durch Indossament übertragen werden kann, dagegen ist das Forderungsrecht auf die einzelnen aus der Mitgliedschaft fließenden Bezugsrechte selbständig übertragbar und auch in anderer Weise, als die Mitgliedschaft selbst, wie ja auch bei der offenen Handelsgesellschaft zwar das Mitgliedsrecht selbst ohne Zustimmung der Socien nicht übertragbar ist, wohl aber kann der Anspruch auf die einzelnen Gewinnbezüge selbständig und ohne die Zustimmung der Socien Anm. 9.

übertragen werden (Staub, H.G.B. Anm. 23 im Exkurse zu § 122). So kann auch hier zwar das Mitgliedsrecht nur durch gerichtlichen oder notariellen Vertrag übertragen werden; aber das schließt nicht aus, daß das aus der Mitgliedschaft fließende Gewinnbezugsrecht selbständig und formlos übertragen werden kann. Deshalb kann es auch selbständig verbrieft und in der dieser Verbriefung entsprechenden Form übertragen, also auch durch Inhaberpapier verbrieft und durch körperliche Übergabe desselben übertragen werden. Freilich liegt nur ein Inhaberpapier im weiteren Sinne, kein echtes Inhaberpapier vor, da die Leistung nicht — wie dies nach § 793 B.G.B. beim echten Inhaberpapier der Fall ist — nur nach Maßgabe des im Papiere enthaltenen Versprechens geschuldet wird, sondern nach Maßgabe des Hauptrechts, des Geschäftsanteils, so daß auch Einwendungen auch nach Maßgabe des Hauptrechts zulässig sind, was, wenn es ein echtes Inhaberpapier wäre, nach § 796 B.G.B. nicht zulässig wäre. Kompliziert liegt der Fall dann, wenn über einen Geschäftsanteil mehrere Anteilscheine und zu jedem dieser Anteilscheine zugehörige Dividendenscheine ausgegeben sind. Trotz der Kompliziertheit ist nicht Ungültigkeit anzunehmen. Es ist durchaus zulässig, die Rechte auf Gewinnbezug zu teilen, insbesondere auch so, daß darüber mehrere Berechtigungsscheine ausgegeben werden. Im Aktienrecht geschieht dies häufig; ein Teil des Dividendenrechts z. B. die ersten 5% werden durch sogenannte Genußscheine, der Rest durch Dividendenscheine verbrieft. Dies ist auch hier zulässig. Es ist deshalb zulässig, daß das Dividendenrecht quantitativ derart geteilt wird, daß $^1/_{10}$ des Gewinnes auf den einen Schein, ein weiteres $^1/_{10}$ auf einen anderen Schein etc. etc. entfällt.

Anm. 10. 2. Ist hiernach die Ausgabe von Dividendenscheinen, insbesondere von solchen auf den Inhaber zulässig, so sind hiernach kurz die weiteren Fragen, die über solche Dividendenscheine bestehen, zu erörtern.

a) Der Dividendenschein kann selbständig übertragen werden. Der Geschäftsanteil und der Dividendenschein kann hiernach verschiedene Besitzer, d. h. Berechtigte haben. Der jedesmalige Präsentant des auf den Inhaber lautenden Dividendenscheins ist berechtigt, den Gewinn zu erheben. Einer Zustimmung der Gesellschaft bedarf diese Übertragung auch dann nicht, wenn die Übertragung des Geschäftsanteils der Zustimmung der Gesellschaft bedarf.

Anm. 11. b) Die Übertragung des Dividendenscheins erfolgt nach selbständigen Regeln. Hat er die Rechtsform eines gewöhnlichen Schuldscheins, so erfolgt die Übertragung durch Cession; ist er als Orderpapier gemäß § 363 H.G.B. ausgestellt, so erfolgt die Übertragung auch durch Indossament; ist er auf den Inhaber ausgestellt, was zulässig ist (Anm. 9), durch bloße Übertragung des Besitzes. Ist der Dividendenschein auch kein echtes Inhaberpapier (oben Anm. 9), so ist er doch ein Inhaberpapier im weiteren Sinne und die Regeln über die Art, wie die Übertragung, Verpfändung und Pfändung von Inhaberpapieren erfolgt, finden analoge Anwendung. Selbstverständlich können aber auch die Rechte aus Orderpapieren und aus Inhaberpapieren durch gewöhnliche Cession übertragen werden. Was die Verpfändung anlangt, so erfolgt sie wie die Übertragung (§§ 1274, 1292 B.G.B.). Nur muß bei Dividendenscheinen auf Order oder auf den Inhaber die Übergabe des Papiers dazu kommen (§§ 1274, 1294 B.G.B.). Wenn ein gewöhnlicher Schuldschein vorliegt, muß die Anzeige seitens des Gesellschafters an die Gesellschaft hinzukommen (§ 1280 B.G.B.). Ist der Geschäftsanteil mit Anteilschein und Inhaberdividendenscheinen formlos verpfändet, so ist die Verpfändung der Dividendenscheine gültig, die des Anteilscheines ungültig (vergl. Anm. 2 im Exkurse zu § 15); ob das ganze Geschäft hiernach bestehen kann, richtet sich nach § 139 B.G.B. — Die Pfändung der Dividendenscheine kann selbständig ohne Pfändung des Anteilrechts erfolgen. Die Pfändung erfolgt, wenn der Dividendenschein ein gewöhnlicher Schuldschein ist, nach den Regeln von der Pfändung und Überweisung gewöhnlicher Forderungen (§§ 828 ffg. C.P.O.), wenn der Dividendenschein ein Orderpapier ist, nach den Regeln von der Pfändung von Orderpapieren (§ 831 C.P.O.), wenn er ein Inhaberpapier ist, nach den Regeln von der Pfändung beweglicher Sachen (§ 808 Abs. 2 C.P.O.). Über die Verpfändung und die Pfändung vergl. noch den Exkurs zu § 15.

c) Der Dividendenschein gilt, wenn der Geschäftsanteil verpfändet ist, nicht ohne weiteres mit verpfändet, sondern nur, wenn der Dividendenschein mit übergeben ist (§ 1296 B.G.B.). Bei Veräußerung des Geschäftsanteils gebührt dem Veräußerer ein entsprechender Teil der Dividende (§ 101 Nr. 1 B.G.B.). Anm. 12.

d) Der Dividendenschein ist Träger des Dividendenrechts, als des bedingten Anspruchs auf Gewinn, und Träger des Dividendenrechts, als des unbedingt gewordenen Anspruchs auf Gewinn (über diese Begriffe siehe zu § 29). Er ist aber nicht Träger des Gesellschaftsrechts auf Mitwirkung bei der Feststellung der Dividendenanspruchsbedingungen. Nicht der Dividendenscheininhaber, sondern der Gesellschafter, der Eigentümer des Anteilsscheins, hat bei der Feststellung der Dividende mitzuwirken, auch wenn der letztere den Dividendenschein bereits veräußert hat (R.G. 15 S. 99; Aktienrecht); der Gesellschafter, nicht der Dividendenscheininhaber, hat das Recht, die Bilanz anzufechten oder sonst Mitgliederrechte wahrzunehmen (R.G. 14 S. 170; Aktienrecht). Anm. 13. Anm. 14.

e) Einwendungen gegen den Dividendenschein sind, wenn er nur Schuldschein ist, zulässig, wie gegen jeden Cessionar; wenn er aber ein Orderpapier und durch Indossament übertragen ist, oder ein Inhaberpapier und durch Übergabe übertragen ist, so sind die Einwendungen gemäß §§ 364 Abs. 2 H.G.B. und § 796 B.G.B. zulässig, d. h. es sind Einwendungen zulässig, welche die Gültigkeit der Ausstellung des Dividendenscheins betreffen, solche, welche sich aus der Urkunde ergeben, solche, welche dem Aussteller unmittelbar gegen den Inhaber zustehen. (Näheres Staub H.G.B. Anm. 5 ffg. zu § 364). Außerdem aber sind, da der Dividendenschein ein Annexum des Geschäftsanteils ist, diejenigen Einwendungen zulässig, welche sich aus dem Geschäftsanteil in Bezug auf das Dividendenrecht ergeben (vergl. oben Anm. 9).

f) Das Aufgebotsverfahren von Dividendenscheinen auf den Inhaber ist ausgeschlossen (§ 799 B.G.B.). Dieser ist analog anwendbar, obgleich der Dividenschein kein echtes Inhaberpapier ist (oben Anm. 9). Für den Fall des Verlustes trifft § 804 B.G.B. anderweit Fürsorge. Dividendenscheine auf Order sind aufgebotsfähig (§ 365 Abs. 2 H.G.B.), Dividendenscheine, die nur cediert werden können, sind nicht aufgebotsfähig (vergl. oben Anm. 7). Anm. 15.

g) Stempelpflichtig ist der Dividendenschein nicht, nicht nach Reichsrecht (Tarif Nr. 2a des Reichsstempelgesetzes findet keine Anwendung, weil mangels eines Nennbetrages keine Schuldverschreibung im Sinne dieser Stelle vorliegt), auch nicht in Preußen (Tarifstelle 58 des preußischen Stempelgesetzes paßt nicht, auch hier deshalb, weil der Schein nicht auf einen bestimmten Kapitalbetrag lautet — vergl. Heinitz S. 567 —). Anm. 16.

III. Auch **Talons**, d. h. Scheine, durch welche der Inhaber berechtigt wird, die Dividendenscheine zu empfangen, können ausgegeben werden. Das Nähere hierüber siehe Staub H.G.B. Anm. 12 zu § 213. Anm. 17.

IV. Auch **Genußscheine** können hier ausgegeben werden und zwar mit verschiedener Bedeutung: Anm. 18.

1. als reine Gläubigerrechte. Dazu gehören insbesondere solche, die an die Stelle amortisierter Geschäftsanteile treten. Diese Rechtserscheinung ist, wie im Aktienrecht, zulässig (vergl. Staub, H.G.B. Anm. 1 im Exkurse zu § 179). Dazu gehören ferner Genußscheine, die ausgegeben werden als Äquivalent für Gelder, welche zur Hebung der Gesellschaft à fonds perdu gegeben werden, ohne aber in einer Erhöhung des Grundkapitals Ausdruck zufinden, oder auch solche, welche einzelnen Gesellschaftern gegeben werden, um ihnen ein selbständiges, von der Mitgliedschaft unabhängiges Vorzugsrecht zu gewähren (vergl. Anm. 30 zu § 5).
2. Aber auch als Zubehör des Geschäftsanteils kann der Genußschein gegeben werden. Es kann ein Teil der Dividende in solchen Genußscheinen verbrieft werden (vergl. Näheres Staub, H.G.B. Anm. 2 und 3 im Exkurse zu § 179; vergl. auch oben Anm. 9). Anm. 19.
3. Der Genußscheininhaber hat kein Stimmrecht, da er ja als solcher nicht Gesellschafter ist. Anm. 20.
4. Die Genußscheine dürfen als gewöhnliche Schuldscheine ausgestellt werden, oder auch an Order lauten, aber auch auf den Inhaber. Es gilt hierüber und über die Übertragung der Genußscheine das oben Anm. 11 über den Dividendenschein Gesagte. Anm. 21.
5. Die Genußscheine unterliegen nicht dem Reichsstempel, da die betreffende Tarifnummer (Anm. zu Tarif-Nummer 1 und 2 des Reichsstempelgesetzes) nur die Genußscheine zu Aktien betrifft. Ob sie dem Landesstempel unterliegen, hängt von ihrer rechtlichen Natur ab. Anm. 22.

Anm. 23. **Zusatz. Stempelfragen.** Die Frage, ob der Anteilschein, der Dividendenschein, der Genußschein stempelpflichtig sind, ist oben Anm. 8, 16, 22 erörtert worden.

§ 15.

Die Geschäftsanteile sind veräußerlich und vererblich.

Erwirbt ein Gesellschafter zu seinem ursprünglichen Geschäftsanteile weitere Geschäftsanteile, so behalten dieselben ihre Selbständigkeit.

Zur Abtretung von Geschäftsanteilen durch Gesellschafter bedarf es eines in gerichtlicher oder notarieller Form geschlossenen Vertrages.

Der gerichtlichen oder notariellen Form bedarf auch eine Vereinbarung, durch welche die Verpflichtung eines Gesellschafters zur Abtretung eines Geschäftsanteils begründet wird. Eine ohne diese Form getroffene Vereinbarung wird jedoch durch den nach Maßgabe des vorigen Absatzes geschlossenen Abtretungsvertrag gültig.

Durch den Gesellschaftsvertrag kann die Abtretung der Geschäftsanteile an weitere Voraussetzungen geknüpft, insbesondere von der Genehmigung der Gesellschaft abhängig gemacht werden.

Einleitung. **Der vorliegende Paragraph bestimmt:**

1. zunächst die prinzipielle Vererblichkeit und Veräußerlichkeit der Geschäftsanteile (Abs. 1),
2. die Form der Abtretung und die Form des obligatorischen Vertrages, durch welchen die Verpflichtung zur Abtretung begründet wird (Abs. 3 und 4),
3. Er gestattet ferner, daß der Gesellschaftsvertrag die Abtretung an weitere Voraussetzungen knüpft (Abs. 5) und
4. er bestimmt endlich mitten in diesen Vorschriften (in Abs. 2) die Wirkung des Erwerbes eines Geschäftsanteils in einem ganz bestimmten Falle.

Nach diesen Gesichtspunkten und in dieser Reihenfolge sollen die Erläuterungen dieses wichtigen Paragraphen erfolgen. Der zuletzt erwähnte Punkt 4 wird aber erweitert: Die Wirkung des Erwerbes und der Veräußerung eines Geschäftsanteils soll nicht bloß für diesen bestimmten Fall, sondern überhaupt erörtert werden (siehe unten Anm. 60ffg).

In Zusätzen werden weitere Materien erörtert werden, welche hiermit eng zusammenhängen.

Anm. 1. I. (Abs. 1.) **Die prinzipielle Anerkennung der Vererblichkeit und Veräußerlichkeit der Geschäftsanteile.**

A. Die vorliegende Vorschrift will besagen, daß von Gesetzeswegen die Vererblichkeit und Veräußerlichkeit der Anteilrechte im Prinzip anerkannt wird. Der Wille des Gesetzes geht aber nicht etwa dahin, daß die Geschäftsanteile unter allen Umständen vererblich und veräußerlich sein müssen, sondern nur, daß von Gesetzeswegen der Vererblicheit und Veräußerlichkeit kein Hindernis im Wege steht, daß also die Geschäftsanteile frei vererblich und veräußerlich sind, wenn der Gesellschaftsvertrag nichts Gegenteiliges verordnet. Die Veräußerlichkeit wird nicht zwingend vorgeschrieben, sondern (Motive S. 14 u. 15) „im Prinzip anerkannt" und „zugelassen", damit sie den Gesellschaftern für den Bedürfnisfall die Realisierung ihrer Anteilrechte „ermöglichen soll", auch der Charakter der Mitgliedschaft als eines „regelmäßig dauernden Verhältnisses" wird dabei betont. Dieser Gesetzestendenz steht es nicht entgegen, wenn die von dem Gesetze zugelassene Veräußerlichkeit beseitigt wird, wo die Gesellschafter kein Bedürfnis empfinden, sich die Realisierung ihrer Anteilsrechte zu ermöglichen. Der Charakter der Mitgliedschaft als eines regelmäßig dauernden Verhältnisses wird dadurch erst recht gewahrt. Auch die Gesetzesworte stehen dieser in den Motiven ausgesprochenen Gesetzestendenz in keiner Weise entgegen. Der Abs. 5

bestätigt sie vielmehr, wenn dort gesagt ist, daß der Gesellschaftsvertrag die Veräußerlichkeit an weitere Voraussetzungen knüpfen kann.

1. Hiernach kann der Gesellschaftsvertrag sowohl die Veräußerlichkeit, als die Vererblichkeit ausschließen. Demgemäß kann er die Übertragbarkeit auch auf Zeit ausschließen. Hinsichtlich des Eingriffs in die Vererblichkeit kann auf die Analogie mit der o. H.G. verwiesen werden, bei welcher ebenfalls bestimmt werden kann, daß der Gesellschaftsanteil auf die Erben nicht übergeht (§§ 138, 139 H.G.B.). Die in der Literatur vertretene entgegengesetzte Ansicht (Förtsch Anm. 2, Merzbacher Anm. 8) kann nicht gebilligt werden. Allein dieser Ausschluß kann nur in dem ursprünglichen Gesellschaftsvertrage geschehen (Neukamp Anm. 8) oder in demjenigen Kapitalserhöhungsbeschlusse, der die betreffenden Geschäftsanteile kreirt, oder durch einen späteren Beschluß mit Genehmigung der betreffenden Gesellschafter, weil hierin der Eingriff in ein Sonderrecht liegt (vergl. zu § 53). Anm. 2.

Wenn der Gesellschaftsvertrag die Vererblichkeit ausschließt, so muß er natürlich auch bestimmen, was aus dem Geschäftsanteile beim Tode des Gesellschafters werden soll. Sonst ist die Bestimmung perplex und hat im Rahmen der Verfassung der Gesellschaft mit beschränkter Haftung keinen Platz. Hierfür bietet die Einziehungsmöglichkeit nach § 34 eine geeignete Handhabe. Es kann aber auch bestimmt werden, daß beim Tode eines Gesellschafters der Geschäftsanteil den anderen Gesellschaftern zufällt, z. B. pro rata ihrer Beteiligung. Das ist kein Erbvertrag und bedarf nicht der höheren Form eines solchen. Das ist vielmehr eine durchaus zulässige Bestimmung des Gesellschaftsvertrages. Anm. 3.

2. Die Veräußerlichkeit kann aber nicht bloß beseitigt, sondern auch beschränkt, an bestimmte Voraussetzungen geknüpft werden. Hierüber siehe unten Anm. 45 ffg. Ebenso kann natürlich auch die Vererblichkeit, wie sie (Anm. 2) beseitigt werden kann, auch an bestimmte Bedingungen geknüpft oder in bestimmter Weise geregelt werden. Anm. 4.

II. (Abs. 3 und 4.) **Die Form des auf Abtretung gerichteten Vertrages und die Form der Abtretung.** Anm. 5.

Das Gesetz behandelt zwar zuerst im Abs. 3 den Abtretungsvertrag selbst, sodann im Abs. 4 den auf Abtretung gerichteten obligatorischen Vertrag. Aus logischen und systematischen Gründen beobachten wir aber die umgekehrte Reihenfolge in der Behandlung.

A. **Der auf Abtretung gerichtete obligatorische Vertrag muß in gerichtlicher oder in notarieller Form abgeschlossen werden.** Das Gesetz drückt sich dahin aus: Anm. 6.

> Der gerichtlichen oder notariellen Form bedarf eine Vereinbarung, durch welche die Verpflichtung eines Gesellschafters zur Abtretung eines Geschäftsanteils begründet wird. Die erschwerende Form ist eingeführt, damit die Anteilrechte nicht zu einem Gegenstande des Handelsverkehrs werden. Sie sollen besonders nicht in den Börsenverkehr geraten und nicht Gegenstand der Agiotage werden, wie die Aktien. Deshalb wird der Erwerb der Geschäftsanteile und schon das pactum de cedendo mit zeitraubenden und kostspieligen, daher die reifliche Überlegung der Kontrahenten herausfordernden Förmlichkeiten umgeben. Die Veräußerung und der Erwerb sind dadurch vor übereilter Vornahme geschützt und der leichte, wilde, spekulative Handel damit gehemmt. Es ist übrigens auffallend, daß die Vorschrift, wonach schon der obligatorische Vertrag an die schwere Form gebunden ist, heute noch wenig bekannt ist, in der Geschäftswelt wird immer mündlich und schriftlich, in Reversen, mit derartigen Verpflichtungen operiert, und auch viele Juristen denken an diese Form nicht.

1. Nur Vereinbarungen, also Verträge werden durch diese Formvorschrift getroffen. Nicht getroffen ist z. B. der Fall des § 142 H.G.B. Nach diesem hat ein Mitglied einer offenen Handelsgesellschaft unter Umständen das Recht, die Übernahme des Geschäfts, d. h. aller Aktiven und Passiven, also auch mit den zum Geschäftsvermögen etwa gehörigen Anteilen an einer Gesellschaft mit beschränkter Haftung, zu verlangen. Die obligatorische Verpflichtung wird hier durch die Erklärung des einen Gesellschafters begründet. Ob zum Rechtsübergange selbst in diesem Falle die Abtretung gehört, darüber siehe unten Anm. 36. — Wer bei einer Auslobung einen Geschäftsanteil einer Gesellschaft mit beschränkter Haftung als Belohnung aussetzt, ist verpflichtet, demjenigen, der den betreffenden Erfolg herbei- Anm. 7.

geführt hat, den Geschäftsanteil zu cedieren (§ 657 B.G.B.). Die Beobachtung der Form ist für die Entstehung der obligatorischen Verpflichtung zur Abtretung also nicht erforderlich, da die Auslobung kein Vertrag ist (Goldmann und Lilienthal I S. 362 Anm. 3). Aber die Abtretung des Geschäftsanteils, zu welcher der Auslober hiernach verpflichtet ist, muß sich in den Formen des Abs. 3 vollziehen. — Durch Vermächtnis kann auch in einem eigenhändigen Testament, also ohne die Formvorschrift unseres Abs. 4 die obligatorische Verpflichtung auferlegt werden, einen Geschäftsanteil einem Anderen abzutreten. Denn die Vererbung ist kein Vertrag. Der Vermächtnisnehmer erwirbt durch den Erbfall das obligatorische Recht auf Abtretung (§ 2174 B.G.B.), die Abtretung selbst muß sich in der Form des Abs. 3 vollziehen. Die Vererbung ist überhaupt durch die Formvorschrift des Abs. 3 und 4 nicht getroffen, da sie kein Vertrag ist. — Ein Gesellschaftsbeschluß, durch welchen eine Gesellschaft mit beschränkter Haftung aufgelöst wird und dem Liquidator aufgetragen wird, die zum Vermögen der Gesellschaft gehörigen Geschäftsanteile einer (anderen) Gesellschaft mit beschränkter Haftung unter die Gesellschafter zur Verteilung zu bringen, bedarf der hier vorgeschriebenen Form nicht, weil er kein Vertrag ist; nach § 60 unseres Gesetzes bedarf ein solcher Beschluß keiner besonderen Form. Er erzeugt das obligatorische Recht des Gesellschafters auf ratierliche Abtretung der im Besitze der Gesellschaft befindlichen Geschäftsanteile. Die Abtretung selbst erfolgt in der Form des Abs. 3.

Anm. 8. 2. Die Vereinbarung muß so beschaffen sein, daß sie die Verpflichtung zur Abtretung eines Geschäftsanteils begründen soll.

a) Damit sind nicht bloß Kaufverträge gemeint, sondern alle Verträge, durch welche die Verpflichtung zur Abtretung eines Geschäftsanteils begründet werden kann. Daß auch obligatorische Schenkungsverträge darunter fallen, ist allerdings für die vorliegende Frage nicht erheblich; denn diese sind schon aus anderen Gründen an die gleiche Form gebunden (§ 518 B.G.B.). Bei Schenkungen wird sich meist die Sache wohl so abspielen, daß nicht die Abtretung des Anteils schenkungsweise versprochen, sondern der Anteil schenkungsweise abgetreten wird. — Auch wenn die Verpflichtung auf Abtretung an einen Dritten lautet, ist die Form zu wahren (vergl. R.G. 50 S. 165). — Dagegen sind Abtretungsverpflichtungen (und Abtretungen), welche in einem gerichtlichen Vergleiche erklärt werden, einer weiteren Form nicht bedürftig (RG.48 S.187, 189).

Anm. 9. Hervorzuheben ist, daß auch Gesellschaftsverträge, durch welche die Verpflichtung zur Einbringung eines Geschäftsanteiles begründet wird, unter die vorliegende Formvorschrift fallen, mag es sich um die Verpflichtung zur Einbringung in eine juristische Person (Aktiengesellschaft, Gesellschaft mit beschränkter Haftung, Aktienkommanditgesellschaft) oder in eine Gesellschaft im engeren Sinne (offene Handelsgesellschaft, Kommanditgesellschaft, Gesellschaft bürgerlichen Rechts) handeln. Bei Umwandlung von Gesellschaften in andere Gesellschaftsformen ist zu prüfen, ob das Rechtssubjekt dasselbe bleibt und nur seinen rechtlichen Charakter ändert (z. B. Umwandlung einer Aktienkommanditgesellschaft in eine Aktiengesellschaft gemäß § 332 H.G.B.; Umwandlung einer offenen Handelsgesellschaft in eine Kommanditgesellschaft; Staub H.G.B. Anm. 2 zu § 131) oder ob die Auflösung der alten Gesellschaft und die Einbringung der zu ihrem Vermögen gehörenden Gegenstände in eine neu gebildete Gesellschaft vorliegt (Letzteres z. B. bei Umwandlung einer Gesellschaft mit beschränkter Haftung in eine Aktiengesellschaft, bei Umwandlung einer Aktienkommanditgesellschaft in eine einfache Kommanditgesellschaft; Staub H.G.B. Anm. 7 zu § 334). Im ersteren Falle liegt keine Abtretung vor, wohl aber im letzteren Falle. Die Fälle der §§ 303—305 H.G.B. gehören sämtlich zur letzteren Alternative; doch ist dies wiederum nicht erheblich, da in allen diesen Fällen der obligatorische Übertragungsvertrag schon aus anderem Grunde der hier vorgesehenen Form bedarf (§ 311 B.G.B.). Hinsichtlich der Einbringungsverträge ist aber noch zu erwähnen, daß der Einbringungsvertrag regelmäßig nicht bloß die Verpflichtung zur Einbringung enthält, sondern die Einbringung selbst, also die im Abs. 3 erwähnte Abtretung des Geschäftsanteils. Die Einbringungsverträge bedürfen daher schon aus diesem Grunde der gerichtlichen oder notariellen Form, wenn Geschäftsanteile einer Gesellschaft mit beschränkter Haftung zum Gegenstand der Einbringung gehören. Die Bildung einer Gesellschaft derart, daß der Geschäftsanteil selbst in die Gesellschaft nicht inferiert wird, sondern nur das Recht an den vermögensrechtlichen Bezügen der Gegenstand der Beteiligung ist (sogenannte Unterbeteiligung), bedarf der Form des vorliegenden Paragraphen nicht.

Auch wenn mehrere Personen einen Geschäftsanteil zum Miteigentum besitzen, so ist doch die Verpflichtung zur Inferierung in eine von den bisherigen Miteigentümern fortan zu bildende Gesellschaft, also die Verpflichtung, das Miteigentum in Eigentum zur gesamten Hand umzuwandeln, eine Verpflichtung zur Abtretung. Denn diese Umwandlung kann nur durch Veräußerung, also durch Abtretung des betreffenden Anteils geschehen (vergl. Staub H.G.B. Exkurs zu § 122 Anm. 10; Fuchs Grundbuchrecht, § 925 B.G.B. Anm. IV S. 211). Anm. 10.

Dagegen ist der Eintritt eines Gesellschafters in eine offene Handelsgesellschaft, zu deren Vermögen ein Geschäftsanteil einer Gesellschaft mit beschränkter Haftung gehört, formfrei, wie ja auch der Eintritt in eine Gesellschaft dieser Art, zu welcher das Eigentum eines Grundstücks gehört, formfrei ist. Hier liegt keine Veräußerung vor. Also ist auch der obligatorische, auf solchen Eintritt gerichtete Vertrag formfrei. Ob der Eintritt in eine Gesellschaft bürgerlichen Rechts dieser Art formfrei ist, hängt von der rechtlichen Konstruktion eines solchen Eintritts ab (siehe hierüber Knoke im Archiv für Bürgerliches Recht von Kohler, Ring und Örtmann Bd. 20 S. 183). Anm. 11.

Wie aber liegt die Sache, wenn mehrere Socien einer offenen Handelsgesellschaft, Kommanditgesellschaft, bürgerlichen Gesellschaft, sich auseinandersetzen und hierbei ein der Societät gehöriger Geschäftsanteil einer Gesellschaft mit beschränkter Haftung einem Socius zum Alleineigentum verbleibt? In diesem Falle liegt nur eine Aufgabe von Rechten, ein Anwachsen der von den übrigen Gesellschaftern aufgegebenen Rechte an das Recht dessen vor, dem der Gegenstand zum alleinigen Eigentum verbleibt. Durch dieses Aufgeben und Anwachsen verwandelt sich das bisherige Gesamteigentum in Alleineigentum. Eine Veräußerung liegt nicht vor. Für den Fall, daß mehrere Gesellschafter als Eigentümer verbleiben, also eine Societät übrig bleibt, wird dies auch nicht angezweifelt (vergl. z. B. Fuchs Grundbuchrecht S. 211) und kann angesichts des § 738 B.G.B. wohl auch billiger Weise nicht angezweifelt werden (vergl. Staub H.G.B. Anm. 3 im Exkurse zu § 141). Wohl aber wird oft ein anderer Standpunkt vertreten, wenn auf solche Weise ein Socius als Eigentümer verbleibt (z. B. von Fuchs Grundbuchrecht, S. 210; Goldmann und Lilienthal I S. 262 Anm. 4, Düringer und Hachenburg II S. 301; O.L.G. Hamburg vom 19. Juni 1901 in R.J.A. 2 S. 146, auch citiert bei Johow u. Ring 22 S. D. 24; Kammergericht vom 17. Februar 1902 in R.J.A. 3 S. 97). Allein das Reichsgericht steht konsequent auf unserem Standpunkte, den wir auch in unserem Kommentar zum H.G.B. Anm. 8 zu § 145 vertreten haben (vergl. R.G. 25 S. 257; R.G. vom 12. Juli 1889 in J.W. S. 345; vom 23. Oktober 1893 bei Gruchot 38 S. 1063; vom 14. Oktober 1898 bei Holdheim 8 S. 196). Anm. 12.

Wieder anders liegt die Sache, wenn eine solche Auseinandersetzung dahin geht, daß der Geschäftsanteil mehreren Socien oder allen Socien zum ideellen nach Quoten geteilten Miteigentum verbleibt oder daß er gar in reelle Teile unter sie geteilt werden soll. In solchem Falle liegt ein obligatorischer, auf Veräußerung gerichteter Veräußerungsvertrag vor und die Vorschrift des vorliegenden Abs. 4 greift Platz. Ebenso, wenn ein Alleineigentümer eines Geschäftsanteils einen anderen zum Miteigentümer macht. Anm. 13.

Die Vereinbarung eines Vorkaufsrechts unterfällt der Formvorschrift. Doch sind die Meinungen sehr geteilt, wie dies bei Erörterung des § 313 B.G.B. zu Tage getreten ist. (Dafür z. B. O.L.G. Jena bei Mugdan und Falkmann 1 S. 293; Kammergericht vom 7. Januar 1901 ebenda 2 S. 74; Goldmann u. Lilienthal I S. 522 Anm. 3, dagegen z. B. Düringer und Hachenburg II S. 301; Thiele, Anm. 14.

Zeitschrift des deutschen Notarvereins II S. 318; Oberneck, Grundbuchrecht 2. Aufl. S. 429 Anm. 3 u. in der Zeitschrift des Notarvereins I S. 35). Die Erklärung des Vorkaufsberechtigten, in den Vertrag einzutreten, ist aber an die Form nicht gebunden.

Anm. 15. b) Die Verpflichtung zur Abtretung muß durch den Vertrag begründet werden damit die Formvorschrift des Abs. 4 Platz greift. Sie braucht natürlich nicht gerade wörtlich zum Ausdruck zu kommen. Ein Vertrag z. B., durch welchen sich jemand zur Abnahme von Geschäftsanteilen verpflichtet, fällt unter die Vorschrift (vergl. z. B. den Fall in R.G. 43 S. 136). Denn ein solcher Vertrag involviert natürlich auch die Verpflichtung zur Abtretung. Sollte freilich ein Vertrag so beschaffen sein, daß der eine Teil nur zur Abnahme verpflichtet sein soll, der andere Teil aber nicht zur Abtretung, auch wenn der Abnahmepflichtige seiner Abnahmepflicht gemäß sich zur Abnahme bereit erklärt, dann würde freilich die Formvorschrift nicht Platz greifen.

Anm. 16. c) Die Verpflichtung zur Abtretung muß den unmittelbaren Inhalt der Vereinbarung bilden. Dagegen fallen nicht andere Verträge darunter, deren Betätigung zu der gesetzlichen Verpflichtung zur Abtretung indirekt führen kann. So kann z. B. der Auftrag, einen Geschäftsanteil, sei es unmittelbar durch Übernahme von der Gesellschaft (bei der Gründung oder Kapitalserhöhung) oder durch Cession in eigenem Namen, aber für fremde Rechnung zu erwerben, formlos erteilt und übernommen werden. Der Beauftragte ist, nachdem er den Auftrag ausgeführt hat, verpflichtet, dem Auftraggeber den Anteil abzutreten und dieser verpflichtet, ihn abzunehmen (vergl. R.G. 50 S. 45). Ebenso kann auf Grund eines Gesellschaftsvertrages, in welchem sich die Gesellschafter verpflichten, alles, was einer von ihnen in Betätigung der Gesellschaftsgeschäfte erzielen würde, zu teilen, auf Abtretung derjenigen Geschäftsanteile einer Gesellschaft mit beschränkter Haftung geklagt werden, welche ein Gesellschafter hierbei erzielt hat, falls nicht sonstige Hindernisse (z. B. erforderliche Genehmigung der Gesellschaft) entgegenstehen. Desgleichen ist ein Schadloshaltungs- und Garantievertrag, inhalts dessen A dem B erklärt, er möge nur einen Geschäftsanteil erwerben, er komme ihm für allen Schaden auf, mündlich gültig, obgleich ein solcher Vertrag zur Folge hat, daß, wenn die Beteiligung bei der Gesellschaft zu Schaden führt, A dem B das eingezahlte Geld zurückzahlen und B alsdann dem A den Geschäftsanteil abtreten muß (§ 249 B.G.B.). Eine Bürgschaft für eine Forderung, zu deren Sicherheit ein Geschäftsanteil abgetreten ist, kann von einem Kaufmann mündlich, von einem Nichtkaufmann schriftlich übernommen werden, die notarielle Form ist nicht erforderlich, obgleich der Bürge, wenn er den Gläubiger befriedigt, dadurch (vergl. §§ 774, 401, 412 B.G.B.; Planck Anm. I zu § 401 B.G.B.) einen Anspruch auf Abtretung jenes Geschäftsanteils erhält. — Dagegen ist die Verpflichtung, einen Gründungsmakler durch Überlassung von Geschäftsanteilen zu belohnen, ungültig, wenn der Vertrag nicht gerichtlich oder notariell abgeschlossen ist. Dem Makler wird in diesem Falle nur durch § 653, eventuell durch § 812 B.G.B. zu helfen sein. Wie aber, wenn die Abrede allgemeiner dahin lautet, der Makler solle als Lohn einen Teil derjenigen Werte erhalten, welche der Kommittent bis Abschluß des Geschäfts erzielen werde? Diese Abrede ist formlos gültig.

Anm. 17. d) Zusätzlich ist noch zu erwähnen, daß das Abkommen, durch welches ein obligatorischer Vertrag auf Abtretung eines Geschäftsanteils aufgehoben wird, der Form nicht bedarf. Ist aber die Abtretung einmal selbst in gehöriger Weise erfolgt, so bedarf der Vertrag auf Rückgängigmachung dieser Abtretung und selbstverständlich auch die Rückabtretung selbst der Form.

Anm. 18. e) Begründet die Vereinbarung die Verpflichtung zur Abtretung, so fällt sie in ihrem ganzen Umfange unter die Formvorschrift, nicht etwa bloß derjenige Teil, der die Pflicht zur Abtretung begründet. Ein Kaufvertrag muß daher nicht bloß in demjenigen Teile, der die Verpflichtung des Verkäufers zur Abtretung betrifft, sondern in seinem ganzen Umfange, auch in den die Gegenleistung betreffenden Punkten gerichtlich oder notariell beurkundet sein, ja sogar in allen denjenigen Punkten, welche die Parteien für wesentlich erachtet haben (§ 154 B.G.B.), also z. B. auch derjenige Teil des Vertrages, in welchem Zusicherungen über die Eigenschaften des Geschäftsanteils gemacht werden (vergl. R.G. vom 25. Juli 1902 in J.W. Beilage S. 245).

f) Auch dann ist die Form zu beobachten, wenn die Vereinbarung nur ein Bestandteil eines anderen Vertrages ist, der im Übrigen einer Form nicht bedarf. So z. B. wenn ein Kaufvertrag über ein Geschäft mit Aktiven und Passiven abgeschlossen wird. Soweit die den Gegenstand des Kaufvertrages bildenden Aktiva in Anteilen einer Gesellschaft mit beschränkter Haftung bestehen, bedarf der Kaufvertrag der gerichtlichen oder notariellen Form. Sonst ist er insoweit ungültig. Ob er dann überhaupt ungültig ist, richtet sich nach § 139 B.G.B. Anm. 19.

g) Ferner ist zu erwähnen, daß die Vorschrift auch obligatorische Übertragungsverträge über Teile von Geschäftsanteilen betrifft, obwohl das Gesetz nur von Geschäftsanteilen spricht. (So zutreffend R.G. 43 S. 136). Denn auch durch Abtretung eines Teiles des Geschäftsanteils wird eine Mitgliedschaft als solche übertragen und die Formvorschrift findet ihrem Sinne und Zwecke gemäß auf eine solche Abtretung Anwendung. Dagegen findet die Vorschrift nicht Anwendung bei Verträgen auf Abtretung der aus der Mitgliedschaft fließenden Rechte auf Bezug von Gewinn, Ausschüttungsguthaben und sonstigen Ansprüchen auf vermögensrechtliche Leistungen. (Letztere hat der Gesellschafter z. B. oft zu fordern als Gegenleistung für Verpflichtungen gemäß § 3 Abs. 2 des Gesetzes.) Vergl. unten Anm. 42. Anm. 20.

h) Sodann ist zu erwähnen, daß es sich um einen Vertrag handeln muß, durch welchen ein **Gesellschafter** sich verpflichtet, seinen Geschäftsanteil abzutreten. Wenn es sich um eine solche Verpflichtung der Gesellschaft handelt, greift die Vorschrift nicht Platz (vergl. unten Anm. 39). Anm. 21.

i) Und endlich ist zu erwähnen, daß nicht bloß der Vertrag, sondern auch schon die Offerte der Form bedarf. (Staub H.G.B. Anm. 10 im Exkurse zu § 361). Anm. 22.

k) Endlich werden noch folgende fast selbstverständliche Bemerkungen gemacht: Anm. 23.

α) Die Vorschrift findet auch dann Anwendung, wenn eine Vereinbarung auf Abtretung eines Geschäftsanteils vor der Eintragung der Gesellschaft getroffen wird (vergl. auch unten Anm. 38).

β) Weiter wird bemerkt, daß der Vertrag auf Abtretung eines Geschäftsanteils auch durch Bevollmächtigte geschlossen werden kann. Die Vollmacht bedarf keiner Form (§ 167 Abs. 2 B.G.B.). Anm. 24.

γ) Auch wird erwähnt, daß die Vorschrift auch für den Handelsverkehr gilt (Neukamp Anm. 4), da ja der im früheren Art. 317 H.G.B. für Handelsgeschäfte ausgesprochene Grundsatz der Formfreiheit jetzt im B.G.B. für alle Rechtsgeschäfte gilt, für Handelsgeschäfte aber nach der Bestimmung im § 350 nichts Besonderes in dieser Hinsicht gilt, so daß Ausnahmen, welche das B.G.B. und andere Reichsgesetze von der Formfreiheit machen, auch für das Gebiet des Handelsrechts gelten (vergl. Staub H.G.B. Anm. 1 zu § 350). Anm. 25.

3. **Welches ist die Form?** Das Gesetz sagt: Die gerichtliche oder notarielle Form. Gemeint ist die gerichtliche oder notarielle Beurkundung, welche in den §§ 167 ffg. F.G. näher geregelt ist. Sie wird auch gewahrt durch gesonderte Beurkundung der Offerte und Annahme gemäß § 128 B.G.B. Gerichtliche und notarielle Beglaubigung genügt natürlich nicht. — Vertretung ist zulässig, die Vollmacht ist formlos gültig (§ 167 Abs. 2 B.G.B.). Auch Abschluß durch einen Pseudovertreter genügt, wenn die Genehmigung hinzukommt (§ 177 B.G.B.). Dieselbe bedarf keiner Form (§ 182 Abs. 2 B.G.B.). Anm. 26.

4. **Die Folge der Wahrung der Form** ist die Verpflichtung zur Abtretung und natürlich auch zur Annahme. Weigert sich ein Kontrahent, so kann er darauf verklagt werden. Die rechtskräftige Verurteilung ersetzt die Abtretungs- bezw. Annahmeerklärung (§ 894 Anm. 27.

C.P.O.). Es kann nunmehr derjenige, der ein rechtskräftiges Urteil auf Abtretung erstritten hat, zu gerichtlichem oder notariellem Protokoll die so erfolgte Abtretung annehmen, und derjenige der ein rechtskräftiges Urteil auf Annahme der Abtretung erstritten hat, kann nunmehr zu gerichtlichem oder notariellem Protokoll die Abtretung offerieren, die Annahme ist durch Urteil erfolgt.

Anm. 28. 5. **Die Folge der Nichtwahrung der Form** ist, daß der Vertrag nichtig ist (RG. 43 S. 136; O.L.G. Colmar vom 26. Februar 1901 bei Mugdan und Falkmann 2 S. 204). Beide Teile können die Nichtigkeit geltend machen. Gerichtliche oder notarielle Beglaubigung der Abtretungserklärung ändert nichts an dieser Rechtslage (RG. vom 15. Mai 1901 in J.W. S. 521). Das Gezahlte kann zurückgefordet werden nach § 814 B.G.B. (RG. vom 15. Mai 1901 in J.W. S. 521).

Anm. 29. 6. **Die mangelnde Form des obligatorischen auf Abtretung gerichteten Vertrages wird in einem Falle durch Erfüllung geheilt, nämlich durch die Abtretung selbst,** wenn diese in gehöriger Form erfolgt. Das ist eine Ausnahmevorschrift. Ein Analogon findet sich in § 313 B.G.B. Im Allgemeinen wird nämlich durch Erfüllung die mangelnde Form eines Vertrages nicht geheilt.

Anm. 30. Die Heilung bewirkt die Gültigkeit des Vertrages in seinem ganzen Umfange. Es wird so angesehen, als sei der Vertrag in allen seinen Teilen gerichtlich oder notariell beurkundet. Zwar heißt es hier nicht, wie im § 313 B.G.B., daß der Vertrag „seinem ganzen Inhalte" nach gültig wird, aber gemeint ist zweifellos dasselbe. Alle Vereinbarungen, welche die Parteien in Ansehung des Vertrages bis zur Vornahme der Abretung getroffen haben, werden mit der Abtretung wirksam, sei es, daß sie den Preis oder sonstige Modalitäten betreffen, sei es, daß der Vertrag schriftlich oder überhaupt formlos abgeschlossen worden war, oder daß er durch formlose Nebenabreden oder Nachtragsabreden ergänzt wurde (Goldmann und Lilienthal I S. 365 hinsichtlich der analogen Vorschrift des § 313 B.G.B.). Da der Vertrag seinem ganzen Inhalte nach gültig wird, so wird z. B. auch ein in dem Vertrage als integrierender Bestandteil des Vertrages vereinbartes Rückkaufsrecht gültig. Man kann nicht etwa sagen, daß dieses Rückkaufsrecht, da es doch eine Pflicht zur Rückabtretung begründet, erst gültig wird durch die Rückabtretung selbst. Entscheidend ist vielmehr, daß die Stipulation des Rückkaufsrechts ein Bestandteil des ursprünglichen Kaufvertrages ist und dieser seinem ganzen Inhalte nach durch die Abtretung gültig wird.

Anm. 31. Desgleichen werden auch solche Bestandteile des Vertrages gültig, die einer anderen Form bedürfen. So z. B. wenn in dem pactum de cedendo einer der beiden Kontrahenten als Vertragsmodalität eine Bürgschaft übernimmt. Diese müßte eigentlich schriftlich erteilt werden. Aber mit dem ganzen pactum wird auch die Bürgschaft durch die Vollziehung der Abtretung selbst gültig. Wie aber, wenn in dem pactum de cedendo als Vertragsmodalität die Verpflichtung zur Übertragung eines Grundstücks übernommen wird? Z. B.: Es werden Geschäftsanteile einer Gesellschaft mit beschränkter Haftung gegen ein Grundstück eingetauscht. Wird auch dieser Vertrag durch die Abtretung selbst in allen seinen Teilen gültig? Das muß verneint werden, weil der Mangel der in dieser Hinsicht vorgeschriebenen Form nur durch eine höhere Form, durch die höchste Form für das Obligationenrecht, durch die Auflassung geheilt werden kann. Wohl aber wird umgekehrt der so geschlossene Abtretungsvertrag durch die Auflassung seinem ganzen Inhalte nach, also auch hinsichtlich der Verpflichtung zur Abtretung des Geschäftsanteils gültig, weil eben die Auflassung die höchste Form ist und ihr deshalb die heilende Kraft im weitesten Umfange zukommt.

Anm. 32. Die Heilung wirkt ex nunc. Für die analoge Vorschrift des § 313 B.G.B. nehmen Schollmeyer Anm. 3 zu § 313 und Planck Anm. 2 zu § 313 das Gegenteil an, sie wollen den § 141 Abs. 2 analog anwenden, Düringer und Hachenburg II S. 902 wollen dies wenigstens im Zweifel gelten lassen, weil dies regelmäßig dem Willen der Kontrahenten entspricht. Goldmann und Lilienthal I S. 365 bestreiten dies im Anschluß an ähnliche Gesetzesauslegungen des früheren Rechts (vergl. z. B. R.G. bei Gruchot 29

S. 388) mit Recht. Sie heben besonders hervor, daß der Wille der Parteien in Ermangelung einer gesetzlichen Vorschrift einen nichtigen Vertrag nicht ex tunc wirksam machen kann. Die Rückbeziehung kann nur gesetzlich vorgeschrieben werden, sie ist immer eine Fiktion. Die Parteien können ja vereinbaren, daß sie sich gegenseitig dasselbe gewähren wollen, als sei der Vertrag von Anfang an gültig gewesen. Aber sie müssen das eben vereinbaren, und es gilt dann, weil sie es jetzt vereinbaren. Ebenso Oberneck, Grundbuchrecht § 54 S. 293.

B. **Die Abtretung selbst muß ebenfalls in gerichtlicher oder notarieller Form erfolgen.** Anm. 33.

1. Diese Vorschrift des Abs. 3 ist praktisch weit wichtiger, als die Vorschrift des Abs. 4. Denn in den meisten Fällen tätigen die Parteien nur die vereinbarte Abtretung und beurkunden weder einen besonderen obligatorischen Vertrag auf Abtretung, noch geben sie die Bedingungen der Abtretung bei dieser selbst zu notariellem Protokoll. Der gewöhnliche Fall ist also der des Abs. 4 Satz 2, nämlich der, daß die Abtretung erfolgt und damit die vorher schriftlich oder mündlich erfolgten Vereinbarungen der Abtretung gültig werden.
2. Die Abtretung muß auch dann zu gerichtlichem oder notariellem Protokoll erfolgen, wenn der obligatorische Vertrag bereits gerichtlich oder notariell beurkundet worden ist. — Auch die Aufhebung der Abtretung bedarf der Form; denn sie ist ja auch eine Abtretung. Nur die Aufhebung des auf Abtretung gerichteten obligatorischen Vertrages ist formfrei (oben Anm. 17). Anm. 34.
3. Um eine Abtretung durch Vertrag muß es sich handeln.[1]) Das ist ein Vertrag, durch welchen der Geschäftsanteil von einem Gesellschafter auf einen anderen übertragen wird. Eines solchen Vertrages bedarf es unter Umständen auch dort, wo die Verpflichtung zur Abtretung auf anderem Rechtsgrunde als auf Vertrag beruht. So ist z. B. der Erbe durch das Vermächtnis verpflichtet, dem Legatar den Geschäftsanteil abzutreten. Die Abtretung selbst bedarf der Form des Abs. 3 (vergl. oben Anm. 7). Der Liquidator einer aufgelösten Gesellschaft mit beschränkter Haftung, der durch Liquidationsbeschluß beauftragt worden ist, die zum Vermögen der Gesellschaft etwa gehörigen Geschäftsanteile einer anderen Gesellschaft mit beschränkter Haftung unter die Gesellschafter zur Verteilung zu bringen, ist verpflichtet, diese Abtretung in der Form des Abs. 3 zu bewirken (vergl. oben Anm. 7). Eine Abtretung liegt in dem Akt der Einbringung in eine juristische Person, Aktiengesellschaft, Gesellschaft mit beschränkter Haftung, offene Handelsgesellschaft, Kommanditgesellschaft 2c. (vergl. oben Anm. 9). Eine Abtretung liegt nicht vor, und die Form des Abs. 3 braucht daher nicht beobachtet zu werden, wenn die Gesellschafter einer offenen Handelsgesellschaft, Kommanditgesellschaft, bürgerlichen Gesellschaft sich derart auseinandersetzen, daß einer von ihnen den im Eigentum zur gesamten Hand befindlichen Geschäftsanteil als Alleineigentum behält (oben Anm. 12), wohl aber dann, wenn sie sich dahin auseinandersetzen, daß sie sich in den Geschäftsanteil teilen, sei es ideell, sei es zu bestimmten Nennbeträgen (vergl. oben Anm. 13). Der Abtretungsform bedarf es nicht, wenn eine Aktiengesellschaft sich mit einer anderen Aktiengesellschaft fusioniert; darin liegt eine Universalrechtsnachfolge, einer besonderen Übertragung der einzelnen Vermögensstücke bedarf es nicht; wie es keiner Cession der einzelnen Forderungen bedarf, so bedarf es auch hier nicht der Abtretung (vergl. Staub H.G.B. Anm. 11 zu § 306). Das Gleiche gilt bei der Umwandlung einer Aktiengesellschaft in eine Gesellschaft mit beschränkter Haftung (vergl. zu § 80). Bei Umwandlung von Gesellschaften in andere Gesellschaften ist auch hier zu prüfen, ob das Rechtssubjekt dasselbe bleibt und nur seinen rechtlichen Charakter ändert (z. B. Umwandlung einer Aktienkommanditgesellschaft in eine Aktiengesellschaft gemäß § 332 H.G.B., Umwandlung einer offenen Handelsgesellschaft in eine Kommanditgesellschaft, Staub H.G.B. Anm. 2 zu § 131; Anm. 6 zu § 162), oder ob die Auflösung der alten Gesellschaft und die Einbringung der zu ihrem Vermögen gehörigen Gegenstände in eine neugebildete Gesellschaft vorliegt (letzteres z. B. bei Umwandlung einer Aktienkommanditgesellschaft in eine einfache Kommanditgesellschaft, Staub H.G.B. Anm. 7 Anm. 35.

[1]) Die in einem gerichtlichen Vergleiche erfolgte Abtretung ist aber ohne weitere Form gültig (oben Anm 8).

zu § 235). Hinsichtlich der Illationen ist überall zu bemerken, daß nicht erst ein Illationsversprechen und dann erst die Illation beurkundet wird, sondern hinsichtlich derjenigen Gegenstände, die durch Cession zu übertragen sind, enthält der Illationsvertrag sogleich die Übertragung selbst. Gehört ein Geschäftsanteil einer Gesellschaft mit beschränkter Haftung zu den zu inferierenden Gegenständen, so wird in solchem Illationsvertrage die Abtretung derselben neben allen sonstigen Vereinbarungen gleich mit beurkundet.

Anm. 36. Wo ein Übergang ohne Vertrag erfolgt, bedarf es zum Übergange natürlich nicht der Abtretung in der hier vorgeschriebenen Form, so z. B. nach unserer Ansicht im Falle des § 142 H.G.B. (anderer Ansicht Lehmann bei Lehmann u. Ring Nr. 4 zu § 142).

Anm. 37. 3. Es muß sich um Abtretung des **Geschäftsanteils** handeln. Die Form des Abs. 3 ist dann nicht notwendig, wenn es sich nicht um Abtretung des Geschäftsanteils, sondern um Abtretung der Rechte aus einem obligatorischen Vertrage auf Abtretung handelt (vergl. Staub H.G.B. Anm. 18 zu § 350 H.G.B.). A verpflichtet sich z. B. durch einen Kaufvertrag, seinen Geschäftsanteil an B abzutreten. B tritt seine Rechte aus diesem Kaufvertrage an C ab. Letztere Abtretung bedarf der Form nicht.

Anm. 38. **Zulässig und der vorliegenden Formvorschrift unterworfen ist die Abtretung künftiger Geschäftsanteile.** Häufig kommt es vor, daß vor der Gründung einer Gesellschaft oder vor einer Kapitalserhöhung ein Gesellschafter seinen künftigen Geschäftsanteil abtritt. Es ist nicht bloß ein obligatorischer Vertrag auf Abtretung künftiger Geschäftsanteile, sondern auch die Abtretung selbst begrifflich möglich und deshalb auch gesetzlich zulässig, da es ja auch zulässig ist, künftig entstehende Forderungen im Voraus zu cedieren und für die Abtretung von Rechten nach § 413 B.G.B. dasselbe gilt, wie von der Abtretung von Forderungen (vergl. O.L.G. Hamburg vom 1. November 1901 bei Mugdan u. Falkmann S. 213; O.L.G. Kiel vom 10. Juli 1902 bei Mugdan u. Falkmann 5 S. 280). Selbstverständlich tritt die Wirksamkeit der Abtretung erst ein mit der Entstehung des Geschäftsanteils, aber mit dem Eintritt dieser Bedingung ist die Abtretung mit dinglicher Kraft in Wirksamkeit getreten.

Anm. 39. 4. Die Abtretung durch einen Gesellschafter ist gemeint. Die Abtretung durch die Gesellschaft (vergl. §§ 21, 23, 27, 28) ist formfrei (Liebmann Anm. 6). Das Gleiche gilt von der Abtretung durch den Versteigerungsbeamten in Ausführung der Zwangsvollstreckung. Denn auch das ist keine Abtretung durch den Gesellschafter (vergl. den Exkurs zu § 15).

Anm. 40. 5. Die Formvorschrift bezieht sich auch auf die Abtretung von Teilen von Geschäftsanteilen, obgleich das Gesetz dies nicht ausdrücklich erwähnt (R.G. 43 S. 136). (Vergl. hierüber oben Anm. 20.)

Anm. 41. Dagegen findet die Vorschrift keine Anwendung, wenn es sich um die Abtretung von einzelnen vermögensrechtlichen Ansprüchen handelt, welche aus der Mitgliedschaft fließen, so die Ansprüche auf Gewinn, Ausschüttungsguthaben oder auf etwaige Gegenleistungen, welche die Gesellschaft dem Gesellschafter für seine gemäß § 3 Abs. 2 übernommenen Verpflichtungen schuldet. In diesem Falle wird nicht die Mitgliedschaft abgetreten, auch nicht zum Teil, sondern nur einzelne Ansprüche, die auf Grund der Mitgliedschaft dem Mitgliede zustehen. Mitglied bleibt bei solcher Abtretung lediglich der Cedent und zwar in vollem Umfange, wie ja auch bei der Aktiengesellschaft nur der Aktionär, nicht der Dividendenscheininhaber Mitglied der Gesellschaft ist. Die Abtretung jener Ansprüche folgt allgemeinen Regeln. Jede solche Abtretung kann durch die allgemeine Übertragungsart (formlose Cession nebst Papierübergabe) erfolgen; die Dividendenscheine auf Order außerdem noch durch Indossament und Übergabe des Papiers, die Dividendenscheine auf den Inhaber außerdem noch durch bloße Übergabe des Papiers (vergl. den Exkurs zu § 14).

Anm. 42. 6. Die Form für die Abtretung ist die gerichtliche oder notarielle Beurkundung nach §§ 176 ffg. F.G. Ein Abtretungsvertrag, d. h. die Abtretung und ihre Annahme, muß beurkundet werden. Die Form des § 128 B.G.B. (gesonderte Beurkundung für Offerte und Annahme) genügt aber auch hier. Beglaubigung genügt nicht. Ferner genügt es, wenn die eine Partei zur Beurkundung rechtskräftig verurteilt ist und die andere Partei den anderen Teil des Abtretungsvertrages zu Protokoll erklärt (oben Anm. 27). Der Abtretungsvertrag kann auch durch Bevollmächtigte geschlossen werden. Die Vollmacht bedarf in diesem Falle keiner Form (§ 167 Abs. 2 B.G.B.). Auch das Auftreten eines Pseudovertreters genügt, wenn die Genehmigung hinzukommt (§ 177 B.G.B.). Die Genehmigung ist formlos gültig (§ 182 Abs. 2 B.G.B.). Aber im Sinne des § 16 dürfte in unbeglaubigten Urkunden kein Nachweis des Überganges liegen.

6. Die Folge der Nichtwahrung der Form ist, daß eine Abtretung nicht vorliegt. Anm. 43. Der Cessionar wird nicht Gesellschafter, der formlos geschlossene obligatorische Vertrag ist nicht geheilt, der formgerecht geschlossene muß durch formgerechte Abtretung erfüllt werden. Das auf Grund des formlos geschlossenen obligatorischen Vertrages Hingegebene muß nach den Regeln von der ungerechtfertigten Bereicherung herausgegeben werden (R.G. vom 15. Mai 1901 in J.W. S. 521 und bei Gruchot 46 S. 402). Wenn freilich der Cessionar zu einer Zeit, wo der Cedent noch in der Lage gewesen wäre, die Anteile anderweit gegen Entgelt zu begeben, die Ungültigkeit der Übertragung erfuhr, so handelte er wider Treu und Glauben, wenn er unter Hintenansetzung des ihm bekannten Interesses des Cessionars an einer gültigen Veräußerung der Anteile und bauend auf die Fortdauer der Unkenntnis des Cessionars die Rückgängigmachung der bewirkten Vermögensleistung absichtlich hinausschob, um die günstige oder ungünstige Entwickelung des Gesellschaftsunternehmens abzuwarten (R.G. vom 15. Mai 1901 in J.W. S. 521 und bei Gruchot 46 S. 402). Diese Entscheidung ist allerdings nach früherem Recht ergangen, nach neuem folgt sie aus § 826 B.G.B.

Auch der Gesellschaft gegenüber gilt der Cessionar in solchem Falle nicht als Gesellschafter, auch wenn die Veräußerung angemeldet ist (vergl. Anm. 5 zu § 16). Anm. 44.

7. Die Folge der Wahrung der Form ist Anm. 45.
   a) Heilung der mangelnden Form des obligatorischen Vertrages (oben Anm. 29 ffg.),
   b) der Übergang des Geschäftsanteils auf den Erwerber (vergl. unten Anm. 61 ffg.).

III. (Abs. 5.) **Bestimmungen des Gesellschaftsvertrages über weitere Voraussetzungen der Übertragbarkeit der Geschäftsanteile.** Anm. 46.

1. Das Prinzip. Von Gesetzes wegen ist der Geschäftsanteil frei übertragbar, die Übertragung ist nur an die Form gebunden. Doch kann die freie Übertragbarkeit nach unserer Ansicht (oben Anm. 1 u. 2) durch den Gesellschaftsvertrag ausgeschlossen werden, und jedenfalls kann sie, wie im Abs. 5 angeordnet ist, von weiteren Voraussetzungen — sc. außer der Beobachtung der Form —, insbesondere von der Genehmigung der Gesellschaft abhängig gemacht werden.

2. **Die Genehmigung der Gesellschaft als Voraussetzung der Abtretung.** Anm. 47.
   a) Nur wenn der Gesellschaftsvertrag die Wirksamkeit der Abtretung an die Genehmigung der Gesellschaft knüpft, ist sie eine Voraussetzung der Wirksamkeit. Dies muß aber im ursprünglichen Gesellschaftsvertrage geschehen oder in demjenigen Kapitalserhöhungsbeschlusse, der die betreffenden Geschäftsanteile kreiert. Der Geschäftsanteil muß mit diesem Hindernis der Verkehrsfreiheit entstehen. Ein einfacher Gesellschafterbeschluß oder ein per maiora zustande gekommener Statutenänderungsbeschluß kann daher die freie Übertragbarkeit nicht schmälern. Denn sie ist ein Sonderrecht, das nicht per maiora beseitigt werden kann (Gierke, Genossenschafts-Theorie S. 253; Neukamp Anm. 8). Ein Statutenänderungsbeschluß jedoch, der mit der Zustimmung der beteiligten Gesellschafter zustande kommt, ist geeignet, dieses Sonderrecht aufzuheben (vergl. zu § 53). — Der Gesellschaftsvertrag kann übrigens die Genehmigung nicht bloß für alle Geschäftsanteile, sondern auch für eine bestimmte Gattung von Geschäftsanteilen oder auch für einen bestimmten Geschäftsanteil für erforderlich erklären; er kann ferner die Abtretung von Geschäftsanteilen in bestimmten Fällen von der Genehmigung abhängig machen oder umgekehrt von der Genehmigung befreien. So kann z. B. der Gesellschaftsvertrag bestimmen, daß im Allgemeinen die

Abtretung an die Genehmigung gebunden ist, daß aber diese Genehmigung dann nicht erforderlich ist, wenn die Gesellschaft eine Unterbilanz hat oder wenn sie eine bestimmte Unterbilanz hat oder wenn die Abtretung an bestimmte Personen erfolgen soll.

Anm. 48. b) Durch wen und in welcher Form wird die Genehmigung erteilt? Sie wird erteilt durch die Geschäftsführer. Auch nach innen haben die Geschäftsführer keine Verpflichtung, einen Gesellschafterbeschluß einzuholen, soweit nicht etwa der Gesellschaftsvertrag ihnen eine solche Verpflichtung nach innen auferlegt. Eine solche Bestimmung würde aber auch nur nach innen wirken, da die gesetzliche Vertretungsbefugnis der Geschäftsführer nach außen nicht beschränkt werden kann. Nur wenn es sich um Veräußerung von Teilen von Geschäftsanteilen handelt, ist nach § 46 Nr. 4 von Gesetzeswegen d. h. wenn der Gesellschaftsvertrag hiervon nicht dispensiert, ein Gesellschafterbeschluß einzuholen, der aber ebenfalls nur Bedeutung nach innen hat. Würde daher der Geschäftsführer (denn dieser ist es, wie gesagt, der die Genehmigung „der Gesellschaft" erteilt) die Genehmigung verweigern, während die Gesellschafterversammlung beschlossen hat, sie zu erteilen, so könnte der einzelne Gesellschafter hiergegen nicht ankämpfen, jedenfalls nicht durch eine Klage gegen den Geschäftsführer oder gegen die Gesellschaft. Er mag in der Gesellschafterversammlung vermöge seines Stimmverhältnisses Maßregeln gegen den widerspänstigen Geschäftsführer durchsetzen, aber ein direktes prozessuales Vorgehen gegen den Geschäftsführer oder gegen die Gesellschaft ist ihm versagt. Würde umgekehrt der Geschäftsführer die Genehmigung erteilen, während die Gesellschafterversammlung beschlossen hat, sie zu versagen, so wäre sie gültig erteilt. Gegen den ungehorsamen Geschäftsführer mögen die Gesellschafter als Beschlußorgan ihre Maßregeln ergreifen. Mit welchem Rechte Neukamp Anm. 4 zu § 46 und Liebmann Anm. 6 zu § 46 dem Geschäftsführer von Gesetzeswegen auch dann die Verpflichtung zur Einholung eines Gesellschafterbeschlusses auferlegen, wenn es sich um die Zustimmung der Gesellschaft zur Veräußerung eines ganzen Geschäftsanteils handelt, ist angesichts des § 46 Nr. 4 nicht erfindlich. Ebenso ist es unbegründet, wenn Förtsch Anm. 6 zu § 46 annimmt, die im § 46 Nr. 4 vorgeschriebene Einholung eines Gesellschafterbeschlusses zum Zwecke der Erteilung der Zustimmung zur Veräußerung von Teilen von Geschäftsanteilen, habe nicht bloß Bedeutung nach innen; es ist nicht ersichtlich, daß das Gesetz hier eine Beschränkung der gesetzlichen Vertretungsbefugnis der Geschäftsführer habe statuieren wollen; die von Förtsch selbst citierten Motive (S. 37) bezeugen sogar ganz ausdrücklich die gegenseitige Absicht.

Anm. 49. Eine besondere Form für die Genehmigung ist vom Gesetze nicht vorgeschrieben. Der Gesellschaftsvertrag kann auch in dieser Hinsicht Erfordernisse aufstellen. Bei der Abtretung von Teilen von Geschäftsanteilen schreibt schon das Gesetz eine Form vor (§ 17 Abs. 2 des Gesetzes).

Anm. 50. Die Genehmigung kann vor oder nach der Abtretung erteilt werden. (Die vorherige Genehmigung hat das O.L.G. Hamburg bei Mugdan und Falkmann Bd. 3 S. 67 für genügend erklärt). Es ist nicht etwa bloß die Genehmigung des § 184 B.G.B. gemeint. Der Ausdruck unseres Gesetzes stammt aus der Zeit vor dem B.G.B. Sie kann endlich auch gleichzeitig, d. h. in dem Akte der Beurkundung der Cession erteilt werden.

Anm. 51. c) Die Genehmigung kann willkürlich verweigert werden. Sie kann nicht gerichtlich erzwungen werden. Es kann der Gesellschaft nicht entgegengehalten werden, daß sie keinen Grund habe, die Genehmigung zu verweigern. Doch kann der Gesellschaftsvertrag natürlich nach dieser Richtung etwas anderes festsetzen. Wenn aber der Gesellschaftsvertrag nichts weiter sagt, als daß die Abtretung nur mit Genehmigung der Gesellschaft erfolgen darf, so kann sie eben willkürlich verweigert werden.

Anm. 52. d) Ohne die im Gesellschaftsvertrage vorgeschriebene Genehmigung ist die Abtretung unwirksam (§§ 399, 413 B.G.B.). Sie gilt weder einem Dritten gegenüber, noch auch inter partes. Der obligatorische Vertrag auf Abtretung ist zwar ohne Genehmigung gültig und verpflichtet den Geschäftsanteilinhaber, das Seinige zu tun, um eine wirksame Abtretung zu bewirken, insbesondere also um die Genehmigung der Gesellschaft zu beschaffen. Erfolgt aber die Abtretung selbst ohne die Genehmigung der Gesellschaft, so ist sie unwirksam und mit Recht hat das Reichsgericht angenommen, daß, wenn feststeht, daß die Genehmigung nicht gegeben wird, eine Klage auf Erteilung der Abtretung nicht zulässig ist, weil damit die Verurteilung zu einer unmöglichen Leistung gefordert wird (R.G. in J.W. 1896 S. 323).

Unter Umständen wird in der ohne Genehmigung der Gesellschaft erfolgten Anm. 53.
Abtretung durch Auslegung der obligatorische Vertrag auf Abtretung zu erblicken sein. Es müssen dann natürlich die Erfordernisse des der Abtretung zu Grunde liegenden obligatorischen Vertrages oder eines Schuldversprechens, falls ein solches gewollt ist, vorhanden sein.

3. **Andere Voraussetzungen der Übertragbarkeit** kann ebenfalls der Gesellschaftsvertrag bestimmen: Anm. 54.
   a) Er kann z. B. statt oder neben der Genehmigung der Gesellschaft die Genehmigung der Gesellschafter fordern, sei es durch die Gesellschafterversammlung per maiora, sei es als einzelner Gesellschafter oder aber auch die Genehmigung des Aufsichtsrats oder eines anderen Organs der Gesellschaft oder auch einer dritten Person, einer Behörde. In welchem Gesellschaftsvertrage dies bestimmt werden kann, in welcher Form diese Genehmigung zu erteilen ist, welches die Folgen der nichterteilten Genehmigung sind, darüber ist auf Anm. 48, 52 zu verweisen.
   b) Als eine weitere Voraussetzung der Übertragbarkeit ist denkbar die Anm. 55.
   Übergabe des Anteilscheins. Es ist jedenfalls zulässig, daß der Gesellschaftsvertrag dies anordnet. (R.G. vom 15. Mai 1901 bei Holdheim 10 S. 287.) Ist dies im Gesellschaftsvertrage angeordnet, so ist allerdings die Abtretung des Gesellschaftsanteils noch nicht vollzogen in dem Augenblicke, wo der Abtretungsvertrag in gehöriger Form geschlossen ist; vielmehr ist dazu weiter erforderlich die Aushändigung des Scheins. Aber immer ist festzuhalten, daß die Aushändigung des Scheins nur eine weitere Voraussetzung im Sinne unseres Abs. 5 sein kann. Durch die bloße Aushändigung des Scheins kann dagegen eine Übertragung nicht erfolgen. Geschäftsanteilscheine auf den Inhaber oder auf Order giebt es nicht (vergl. den Exkurs zu § 14). Ist aber der Vertrag in genügender Form vollzogen und fehlt noch die Aushändigung des Scheins, so ist in solchem Falle die Übertragung noch nicht vollzogen, und demgemäß kann auch die Verpfändung in solchem Falle nur erfolgen unter Übergabe des Anteilscheins. Guter Glaube hilft in solchem Falle nichts. Sollte also auch jene Voraussetzung der Übertragung aus dem Anteilschein nicht hervorgehen, so hat doch die Übertragung des Geschäftsanteils ohne Übergabe des Anteilscheins in solchem Falle keine Wirkung.
   c) Andere weitere Voraussetzungen der Übertragbarkeit sind z. B. die Anm. 56.
   Zugehörigkeit zu einer gewissen Körperschaft oder Religionsgemeinschaft. Die Übertragung an eine zu solcher Gemeinschaft nicht gehörige Person ist wirkungslos, wenn der Gesellschaftsvertrag die Zugehörigkeit zur Voraussetzung macht. Guter Glaube hilft auch hier nichts.

   Andere Beispiele: der Gesellschaftsvertrag kann bestimmen, daß Geschäftsanteile Anm. 57.
   nur an Männer, oder nur an Inländer, oder nur an Hausbesitzer, oder nur an solche Personen abgetreten werden können, welche an die Gesellschaftskasse à fonds perdu einen bestimmten Betrag zahlen, oder welche eine bestimmte Fabrik betreiben oder ein Geschäftsunternehmen mit bestimmtem Umsatze betreiben oder die ein gewisses Einkommen haben ꝛc. ꝛc.

4. **Auch ein Vorkaufsrecht** kann durch Gesellschaftsvertrag statuiert werden, sei es für die Anm. 58.
   Gesellschaft oder für die Gesellschafter.

5. **Von der Vererbung handeln die Vorschriften des Abs. 3—5 nicht.** Über die Rechtsverhält- Anm. 59.
   nisse im Falle der Vererbung siehe unten Anm. 78 ffg.

V. **Die Wirkung der gehörigen Abtretung.** Anm. 60.

1. **Vorbemerkung.** Im Abs. 2 unseres Paragraphen ist eine Wirkung der gehörigen Abtretung behandelt: es ist bestimmt, daß, wenn ein Gesellschafter zu seinem ursprüng-

lichen Geschäftsanteile weitere Geschäftsanteile erwirbt, dieselben ihre Selbständigkeit behalten. Diese Wirkung wird unten im Zusammenhang behandelt (Anm. 64). Vorerst soll hier die Wirkung des Erwerbes überhaupt behandelt werden.

Anm. 61. 2. **Die Wirkung der Abtretung eines Geschäftsanteils überhaupt.**

a) Die formgerechte und alle sonstigen Voraussetzungen der Übertragbarkeit des Gesellschaftsvertrages erfüllende Übertragung bewirkt den Übergang des in dem Geschäftsanteile liegenden Mitgliedsrechts. Zunächst ist inter partes der obligatorische Vertrag auf Abtretung erfüllt und derart geheilt, daß er wegen Mangels der Form des obligatorischen Vertrages nicht mehr angefochten werden kann (vergl. oben Anm. 29). Aber auch in dinglicher Hinsicht ist der Rechtsübergang vollzogen. Würde der Cedent jetzt in Konkurs geraten, so wäre der Geschäftsanteil kein Bestandteil seiner Konkursmasse; würde der Cessionar jetzt in Konkurs geraten, so würde der Verwalter seiner Masse den Geschäftsanteil zur Konkursmasse vindicieren können. Nur die Gläubiger des Cessionars, nicht die des Cedenten können ihn jetzt noch für sich pfänden. Der Cedent kann ihn nicht anderweit cedieren. Guter Glaube des dritten Erwerbers hilft diesem nicht. Auch die Gesellschaft selbst ist gegenüber dem Cessionar schon von dem Augenblicke der gehörigen Cession nicht anders gestellt, soweit sie als Gläubigerin oder Gegenkontrahentin des Gesellschafters in Betracht kommt. Allein in allen denjenigen Beziehungen, wo es sich um die Geltendmachung der Mitgliedschaftsrechte gegenüber der Gesellschaft handelt, ist zu dieser Ausübung weiter erforderlich, daß der Rechtsübergang bei der Gesellschaft gehörig angemeldet wird (§ 16 Abs. 1). Aber, wie gesagt, es handelt sich hier nur um die Ausübung der Mitgliedschaftsrechte gegenüber der Gesellschaft. Der Rechtsübergang selbst ist mit der gehörigen Abtretung vollzogen und dies kommt auch sonst im Rechtsverkehr zur Geltung. Nur zum Ausweise, zur Legitimation für die Ausübung der Rechte aus dem übergegangenen Mitgliedschaftsrechte gegenüber der Gesellschaft bedarf es jener Anmeldung (vergl. zu § 16).

Anm. 62. b) Das Gesagte gilt von den Rechten, welche aus der Mitgliedschaft fließen. An die Mitgliedschaft knüpfen sich aber auch noch Pflichten gegenüber der Gesellschaft. (§ 16 Abs. 3, § 22, § 24 ꝛc.) Hier muß das Verhältnis inter partes und gegenüber der Gesellschaft unterschieden werden. Inter partes kann in der Entgegennahme der Abtretung eine Erfüllungsübernahme liegen. Nimmt jemand die Abtretung eines mit 25% eingezahlten Geschäftsanteils bewußterweise entgegen und zahlt dafür einen dieser geringen Einzahlung entsprechenden Preis, so liegt darin auf Seiten des Erwerbers die Erfüllungsübernahme hinsichtlich der restlichen Einzahlungen vor, deren Rechtsfolgen sich nach § 415 Abs. 3 B.G.B. richten. Dagegen würde umgekehrt hinsichtlich unbekannter Rückstände meist angenommen werden müssen, daß der Cedent den Cessionar von ihnen zu befreien habe. Nur die Auslegung des betreffenden Vertrages kann hier von Fall zu Fall die Entscheidung treffen.

Anm. 63. Der Gesellschaft gegenüber entsteht eine rechtliche Veränderung hinsichtlich der Person des Verpflichteten erst durch die Anmeldung. Von der Anmeldung ab hört der Cedent auf, für die von nun ab fällig werdenden Verpflichtungen der Gesellschaft zu haften (R.G. vom 26. Mai 1899 in J.W. S. 444); von der Anmeldung ab haftet der Erwerber für die von nun ab fällig werdenden Verpflichtungen der Gesellschaft. (Für die von dem jetzigen Gesellschafter nicht einziehbare Bareinlage haftet der frühere Gesellschafter sogar auch nach der Veräußerung, auch wenn sie erst nach der Veräußerung fällig wurde; dies jedoch auf Grund einer Spezialbestimmung § 22.) Hinsichtlich des Überganges der mit dem Geschäftsanteil verbundenen Verpflichtungen hat hiernach die Anmeldung eine intensivere Bedeutung, als hinsichtlich des Rechtsüberganges. Die Rechte gehen über und nur zur Legitimation zum Zwecke der Ausübung bedarf es der Anmeldung. Die Pflichten aber gehen nicht schon mit der Abtretung, sondern erst mit der Anmeldung über. Erst von da ab sind sie Rechte der Gesellschaft gegen den Cessionar. Erst von da ab

Für die Art der Beschlußfassung sind die §§ 45, 47ffg. maßgebend. Anm. 6.
Aber auch hier greifen die gesetzlichen Bestimmungen über die Beschlußfassung nur Platz, wenn der Gesellschaftsvertrag nichts Anderes bestimmt. Daß die Beschlußfassung selbst einem andern Organ nicht übertragen werden kann, darüber siehe oben Anm. 1.

Der Inhalt des Beschlusses kann die Nachschußpflicht allgemein oder Anm. 7.
beschränkt festsetzen (vergl. jedoch unten Anm. 10), er kann aber auch Modalitäten enthalten über die Bestimmung der Einziehung. Es kann gesagt werden: der Nachschuß soll eingefordert werden je nach den Bedürfnissen der Gesellschaft oder wenn ein bestimmtes Ereignis eintritt. Es kann auch über die Art der Einforderung (durch Brief, öffentliche Bekanntmachung) Bestimmung getroffen werden; desgleichen über die Folgen des Verzuges (Zinsen; Konventionalstrafe; auch Einziehung des Geschäftsanteils? darüber siehe zu § 34). Auch über die Rückzahlungsmodalitäten können im Gesellschafterbeschlusse Anordnungen getroffen werden, sofern dieselben sich im Rahmen des Gesetzes (§ 30 Abs. 2) bewegen.

3. **Regelmäßig ist weiter erforderlich, daß das gesamte Stammkapital bereits eingezahlt ist.** Anm. 8.
Ausnahmsweise aber kann der Gesellschaftsvertrag die Einforderung schon vor vollständiger Einforderung der Stammeinlage zulassen (§ 28 Abs. 2). Siehe dort Näheres.

II. (Abs. 2.) **Das zweite hier aufgestellte Prinzip ist, daß die Einzahlung der Nachschüsse nach** Anm. 9.
Verhältnis der Geschäftsanteile zu erfolgen hat. Die Vorschrift ist zwingender Natur (Motive S. 28). Eine andere Normierung der Nachschußpflicht kann durch den Gesellschaftsvertrag nicht festgestellt werden, noch weniger durch den Nachschußeinforderungsbeschluß. Es kann z. B. in dem Gesellschaftsvertrage nicht einem Geschäftsanteil oder einer Klasse von Geschäftsanteilen trotz höheren Nennbetrages eine gleiche oder geringere Nachschußpflicht auferlegt werden, als Geschäftsanteilen von geringerer Nennziffer. Noch weniger kann natürlich ein Geschäftsanteil oder eine Klasse von Geschäftsanteilen von der Nachschußpflicht im Voraus durch den Gesellschaftsvertrag befreit werden, auch nicht durch den Nachschußeinforderungsbeschluß. (Über die Zulässigkeit nachträglicher Befreiung von der beschlossenen Nachschußpflicht siehe unten Anm. 14.) Ein Umlegen nach Kopfteilen ist hiernach unzulässig, wenn die Anteile verschiedene Nennbeträge haben. — Selbstverständlich entscheidet überall der Nennbetrag der Stammanteile, ohne Rücksicht auf die Höhe der erfolgten Einzahlungen und ohne Rücksicht darauf, ob es sich um Stammanteile handelt, welche durch Sacheinlagen oder um solche, die durch Geldeinlagen gedeckt sind. Und zwar entscheidet der Nennbetrag zur Zeit des Nachschußeinforderungsbeschlusses. Eine frühere Herabsetzung bewirkt eben, daß der Nennbetrag zur Zeit geringer ist, eine spätere Herabsetzung wird ignoriert.

III. (Abs. 3.) **Die Nachschußpflicht kann im Gesellschaftsvertrage von vornherein beschränkt** Anm. 10.
werden.

1. Die Beschränkung kann sowohl im ursprünglichen, als im abgeänderten Gesellschaftsvertrage geschehen, letzteres insbesondere dann, wenn der ursprüngliche Gesellschaftsvertrag eine unbeschränkte Nachschußpflicht festgesetzt hatte. Für den ersten Augenblick und rein ziffermäßig betrachtet, liegt darin eine Verminderung der den Gesellschaftern obliegenden Leistungen. Birkenbihl Anm. 6 meint nun aber, daß gleichwohl der § 53 Abs. 3 Anwendung zu finden habe und daher Einstimmigkeit vorliegen müsse, weil ja in solchem Falle die Gesellschafter ihr Abandonrecht nach § 27 verlieren und den ungünstigeren Eventualitäten des § 28 unterworfen seien. Indessen kann von einer Vermehrung der Leistungen nicht gesprochen werden. Die Leistungen werden verringert. An die Nichtleistung knüpfen sich nur Folgen anderer Art, die unter Umständen ungünstiger sein können. Das ist aber nicht entscheidend. Der § 53 greift nur Platz, wenn die Leistungen vermehrt werden sollen. Werden die Leistungen vermindert, so ist es für die Anwendbarkeit des § 53 Abs. 3 unerheblich, ob an die Nichterfüllung der geringeren Leistungen schwerere Folgen geknüpft werden.[1])

---

[1]) Aus dem gleichen Grunde ist es unzutreffend, wenn Birkenbihl Anm. 6 meint, der Übergang von der beschränkten zur unbeschränkten Nachschußpflicht bedürfe nicht der Einstimmigkeit des § 53 Abs. 3.

Anm.11. 2. Die Beschränkung erfolgt durch Festsetzung eines Maximums. Das kann geschehen durch Festsetzung einer Quote oder eines Mehrfachen der Stammeinlage oder in einem Betrage, welcher dieser selbst gleichkommt, endlich aber kann die Beschränkung auch erfolgen durch Fixierung eines Höchstbetrages der gesamten Nachschüsse. Die Motive S. 29 fügen hinzu, daß bei verschiedener Höhe der Stammeinlagen nur die ersten drei Arten der Beschränkung zulässig seien. Im Hinblick darauf erklären die Kommentatoren, daß bei verschiedener Höhe der Stammeinlagen die Beschränkung der Nachschußpflicht durch Fixierung eines Höchstbetrages der gesamten Nachschußpflicht aller Gesellschafter nicht erfolgen dürfe (vergl. z. B. Merzbacher Anm. 7; Förtsch Anm. 5; Esser). Die Motive und die Ausleger sind der Ansicht, daß darin dem Erfordernis nicht genügt werde, daß die Leistung der Nachschüsse nach Verhältnis der Geschäftsanteile ausführbar zu bleiben hat. Es ist aber gar nicht zu ersehen, worin diese Ausführbarkeit ein Hindernis finden sollte? Beträgt der Geschäftsanteil A 1000 Mk., der Geschäftsanteil B 3000 Mk., und es sollen im Ganzen 400 Mk. eingezahlt werden, so hat A $^1/_4$, also 100 Mk. und B $^3/_4$, also 300 Mk. nachzuschießen.

Anm.12. **Zusatz. Außer den im vorliegenden Paragraphen ausdrücklich aufgestellten Grundsätzen kommen noch folgende Gesichtspunkte in Betracht.**

1. **Welches sind die Voraussetzungen der Haftung für die Nachschußpflicht?** Zuerst kommt in Betracht die im Abs. 1 aufgestellte, oben in Anm. 1 erörterte Voraussetzung eines im Gesellschaftsvertrage zugelassenen Gesellschafterbeschlusses. Das ist aber auch die einzige Voraussetzung. Es ist nicht etwa außerdem erforderlich, daß die Gesellschaft des Zuschusses bedarf, wenn nicht etwa der Beschluß dieses Erfordernis aufstellt (siehe oben Anm. 7). Ob ein diesbezüglicher Einwand dem den Nachschuß erfordernden Liquidator oder Konkursverwalter entgegengesetzt werden kann, kann erst später an gehöriger Stelle erörtert werden (zu § 63 u. § 70).

Anm.13. Selbstverständliche Voraussetzung ist die Gesellschaftereigenschaft des Nachschußpflichtigen. Für die beschlossenen Nachschüsse haften diejenigen Personen, welche zur Zeit der rechtsgültigen Beschlußfassung der Gesellschaft gegenüber Gesellschafter waren, also die ersten Zeichner oder diejenigen Rechtsnachfolger, welche in Gemäßheit des § 16 und der dazu gemachten Erörterungen (Anm. 2 daselbst) der Gesellschaft gegenüber als Gesellschafter zu betrachten sind. Wer zu dieser Zeit der Gesellschaft gegenüber Gesellschafter war, haftet für den Nachschuß. Wer nach dieser Zeit aufhört, als Gesellschafter zu gelten, sei es, daß er nach dieser Zeit den Geschäftsanteil veräußert oder die geschehene Veräußerung anzeigt, haftet gleichwohl noch für den beschlossenen Nachschuß, da dies dann eine rückständige Pflicht gemäß § 16 Abs. 3 ist; außer ihm aber haftet in diesem Falle derjenige, der nunmehr der Gesellschaft gegenüber als Gesellschafter gilt. Für später beschlossene Nachschüsse haftet ein früherer Gesellschafter nicht, wenn die Veräußerung vor dem Nachschußbeschlusse angemeldet wurde.

Anm.14. 2. **Die Art der Haftung.** Sie ist eine unmittelbare. Sie setzt nicht voraus, daß der Geschäftsanteil des in Anspruch genommenen Gesellschafters vorher kaduziert wird. — Sie ist ferner eine persönliche, der Gesellschafter haftet mit seinem ganzen Vermögen. Er hat zwar nicht zu gewärtigen, daß sein Geschäftsanteil wegen Nichtzahlung der Nachschußpflicht kaduziert wird (wenigstens nicht regelmäßig; vergl. jedoch § 28). Aber er muß die Zwangsvollstreckung in sein ganzes Vermögen ergehen lassen, und demgemäß auch in den Geschäftsanteil. — Jeder Gesellschafter haftet allein für den auf ihn entfallenden Anteil an dem beschlossenen Nachschußbetrage. Eine Kollektivhaftung gemäß § 24 findet hier nicht statt. Kann daher von einem Gesellschafter der auf ihn entfallende Anteil des beschlossenen Nachschußbetrages nicht beigetrieben werden, so fällt eben dieser Betrag aus, eine Verteilung auf die übrigen Gesellschafter findet nicht statt. — Die Haftung ist zwar eine gesellschaftliche, aber auf ihre Durchführung wird nicht der hohe Wert gelegt, wie auf die Durchführung der Haftung für die Einlagen auf das Stammkapital. Denn nur dieses letztere ist den Gläubigern als Kreditbasis zugesagt. Die Nachschüsse sind freiwillige Erhöhungen der gesellschaftlichen Beiträge, die für die Gläubiger einen ihnen nicht zugesagten willkommenen Zusatz der Kreditbasis bilden. Darum findet die Bestimmung des § 19 Abs. 2 und 3 hier keine Anwendung. Die Nachschußbeträge können daher den Gesellschaftern gestundet und sogar erlassen werden. Die Gesellschafter können gegen die Nachschußpflicht der Gesellschaft eine Aufrechnung und ein Zurückbehaltungsrecht geltend machen; sie können demgemäß auch Kompensation vereinbaren und Hingabe an Zahlungsstatt bewirken. Alles das ist von Gesetzeswegen zulässig. Inwieweit freilich die Geschäftsführer durch derartige Konzessionen an die Gesellschafter den Interessen der Gesellschaft dienen, und ihre Pflicht gegen die Gesellschaft wahren, ist eine Frage, die auf anderem Gebiete liegt. Hier handelt es sich nur um die begriffliche und öffentlichrechtliche Zulässigkeit dieser Befugnisse und Abreden. Ja auch die Rückzahlung der Nachschüsse ist begrifflich und von Gesetzeswegen nicht ausgeschlossen, hier aber sind von Gesetzeswegen Beschränkungen gemacht (siehe unten Anm. 17). — Die Verjährung des Anspruchs ist die 30jährige. Die Zuständigkeit richtet sich nach § 22 C.P.O.

3. **Die Einziehung der beschlossenen Nachschüsse** ist Sache der Geschäftsführer, unter Kontrolle der etwa bestellten Aufsichtsorgane (Aufsichtsrat, Beirat, Delegierte der Gesellschafter; Obmänner). Anm.15.

4. **Die Folge der Zahlung** ist:

a) Für den Gesellschafter, daß er seine Nachschußpflicht erfüllt hat. Weder erhöht sich dadurch sein Geschäftsanteil, noch erwächst ihm dadurch ein sonstiges Recht neben seinem Geschäftsanteil. Er hat einfach seiner Pflicht genügt und ist dieser ledig. — Ein Recht auf Rückzahlung des Nachschusses hat er nicht. Doch steht nichts entgegen, solche Rückzahlungsabreden zu treffen, sofern sie sich im Rahmen der gesetzlichen Vorschriften (§ 30 Abs. 2) bewegen (vergl. oben Anm. 14 und unten Anm. 17 u. 18). Anm.16.

b) Für die Gesellschaft ist die Folge die, daß sich ihr Vermögen um den eingezahlten Betrag vergrößert. Begrifflich wäre es denkbar, daß die Gesellschaft das Recht hätte, die Nachschußbeträge, die sie solcher Gestalt erhält, deren Einzahlung ja im letzten Ende auf einem freiwilligen Akte der Gesellschafter — dem Gesellschafterbeschlusse — beruht, nach ihrem Belieben wieder zurückzuzahlen. Das aber gestattet das Gesetz nicht. Es läßt zwar den Gesellschaftern die Freiheit, Nachschüsse zu beschließen, wenn es ihnen beliebt oder nicht zu beschließen, wenn es ihnen nicht beliebt. Auch der Erlaß der eingeforderten Nachschüsse unterliegt zwar dem freien Belieben der Gesellschaftsorgane (vergl. oben Anm. 14). Aber einmal eingezahlt werden die Nachschüsse für die Interessen der Gläubiger festgehalten. Sie können nicht zurückgezahlt werden, solange ein die Ziffer des Stammkapitals erreichendes reines Aktivvermögen nicht vorhanden ist und ferner solange das Stammkapital nicht voll eingezahlt ist. Erst wenn keines dieser Hindernisse vorliegt, kann die Rückzahlung der Nachschüsse oder ihre sonstige Verwendung erfolgen. Als Hilfsmittel zur Erreichung dieses Zweckes ist im Gesetze angeordnet, daß in Höhe der eingezahlten Nachschüsse ein Passivposten (Reservekonto) zu bilden ist, welcher solange nicht vermindert oder gestrichen werden kann, als eines jener beiden Hindernisse besteht. Beim Nichtbestehen oder Fortfall der beiden Hindernisse aber kann die Ausschüttung jenes Reservekontos und die Verwendung desselben zu beliebigen Zwecken erfolgen: zur Rückzahlung, zur Bildung anderer Reservefonds (Erneuerungskonto, Unterstützungskonto), zu Abschreibungen 2c. (Näheres hierüber zu § 30). Dagegen steht der Verwendung des Nachschußreservekontos zur Ausgleichung der vorhandenen Unterbilanz nichts entgegen (§ 30 Abs. 2), womit aber wiederum nur gesagt sein soll, daß die Gesellschaft zu dieser Ausgleichung berechtigt ist; d. h. die Majorität hat darüber zu befinden, und wie sie hierüber beschließt, beschließt sie gesetzlich. Der einzelne Gesellschafter hat kein Recht, diese Verminderung zu verlangen, etwa damit er dem Dividendenbezuge näher kommt (vergl. hierüber zu § 42 Nr. 4). Anm.17.

4. **Die Rückzahlung der Nachschüsse** kann vom Gesellschafter regelmäßig nicht verlangt werden. Doch kann der Gesellschaftsvertrag bestimmen, daß der Nachschußeinforderungsbeschluß die Anm.18.

Rückzahlungsmodaliten anordne; es kann auch ohne solche Bestimmung des Gesellschaftsvertrages der Nachschußeinforderungsbeschluß Rückzahlungsmodalitäten bestimmen. Dieselben sind gültig, solange sie sich im Rahmen der gesetzlichen Vorschriften bewegen. Diese gesetzlichen Vorschriften sind oben Anm. 17 kurz auseinandergesetzt. Ist der Rückzahlungsbeschluß gefaßt, und sind die Voraussetzungen der Rückzahlungszulässigkeit nach § 30 Abs. 2 vorhanden, so hat jeder Gesellschafter ein einklagbares Recht auf Rückzahlung.

§ 27.

Ist die Nachschußpflicht nicht auf einen bestimmten Betrag beschränkt, so hat jeder Gesellschafter, falls er die Stammeinlage vollständig eingezahlt hat, das Recht, sich von der Zahlung des auf den Geschäftsanteil eingeforderten Nachschusses dadurch zu befreien, daß er innerhalb eines Monats nach der Aufforderung zur Einzahlung den Geschäftsanteil der Gesellschaft zur Befriedigung aus demselben zur Verfügung stellt. Ebenso kann die Gesellschaft, wenn der Gesellschafter binnen der angegebenen Frist weder von der bezeichneten Befugnis Gebrauch macht, noch die Einzahlung leistet, demselben mittelst eingeschriebenen Briefes erklären, daß sie den Geschäftsanteil als zur Verfügung gestellt betrachte.

Die Gesellschaft hat den Geschäftsanteil innerhalb eines Monats nach der Erklärung des Gesellschafters oder der Gesellschaft im Wege öffentlicher Versteigerung verkaufen zu lassen. Eine andere Art des Verkaufs ist nur mit Zustimmung des Gesellschafters zulässig. Ein nach Deckung der Verkaufskosten und des rückständigen Nachschusses verbleibender Überschuß gebührt dem Gesellschafter.

Ist die Befriedigung der Gesellschaft durch den Verkauf nicht zu erlangen, so fällt der Geschäftsanteil der Gesellschaft zu. Dieselbe ist befugt, den Anteil für eigene Rechnung zu veräußern.

Im Gesellschaftsvertrage kann die Anwendung der vorstehenden Bestimmungen auf den Fall beschränkt werden, daß die auf den Geschäftsanteil eingeforderten Nachschüsse einen bestimmten Betrag überschreiten.

Einleitung. **Der vorliegende Paragraph handelt von den Fällen, in welchen bei unbeschränkter Nachschußpflicht der Gesellschafter von jeder Nachschußpflicht befreit werden kann.** Die Folge der Nichtzahlung des eingeforderten Nachschusses ist zunächst das Recht der Gesellschaft auf Klage und Zwangsvollstreckung in sein ganzes Vermögen. Diese Rechtsfolge soll aber nach dem vorliegenden Paragraphen bei der unbeschränkten Nachschußpflicht in zwei Fällen nicht eintreten: wenn der Gesellschafter den Geschäftsanteil der Gesellschaft zur Verfügung stellt (Abandon) und wenn die Gesellschaft ihn an sich reißt (Konfiskation).

Von diesen beiden Rechten handelt der vorliegende Paragraph.

Anm. 1. I. **Voraussetzung der beiden Befreiungsfälle des vorliegenden Paragraphen ist die unbeschränkte Nachschußpflicht.** Im Gesellschaftsvertrage muß die unbeschränkte Nachschußpflicht auferlegt sein. Bei beschränkter Nachschußpflicht tritt keiner der beiden Befreiungsfälle ein, mag auch das Limitum der Haftung noch so hoch bemessen sein. Doch kann im Gesellschaftsvertrage (vergl. Abs. 4 unseres Paragraphen) noch eine weitere Voraussetzung vorgesehen sein, nämlich die, daß die eingeforderten Nachschüsse einen bestimmten Betrag überschreiten. Es kann also z. B. im Gesellschaftsvertrage bestimmt werden, daß die beiden Befreiungsfälle des vorliegenden Paragraphen nur dann eintreten, wenn der Betrag der auf einen Geschäftsanteil eingeforderten (d. h. der sämtlichen bisher eingeforderten, gezahlten und noch nicht gezahlten, **jedoch abzüglich** der zurückgezahlten — vergl. § 30 Abs. 2 letzter Satz —) **Nachschüsse 50000 Mk.** übersteigt. Solange diese Summe nicht überschritten ist, **greifen in** diesem Falle die beiden Befreiungsfälle des vorliegenden Paragraphen **nicht** Platz. Ist in dem Gesellschaftsvertrage das Abandonrecht und das Konfiskationsrecht wegen der Nachschüsse in dieser Weise eingeschränkt, so greifen in diesem Falle von Gesetzeswegen wegen derjenigen Beträge, die den festgesetzten Betrag nicht überschreiten, die Vorschriften der §§ 21—23 Platz (vergl. hierüber Näheres zu § 28).

II. **Die beiden Fälle der Befreiung von der unbeschränkten Nachschußpflicht** sind im Abs. 1 unseres Paragraphen aufgezählt. Sie liegen vor, wenn der Gesellschafter den Geschäftsanteil zur Verfügung stellt und wenn die Gesellschaft ihn als zur Verfügung gestellt betrachtet. Anm. 2.

1. **Der erste Fall ist, daß der Gesellschafter den Geschäftsanteil der Gesellschaft zur Verfügung stellt (Abandonrecht).** Das Gesetz will damit dem Gesellschafter ein Mittel geben, um der Nachschußpflicht ein Ziel zu setzen. Sie ist das Gegengewicht gegen die Unbeschränktheit der Nachschußpflicht.

a) **Voraussetzung** ist (außer der allgemeinen, daß die Nachschußpflicht unbeschränkt ist und die etwa vorgesehene Gesamtgrenze überschritten ist; vergl. oben Anm. 1): Anm. 3.

α) daß der Gesellschafter seine Stammeinlage voll eingezahlt hat. Wenn auch nur ein Pfennig dazu fehlt, so kann der Gesellschafter das Abandonrecht nicht ausüben. Da in diesem Falle die Gesellschaft auch das im Abs. 1 Satz 2 ihr verliehene Konfiskationsrecht nicht ausüben kann, so bleibt in diesem Falle nichts übrig, als die Klage und die Zwangsvollstreckung, letztere allerdings auch in den Geschäftsanteil. Das Fehlen von Zinsen oder Vertragsstrafen oder des Agio steht jedoch der Ausübung des Abandonrechts nicht entgegen, desgleichen nicht die Nichterfüllung sonstiger Gesellschaftsverbindlichkeiten z. B. etwaiger Verbindlichkeiten zur Deckung des Fehlbetrages an Einlagen anderer Gesellschafter gemäß § 16 Abs. 3 und § 24 oder an eigenen Einlagen, aber an anderen, als den in Rede stehenden. Denn ein Gesellschafter kann natürlich, wenn er auf zwei Geschäftsanteile den Nachschuß schuldig ist, auf den einen den Nachschuß zahlen und den anderen abandonieren.

β) Daß er zur Zahlung des Nachschusses aufgefordert worden ist. Die Aufforderung bedarf keiner Form. Sie ist eine empfangsbedürftige Willenserklärung. Verschuldet er den Nichtempfang, so gilt sie als zugegangen (vergl. Anm. 14 u. 15 zu § 21). Ist der Aufenthalt des zahlungspflichtigen Gesellschafters unbekannt, so kann öffentliche Zustellung nach § 132 Abs. 2 B.G.B. erfolgen. Mit einer Fristbestimmung braucht sie nicht versehen zu sein. Anm. 4.

b) **Die Art der Ausübung des Abandonrechts** ist die, daß der Gesellschafter innerhalb eines Monats nach der Aufforderung zur Einzahlung des Nachschusses den Geschäftsanteil der Gesellschaft zur Befriedigung aus demselben zur Verfügung stellt. Anm. 5.

α) Innerhalb eines Monats nach der Aufforderung. Ob die Aufforderung befristet war oder nicht, ist gleichgültig. Auch wenn sie nicht befristet war, die Aufforderung vielmehr per sofort erfolgte, steht dem Gesellschafter zur Ausübung seines Abandonrechts die einmonatliche Frist zu. Wie aber, wenn die Frist zur Zahlung gestellt war und zwar länger als ein Monat? Auch hier steht dem Gesellschafter nur innerhalb eines Monats nach Empfang der Aufforderungserklärung das Abandonrecht zu.

Wenn die Frist nicht innegehalten wird, so verliert der Gesellschafter das Recht. Aber die Gesellschaft kann noch nachträglich darauf eingehen. Sie kann ja auch auf den ganzen Nachschuß verzichten (vergl. Anm. 14 zu § 26); also kann sie auch die Haftungsart verringern. Warum Förtsch Anm. 4 dies leugnet, ist nicht einzusehen.

β) Er muß den Geschäftsanteil der Gesellschaft zur Befriedigung aus demselben zur Verfügung stellen. Eine Form für diese Erklärung ist nicht Anm. 6.

vorgeschrieben. Eingeschriebener Brief wird zweckmäßig sein. Die Erklärung ist eine empfangsbedürftige Willenserklärung. Die Erklärung kann einem Geschäftsführer gegenüber erfolgen, auch wenn nur mehrere Geschäftsführer kollektiv berechtigt sind, die Gesellschaft zu vertreten (§ 35 Abs. 2). — Die Erklärung ist nicht widerruflich, auch wenn sie vor Ablauf der einmonatlichen Frist abgegeben ist, nur daß der Gesellschafter noch nachträglich und zwar vor dem erfolgten Verkauf des Anteils den Nachschuß zahlen und dadurch den Geschäftsanteil aus der Haftung befreien kann; demgemäß braucht auch die Gesellschaft, nachdem er einmal der Gesellschaft den Geschäftsanteil zur Verfügung gestellt hat, den weiteren Teil der einmonatlichen Frist nicht abzuwarten, sondern kann sofort zum Verkauf schreiten (Birkenbihl Anm. 3).

Anm. 7. 2. **Der zweite Befreiungsfall ist der, daß die Gesellschaft den Geschäftsanteil als zur Verfügung gestellt erklärt.** Es ist das eine Art Konfiskation. Von der Einziehung (Amortisation) ist sie dadurch verschieden, daß der Geschäftsanteil hier nicht untergeht.

a) **Voraussetzung** ist (außer der allgemeinen, daß es sich um eine unbeschränkte Nachschußpflicht handelt, oben Anm. 1), daß es sich um einen voll eingezahlten Geschäftsanteil handelt (vergl. oben Anm. 3), und ferner, daß der Gesellschafter zur Einzahlung des Nachschusses aufgefordert worden ist (vergl. oben Anm. 4). Fernere Voraussetzung aber ist, daß der Gesellschafter innerhalb der einmonatlichen Frist nach der Aufforderung zur Einzahlung des Nachschusses weder von dem Abandonrechte Gebrauch macht, noch den Nachschuß zahlt.

Anm. 8. b) **Die Ausübung des Rechts** kann durch die Gesellschaft erfolgen, wann sie will, eine Zeitgrenze ist nicht festgesetzt. Solange der Nachschuß nicht gezahlt und der Geschäftsanteil nicht abandonniert ist, hat die Gesellschaft fortdauernd das Recht der Konfiskation. Es wird ausgeübt durch eingeschriebenen Brief. Die höhere Form durch den Gerichtsvollzieher ist natürlich zulässig, bei unbekanntem Aufenthalte des Gesellschafters ist öffentliche Zustellung nach § 132 Abs. 2 B.G.B. zulässig.

Anm. 9. III. **Rechte und Pflichten der Gesellschaft und des Gesellschafters nach Abandonnierung oder Konfiskation des Geschäftsanteils.** Man muß hierbei unterscheiden: die Rechte und Pflichten bis zum Verkauf oder Verkaufsversuch, das Recht zu verkaufen und die Rechte und Pflichten seit dem Verkauf oder ergebnislosen Verkaufsversuch.

Anm. 10. 1. **Rechte und Pflichten bis zum Verkauf oder Verkaufsversuch.** Diese Rechte und Pflichten ergeben sich daraus, daß der Geschäftsanteil zwar dem Gesellschafter noch gehört, aber zur Verfügung der Gesellschaft zu ihrer Befriedigung steht. Der Geschäftsanteil gehört dem Gesellschafter: Er ist also nach wie vor Gesellschafter, ihm stehen noch alle Rechte zu, z. B. eine etwa jetzt fällige Dividende er haftet für alle ihm obliegenden Gesellschafterverbindlichkeiten, für etwaige Verpflichtungen gemäß § 16 Abs. 3 oder § 24, für etwaige Verpflichtungen aus § 3 Abs. 2. Er haftet auch für den rückständigen Nachschuß, aber für diesen nur insoweit, als die Gesellschaft nur noch berechtigt ist, sich aus dem ihr zur Verfügung gestellten Geschäftsanteil wegen des rückständigen Nachschusses zu befriedigen. Dieser ist das alleinige Haftungsobjekt.[1]) Indessen haftet er doch nach wie vor, wenn auch nur mit diesem Haftungsobjekt, für den rückständigen Nachschuß, und das ist deshalb wichtig, weil ihm infolgedessen immer noch das Recht zusteht, den Nachschuß zu bezahlen und dadurch den Geschäftsanteil aus dieser Haftung zu befreien. Andererseits kann die Gesellschaft ihre Konfiskationserklärung nicht widerrufen (dies gegen Neukamp Anm. 5). Sie hat mit ihrer Erklärung zu erkennen gegeben, daß sie fortan den Geschäftsanteil als alleiniges Haftungsobjekt betrachten will und dabei bleibt es. Daß der Gesellschafter nach dem Abandon noch zahlen kann, beruht darauf, daß seine Rechtsstellung eine

---

[1]) Daß diese Rechtsfolge nicht bloß bei der Abandonerklärung, sondern auch bei der Konfiskation nach Abs. 1 Satz 2 eintritt, wird von Förtsch Anm. 6 mit Unrecht bestritten. Es folgt dies aus dem Worte „ebenso“, mit welchem der Satz 2 eingeleitet wird, und aus der in den Motiven (S. 29) ausgesprochenen Absicht des Gesetzgebers.

ganz andere ist: Er haftet ja noch immer, wenn auch nur mit dem Geschäftsanteil, und erfüllt ja seine Haftungspflicht, die nur dem Haftungsobjekte nach begrenzt ist, wenn er zahlt; also darf er zahlen und dadurch den Geschäftsanteil von der Haftung auslösen.

2. **Das Recht zu verkaufen:** Die Gesellschaft hat das Recht und die Pflicht, den abandonnierten oder konfiszierten Geschäftsanteil innerhalb Monatsfrist zu verkaufen. Anm. 11.

a) Sie hat das Recht zu verkaufen, aber auch die Pflicht. Die Pflicht kann vom Gesellschafter durch Klage erzwungen werden. Für Verzögerungen haftet sie auf Schadensersatz. Der verzögerte Verkauf bleibt aber gültig.

Dadurch, daß sie verpflichtet ist, den abandonnierten Geschäftsanteil zu verkaufen, ist der Gesellschafter in der Lage, die nach den Statuten erforderliche und von der Gesellschaft verweigerte Genehmigung zur Veräußerung indirekt zu erzwingen (Liebmann Anm. 7).

b) Innerhalb eines Monats nach der Erklärung des Gesellschafters oder der Gesellschaft, also nach der Abandon- oder der Konfiskationserklärung. Die Frist beginnt mit dem Zeitpunkte, wo die Erklärung zugegangen ist. Anm. 12.

c) Die Art des Verkaufs ist die der öffentlichen Versteigerung und nur mit Zustimmung des Gesellschafters die freiwillige. Über öffentliche Versteigerung siehe Anm. 8 zu § 23. Die Zustimmung bedarf keiner Form und kann wohl auch im Gesellschaftsvertrage im Voraus erteilt werden, wie dies ja auch nach § 23 angenommen wird. Eine Abänderung der betreffenden Bestimmung des Gesellschaftsvertrages wirkt aber nur gegen diejenigen, welche ihr zugestimmt haben. Einstimmigkeit zur Gültigkeit überhaupt zu fordern, wie dies Birkenbihl Anm. 7 tut, geht zu weit. Man braucht nicht weiter zu gehen, als bei § 53 Abs. 3, wo auch nicht Einstimmigkeit, sondern nur Zustimmung der Beteiligten gefordert wird. Beteiligt ist aber nur jeder Gesellschafter bei seinem Geschäftsanteil, nicht jeder der Gesellschafter bei dem Verkauf irgend eines Geschäftsanteils (vergl. Anm. 8 zu § 23). Anm. 13.

d) Der Verkauf erfolgt für Rechnung des Gesellschafters. Der Geschäftsanteil gehört ihm ja zur Zeit des Verkaufs (oben Anm. 10). Infolgedessen ist ihm nach Abs. 2 der nach Deckung der Verkaufsspesen und des rückständigen Nachschusses verbleibende Überschuß auszuzahlen. Selbstverständlich kann sie sonstige Forderungen an den Gesellschafter zur Aufrechnung stellen. Anm. 14.

Auch ein Pfandgläubiger des Gesellschafters muß sich gefallen lassen, daß die Gesellschaft ihre Nachschußforderung zunächst abzieht. So auch die Motive S. 29, gegen welche Neukamp Anm. 6 mit Unrecht heftig ankämpft. Neukamp will die Gesellschaft nur dann vorgehen lassen, wenn die Verpfändung nach Einforderung des Nachschusses erfolgt ist. Allein auch wenn die Einforderung später erfolgt, muß der Gesellschafter sie erfüllen; er hört doch durch die Verpfändung nicht auf, Gesellschafter zu sein. Und wenn er sie erfüllen muß, so muß er sich auch gefallen lassen, daß diejenigen Verpflichtungen, welche derart am Geschäftsanteil haften, daß sie durch Verwertung des Geschäftsanteils durchgesetzt werden können, in dieser Weise durchgesetzt werden. Und alles das muß sich auch der Pfandgläubiger gefallen lassen, da diesem ja das Gesellschaftsrecht nur so verpfändet werden kann, wie es besteht, also mit den daran haftenden, bedingten und unbedingten, verbrieften und unverbrieften Lasten, wie sie sich aus dem Gesellschaftsvertrage ergeben. Neukamps Ansicht steht auch vereinzelt da. Anm. 15.

Muß sich der Pfandgläubiger auch die Aufrechnung mit Forderungen der Gesellschaft gefallen lassen, die nicht aus dem Gesellschaftsverhältnisse entspringen? Das richtet sich nach §§ 1275, 405 B.G.B. Anm. 16.

Schließlich ist hier zu bemerken, daß der Verkauf zwar für Rechnung des Gesellschafters, aber doch im Namen der Gesellschaft erfolgt. Dem Erwerber gegenüber haftet die Gesellschaft als Verkäuferin für irgendwelche Mängel (Birkenbihl Anm. 9). Anm. 17.

Anm. 18. e) Die Wirkung des Verkaufs ist zunächst, daß der Gesellschafter aufhört, es zu sein. Infolgedessen verliert er alle Rechte an die Gesellschaft solche Rechte, welche zu selbständigen Forderungen erwachsen sind, bleiben ihm natürlich (Anspruch auf fällig gewordene Dividende). Aber er wird auch der am Geschäftsanteil haftenden Verpflichtungen ledig; nur die rückständigen bestehen weiter, wie dies aus § 16 Abs. 3 hervorgeht. Doch von der rückständigen Nachschußverpflichtung wird er ebenfalls befreit, das ist ja gerade der hauptsächlichste Erfolg der Abandonerklärung und der Konfiskation.

Anm. 19. Der Erwerber wird Gesellschafter, auch ohne Anmeldung seines Erwerbes. § 16 greift auf diesen Erwerb nicht Platz. Auf ihn gehen alle Verpflichtungen über, welche an dem Geschäftsanteile haften, die rückständigen (§ 16 Abs. 3) und die noch nicht fälligen.

Anm. 20. 3. **Ist die Befriedigung der Gesellschaft durch den Verkauf nicht zu erlangen, so fällt der Geschäftsanteil der Gesellschaft zu.**

a) Der Fall liegt schon dann vor, wenn nicht volle Befriedigung für den rückständigen Nachschuß zu erlangen ist. Die Fassung lautet nicht „soweit"; nur wenn volle Befriedigung erlangt werden kann, ist der Verkauf zu bewirken. Sonst muß er unterbleiben und es liegt der Fall des Abs. 3 unseres Paragraphen vor. Ferner ist anzunehmen, daß ein einmaliger Verkaufsversuch genügt. — Ist dieser erfolglos, so tritt die Rechtsfolge des Abs. 3 ohne weiteres ein (Birkenbihl Anm. 8).

Anm. 21. b) Der Geschäftsanteil fällt der Gesellschaft zu, sobald die Ergebnislosigkeit eines Verkaufs in diesem Sinne feststeht. Der Anfall des Geschäftsanteils an die Gesellschaft erfolgt ipso iure. Eines besonderen Übertragungsaktes bedarf es nicht.

Anm. 22. Selbstverständlich bleiben etwaige Pfandrechte, die an dem Geschäftsanteil bestehen, unberührt, sie stehen aber dem Rechte der Gesellschaft nach, und zwar nicht bloß, wie Neukamp Anm. 7 will, wenn das Pfandrecht nach Einforderung des Nachschusses bestellt ist, sondern auch dann, wenn es vor Einforderung des Nachschusses bestellt ist. Denn ein Gesellschaftsrecht kann immer nur unter Wahrung der mit dem Geschäftsanteil verknüpften gesellschaftlichen Pflichten zum Pfande bestellt werden (vergl. oben Anm. 15).

Anm. 23. c) Da der Geschäftsanteil nunmehr der Gesellschaft gehört, so ist es selbstverständlich, daß sie ihn für eigene Rechnung veräußern kann und es ist dies zum Überfluß im Abs. 3 Satz 2 hervorgehoben. Die Art des Verkaufs steht in ihrem Belieben, der Überschuß gehört ihr; außer wenn der Geschäftsanteil verpfändet war. Für die Übertragung gilt nicht die Form des § 15, weil es sich um eine Übertragung durch die Gesellschaft handelt, nicht durch einen Gesellschafter.

Anm. 24. d) Die Wirkung des Anfallens des Geschäftsanteils an die Gesellschaft ist: der Gesellschafter hört auf, es zu sein. Infolgedessen verliert er alle Rechte an die Gesellschaft, bis auf die zur selbständigen Forderung angewachsenen (fällig gewordene Dividendenforderungen). Von den Verpflichtungen wird der Gesellschafter frei, nur nicht von den rückständigen (§ 16 Abs. 3), wohl aber von den rückständigen Nachschußverpflichtungen, da dieser Enderfolg ja der wesentliche Erfolg der Abandonnierung und der Konfiskation ist.

Anm. 25. Die Rechte aus dem Geschäftsanteil gehen an die Gesellschaft über, etwaige Dividenden fallen ihr zu und kommen dadurch allen Gesellschaftern zu gute. Die Verpflichtungen ruhen. Verkauft die Gesellschaft den Geschäftsanteil, so wird der Erwerber Gesellschafter, auch ohne Anmeldung (vergl. oben Anm. 23). Auf den Erwerber gehen die Rechte und Pflichten über, die an dem Geschäftsanteil haften. Insbesondere z. B. die Verpflichtung zur Zahlung weiterer Nachschüsse, und es kann der Erwerber auch nicht etwa einwenden, daß die Gesellschaft durch den beim Verkauf erzielten Überschuß mit solcher späteren Forderung ganz oder zum Teil gedeckt sei.

Anm. 26. **Zusatz 1. Wenn ein Gesellschafter mehrere Geschäftsanteile besitzt,** so kann er auf den einen den Nachschuß zahlen, und in Bezug auf den anderen das Abandonrecht ausüben. Ebenso kann die Gesellschaft den Gesellschafter wegen des einen Nachschusses verklagen, wegen des anderen das Konfiskationsrecht ausüben (vergl. oben Anm. 3).

Wenn umgekehrt mehrere Personen einen Geschäftsanteil besitzen, so greift § 18 Platz. Die mehreren Berechtigten haften solidarisch für den Nachschuß. Sie können nur gemeinschaftlich den Geschäftsanteil zur Verfügung stellen, während die Konfiskationserklärung der Gesellschaft an jeden von ihnen, oder aber an ihren gemeinsamen Vertreter erfolgen kann. Anm. 27.

Hat dagegen eine zulässige Teilung eines Geschäftsanteils stattgefunden, so sind dadurch auch die Nachschußansprüche der Gesellschaft geteilt (Anm. 23b zu § 17). Die Gesellschaft kann also jeden der Erwerber eines Teiles nur nach Verhältnis dieses Teiles wegen des Nachschusses in Anspruch nehmen. Anm. 28.

Zusatz 2. Zu den vorliegenden Paragraphen gehört eigentlich Abs. 1 Satz 2 des § 28. Hier müßte er lauten: Anm. 29.

> „In diesem Falle finden, soweit die eingeforderten Nachschüsse den bestimmten Betrag nicht überschreiten, die auf die Einzahlung der Stammeinlagen bezüglichen Vorschriften der §§ 21—23 Anwendung, es sei denn, daß der Gesellschaftsvertrag ein anderes festsetzt."

Die nähere Erläuterung siehe Anm. 9 zu § 28.

§ 28.

Ist die Nachschußpflicht auf einen bestimmten Betrag beschränkt, so finden, wenn im Gesellschaftsvertrage nicht ein anderes festgesetzt ist, im Falle verzögerter Einzahlung von Nachschüssen die auf die Einzahlung der Stammeinlagen bezüglichen Vorschriften der §§ 21—23 entsprechende Anwendung. Das Gleiche gilt im Falle des § 27 Absatz 4 auch bei unbeschränkter Nachschußpflicht, soweit die Nachschüsse den im Gesellschaftsvertrage festgesetzten Betrag nicht überschreiten.

Im Gesellschaftsvertrage kann bestimmt werden, daß die Einforderung von Nachschüssen, auf deren Zahlung die Vorschriften der §§ 21—23 Anwendung finden, schon vor vollständiger Einforderung der Stammeinlagen zulässig ist.

Der vorliegende Paragraph behandelt den Fall der beschränkten Nachschußpflicht. Aber im Abs. 1 Satz 2 behandelt er, etwas unsystematisch verfahrend, auch einen Fall der unbeschränkten Nachschußpflicht, der aber mit der beschränkten Nachschußpflicht eine gewisse Ähnlichkeit hat. Einleitung.

Wir wollen zunächst die beschränkte Nachschußpflicht behandeln, und in einem Zusatze jenen besonderen Fall der unbeschränkten Nachschußpflicht.

1. **Der Grundgedanke des vorliegenden Paragraphen ist der:** Während bei der unbeschränkten Nachschußpflicht die strenge Durchführung derselben zu großer Härte führen kann, indem die Majorität Nachschüsse in unbeschränktem Betrage beschließen und dadurch unbegrenzte vermögensrechtliche Belastungen der Gesellschafter herbeiführen könnte, ein Zustand, gegen welchen das Gesetz einen Schutz gewähren muß (der in dem Abandonrecht des § 27 liegt), liegt bei der beschränkten Nachschußpflicht dieses Bedürfnis nicht vor. Hier kennt der Gesellschafter von vornherein die Grenzen seiner Verpflichtung. Hier kann ohne unbillige Härten auch beim Nachschuß die Haftung gemäß §§ 21—23 durchgeführt werden, wie bei der Haftung für die Stammeinlage. Indessen liegt andererseits kein Grund vor, den Gesellschaftern zu verwehren, im Gesellschaftsvertrage die strengere Haftung des § 28 zu beseitigen und statt deren eine andere Haftung, etwa die nach § 27, anzuordnen. Auf diesen Grundgedanken baut sich das Gesetz auf. Anm. 1.

Anm. 2. 2. **Die gesetzliche Regel bei der beschränkten Nachschußpflicht** ist also, daß im Falle verzögerter Einzahlung von Nachschüssen die §§ 21—23 Anwendung finden.

a) Es kann also der säumige Gesellschafter nach vorheriger fruchtloser Aufforderung seines Geschäftsanteils für verlustig erklärt werden (§ 21 Abs. 1 u. 2); wegen des solchergestalt unbezahlt gebliebenen Nachschusses können die Rechtsvorgänger des säumigen Gesellschafters unter den Voraussetzungen des § 22 haftbar gemacht werden (§ 22); und wenn die Angehung von Rechtsvorgängern ohne Erfolg geblieben ist, kann der Geschäftsanteil wegen des rückständigen Nachschußbetrages verkauft werden (§ 23). Wegen des solchergestalt entstandenen Ausfalls bleibt der ausgeschlossene Gesellschafter verhaftet (§ 21 Abs. 3).

Anm. 3. b) Dagegen bleibt der § 24 außer Anwendung, also eine Kollektivhaftung der Gesellschafter für die nichtbezahlten Nachschüsse ist nicht angeordnet.

Anm. 4. 3. **Doch ist das nur die gesetzliche Regel, das Statut kann „ein anderes" festsetzen.** Das Statut kann also diese strenge Haftung beseitigen, es kann die Möglichkeit der Kaduzierung oder den Rückgriff der Rechtsvorgänger oder das Recht des Verkaufs oder die Haftung des ausgeschlossenen Gesellschafters für den Ausfall beseitigen oder es kann alle diese Vorschriften beseitigen und statt dessen bestimmen, daß gegen den säumigen Gesellschafter nichts weiter stattfindet, als Klage und Zwangsvollstreckung. Es kann an die Stelle der Haftung aus § 28 die des § 27, also die Befreiungsmöglichkeit durch Abondonrecht und das Konfiskationsrecht der Gesellschaft oder eines der beiden Rechte anordnen. Es kann auch die Kollektivhaftung nach § 24 anordnen, es kann sogar die volle solidarische Haftung der Gesellschafter für die Nachschüsse anordnen. Kurz: der Gesellschaftsvertrag hat in dieser Hinsicht die größte Freiheit, es muß nur „ein anderes" sein in dem Sinne, daß die Haftung dadurch nicht beseitigt wird. Sonst wäre ja keine beschränkte Haftung, sondern überhaupt keine Haftung mehr vorhanden. Diese kann ja der Gesellschaftsvertrag ebenfalls anordnen. Aber seine Bestimmungen dürfen doch nicht perplex sein. Er darf also nicht eine beschränkte Nachschußpflicht festsetzen, doch so, daß im letzten Ende jede Haftung ausgeschlossen ist.

Anm. 5. 4. Für den Fall, daß die gesetzliche Regel des § 27 Platz greift, daß also die Kaduzierung und die Haftung der Gesellschafter in vollem Umfange der §§ 21—23 besteht, aber auch nur für diesen Fall, darf der Gesellschaftsvertrag anordnen, **daß die Einforderung von Nachschußzahlungen schon vor vollständiger Einforderung der Stammeinlagen zulässig ist.**

a) Also zwei Voraussetzungen müssen vorliegen:

α) Der Gesellschaftsvertrag muß dies ausdrücklich bestimmen. Besteht zwar die Haftung für die Nachschüsse gemäß §§ 21—23, hat also der Gesellschaftsvertrag in dieser Beziehung nichts Gegenteiliges angeordnet, hat aber der Gesellschaftsvertrag die Einforderung von Nachschüssen vor vollständiger Einforderung der Stammeinlage nicht ausdrücklich zugelassen, so besteht diese ausnahmsweise Möglichkeit nicht.

Anm. 6. b) Hat umgekehrt der Gesellschaftsvertrag die Einforderung von Nachschüssen vor vollständiger Einforderung der Stammeinlage zugelassen, hat er aber die §§ 21—23 beseitigt, so ist die Bestimmung des Gesellschaftsvertrages ungültig.

Anm. 7. c) Beim Vorliegen beider Voraussetzungen ist die Einforderung von Nachschüssen vor Einzahlung des Stammkapitals selbst möglich. Diese Maßregel ist wirtschaftlich gerechtfertigt für Fälle, „in welchen für eine Unternehmung in der ersten Zeit des Betriebes erhebliche Aufwendungen gemacht werden müssen, die nicht in unmittelbar ersichtlichen Gegenwerten, sondern nur in der mehr oder weniger entfernten Aussicht künftiger Erträgnisse ihre Ausgleichung finden. In derartigen Fällen kann es ein zweckmäßiges Auskunftsmittel sein, nach Einziehung eines Teiles des Stammkapitals zunächst zur Einforderung von Nachschüssen zu schreiten, um aus diesen, d. h. unter Abschreibung von dem Konto der eingezogenen Nachschüsse, die entstehenden Ausgaben zu bestreiten." (Worte der Motive S. 17.)

d) Solche Nachschüsse können aber vor vollständiger Einzahlung des Stammkapitals nicht zurückgezahlt werden (§ 30 Abs. 2). Anm. 8.

Zusatz. Auch bei unbeschränkter Nachschußpflicht gelten, aber nur in einem ganz bestimmten Falle, die Vorschriften des § 28, nämlich in dem Falle des § 27 Abs. 1 Satz 2: wenn das Abandonrecht und das Konfiskationsrecht des § 27 auf den Fall beschränkt sind, daß die Nachschüsse einen bestimmten Betrag überschreiten, und dieser Betrag überschritten ist. In diesem Falle gilt der vorliegende Paragraph und zwar sowohl Abs. 1 als Abs. 2: Abs. 1 gilt, d. h. in diesem Falle haften alle Gesellschafter und die Rechtsvorgänger gemäß §§ 21—23 für den rückständigen Nachschußbetrag, wenn der Gesellschaftsvertrag nicht ein anderes festsetzt (vergl. oben Anm. 2 u. 3). Abs. 2 gilt; d. h. in dem Falle, daß die §§ 21—23 Anwendung finden, durch Gesellschaftsvertrag nicht ausgeschlossen sind, kann der Gesellschaftsvertrag anordnen, daß die Einforderung von Nachschüssen vor vollständiger Einforderung der Stammeinlagen zulässig ist (vergl. Anm. 5—7). Anm. 9.

§ 29.

Die Gesellschafter haben Anspruch auf den nach der jährlichen Bilanz sich ergebenden Reingewinn, soweit nicht im Gesellschaftsvertrage ein anderes bestimmt ist.

Die Verteilung erfolgt nach Verhältnis der Geschäftsanteile. Im Gesellschaftsvertrage kann ein anderer Maßstab der Verteilung festgesetzt werden.

Der vorliegende Paragraph behandelt den Anspruch der Gesellschafter auf den Reingewinn. Zwei Vorschriften sind in dieser Hinsicht gegeben: Im Abs. 1 ist gesagt, daß die Gesellschafter den Anspruch auf den nach der jährlichen Bilanz sich ergebenden Reingewinn haben, im Abs. 2, daß die Verteilung nach Verhältnis der Geschäftsanteile erfolgt. Einleitung.

I. (Abs. 1.) **Die Gesellschafter haben Anspruch auf den nach der jährlichen Bilanz sich ergebenden Reingewinn, soweit nicht im Gesellschaftsvertrage ein anderes bestimmt ist.** Anm. 1.

1. Der Anspruch auf den Reingewinn ist zunächst ein bedingtes Recht, ein Recht auf Auszahlung der Dividende, wenn die gesetzlichen und statutarischen Bedingungen dieser Auszahlung eingetreten sind.

   a) Die gesetzlichen Bedingungen sind das Vorhandensein eines den zwingenden Vorschriften des Gesetzes entsprechenden, bilanzmäßig nachgewiesenen Jahresgewinnes. Fehlt diese Voraussetzung, so besteht kein Anspruch auf den Reingewinn. Selbst wenn ein Gesellschafterbeschluß die Bilanz festgestellt, die Verteilung beschlossen hätte, oder wenn ein anderes, vom Gesellschaftsvertrage dazu bestimmtes Organ diese Festsetzung vorgenommen hätte, so würden doch die Gesellschafter einen Anspruch auf Auszahlung der Dividende nicht haben. Die Geschäftsführer könnten diese Auszahlung immer verweigern mit dem Hinweise darauf, daß in Wahrheit ein bilanzmäßiger Gewinn nicht vorhanden ist, daß also entweder Irrtum seitens der feststellenden Organe oder gar Willkür oder böser Wille vorliegt (R.O.H. 18 S. 156 für das Aktienrecht; Motive S. 31; vergl. Anm. 5 zu 42). Nur darf natürlich nicht wegen bloßer Schätzungsdifferenzen innerhalb der Grenzen billigen Ermessens die Auszahlung verweigert werden. Bloß deshalb, weil die Gesellschafterversammlung einen Gegenstand höher geschätzt hat, als die Geschäftsführer dies tun, darf die Auszahlung der Dividende nicht verweigert werden. Nur Willkür und böser Wille seitens des festsetzenden Organs geben den Geschäftsführern dieses Recht, wie auch der Gesellschafter bloß deshalb, weil seiner Meinung nach die Gesellschafterversammlung die Gegenstände zu niedrig geschätzt hat, keine Erhöhung der Dividende beanspruchen kann, sondern nur dann, wenn die geringere Bewertung auf Willkür oder bösem Willen beruht. Das letztere hat das Reichsgericht zutreffend für das Aktienrecht angenommen (R.G. 40 S. 35). Willkürlich und rechts- Anm. 2.

widrig wäre es z. B., wenn lediglich deshalb, weil im laufenden Jahre Verluste entstehen, die Bilanz des Vorjahres verändert, der Bilanzgewinn geschmälert oder nicht verteilt werden sollte (vergl. unten Anm. 8; Näheres über den Fall, daß die Dividende unrichtig festgesetzt ist siehe zu § 32).

Anm. 3. b) Die statutarische Bedingung ist zunächst die in unserem Paragraphen Abs. 1 aufgestellte, daß der Jahresgewinn nicht nach dem Gesellschaftsvertrage für andere Zwecke bestimmt ist; sodann aber daß die nach den jeweiligen Statuten für die Gewinnverteilung erforderliche Entschließung des Gesellschafterorgans vorliegt. Diese Entschließung des Gesellschafterorgans besteht, wenn der Gesellschaftsvertrag nichts Abweichendes bestimmt, in einem Beschlusse der Gesellschafter auf Feststellung der Jahresbilanz und auf Verteilung des Jahresgewinnes gemäß § 46 Nr. 1, wobei jedoch schon hier zu bemerken ist, daß der letztere Beschluß nur ausnahmsweise materielle Bedeutung hat, während meist der erstere Beschluß, der Bilanzgenehmigungsbeschluß, als Bedingung des Dividendenauszahlungsanspruchs genügt (Näheres hierüber zu § 46). Allein ein Gesellschafterbeschluß in der einen oder der anderen Richtung ist, wie gesagt, nur dann ein Erfordernis, wenn der Gesellschaftsvertrag nichts anderes bestimmt (§ 45 Abs. 2). Der Gesellschaftsvertrag kann abweichend hiervon auch anordnen, daß ein anderes Organ, der Aufsichtsrat, der Syndikus der Gesellschaft, der Delegierte der Gesellschafter, oder die Geschäftsführer die Bilanz feststellen bezw. den Dividendenverteilungsbeschluß fassen. Alsdann ist die betreffende Dividendenauszahlungsbedingung mit der Entschließung dieses anderen Organs vorhanden.

Anm. 4. Bis diese Bedingungen eingetreten sind, besteht, wie gesagt, das Dividendenrecht nur als bedingtes Recht. Es ist verknüpft mit dem Geschäftsanteil, als eines der aus dem Geschäftsanteil fließenden Rechte. Doch kann es selbständig abgetreten werden, wenn der Gesellschaftsvertrag dies nicht untersagt, was allerdings auch möglich ist (§ 399 B.G.B.). Aber wenn der Gesellschaftsvertrag es nicht untersagt, kann es selbständig, auch für die Zukunft, abgetreten werden, auch dann, wenn der Geschäftsanteil selbst nur mit Zustimmung der Gesellschaft oder mit sonstigen Beschränkungen abgetreten werden kann (Anm. 41 zu § 15). Diese Übertragbarkeit kann auch durch Urkunden, die auch Orderpapiere oder sogar Inhaberpapiere sein können, erleichtert werden (vergl. den Exkurs zu § 14).

Anm. 5. Auf den Eintritt oder die Gestaltung jener Bedingungen der Dividendenauszahlung hat der Gesellschafter die aus seinem Geschäftsanteil fließenden gesellschaftlichen Herrschaftsrechte. Er kann durch sein Stimmrecht im Rahmen der Gesetze dahin wirken, daß jene Bedingungen eintreten oder sich in bestimmter Weise gestalten. Er hat ferner das Recht der Anfechtung, wenn die Dividende gesetz- oder statutenwidrig festgestellt wird, wenn die Bedingungen der Dividendenzahlung nicht eintreten, obgleich sie nach Gesetz oder Statut eintreten müßten, so z. B. wenn eine Bilanz aufgestellt wird mit willkürlichen Abschreibungen oder wenn der Gewinnverteilungsbeschluß den vorhandenen Gewinn anders zur Verteilung verwendet, z. B. zu Reservekonten oder zur Auszahlung zu anderen Zwecken, ohne daß der Gesellschaftsvertrag solche Verwendungen vorsieht (vergl. unten Anm. 9). Diese Rechte hat der Gesellschafter als solcher; nicht der Cessionar des Dividendenanspruchs oder der Inhaber des Dividendenscheins, wenn der Dividendenanspruch selbständig abgetreten ist. Bei Feststellung der Dividende hat also nur der Gesellschafter, nicht der Dividendenscheininhaber mitzuwirken (R.G. 15 S. 99), den Bilanzgenehmigungs- oder Gewinnverteilungsbeschluß kann nur der Gesellschafter, nicht der Dividendenscheininhaber anfechten (R.G. 14 S. 170; Bolze 2 Nr. 1118).

Anm. 6. Bis zum Eintritt jener Bedingungen der Dividendenauszahlung können dieselben im Rahmen der Gesetze durch Majoritätsbeschluß geändert werden. Zunächst kann das negative Erfordernis, daß der Jahresgewinn nicht zu anderen Zwecken bestimmt ist, beseitigt oder modifiziert werden. Es kann also, wenn bisher eine anderweite Verwendung des Reingewinns in den Statuten nicht vorgesehen ist, eine solche Verwendung durch Statutenänderungsbeschluß angeordnet werden. Man kann dies auch dahin ausdrücken, daß das Dividendenrecht bis zum Eintritt seiner Auszahlungsbedingungen kein Sonderrecht ist (für das Aktienrecht siehe R.G. 22 S. 114; Behrend § 133 Nr. IV; Ring Nr. 3 zu § 213; anders Neukamp Anm. 2a., bb.). Die Zustimmung aller Gesellschafter ist dazu nicht erforderlich, da keine Vermehrung der Leistungen vorliegt (§ 53 Abs. 3). Umsomehr ist es gestattet, sonstige Bedingungen der Dividendenauszahlung durch Statutenänderung zu verändern: z. B. durch Anordnung bestimmter Abschreibungen oder Reservekonten, oder durch die Bestimmung, daß die Generalversammlung nach ihrem Gutdünken über den Reingewinn zu bestimmen hat. Alles dies kann im abgeänderten Gesellschaftsvertrage durch Majoritätsbeschluß angeordnet werden. Nur darf natürlich bei Beschlüssen solcher Art nicht das Prinzip der Gleichberechtigung verletzt werden. Es darf z. B. nicht einer Gesellschafterklasse das Dividendenrecht geschmälert oder gar entzogen oder umgekehrt einer Gesellschafterklasse ein Dividendenvorzugsrecht eingeräumt werden (vergl. Anm. 26 zu § 5). Wohl aber ist eine Kapitalserhöhung durch Schaffung von Vorzugsgeschäftsanteilen zulässig.

Keine Bedingung der Auszahlung der Dividende ist, daß der Reingewinn in flüssigen Mitteln vorhanden ist, oder bei Ablauf des Geschäftsjahres war. War der Gewinn bilanzmäßig vorhanden, so muß er verteilt werden, auch wenn die flüssigen Mittel dazu nicht ausreichen. Der Reingewinn kann sich durch vorteilhafte Tauschgeschäfte gebildet haben, oder es können z. B. Warenvorräte oder sichere Hypotheken, aber kein baares Geld vorhanden sein. In solchen Fällen kann die Gesellschaft Darlehen aufnehmen, um die Dividende auszuzahlen, und es muß dies geschehen, soweit nicht der Gesellschaftsvertrag anderweite Vorschriften enthält oder anderweite Beschlüsse zuläßt (für das Aktienrecht R.G. 11 S. 162). So kann es z. B. auch kommen, daß ein und dieselbe Generalversammlung einen Kapitalserhöhungsbeschluß faßt und die Dividende des Vorjahres verteilt. Anm. 7.

2. Mit dem Eintritt der zu 1 gedachten gesetzlichen und statutarischen Bedingungen entsteht der Dividendenanspruch als unbedingtes Recht. Er ist dann einfaches Forderungsrecht geworden, welches seinen Rechtsgrund in dem Gesellschaftsrechte des Mitgliedes hat, aber nunmehr losgelöst ist von der Gesellschaftereigenschaft und dem Gesellschafter oder seinem Rechtsnachfolger im Dividendenbezugsrecht als unbedingtes Forderungsrecht zusteht. Nur seine Quelle ist die Mitgliedschaft (für das Aktienrecht R.O.H. 18 S. 153; 18 S. 141; R.G. 22 S. 113; 37 S. 62; Staub H.G.B. Anm. 10 zu § 213). Der Anspruch ist mehr als ein Sonderrecht, oder vielmehr etwas anderes, als ein Sonderrecht geworden, da er kein Gesellschaftsrecht mehr ist, sondern ein Gläubigerrecht geworden ist. Als solches ist er selbstverständlich unentziehbar, den Beschlüssen oder sonstigen Eingriffen der Gesellschaftsorgane unzugänglich (R.G. 22 S. 113; 37 S. 62). Insbesondere kann er nicht nachträglich rückgängig gemacht oder seine Auszahlung verweigert werden wegen Verluste späterer Jahre (R.O.H. 18 S. 154), oder auch nur des laufenden Jahres (vergl. Näheres Staub H.G.B. Anm. 9 zu § 213), nicht einmal dann, wenn der zur Dividendenauszahlung bestimmte Betrag bei einem Bankier hinterlegt und von diesem unterschlagen wurde, noch weniger natürlich wegen der bloßen Möglichkeit künftiger Verluste (R.G. 40 S. 36). Der Dividendenanspruch kann sogar im nachträglichen Konkurse der Gesellschaft liquidiert werden (Staub H.G.B. Anm. 10 zu § 213, woselbst weitere Citate und eine ausführliche Polemik gegen Neukamp sich befinden). Anm. 8.

3. Gegenstand des Anspruchs ist der aus der jährlichen Bilanz sich ergebende Reingewinn. Anm. 9.

a) Dieser ist der Regel nach ungeschmälert zu verteilen. Doch kann der Gesellschaftsvertrag ein anderes bestimmen, wie unser Abs. 1 vorschreibt. Der Gesellschaftsvertrag kann bestimmen, daß der Reingewinn zum Teil oder ganz nicht verteilt, sondern anderen Zwecken zugeführt werden soll 2c. 2c. Hierüber siehe oben Anm. 6. Auch eine Statutenänderung kann dies anordnen, und es ist nicht die Zustimmung aller Gesellschafter nach § 53 Abs. 3 dazu erforderlich, da es sich nicht um Vermehrung von Leistungen handelt (oben Anm. 6). So lange bis der Gesellschaftsvertrag ein anderes bestimmt hat, muß der jährliche Reingewinn ungeschmälert den Gesellschaftern zufließen. Würde er gleichwohl den Gesellschaftern vorenthalten werden, würde z. B. ohne eine solche statutarische Zulassung die Gesellschafterversammlung die Nichtverteilung eines Teiles des Reingewinnes, seine Verwendung zu einem Reservefonds oder zu anderen Zwecken beschließen, so wäre dieser Beschluß anfechtbar, im geeigneten Falle die Dividende sogar sofort zahlbar und einklagbar. (Über den Gewinnverteilungsbeschluß siehe Näheres zu § 46 Nr. 1.) Auch muß der jährliche Reingewinn in bar ausgezahlt werden. Kein Gesellschafter braucht sich, — außer wenn der Gesellschaftsvertrag etwas anderes bestimmt, — eine andere Art der Auszahlung gefallen zu lassen.

Anm. 10. b) Aber andererseits ist auch nur der aus der jährlichen Bilanz sich ergebende Gewinn zu verteilen. Wie die jährliche Bilanz aufzustellen ist, bestimmt § 42. Dort wird das Nähere auseinandergesetzt werden. Hier ist vorweg darauf hinzuweisen, daß notwendiger Weise das Stammkapital unter den Passiven figurieren muß (§ 42 Nr. 4), sodaß ein Reingewinn erst vorhanden ist, wenn die Aktiven nicht bloß die Schulden decken, sondern wenn sie außerdem auch noch den Betrag des Stammkapitals decken. Wenn also in einem Jahre eine Unterbilanz vorhanden ist, so kann ein Reingewinn im nächsten Jahre nicht schon dann verteilt werden, wenn dieses Jahr für sich betrachtet einen Betriebsgewinn ergeben hat, sondern erst dann, wenn außerdem die Unterbilanz des Vorjahres gedeckt ist und alsdann ein Überschuß verbleibt. Dieser Grundsatz stimmt überein mit dem, was im Aktienrecht gilt, und weicht ab von dem, was für die offene Handelsgesellschaft gilt. Es werden eben nicht die Ab- und Zugänge des betreffenden Jahres einander gegenüber gestellt, sondern der gesamte Vermögensstand muß einen Überschuß über die Schulden und den Betrag des Stammkapitals ergeben, ehe ein Reingewinn im Sinne unseres § 29 vorhanden ist. Auf eine umfassendere Art der Verteilung der Erträgnisse der Gesellschaft haben die Gesellschafter keinen Anspruch, und können sie sich im Gesellschaftsvertrage keinen Anspruch schaffen. Die Worte des Abs. 1 „soweit nicht im Gesellschaftsvertrage ein Anderes bestimmt ist" bedeuten daher nur, daß eine Schmälerung, nicht daß eine Erhöhung des Dividendenanspruchs über den sich aus der jährlichen Bilanz ergebenden Reingewinn hinaus zulässig ist. (Die Begründung siehe Anm. 14.) Es dürfen daher den Gesellschaftern keine festen Zinsen, keine Gewinne aus kürzeren Geschäftsperioden, keine Vorschüsse auf den jährlichen Reingewinn gewährt werden.

Anm. 11. *α*) **Keine festen Zinsen.** Den Gesellschaftern dürfen im Gesellschaftsvertrage feste Zinsen für ihre Geschäftsanteile nicht versprochen werden, noch weniger können sie ihnen durch einen einfachen Gesellschafterbeschluß gewährt werden. Das folgt aus § 30 Abs. 1 und § 29. Nach § 30 Abs. 1 darf das zur Erhaltung des Stammkapitals erforderliche Vermögen nicht verteilt werden. Würden den Gesellschaftern feste Zinsen gewährt werden, so müßten ihnen der Natur des Zinsversprechens gemäß dieselben gezahlt werden, auch wenn die Gesellschaft in der betreffenden Periode nichts verdient hätte, und das könnte dazu führen, das zur Erhaltung des Stammkapitals erforderliche Vermögen auszuzahlen. Die Motive S. 31 stehen daher auf dem Standpunkt, daß neben der Vorschrift des § 30 eine besondere Bestimmung, welche die Auszahlung fester Zinsen an die Gesellschafter untersagt, nicht nötig ist. Auch die Literatur steht einmütig auf diesem Standpunkte, und es läuft auf dasselbe hinaus, wenn Neukamp Anm. 1 sagt, die Ausbedingung von Zinsen sei nicht unzulässig, jedoch dürften sie nur aus dem Gewinn gezahlt werden. Das sind dann eben keine festen Zinsen, sondern Gewinnanteile.

Demgemäß sind auch die im Aktienrecht gestatteten Bauzinsen hier nicht Anm. 12. zulässig.

Wenn gleichwohl Zinsen gezahlt werden, so müssen sie gemäß § 31 zurück- Anm. 13. gezahlt werden.

β) **Keine Dividenden aus kürzeren Geschäftsperioden als ein Jahr.** Dividenden aus Anm. 14. halbjährlichen Bilanzen oder sonstigen kürzeren Perioden sind unzulässig. Auch bei Verlegung eines Geschäftsjahres und bei einer im Laufe des Geschäftsjahres eintretenden Auflösung der Gesellschaft sind sie unzulässig, und Förtsch Anm. 4 tut Unrecht, sie in diesen beiden Fällen zuzulassen. Diese beiden Fälle können keine Ausnahme machen. Es liegt kein Grund vor, sie anders zu behandeln; auch im Aktienrecht werden sie nicht anders behandelt (vergl z. B. Staub H.G.B. Anm. 1 zu § 299). Es kann also zwar ein Geschäftsjahr kürzer sein als 12 Monate (§ 39 H G.B.); aber es kann für ein solches kürzeres Geschäftsjahr keine Dividende verteilt werden; vielmehr muß in solchem Falle die Bilanz aufgestellt und ein etwa vorhandener Gewinn vorgetragen und im nächsten Geschäftsjahr mitverteilt werden, soweit alsdann ein Gewinn überhaupt noch vorhanden ist. Das Gleiche gilt in den sehr häufigen Fällen, daß die Gesellschaft im Laufe des Kalenderjahres in das Handelsregister eingetragen wird und nach der Bestimmung des Statuts das Geschäftsjahr mit dem Kalenderjahr zusammenfallen soll. Das erste Geschäftsjahr ist hiernach kürzer, als ein Jahr, für diesen kurzen Zeitraum ist der Reingewinn zwar zu berechnen, aber er muß für das nächste Geschäftsjahr vorgetragen werden. Für das Aktienrecht, wo die gleiche Frage nach § 215 auftaucht, ist sie noch wenig geklärt worden. Simon (Bilanzen 2. Aufl. S. 115) bezeichnet die Dividendenverteilung [auf Grund eines kürzeren als einjährigen Zeitraums für „nicht ganz unbedenklich", Ring Nr. 3 zu § 217 läßt sie zu. Wir müssen sie für unzulässig erklären. Die Gesellschaft hätte es sonst in der Hand, durch Bestimmung kürzerer Geschäftsjahre (z. B. von drei Monaten) in ganz kurzen Zwischenräumen Gewinne zu verteilen. Das aber widerspricht gerade dem Gesetze, welches von dem Grundsatze der Unverteilbarkeit des Vermögens unter die Gesellschafter im § 29 nur die Ausnahme macht, daß der jährliche Gewinn verteilt werden darf (zustimmend Esser Aktiengesetz Anm. 7 zu § 260, Pinner Anm. IV zu § 260; Behrend § 133 Anm. 24).

Unser Gesetz bestimmt allerdings nicht ausdrücklich, daß nur dasjenige unter die Gesellschafter verteilt werden darf, was sich nach der jährlichen Bilanz als Reingewinn ergiebt, während es im § 215 H.G.B. für das Aktienrecht ausdrücklich gesagt ist. Doch auch hier, wie bei dem Zinsverbote, ergiebt sich das Verbot einer Mehrverteilung aus den gesetzlichen Vorschriften und wird von Neukamp Anm. 1 mit Unrecht geleugnet.

Zunächst soll nicht unerwähnt bleiben, daß die ganze Struktur unserer Gesellschaft für unseren Standpunkt spricht. Der ganze Aufbau der Gesellschaft mit beschränkter Haftung, die Fundamente, auf denen das Gesetz diese Gesellschaft errichtet hat und gegen Ausbeutung durch die Gesellschafter zum Schaden der Gläubiger und des ganzen Verkehrs zu schützen sucht, könnten federleicht unterwühlt werden, wenn es den Gesellschaftern möglich wäre, in beliebigen Perioden Gewinn zu verteilen.

Dazu kommt, daß die ausgesprochene Absicht des Gesetzgebers darauf gerichtet war, einen unserem Standpunkte gemäßen Rechtszustand herzustellen. Mit der Vorschrift des § 30 Abs. 1 sollte, wie die Motive S. 31 ausdrücklich sagen, derselbe Grundsatz ausgedrückt werden, den das Aktiengesetz enthält, daß unter die Gesellschafter nur dasjenige verteilt werden kann, was sich nach der jährlichen Bilanz als reiner Gewinn ergiebt.

Das Gesetz hat das auch, wenn auch nicht ausdrücklich, so doch gleichwohl ganz klar zum Ausdruck gebracht. Nach § 30 darf das zur Erhaltung des Stammkapitals erforderliche Vermögen unter die Gesellschafter nicht verteilt werden. Die strenge Durchführung dieses Grundsatzes würde dazu führen, überhaupt nichts an die Gesellschafter zu zahlen, solange die Gesellschaft besteht. Denn was in einem Jahre als Gewinn ausbezahlt wird, würde bei später eintretender Unterbilanz dieselbe vermindern oder ganz ausgleichen, wenn es in der Gesellschaft geblieben wäre. So wird durch jede Gewinnverteilung Vermögen ausbezahlt, das zur Erhaltung des Stammkapitals erforderlich sein kann. Bei lebender Gesellschaft dürfte daher eigentlich nichts als Gewinn ausgezahlt werden, weil man nicht wissen kann, ob das Ausgezahlte sich nicht in der Folgezeit als zur Erhaltung des Stammkapitals erforderlich erweisen kann. Allein das Gesetz macht eine Ausnahme. Die Gesellschafter sollen nach § 29 beanspruchen können, was sich nach jeder Jahresbilanz als Reingewinn ergiebt. Das soll ihnen ausbezahlt werden ohne Rücksicht auf die Erwägung, daß dadurch Gelder der Gesellschaft entzogen werden, die sich in der Folgezeit als zur Erhaltung des Stammkapitals erforderlich erweisen könnten.

Faßt man den Zusammenhang der gesetzlichen Vorschriften in dieser Weise auf, ist § 29 nur die Ausnahme von § 30, bedeutet § 29, daß die Gesellschafter zwar Anspruch auf den jährlichen Reingewinn haben, aber im übrigen das zur Erhaltung des Stammkapitals erforderliche Vermögen nicht ausbezahlt werden darf, so ist es klar, daß ein höherer oder anders gearteter Gewinnanteilsanspruch den Gesellschaftern in keinerlei Weise, weder durch den Gesellschaftsvertrag, noch durch einen Gesellschafterbeschluß gewährt werden kann. Und das ist das gleiche Ergebnis, wie im Aktienrecht nach § 215, und wie es die Motive zu unserem Gesetze beabsichtigten.

Anm. 15. Wenn gleichwohl halbjährliche Dividenden ausbezahlt werden, so müssen die Gesellschafter, wenn die Bilanz des ganzen Jahres keinen Reingewinn ergiebt, das Erhaltene nach Maßgabe des § 31 zurückzahlen.

Anm. 16. γ) **Keine Vorschüsse auf die Jahresdividende.** In vielen Gesellschaftsverträgen begegnet man der Bestimmung, daß die Gesellschafter im Laufe des Geschäftsjahres in Anrechnung auf den Gewinn im voraus gewisse Beträge entnehmen dürfen. Das Publikum ist an solche Bestimmungen gewöhnt von den Verträgen über offene Handelsgesellschaften her. Aber während sie dort unbedenklich sind, sind sie hier unzulässig. An die Gesellschafter der Gesellschaft mit beschränkter Haftung darf eben nur verteilt werden, was sich nach der jährlichen Bilanz als Reingewinn ergiebt. Vorschüsse darauf dürfen nicht ausbezahlt werden. Bestimmungen des Gesellschaftsvertrages, welche solche Vorschüsse anordnen, sind gegenüber den §§ 29 und 30 ungültig. Wie leicht kann es dazu kommen, daß im Laufe des Geschäftsjahres Vorschüsse gezahlt werden und am Ende des Jahres sich kein Reingewinn ergiebt? Dann ist das eingetreten, was die §§ 29 und 30 verhüten wollen. Wenn gleichwohl solche Vorschüsse gezahlt werden, dann müssen sie nach § 31 zurückgezahlt werden.

Anm. 17. Vorschüsse auf den Jahresgewinn können allerdings vorkommen, aber in anderem Sinne, nicht als Vorschuß des Gesellschafters auf seinen Gesellschafteranspruch nach § 29. So ist es z. B. nicht unzulässig, einem Gesellschafter zum Lohne für seine Tätigkeit eine ihrer Höhe nach garantierte Tantieme zu gewähren. Das ist dann ein Gehalt, welches auf seinen Anspruch auf den Jahresgewinn angerechnet wird. Darauf können auch Vorschußzahlungen vereinbart und gezahlt werden.

Anm. 18. II. (Abs. 2.) **Die Verteilung der Dividenden erfolgt nach Verhältnis der Geschäftsanteile. Der Gesellschaftsvertrag kann aber einen anderen Maßstab festsetzen.**

1. Die gesetzliche Regel ist, daß das Verhältnis der Gesellschaftsanteile entscheidet. Also der Nennbetrag, nicht der Betrag der geleisteten Einzahlung. Auch ist es gleichgültig, ob Sacheinlagen oder Geldeinlagen auf die Geschäftsanteile gemacht wurden. Auch das ist gleichgültig, ob die Einzahlungen auf alle Geschäftsanteile gleichmäßig eingezahlt sind oder nicht. Eine dem § 214 Abs. 2 H.G.B. analoge Bestimmung fehlt hier.

2. Doch kann der Gesellschaftsvertrag einen anderen Maßstab festsetzen. Anm. 19.
Dem Gesellschaftsvertrag ist der freieste Spielraum gewährt, und die Verträge machen davon den umfassendsten Gebrauch. So wird oft denjenigen, welche das Fundament der Gesellschaft schaffen, z. B. das Patent einbringen, ein größerer Anteil am Jahresgewinn stipuliert, als für die bloßen Geldeinleger. Es können auf diese Art verschiedene Gattungen von Geschäftsanteilen, Vorzugsanteile, geschaffen werden (vergl. Anm. 25 zu § 5). Inwieweit dies durch Statutenänderungsbeschluß möglich ist, darüber siehe zu § 53. Darüber, ob solche Vorzugsrechte auch wieder genommen werden können, s. zu § 53.

Zusatz 1. **Träger des Dividendenrechts** ist zunächst der Geschäftsanteil selbst. Der Ge- Anm. 20.
sellschafter selbst als solcher ist dividendenberechtigt. Aber es kann das Dividendenrecht besonders d. h. ohne den Geschäftsanteil abgetreten und es können sogar zum Zwecke rechtlicher Übertragbarkeit Urkunden gebildet werden, Order- und sogar auch Inhaberpapiere. In allen Fällen besonderer Übertragung des Dividendenrechts ist der Inhaber des Dividendenrechts derjenige, der von der Gesellschaft die Dividenden verlangen kann. Sein Recht ist ein bedingtes, bis die Bedingungen der Auszahlung eingetreten sind, ein unbedingtes, sobald die Bedingungen eingetreten sind. In allen diesen Punkten unterscheidet es sich nicht von dem Dividendenrechte vor seiner Lostrennung von dem Geschäftsanteil. Aber darin besteht ein großer Unterschied, daß die gesellschaftliche Einwirkung auf die Gestaltung und Entstehung des Dividendenrechts nicht einem Dividendenschein-Inhaber zustehen, sondern dem Gesellschafter als solchem (vergl. hierüber oben Anm. 3—5 und ferner Anm. 13 im Exkurs zu § 14).

Über Dividendenscheine siehe Näheres im Exkurs zu § 14, desgleichen über Talons.

Zusatz 2. **Verjährung des Dividendenanspruchs.** Dieselbe gestaltet sich verschieden, je Anm. 21.
nachdem ein Dividendenschein auf den Inhaber ausgegeben ist oder nicht. Ist kein solcher Dividendenschein ausgegeben, so verjährt der Anspruch in 30 Jahren. Die kurze Verjährungsfrist des § 197 B.G.B. ist darauf nicht anwendbar, weil es sich weder um Zinsen, noch um andere regelmäßig wiederkehrende Leistungen handelt (R.G. 9 S. 35; 24 S. 205). Die Einführung kürzerer Verjährungsfristen kann im Statut geschehen (R.G. 9 S. 31). — Ist aber ein Dividendenschein auf den Inhaber ausgegeben, so muß derselbe innerhalb vier Jahren, gerechnet vom Schlusse des Fälligkeitsjahres, vorgelegt werden, widrigenfalls der Anspruch erlischt. Erfolgt die Vorlegung, so verjährt der Anspruch innerhalb 2 Jahren seit dem Ablauf der Vorlegungsfrist. Der Vorlegung steht die berechtigte Geltendmachung des Anspruchs gleich. In der Urkunde kann die Vorlegungsfrist anders bestimmt werden (alles dies bestimmt § 801 B.G.B., der auf den Inhaberdividendenschein anzuwenden ist, auch wenn man denselben als ein echtes Inhaberpapier nicht betrachtet). Die letztere Bestimmung in der Urkunde ist natürlich nur gültig, wenn sie ordnungsmäßig beschlossen ist, d. h. durch Statutenbestimmung.

Zusatz 3. **Auch Ansprüche anderer Art können den Gesellschaftern nach dem Gesell- Anm. 22.
schaftsvertrage zustehen:** so z. B. das Recht des freien Zutritts in den der Gesellschaft gehörigen Garten oder in das Theater oder das Recht der jederzeitigen Besichtigung der Fabrik; auf ein Freiexemplar der Zeitung, die von der Gesellschaft herausgegeben wird. Solche Rechte können im Zweifel durch Statutenänderung wieder entzogen werden (anders für das Aktienrecht Lehmann in Kohler u. Rings Archiv Bd. 9 S. 389). Gemäß § 3 Abs. 2 können ferner Rechte verschiedener Art als Gegenleistung für die von den Gesellschaftern zu bewirkenden Leistungen statuiert werden; so z. B. als Gegenleistung für bestimmte Quantitäten von Zucker. Diese können durch Gesellschaftsvertragsänderung nicht vorgenommen werden ohne Zustimmung der Belasteten (vergl. zu § 53).

§ 30.

Das zur Erhaltung des Stammkapitals erforderliche Vermögen der Gesellschaft darf an die Gesellschafter nicht ausgezahlt werden.

Eingezahlte Nachschüsse können, soweit sie nicht zur Deckung eines Verlustes am Stammkapital erforderlich sind, an die Gesellschafter zurückgezahlt werden. Die Zurückzahlung darf nicht vor Ablauf von drei Monaten erfolgen, nachdem der Rückzahlungsbeschluß durch die im Gesellschaftsvertrage für die Bekanntmachungen der Gesellschaft bestimmten öffentlichen Blätter und in Ermangelung solcher durch die für die Bekanntmachungen aus dem Handelsregister bestimmten öffentlichen Blätter bekannt gemacht ist. Im Falle des § 28 Absatz 2 ist die Zurückzahlung von Nachschüssen vor der Einzahlung des Stammkapitals unzulässig. Zurückgezahlte Nachschüsse gelten als nicht eingezogen.

Anm. 1. 1. **Abs. 1 spricht ein wichtiges Prinzip aus:** An die Gesellschafter darf das zur Erhaltung des Stammkapitals erforderliche Vermögen nicht ausbezahlt werden. Man bedenke, daß jedes Vermögensstück, welches die Gesellschaft besitzt, zur Erhaltung des Stammkapitals erforderlich sein kann. Denn was in dem einen Zeitpunkte zu diesem Zwecke nicht erforderlich ist, kann bei dem fortwährenden Wechsel, in welchem sich der Vermögensstand einer im Verkehr befindlichen Gesellschaft befindet, später dazu nötig sein. Daraus ergiebt sich der Grundsatz, daß Gesellschaftsvermögen an die Gesellschafter überhaupt nicht ausgezahlt werden kann. In der Tat ist das der Inhalt des Abs. 1. Das Stammkapital wird infolge dieses Grundsatzes den Gläubigern erhalten und jedenfalls nicht dadurch geschmälert, daß Bestandteile desselben an die Gesellschafter zur Verteilung gelangen.

Anm. 2. Indessen würde dieser Grundsatz, wenn er glatt und schrankenlos durchgeführt werden würde, so hart und unberechtigt sein, daß die Bildung von Gesellschaften mit beschränkter Haftung dadurch überhaupt vereitelt werden würde. Das ganze Gesetz würde seinen Zweck verfehlen. In der Tat bestehen dann eine Reihe von Ausnahmen von diesem Grundsatze, und unter Berücksichtigung dieser Ausnahmen bedeutet jener Satz, daß Gesellschaftsvermögen unter die Gesellschafter nur in diesen Ausnahmefällen, sonst aber nicht zur Verteilung gelangen kann (das Gesetz spricht zwar nur von Auszahlen; aber es ist jede Art von Verteilung gemeint, z. B. auch Rückgabe von Sacheinlagen, oder sonstige Verteilung von beweglichen oder unbeweglichen Vermögensstücken unter die Gesellschafter).

Anm. 3. **Die Ausnahmen nun, die von jenem Grundsatze gelten,** verstehen sich zum Teil von selbst, teils sind sie vom Gesetze aufgestellt.

a) Von selbst versteht es sich, daß, wenn der Gesellschafter Gläubiger der Gesellschaft aus einem selbständigen Rechtsgrunde geworden ist, seiner Befriedigung aus dem Gesellschaftsvermögen nichts entgegensteht (ja selbst ohne Rücksicht darauf, ob dadurch eine Unterbilanz entsteht oder die vorhandene vergrößert wird).

Anm. 4. b) Aus dem Zusammenhange der Gesetzesvorschriften ergiebt es sich, daß solche Leistungen an die Gesellschafter, welche sich als im Rahmen des Gesetzes stipulierte Gegenleistungen für gesellschaftliche Leistungen darstellen, aus dem Gesellschaftsvermögen an die Gesellschafter bewirkt werden können. Wir meinen Gegenleistungen für gesellschaftliche Leistungen aus § 3 Abs. 2 des Gesetzes. Auch hinsichtlich dieser Gegenleistungen sind die Gesellschafter Gläubiger, und obwohl es Gesellschafter sind, die Gläubiger sind, steht ihrer Befriedigung aus dem Gesellschaftsvermögen nichts entgegen. (Auch hier ist es gleichgültig, daß dadurch eine Unterbilanz entsteht oder vergrößert wird.)

Anm. 5. c) Das Gesetz macht drei, oder wenn man will, vier weitere ausdrückliche Ausnahmen:

α) das Recht auf Verteilung des jährlichen Reingewinns (§ 29),

β) die Möglichkeit der Rückzahlung von Gesellschaftsvermögen im Wege der Kapitalsherabsetzung (§ 58) oder der Einziehung (§ 34).

γ) die Möglichkeit der Rückzahlung von Nachschüssen gemäß unserem § 30 Abs. 2. (Näheres hierüber unten Anm. 8—12.)

δ) Als eine vierte Ausnahme könnte man erwähnen die Möglichkeit der Verteilung von Gesellschaftsvermögen nach Auflösung der Gesellschaft und Befriedigung aller Gläubiger (§§ 72, 73).

d) Aber weitere Ausnahmen dürfen nicht gemacht werden. Feste Zinsen dürfen daher den Gesellschaftern für ihre Einlagen nicht zugesagt und nicht gezahlt werden. Das wäre nichts weiter als die Rückzahlung von Vermögen, welches zur Erhaltung von Stammkapital erforderlich sein könnte, und solche Rückzahlung ist nur gestattet in den oben gemachten Ausnahmefällen (vergl. Anm. 11 zu § 29). Anm. 6.

Das Gleiche gilt von Dividenden aus Geschäftsperioden, die kürzer sind als ein Jahr (vergl. Anm. 14 zu § 29).

Das Gleiche gilt von Vorschüssen auf den Jahresgewinn (Anm. 16 zu § 29).

Das Gleiche gilt von sonstigen Verteilungen von Gesellschaftsvermögen. Wollte z. B. die Gesellschaft aufgespeicherte Reserven, außergewöhnliche Gewinne, im Betrieb entbehrliche Gegenstände, z. B. einen Effektenbestand, an die Gesellschafter verteilen, so könnte das nur entweder als Jahresdividende, also auf Grund einer Jahresbilanz, wenn und soweit diese einen Überschuß gewährt, oder auf Grund einer Kapitalsherabsetzung geschehen oder nach Auflösung der Gesellschaft und Befriedigung der Gläubiger.

2. **Die Vorschrift des Abs. 2 beschäftigt sich insbesondere mit einer Art der vom Gesetze ausnahmsweise gestatteten Auszahlungen von Gesellschaftsvermögen an die Gesellschafter: nämlich mit der Rückzahlung von eingezahlten Nachschüssen** (vergl. oben Anm. 5). Anm. 7.

a) Die Vorschrift bezieht sich nur auf die Rückzahlung eingezahlter Nachschüsse. Auf den Erlaß von noch nicht eingezahlten Nachschüssen kann diese Vorschrift nicht ausgedehnt werden (anders Förtsch Anm. 3). Das ist vielmehr ein reiner Verwaltungsakt der Geschäftsführer, die dabei lediglich nach dem Gesichtspunkte zu verfahren haben, ob dies den Interessen der Gesellschaft entspricht, was ja auch bei einem solchen Erlaß möglich ist.

b) Die Rückzahlung von eingezahlten Nachschüssen ist an folgende Bedingungen geknüpft: Anm. 8.

α) Die eingezahlten Nachschüsse dürfen nicht erforderlich sein zur Deckung eines Verlustes am Stammkapital, d. h. die Rückzahlung darf nicht erfolgen, solange die Aktiva abzüglich der Schulden den Betrag des Stammkapitals nicht erreichen. Der Betrag sonstiger Reservekonten braucht dabei nicht erreicht zu werden, solange es sich nicht etwa um unechte Reservekonten, um Korrektivposten handelt, die in Wahrheit eine Verminderung der Aktiva bedeuten (vergl. über diesen Begriff den Exkurs zu § 42).

β) Es muß ein Gesellschafterbeschluß auf Rückzahlung vorliegen. Die Vorschrift des § 46 Nr. 3 wird dadurch zwingendes Recht. § 45 Abs. 2 greift hier nicht Platz. Mag auch sonst der Gesellschaftsvertrag bestimmen können, daß an Stelle des Gesellschaftsbeschlusses eine andere Entschließung treten kann, so ist doch nach § 30 Abs. 2 für die Rückzahlungsmöglichkeit ein Gesellschafterbeschluß als zwingendes Erfordernis aufgestellt. Anm. 9.

γ) Der Rückzahlungsbeschluß muß in den Gesellschaftsblättern und in Ermangelung solcher in denjenigen Blättern publiziert sein, die für die Bekanntmachungen des Handelsregisters bestimmt sind (vergl. §§ 10 und 11 H.G.B.: der Reichsanzeiger und ein anderes vom Gericht bestimmtes Blatt). Anm. 10.

δ) Es müssen drei Monate seit dieser Publizierung (und zwar seit der ersten Publizierung) verflossen sein. Anm. 11.

ε) Das Stammkapital muß voll eingezahlt sein. Im allgemeinen kann schon die Einforderung von Nachschüssen vor voller Einzahlung des Stammkapitals nicht erfolgen. Nur ausnahmsweise ist das der Fall (§ 28 Abs. 2). Ist von diesem Anm. 12.

Ausnahmsrecht der Einforderung Gebrauch gemacht, so darf nunmehr nach unserem § 30 Abs. 2 die Rückzahlung nicht erfolgen, ehe das Stammkapital voll eingezahlt ist. Solange noch ein Pfennig daran fehlt, solange also z. B. ein Geschäftsanteil trotz Kaduzierung ꝛc. nicht voll gedeckt ist, kann die Rückzahlung von Nachschüssen nicht erfolgen. Dagegen brauchen Zinsen, Vertragsstrafen, Agio nicht eingezahlt zu sein.

Anm. 13. **Zusatz 1. Der letzte Satz des Abs.** 2 hat nur Bezug auf den § 28 Abs. 1, also auf eine im vorliegenden Paragraphen nicht behandelte Materie, nämlich nur auf die Bestimmung des Begriffes: „Soweit die Nachschüsse den im Gesellschaftsvertrage festgesetzten Betrag nicht überschreiten." Es sollen bei dieser Berechnung die zurückgezahlten Nachschüsse als nicht eingezahlt gelten. Für den vorliegenden Paragraphen hat ja der Satz keine Bedeutung. Er soll nicht etwa bedeuten, daß ein zurückbezahlter Nachschuß als nicht eingezogen gilt, also noch einmal eingezahlt werden muß. Denn der Rückzahlungsbeschluß hebt ja den Einforderungsbeschluß auf.

Anm. 14. **Zusatz 2. Was die eingezahlten Nachschüsse betrifft, so wird oft die Frage aufgeworfen, ob und inwieweit die sonstige Verwendung der Nachschüsse statthaft ist.** Die Frage ist sehr einfach zu beantworten, so einfach, daß sie in diesem Sinne gar nicht aufgestellt werden kann. Die eingezahlten Nachschüsse sind Bestandteile des Gesellschaftsvermögens, und diese können zu jedem wirtschaftlich erlaubten Zwecke verwendet werden: zur Bezahlung von Schulden, zu Neuanschaffungen ꝛc. Die Frage muß anders gestellt werden. Ein den eingezahlten Nachschüssen gleichkommender Betrag wird nämlich im Gesellschaftsvermögen festzuhalten gesucht, nämlich der Verteilung an die Gesellschafter entzogen durch Bildung eines Reservefonds in den Passiven der Gesellschaftsbilanz. Dieses Reservekonto kann, wie § 42 Nr. 4 ergiebt, „verwendet" werden, d. h. es kann das betreffende Reservekonto gestrichen werden, wodurch die Bilanz sich in einer Weise verändert, daß dadurch die Höhe der Aktiva der Höhe der Passiva näher kommt und so eine Verteilung von Überschüssen an die Gesellschafter entweder sofort ermöglicht oder jedenfalls dieses Ziel näher gerückt wird. Es fragt sich nun: in welchem Falle ist diese Streichung oder, wie das Gesetz sagt, diese Verwendung des Nachschußpassivpostens gestattet? Die beiden Fälle sind in § 30 Abs. 2 erwähnt. Der eine ist von uns bereits abgehandelt. Es ist der Fall, wo die Streichung erfolgt zum Zwecke der Rückzahlung der Nachschüsse. Das kann geschehen, wenn die Voraussetzungen des § 30 Abs. 2 vorliegen. Der zweite Fall ist ebenfalls in § 30 Abs. 2 behandelt, nämlich in dem Nebensatze: „soweit sie nicht zur Deckung eines Verlustes am Stammkapital erforderlich sind." Das bedeutet: das Nachschußreservekonto darf gestrichen werden, um eine Unterbilanz auszugleichen. Näheres hierüber Anm. 17 zu § 26 und die Erläuterungen zu § 42 Nr. 4. Andere Verwendungen oder Streichungen des Nachschußreservekontos sind nicht gestattet. Doch ist das nur cum grano salis zu verstehen. Soweit nämlich die Voraussetzungen der Nachschußrückzahlung vorhanden sind, darf natürlich der Betrag des gestrichenen Nachschußreservekontos statt zur Rückzahlung der Nachschüsse auch zu anderen, für die Gesellschaft weniger nachteiligen Zwecken verwendet werden: zur Bildung anderer Reservekonten, zu Unterstützungsfonds, zu Abschreibungen ꝛc.

§ 31.

Zahlungen, welche den Vorschriften des § 30 zuwider geleistet sind, müssen der Gesellschaft erstattet werden.

War der Empfänger in gutem Glauben, so kann die Erstattung nur insoweit verlangt werden, als sie zur Befriedigung der Gesellschaftsgläubiger erforderlich ist.

Ist die Erstattung von dem Empfänger nicht zu erlangen, so haften für den zu erstattenden Betrag, soweit er zur Befriedigung der Gesellschaftsgläubiger erforderlich ist, die übrigen Gesellschafter nach Verhältnis ihrer Geschäftsanteile.

Beiträge, welche von einzelnen Gesellschaftern nicht zu erlangen sind, werden nach dem bezeichneten Verhältnis auf die übrigen verteilt.

Zahlungen, welche auf Grund der vorstehenden Bestimmungen zu leisten sind, können den Verpflichteten nicht erlassen werden.

Die Ansprüche der Gesellschaft verjähren in fünf Jahren; die Verjährung beginnt mit dem Ablauf des Tages, an welchem die Zahlung, deren Erstattung beansprucht wird, geleistet ist. Fällt dem Verpflichteten eine bösliche Handlungsweise zur Last, so findet die Bestimmung keine Anwendung.

Für die in den Fällen des Absatz 3 geleistete Erstattung einer Zahlung sind dem Gesellschaftern die Geschäftsführer, welchen in Betreff der geleisteten Zahlung ein Verschulden zur Last fällt, solidarisch zum Ersatze verpflichtet.

Der vorliegende Paragraph regelt die Folgen einer unzulässigen Verteilung von Gesellschaftsvermögen an die Gesellschafter, indem er der Gesellschaft ein Rückforderungsrecht gegen den Empfänger (Abs. 1 und 2) unter subsidiärer Mithaft der übrigen Gesellschafter giebt (Abs. 3) und den Erlaß solcher Ansprüche verbietet (Abs. 4). In Abs. 5 wird die Verjährung solcher Ansprüche, in Abs. 6 der Rückgriff der in Anspruch Genommenen gegen die Geschäftsführer behandelt. Einleitung.

I. **Überall vorausgesetzt ist eine dem § 30 zuwiderlaufende Zahlung.** Das will sagen: Es handelt sich um eine solche Verteilung von Gesellschaftsvermögen, die dem § 30 deshalb zuwiderläuft, weil keiner der Ausnahmefälle vorliegt, in welchen die Auszahlung von Gesellschaftsvermögen an die Gesellschafter gestattet ist (vergl. Anm. 1 u. 2 zu § 30). Solche dem § 30 zuwiderlaufende Verteilungen von Gesellschaftsvermögen an die Gesellschafter liegen vor: wenn feste Zinsen bezahlt sind; wenn Gewinne aus kürzeren als einjährigen Geschäftsperioden gezahlt sind; wenn Vorschüsse auf den Jahresgewinn gezahlt sind; wenn aufgespeicherte Reserven, außerordentliche Gewinne ausgezahlt sind, ohne daß die Jahresbilanz einen entsprechenden Gewinnsaldo aufweist; wenn im Betriebe entbehrliche Gegenstände, z. B. ein Effektenbestand, an die Gesellschafter zur Verteilung gebracht sind, ohne daß die obengedachte Voraussetzung vorliegt; wenn nach Auflösung der Gesellschaft Vermögen ausgeschüttet war, ehe die Gläubiger befriedigt oder sichergestellt wurden; wenn Rückzahlungen auf die Stammeinlage gemacht wurden, ohne daß ein Kapitalsherabsetzungsbeschluß gefaßt oder gültig gefaßt war; wenn Nachschüsse zurückgezahlt wurden ohne die Voraussetzungen des § 30 Abs. 2. Anm. 1.

Was aber insbesondere die Ausbezahlung von Gewinnen betrifft, so greift, wenn nur kein Verstoß gegen § 30 vorlag, also wenn wenigstens die Vorschrift des § 29 beobachtet, wenn also der aus der jährlichen Bilanz sich ergebende Reingewinn verteilt ist, dieser aber in ungehöriger Weise, nicht § 31, sondern die Sondervorschrift des § 32 Platz.

II. **Unter der zu I gedachten Voraussetzung besteht ein Rückforderungsrecht der Gesellschaft.** Anm. 2.

1. **Wem steht das Rückforderungsrecht zu?** Der Gesellschaft. Auch im Falle des Abs. 2, wenn also der Empfänger im guten Glauben war, die Rückforderung also nur insoweit statthaft ist, als sie zur Befriedigung der Gesellschaftsgläubiger erforderlich ist, ist doch nur die Gesellschaft die Rückforderungsberechtigte. Die Gläubiger können sich jedoch den Betrag im Wege der Pfändung überweisen lassen, und im Konkurse ist natürlich der Konkursverwalter derjenige, der das Einziehungsrecht hat.

2. **Wer haftet auf Erstattung?** Anm. 3.

a) **Zunächst der Empfänger** (Abs. 2). Darunter ist nach unserer Ansicht (anders Förtsch Anm. 2 u. Neukamp Anm. 1) der wirkliche Empfänger zu verstehen. Man sollte meinen, daß das Gesetz sich deutlich ausgedrückt hat. Wenn es den Gesellschafter meint, spricht es immer vom Gesellschafter. Hier aber ist der Empfänger genannt, der nicht notwendig der Gesellschafter zu sein braucht. Denn der Gesellschafter kann ja den betreffenden Vermögensanspruch veräußert haben. Dann ist der Rechtsnachfolger der Empfänger. Fast scheint es sogar, als habe der Gesetzgeber den Ausdruck „Empfänger" absichtlich gewählt, um diejenige Ansicht, welche auch im Aktienrecht trotz des dort gebrauchten Ausdrucks Aktionär die herrschende ist (Staub H.G.B. Anm. 1 zu § 217), deutlich zum Ausdruck zu bringen. Der Empfänger ist also der wirkliche rechtmäßige Empfänger, also der Cessionar oder der Dividendenschein-Inhaber, der Exekutionsgläubiger, wenn ihm die Dividendenforderung überwiesen ist. Man könnte einwenden, daß auf diese Weise der Gesellschafter, der den Dividendenanspruch veräußert hat, besser gestellt wäre, als die übrigen Gesellschafter. Denn diese haften ja subsidiär für die Rückzahlung, der Gesellschafter aber, der den Anspruch veräußert hat, nicht. Allein dem ist zu entgegnen, daß, wenn dem Rechtsnachfolger des Gesellschafters der Betrag als rechtswidrig entzogen wird, der Gesellschafter seinem Rechtsnachfolger ja aus civilrechtlichen Gründen auf Ersatz haftet. Der Regreß bleibt ihm also nicht erspart.

Anm. 4. Der Umfang der Haftung des Empfängers erstreckt sich auf Alles, was der Empfänger rechtswidrig empfangen hat. War er aber im guten Glauben, so kann die Erstattung nur insoweit verlangt werden, als sie zur Befriedigung der Gesellschaftsgläubiger erforderlich ist. Es ist natürlich auch hier der gute Glaube des wirklichen Empfängers entscheidend (vergl. Anm. 3; anders auch hier die Förtsch'sche Auffassung). Der gute Glaube ist dann nicht vorhanden, wenn dem Empfänger bekannt war oder aus grober Fahrlässigkeit nicht bekannt war, daß die Zahlung rechtswidrig war (vergl. § 932 Abs. 2 B.G.B.). Den Beweis des guten Glaubens hat der Empfänger zu führen. Denn Abs. 2 ist eine Ausnahme von Abs. 1. An sich ist die Folge der rechtswidrigen Zahlung die Haftung auf den vollen Betrag. Will ausnahmsweise der Empfänger seine Haftung einschränken, so muß er den Grund der Einschränkung beweisen, also seinen guten Glauben (vergl. Staub H.G.B. Anm. 12 zu § 217, woselbst auch die gegnerischen Auffassungen citiert sind). Weist er den guten Glauben nach, so hat er die Klage auf den unbeschränkten Ersatz des Empfangenen abgeschlagen, und es ist nunmehr Sache der Gesellschaft, darzutun, wieviel erforderlich ist, um die Gesellschaftsgläubiger zu befriedigen.

Anm. 5. Zur Befriedigung der Gesellschaftsgläubiger bedeutet nicht etwa bloß: die Befriedigung der Gläubiger, welche zur Zeit des Empfanges der rechtswidrigen Zahlung vorhanden sind, sondern auch die Befriedigung der später hinzukommenden Gläubiger. Es kann auch, nachdem ein Teil des rechtswidrig Empfangenen beigetrieben ist, um die Gesellschaftsgläubiger zu befriedigen, beim Auftauchen neuer Gläubiger der Rest des rechtswidrig Gezahlten eingetrieben werden.

Anm. 6. b) **Subsidiär haften die übrigen Gesellschafter.**

α) Subsidiär, d. h. wenn die Erstattung von dem Empfänger nicht zu erlangen ist, sei es, daß die Erlangung durch Klage oder Zwangsvollstreckung vergeblich versucht worden ist, oder daß sie aussichtslos ist.

Anm. 7. β) Die übrigen Gesellschafter, d. h. diejenigen, die zur Zeit, wo die Tatsachen zu α vorhanden sind, Gesellschafter sind, außer denjenigen, auf dessen Geschäftsanteil die rechtswidrige Zahlung erfolgt ist. Durch spätere Abtretung des Geschäftsanteils befreien sich die zeitigen Gesellschafter von der Verpflichtung jedoch nicht (§ 16 Abs. 3). Dagegen geht durch solche Abtretung die Verpflichtung außerdem auf den Erwerber über (§ 16 Abs. 3).

Anm. 8. γ) Im Verhältnis ihrer Geschäftsanteile haften sie. Die Bestimmung ist ähnlich, wie in § 24 gegeben (vergl. daher Anm. 11 zu § 24). Ebenso ist jenem Paragraphen die weitere Verteilung von Beträgen, welche bei einzelnen Gesellschaftern nicht zu erlangen sind, nachgeahmt (vergl. darüber Anm. 15 zu § 24).

Anm. 9. 3. **Verboten ist der Erlaß der in diesem Paragraphen gegebenen Gesellschaftsansprüche.** Nicht durch Gesellschaftsbeschluß, und noch weniger durch den Geschäftsführer kann der Erlaß erfolgen. Erfolgt er, so ist er unwirksam. Dagegen sind Hingaben an Zahlungsstatt, Kompensationen u. s. w. statthaft. Die Vorschrift ist hier nicht so streng, wie in § 19.

4. **Die Verjährung der Ansprüche.** Die Verjährung dauert, wie Abs. 5 ergiebt, 5 Jahre. Anm. 10.
Sie beginnt mit dem Ablauf des Tages, an welchem die rechtswidrige Zahlung erfolgt ist. Die 5jährige Verjährung findet aber keine Anwendung, statt ihrer greift vielmehr die ordentliche Verjährung von 30 Jahren Platz, wenn dem Verpflichteten eine bösliche Handlungsweise zur Last fällt. Die bösliche Handlungsweise umfaßt außer dem dolus auch die luxuria, d. h. den frevelhaften Mutwillen, der zwar die Beschädigung nicht beabsichtigt, aber sich doch der mit dem Handeln verbundenen Gefahr bewußt ist (RG. 1 S. 22 und 38; 7 S. 125; Staub H.G.B. Anm. 13 zu § 202). Auf die Verjährung des subsidiären Anspruchs an die Geschäftsführer gemäß Abs. 3 kann sich das wohl kaum beziehen.

Die sonstigen Bestimmungen über die Verjährung richten sich nach dem B.G.B., Anm. 11.
insbesondere über die Unterbrechung und Hemmung der Verjährung (s. hierüber Staub H.G.B. Anm. 10ffg. zu § 159, Anm. 1ffg. zu § 160 und Staub W.O. §§ 11ffg. zu Art. 77 und Exkurs zu Art. 79).

Zusatz 1. Hinzuzufügen ist, daß außerdem auch noch die Geschäftsführer für den Schaden Anm. 12.
haften, der der Gesellschaft durch rechtswidrige Zahlung erwachsen ist (§ 43). Sie haften solidarisch neben den sonstigen Ersatzpflichtigen. Hierüber zu § 43.

Zusatz 2. In Abs. 6 unseres Paragraphen ist ferner ein Rückgriffsrecht der auf Grund Anm. 13.
des Abs. 3 in Anspruch genommenen übrigen Gesellschafter gegen die Geschäftsführer gegeben. Dieses Regreßrecht besteht nur gegen diejenigen Geschäftsführer, welche die rechtswidrige Zahlung verschuldet haben.

§ 32.

Liegt die im § 31 Absatz 1 bezeichnete Voraussetzung nicht vor, so sind die Gesellschafter in keinem Falle verpflichtet, Beträge, welche sie in gutem Glauben als Gewinnanteile bezogen haben, zurückzuzahlen.

Der vorliegende Paragraph schafft ein Privilegium im Falle des gutgläubigen Empfanges Einleitung.
unrichtig festgesetzter Dividenden. Der Vollständigkeit halber muß aber außer dem Fall der geschehenen Zahlung der Dividende auch noch die Frage erörtert werden, welche rechtlichen Verhältnisse vor dem Empfang einer beschlossenen, aber unrichtig berechneten Dividende bestehen.

I. **Welche rechtlichen Verhältnisse bestehen im Falle einer beschlossenen, aber unrichtig berechneten** Anm. 1.
Dividende vor dem Empfang derselben?

Zunächst ist hier der Fall zu behandeln, daß die unrichtige, die zu hohe Festsetzung des Reingewinns auf Verletzung öffentlich rechtlicher Vorschriften beruht, insbesondere darauf, daß die Aktiva höher bewertet sind, als dies gesetzlich zulässig ist, also über den wahren Wert, oder daß bestehende Schulden unter den Passiven nicht figurieren. In diesem Falle besteht der Dividendenfestsetzungsbeschluß nicht zu Recht. Auch dort, wo etwa nach den Statuten die Beschlüsse der Generalversammlung durch Nichtanfechtung innerhalb bestimmter Zeit gültig werden, bezieht sich das auf Verletzung öffentlichrechtlicher Vorschriften nicht (vergl. Staub H.G.B. Anm. 3 zu § 261). Nur darf natürlich nicht bloße Meinungsverschiedenheit in der Schätzung vorliegen, sondern Willkür oder böser Wille seitens des den Reingewinn festsetzenden Organs (vergl. R.G. 40 S. 50).

Wenn dagegen die unrichtige Festsetzung des Reingewinns nur auf Verletzung Anm. 2.
dispositiver Vorschriften (z. B. statutarischen Bestimmungen über Abschreibungen, Reserven u. s. w.) beruht, so haben die Gesellschafter einen Anspruch auf Auszahlung des Gewinnes. Die Verletzung verzichtbarer Vorschriften kann wohl von den Gesellschaftern gerügt werden, sie können durch eine Anfechtungsklage ihre Ungültigkeit herbeiführen (vergl. zu § 45). Allein solange solche Anfechtung nicht erfolgt ist, besteht der Beschluß zu Recht, und insbesondere haben die Geschäftsführer ihn zu befolgen und nicht etwa dem Beschluß den Gehorsam zu verweigern, weil er gegen das Statut verstößt. Der Umstand, daß der einzelne Gesellschafter

die Unrichtigkeit der Reingewinnsfeststellung kennt, ändert hieran nichts. Anders wenn der Dividendenfestsetzungsbeschluß auf einem Irrtum des die Dividenden festsetzenden Organs beruht und der Gesellschafter diesen Irrtum kennt. Dann würde der Empfang einer solchen Dividende einen Verstoß gegen § 826 B.G.B. sein, und die Gesellschaft hat daher einen Anspruch auf Unterlassung einer solchen Handlung, d. h. sie kann die Auszahlung verweigern (vergl. unten Anm. 9 für den Fall der erfolgten Auszahlung).

Anm. 3. II. **Wie nun, wenn die zu Unrecht festgestellte Dividende zur Auszahlung gelangt?** Diese Frage bildet den Inhalt unseres § 32.

Die Auszahlung verändert die Rechtslage vollständig. Der Gesellschafter oder sonstige Dividendenberechtigte, der die Dividende ausgezahlt erhalten hat, muß möglichst vor der Rückforderung geschützt werden. Hier kommt es nicht darauf an, ob öffentlichrechtliche oder verzichtbare Vorschriften verletzt sind. Hier stellt das Gesetz ein anderes Kriterium auf. Der Dividendenempfänger ist vor Rückforderung geschützt unter der doppelten Voraussetzung:

1. wenn der Tatbestand des § 31 Abs. 1 nicht vorliegt,
2. wenn er beim Empfang in gutem Glauben war.

Anm. 4. Zu 1. Erste Voraussetzung ist, daß der Tatbestand des § 31 Abs. 1 nicht vorliegt. Der Tatbestand des § 31 Abs. 1 liegt vor, wenn der § 30 verletzt ist, wenn also das zur Erhaltung des Stammkapitals erforderliche Vermögen verteilt wurde, ohne daß ein gesetzlich zugelassener Ausnahmefall vorliegt (vergl. Anm. 1 u. 2 zu § 30). Hinsichtlich der Gewinnverteilung liegt aber ein gesetzlich zugelassener Ausnahmefall nur dann vor, wenn sich aus einer Jahresbilanz unter Wahrung der öffentlichrechtlichen Vorschriften über die Bilanzaufstellung ein Reingewinn ergiebt (§ 29). Liegt keine jährliche Bilanz vor, so liegt der in § 29 zugelassene Ausnahmefall von § 30 nicht vor und damit ist der Tatbestand des § 31 gegeben. Liegt zwar eine jährliche Bilanz vor, ist aber ein Reingewinn, d. h. ein Überschuß der Aktiva minus Passiva über das Stammkapital nicht vorhanden, so kann eine Dividende nicht verteilt werden, widrigenfalls eine flagrante Verletzung des § 30, also der Tatbestand des § 31 vorliegen würde. Ist ein Jahresgewinn ziffermäßig vorhanden, derselbe aber nur dadurch erzielt, daß öffentlichrechtliche Vorschriften über die Bilanzaufstellung verletzt wurden, z. B. dadurch, daß die Aktiva offenbar höher bewertet sind, als dies gesetzlich zulässig ist, so liegt wiederum eine Verletzung des § 30, also ein Fall des § 31 Abs. 1 vor.

Anm. 5. Dagegen ist der Umstand allein nicht genügend, daß öffentlichrechtliche Vorschriften verletzt sind. Sind solche zwar verletzt, sind z. B. die Aktiva offenbar zu hoch bewertet, würde aber bei entsprechender Reduktion der Bilanzansätze (z. B. weil andere Aktiva zu niedrig bewertet sind, oder durch Heranziehung von freiwilligen Reserven) sich gleichwohl ein Reingewinn ergeben, so liegt eine Verletzung des § 30, also ein Fall des § 31 Abs. 1 nicht vor und es greift nunmehr unser § 32 ein, d. h. bei Hinzutreten des guten Glaubens des Empfängers fällt die Rückforderung der gezahlten Dividende fort.

Anm. 6. Um so mehr greift unser § 32 ein, wenn die unrichtige Reingewinnfeststellung lediglich auf statutarischen Vorschriften über die Bilanzaufstellung beruht, wenn also zwar bei Wahrung der öffentlichrechtlichen Vorschriften über die Bilanzaufstellung sich ein Jahresgewinn ergeben würde, der darüber hinaus ausgewiesene Jahresgewinn aber nur dadurch in die Erscheinung gelangte, daß statutarische Vorschriften über die Bilanzaufstellung (z. B. über die Bewertung von Aktiva und die Bildung und Dotierung von Reserven) verletzt wurden. Dieses Plus ist zwar, wenn man lediglich auf die staturaischen Bestimmungen sieht, kein wahrer, kein echter Reingewinn; aber da seine Aufstellung nicht den § 30 verletzt, so liegt ein Fall des § 31 Abs. 1 nicht vor, und es greift unser § 32 Platz, d. h. der gutgläubige Empfänger ist vor Rückforderung geschützt, während, wenn ein Fall des § 31 vorliegt, die Rückforderung gestattet ist ohne Rücksicht auf guten oder schlechten Glauben, der gute Glaube modifiziert nur dem Umfang der Erstattungspflicht nach § 31 und unter Umständen die Verjährungsfrist (§ 31 Abs. 2 und 5).

Zu 2. Die zweite Voraussetzung des Ausschlusses der Rückforderung bezogener Dividenden ist der gute Glaube des Empfängers. Der Empfänger ist auch hier (nach unserer Ansicht wenigstens; vergl. Anm. 3 zu § 31) der wahre Dividendenempfänger, also nicht unter allen Umständen der Gesellschafter, sondern im Falle der Cession oder der sonstigen Übertragung des Dividendenrechts der dividendenberechtigte Rechtsnachfolger, obgleich hier von den Gesellschaftern die Rede ist, nicht, wie in § 31, von den Empfängern. Den Gesellschaftern müssen eben ihre Rechtsnachfolger gleichgestellt werden. Oder soll etwa, wenn nicht der Gesellschafter, sondern sein Rechtsnachfolger im Dividendenrecht die Dividende empfangen hat, ein Rückforderungsrecht nicht bestehen? Das wäre, wenn man sich an den Wortlaut des Gesetzes anklammert, die unabweisliche Konsequenz. Anm. 7.

Der gute Glaube muß, wenn die Unrichtigkeit der Gewinnaufstellung bewiesen wird, von dem Dividendenempfänger bewiesen werden (vergl Anm. 4 zu § 31). Anm. 8.

Über den Begriff des guten Glaubens s. Anm. 4 zu § 31.

Zusatz. Was ist aber Rechtens, wenn der Empfänger einer unrichtig berechneten Dividende nicht in gutem Glauben war? wenn also die obige Voraussetzung des § 32 vorliegt (ein Reingewinn, bei dessen Festsetzung der § 30 nicht verletzt ist, der aber doch unrichtig berechnet ist) und der Empfänger in bösem Glauben war? (Über den Begriff des bösen Glaubens s. Anm. 4 zu § 31.) Hier ist die einfache Umkehrung des in § 32 ausgesprochenen Rechtsgrundsatzes nicht gestattet. Denn der § 32 sagt nur, daß die gutgläubig empfangene Dividende unter jener Voraussetzung in keinem Fall zurückzuzahlen ist. Er sagt aber nichts darüber, wie der schlechtgläubige Empfänger einer Dividende solcher Art zu behandeln ist. Zunächst ist hier zu erwähnen, daß, wenn nach den statutarischen Vorschriften die Beschlüsse der Gesellschafter durch Nichtanfechtung innerhalb bestimmter Zeit gültig werden, damit schon das objektive Moment der Rechtswidrigkeit der Zahlung nachträglich fortfällt. Das Gleiche ist der Fall, wenn der Beschluß von den Gesellschaftern gefaßt ist, wissend, daß die statutarischen Vorschriften verletzt sind. Die Gesellschafter können statutarische Vorschriften durch ihre Beschlüsse wissentlich verletzen und können sich dann nicht beklagen, daß die Gesellschafter solche Beschlüsse ausführen (vergl. oben Anm. 2). Wenn aber die Gesellschafter im Irrtum waren, vielleicht gar von den Geschäftsführern getäuscht waren, so ist solcher Beschluß ungültig, und wenn der Gesellschafter von solcher Ungültigkeit gewußt hat, so kann er hieraus keinen Vorteil ziehen, schon auf Grund des § 826 B.G.B., indem er sonst durch eine gegen die guten Sitten verstoßende Handlungsweise die Gesellschaft vorsätzlich schädigen würde. Sollten außerdem die Geschäftsführer die Ungültigkeit gekannt haben, so läge sogar Nichtigkeit der Zahlung gemäß § 138 B.G.B. vor und sie könnte aus diesem Grunde zurückgefordert werden. Der Umstand allein aber, daß der Beschluß nur mit Majorität und nicht einstimmig gefaßt wurde, begründet gegen den Gesellschafter, der die Statutenverletzung kennt, nicht den Vorwurf des bösen Glaubens. Auch wenn ein anderer Gesellschafter darüber hinaus noch erklärt hatte, er erhebe Widerspruch gegen den statutenwidrigen Beschluß, ändert das hieran nichts. Denn die unterbliebene Anfechtung des statutenwidrigen Beschlusses darf dahin gedeutet werden, daß die Minorität sich dem Beschlusse fügen wolle. Anm. 9.

Soweit hiernach Rückforderungsansprüche bestehen, verjähren sie in 30 Jahren. Das ist insofern ein eigentümliches Ergebnis, als, wenn die Dividendenzahlung gegen § 30 verstößt, eine 5jährige Verjährung besteht. Liegt aber kein Verstoß gegen § 30, also kein Fall des § 31 Abs. 1 vor, sondern nur ein minder schwerwiegender Verstoß gegen statutarische Bilanzvorschriften, und ist dadurch ein Rückforderungsrecht gegen den bösgläubigen Empfänger entstanden, so tritt, da eine kürzere Verjährungsfrist in diesem Falle nicht eingeführt ist, die ordentliche Verjährung von 30 Jahren ein. Anm. 10.

§ 33.

Die Gesellschaft darf eigene Geschäftsanteile, auf welche die Stammeinlage noch nicht vollständig eingezahlt ist, nicht erwerben.

Sie soll auch eigene Geschäftsanteile, auf welche die Stammeinlage vollständig eingezahlt ist, nicht erwerben, sofern nicht der Erwerb aus dem über den Betrag des Stammkapitals hinaus vorhandenen Vermögen geschehen kann.

Einleitung. **Der vorliegende Paragraph verbietet den Erwerb eigener Geschäftsanteile in gewissen Fällen** und zwar unbedingt den Erwerb nicht voll eingezahlter Geschäftsanteile (Abs. 1), bedingt den Erwerb voll eingezahlter Geschäftsanteile (Abs. 2).

Anm. 1. I. (Abs. 1.) **Der Erwerb eigener nicht voll eingezahlter Geschäftsanteile ist unbedingt verboten.** Das Gesetz gebraucht den Ausdruck „darf nicht", um die Absolutheit des Verbotes und damit die Nichtigkeit der Überschreitung zum Ausdruck zu bringen. Nach dem Sprachgebrauch des B.G.B. würde dazu der Ausdruck „kann nicht" gewählt worden sein (vergl. Planck B.G.B. I S. 25). Aber unser Gesetz ist aus der Zeit seiner Entstehung auszulegen.

Anm. 2. Das Verbot bezieht sich auf jeden Erwerb in eigenen nicht voll gezahlten Geschäftsanteilen; ob der Erwerb auch für eigene Rechnung geschieht, ist gleichgültig. Auch auf den Erwerb durch Schenkung bezieht sich das Verbot; auch auf den Erwerb durch Erbfolge; durch Annahme an Zahlungsstatt; nicht aber auf die Pfandbestellung, da diese kein Erwerb ist, auch nicht auf die Pfändung, wohl aber ist der Gesellschaft durch unseren Paragraphen verboten, bei der Zwangsversteigerung solcher Geschäftsanteile mitzubieten oder bei einer sonstigen Versteigerung solcher Geschäftsanteile, z. B. auf Grund des § 23. Ausgenommen sind jedoch diejenigen Fälle des Erwerbes, die das Gesetz an anderen Stellen freigiebt: nämlich in den §§ 21, 27, 28. Als nicht voll gegezahlt gilt der Geschäfsanteil auch dann, wenn eine Sacheinlageverpflichtung nicht erfüllt ist (Anm. 6 zu § 19).

Anm. 3. Der dem Verbot zuwider erfolgte Erwerb ist nichtig (§ 134 B.G.B.; vergl. R.G. 36 S. 37). Die Nichtigkeit kann von beiden Teilen geltend gemacht werden. Das darauf Gezahlte kann nach den Vorschriften über die ungerechtfertigte Bereicherung zurückgefordert werden. Die Nichtigkeit ergreift das Geschäft und seine dingliche Wirkung. Auch ist es gleichgültig, ob sich der Erwerb als selbständiges Geschäft oder als Bestandteil eines anderen Geschäftes darstellt; es richtet sich nach allgemeinen Grundsätzen (§ 139 B.G.B.), welchen Einfluß jene Nichtigkeit auf das ganze Geschäft hat.

Anm. 4. II. (Abs. 2.) **Der Erwerb eigener voll eingezahlter Geschäftsanteile ist bedingt verboten.**

1. Soweit der Erwerb aus dem über den Betrag des Stammkapitals hinaus vorhandenen Vermögen erfolgt, ist er ohne weiteres gestattet. Wenn also die Aktiva minus Schulden größer sind, als der Betrag des Stammkapitals, so kann die Gesellschaft eigene Geschäftsanteile aus diesem Überschusse erwerben. Daß dabei die Reserven herangezogen werden, ist für die Frage der Gültigkeit gleichgültig. Ob die Geschäftsführer die Reserven heranziehen dürfen, richtet sich nach den Bestimmungen des Gesellschaftsvertrages; aber wenn sie hierbei auch die Bestimmungen des Gesellschaftsvertrages verletzen, so hat das nur auf die Verantwortlichkeit der Geschäftsführer Einfluß, nicht auf die Gültigkeit des Rechtsgeschäfts. Dabei ist aber von uns nur an echte Reserven gedacht. Unechte Reserven, die eigentlich nur Korrektivposten sind (vergl. zu § 42), um den Betrag zu markieren, um welchen einzelne Aktiva zu hoch bewertet sind, sind bei den Aktiven in Abzug zu bringen, und nur wenn nach diesen Abzügen und nach weiterem Abzug der Schulden sich ein Überschuß über das Stammkapital ergiebt, darf der Erwerb erfolgen. — Auch der Erwerb eines Teiles eines Geschäftsanteiles ist unter der hier in Rede stehenden Voraussetzung zulässig. Natürlich müssen § 17 Abs. 4 u. 5 beachtet werden, während § 17 Abs. 1 selbstverständlich außer Anwendung bleibt.

Anm. 5. 2. Wenn aber der Erwerb erfolgt, ohne daß so viel Reinvermögen vorhanden ist, als zur Deckung des Stammkapitals ausreicht, so soll der Erwerb eigener voll eingezahlter Geschäftsanteile nicht erfolgen. Doch ist, wie durch das Wort „soll" ausgedrückt ist, der gleichwohl erfolgte Erwerb nicht ungültig; er macht nur die Geschäftsführer schadensersatzpflichtig, weil er eine Pflichtverletzung enthält.

Förtsch Anm. 4 meint allerdings, es liege in solchem Erwerbe ein Verstoß gegen § 30, also eine ungültige Zahlung, die den Gesellschafter ohne weiteres zur Rückzahlung verpflichte, vor, da ja der Gesellschafter eine Zahlung aus dem zur Erhaltung des Stammkapitals erforderlichen Vermögen erhalte. Doch ist das nicht zutreffend. Es liegt keine Zahlung vor, wie sie § 30 im Sinne hat. Es liegt ein Kaufvertrag vor, bei welchem der Gesellschafter und die Gesellschaft einander nicht als Gesellschaft und Gesellschafter gegenüberstehen. Was der Gesellschafter erhält, erhält er nicht als Gesellschafter, sondern als Verkäufer, wie ja auch die Gesellschaft insofern durch den Kaufpreis nicht belastet wird, als sie in dem Geschäftsanteile, den sie auch wieder veräußern kann, den Gegenwert erhält. Das zur Erhaltung des Stammkapitals erforderliche Vermögen wird also in Wahrheit nicht gemindert. Überdies würde, wenn man wirklich berechtigt wäre, die Zahlung des Kaufpreises als Minderung des Stammkapitals anzusehen, der § 30 deshalb nicht Platz greifen, weil hier eine gesetzliche Ausnahme von § 30 vorläge. Das Gesetz will doch nun einmal in § 33, wie sein Wortlaut und seine Motive ergeben, daß ein solches Rechtsgeschäft nicht ungültig sei, daß es also erfüllt werden soll, wenn es abgeschlossen ist, und das Gesetz ist in der Lage, von seinen Verboten Ausnahmen zu machen. Anm. 6.

Es liegt also ein gültiges Geschäft vor. Ja es kann sogar unter Umständen der Fall so liegen, daß ein solcher Erwerb im Interesse der Gesellschaft liegt und sogar erforderlich ist, um das Interesse der Gesellschaft zu fördern (vergl. für das Aktienrecht Staub H.G.B. Anm. 1 zu § 226). Wird aber das Interesse der Gesellschaft durch den Erwerb eines solchen Geschäftsanteils verletzt, erleidet sie dadurch Schaden, so haftet der Geschäftsführer für diesen Schaden, und zwar auch dann, wenn er nur das Beste der Gesellschaft im Auge hatte und anzunehmen berechtigt war. Denn er hat eine Pflichtverletzung begangen und für diese haftet er ohne weiteres (vergl. zu § 43). Der veräußernde Gesellschafter kann allerdings ebenfalls haften, aber nicht, weil er das Verbot unseres Paragraphen verletzt — denn an ihn ist es nicht gerichtet — sondern nur, wenn er im gegebenen Falle dabei eine Handlung begangen hat, die auch ihm verboten ist, eine Handlung, die sich auch für ihn als rechtswidrig im Sinne des § 823 bezw. § 826 B.G.B. darstellt. Das wäre z. B. der Fall, wenn auf Seiten des Geschäftsführers eine absichtliche Benachteiligung der Gesellschaft und auf Seiten des Dritten die Kriterien der bewußten Teilnahme vorliegen. Dann würden die §§ 826, 830 und 840 B.G.B. Anwendung finden. Anm. 7.

Die Form des Erwerbes ist die in § 15 Anm. 33ffg. erörterte.

3. Welches Rechtsverhältnis entsteht nun durch den Erwerb eigener vollbezahlter Geschäftsanteile, wenn der Erwerb nicht, wie im Falle des § 34 zum Zwecke der Einziehung der Geschäftsanteile geschieht? Die vor der Besitzeszeit der Gesellschaft fällig gewesenen Ansprüche auf vermögensrechtliche Bezüge sind selbständige Forderungsrechte in der Hand des Berechtigten geworden (Anm. 8 zu § 29) und gehen daher auf die Gesellschaft nicht mit über. Die vor der Besitzeszeit fallig gewesenen Verpflichtungen gehen zwar auf die Gesellschaft über, jedoch erlöschen sie durch Konfusion, ohne daß der bisherige Inhaber von seiner aus § 16 Abs. 3 hervorgehenden Haftung frei wird (vergl. § 425 Abs. 2 B.G.B.). Die während des Besitzes der Gesellschaft fällig werdenden vermögensrechtlichen Rechte und Pflichten erlöschen durch Konfusion. Im übrigen ruhen die Rechte und Pflichten und gewinnen in der Hand dessen, der den Geschäftsanteil von der Gesellschaft erwirbt, wieder Leben und Gestalt. Daraus folgt im Einzelnen: Soweit Dividenden während der Besitzeszeit der Gesellschaft fällig werden, geht der Anspruch durch Konfusion unter; der wirtschaftliche Erfolg ist, daß die Gesellschaft um so viel weniger Dividende auszuzahlen braucht; was sie hierbei erspart, kommt den Gesellschaftern im laufenden Geschäftsjahre zu Gute. Im übrigen geht das Dividendenrecht durch die Veräußerung auf den Erwerber über. Die gesellschaftlichen Herrschaftsrechte ruhen: die Gesellschaft kann selbst nicht stimmen, nicht Anträge stellen 2c. Aber der Geschäftsanteil besteht trotzdem und er wird deshalb mitgezählt, wo es sich um die Anteilsberechnung beim Stimmrecht 2c. handelt. Er kommt während der Besitzeszeit der Anm. 8.

Gesellschaft insoweit als Rechnungsfaktor zur Geltung. Die Verpflichtungen, die an dem Geschäftsanteil haften, gehen, insoweit sie während der Besitzeszeit der Gesellschaft fällig werden, durch Konfusion unter. Das Maß der Pflichten der übrigen Gesellschafter bleibt durch den der Gesellschaft zustehenden Besitz eines Geschäftsanteils unberührt. Denn bei der Berechnung der Höhe der Verpflichtungen wird ja der Geschäftsanteil der Gesellschaft mitgezählt, die auf ihn entfallenden fälligen Verpflichtungen brauchen nur deshalb nicht geleistet zu werden, weil die Gesellschaft zugleich berechtigt und verpflichtet ist. Soweit die Verpflichtungen während der Besitzeszeit der Gesellschaft nicht fällig werden, tritt nur ein Ruhen derselben ein, sie leben wieder auf, sobald die Gesellschaft den Geschäftsanteil veräußert. — *In der Bilanz der Gesellschaft figuriert ein solcher Geschäftsanteil unter den Aktiven.*[1]) — Dem Gesagten entsprechen auch die Rechtsfolgen, die bei der Veräußerung des Geschäftsanteils durch die Gesellschaft eintreten: Auf den Erwerber gehen alle gesellschaftlichen Herrschaftsrechte über, die nunmehr wieder aufleben (Stimmrecht ꝛc.), ferner die von dem Erwerbe an fällig werdenden vermögensrechtlichen Rechte und Pflichten. Die während der Besitzzeit der Gesellschaft fällig gewordenen Rechte und Pflichten gehen auf ihn nicht über, weil sie durch Konfusion erloschen sind. Die vor der Besitzzeit der Gesellschaft fällig gewesenen Verpflichtungen waren infolge der sofort eingetretenen Konfusion untergegangen, sie können also auf ihren Rechtsnachfolger nicht übergehen. Für diese letzteren Verpflichtungen haftet lediglich der Rechtsvorgänger der Gesellschaft gemäß § 16 Abs. 3. Die vor der Besitzeszeit fällig gewesenen Ansprüche waren auf die Gesellschaft nicht übergegangen und können deshalb auf ihren Rechtsnachfolger nicht übergehen. — Daß der Erwerber ohne besondere Anmeldung der Gesellschaft gegenüber als Gesellschafter gilt, und ebenso derjenige, der den Geschäftsanteil an die Gesellschaft veräußert hatte, der Gesellschaft gegenüber ohne weiteres als Nichtgesellschafter, ist in Anm. 2 zu § 16 hervorgehoben worden.

Anm. 9. **Zusatz. Die Vorschrift des vorliegenden Paragraphen bezieht sich nicht auf die Inpfandnahme des Geschäftsanteils.** In der Inpfandnahme liegt kein Erwerb. In § 226 H.G.B., dem diese Vorschrift nachgeahmt ist, sind auch die Begriffe Erwerben und Zum-Pfandnehmen einander gegenübergestellt und Beides verboten. In unser Gesetz ist ein Verbot der letzteren Maßregel nicht hinübergenommen worden.

§ 34.

Die Einziehung (Amortisation) von Geschäftsanteilen darf nur erfolgen, soweit sie im Gesellschaftsvertrage zugelassen ist.

Ohne die Zustimmung des Anteilsberechtigten findet die Einziehung nur statt, wenn die Voraussetzungen derselben vor dem Zeitpunkt, in welchem der Berechtigte den Geschäftsanteil erworben hat, im Gesellschaftsvertrage festgesetzt waren.

Die Bestimmung in § 30 Abs. 1 bleibt unberührt.

Einleitung. **Der vorliegende Paragraph regelt die Einziehung oder Amortisation der Geschäftsanteile.** Die wirtschaftlichen Zwecke dieser Maßregel sind: 1. die Rentabilität der Gesellschaft für die übrigen Gesellschafter zu erhöhen. Denn der eingezogene Geschäftsanteil wird von dem Passivposten „Stammkapital" abgeschrieben. Dadurch erhöht sich die Möglichkeit des Vorhandenseins eines Überschusses der Aktiva über die Passiva, also eines verteilungsfähigen Reingewinns. 2. Das Ausscheiden eines Gesellschafters aus der Gesellschaft ohne Übertragung des Anteils an fremde Personen wird ermöglicht.

---

[1]) Im Falle der Einziehung eines Geschäftsanteils nach § 34 treten wesentlich andere Rechtsfolgen ein (vergl. Anm. 1 zu § 34).

I. Begriff und Wirkung der Einziehung oder Amortisation, insbesondere ihr Unterschied von Anm. 1. dem Erwerbe des Geschäftsanteils nach § 33 und von der Kaduzierung des Geschäftsanteils. Die Einziehung oder Amortisation ist ein Rechtsakt, durch welchen der Geschäftsanteil derart auf die Gesellschaft übergeht, daß Recht und Pflicht sich vereinigen und der Geschäftsanteil untergeht. Der Geschäftsanteil geht also auch hier, wie beim Erwerb nach § 33, auf die Gesellschaft über, aber die Wirkung dieses Überganges ist eine wesentlich andere, als nach § 33: Während dort der Geschäftsanteil trotz des Überganges auf die Gesellschaft nicht untergeht, sondern Rechte und Pflichten im Allgemeinen nur ruhen und wieder aufleben, wenn, was nach solchem Erwerbe zulässig ist, die Gesellschaft den Geschäftsanteil wieder veräußert (vergl. Näheres Anm. 8 zu § 33), vereinigen sich hier sämtliche[1]) Rechte und Pflichten durch Konfusion, und der Geschäftsanteil geht unter. Rechte und Pflichten ruhen nicht, sondern sie hören auf. Der Geschäftsanteil hört auf, auch nur ein Rechnungsfaktor bei Zählung der Stimmen, der Summe der Geschäftsanteile, der Ziffer des Stammkapitals, bei der Bemessung der Pflichten der Gesellschafter zu sein. In den Aktiven der Bilanz kann ein solcher Geschäftsanteil nicht weiter figurieren — denn er ist kein Vermögensobjekt mehr —, unter den Passiven mindert sich der Betrag des Stammkapitals um den Betrag des amortisierten Geschäftsanteils. Denn der Betrag des Stammkapitals ist gleich der Summe der Geschäftsanteile (§ 5 Abs. 3; § 14), und hier hat ja ein Geschäftsanteil zu existieren aufgehört, also mindert sich die Summe des Stammkapitals um den Betrag dieses Geschäftsanteiles, und es ist nicht zutreffend, sondern begriffswidrig und dem Gesetze widersprechend, wenn der Verfasser der Motive (S. 33) und mit ihnen Förtsch Anm. 1 a. E. dies leugnet (vergl. Staub H.G.B. Anm. 6 und 7 zu § 227). Hierdurch wächst für die übrigen Geschäftsanteile die Gewinnbeteiligungsmöglichkeit, da die Summe der am Gewinne beteiligten Anteilsrechte geringer wird; aber es wachsen auch die Pflichten der übrigen Gesellschafter, weil die Summe der Anteile, unter welche diese sich verteilen, geringer wird: letzteres bezieht sich z. B. auf die Nachschußverpflichtung nach § 26, auf die Pflicht der Ausfallsdeckung nach § 24.

Ist hiernach die Wirkung der Amortisation die rechtliche Vernichtung des Geschäfts- Anm. 2. anteils, so ist ferner hervorzuheben, daß mit dem Geschäftsanteil auch die noch nicht fälligen Gewinnbezugsrechte fortfallen, also die noch nicht fälligen Dividendenscheine bedeutungslos werden. Auch der redliche Erwerber kann keine Rechte daraus geltend machen.

Die Amortisation eines Geschäftsanteils bedeutet hiernach eine Herabsetzung des Stamm- Anm. 3. kapitals. Denn der Betrag des amortisierten Stammanteils muß vom Stammkapital gestrichen werden. Dieses wird also herabgesetzt. Nun spricht allerdings der § 58 des Gesetzes ex professo von der Herabsetzung des Stammkapitals und bezeichnet nur die dort vorgesehene Maßregel mit diesem Namen. Aber in weiterem Sinne ist auch die Einziehung, die in unserem Paragraphen behandelt ist, eine Herabsetzung des Stammkapitals, und überdies kann auch die in § 58 vorgesehene Kapitalsherabsetzung im Wege der Einziehung erfolgen. Erfolgt sie im Wege der Einziehung, dann ist der Unterschied zwischen der Transaktion des § 34 und der des § 58 lediglich der, daß bei § 34 die Einziehung aus dem Reingewinn erfolgt, bei § 58 nicht, und weil in § 58 die Kapitalsherabsetzung nicht aus dem Reingewinn erfolgt, deshalb sind die Gläubiger durch diese Kapitalsherabsetzung gefährdet, und deshalb sind in § 58 besondere Schutzmaßregeln zur Sicherung der Gläubiger vorgeschrieben. Man ist nach alledem sehr wohl berechtigt, die Transaktion des § 34 als eine außerordentliche Kapitalsherabsetzung, die des § 58 als die ordentliche Kapitalsherabsetzung anzusehen; die außerordentliche erfolgt ohne Beachtung der Gläubigerschutzvorschriften, die ordentliche unter Beachtung derselben. (Vergl. auch noch zu § 58.) Hierbei ist übrigens nur die Einziehung gegen Entgelt berücksichtigt; über die Einziehung ohne Entgelt siehe unten Anm. 18.

---

[1]) Auch die vor der Besitzeszeit fällig gewesenen Verpflichtungen, für diese haftet jedoch der Rechtsvorgänger nach § 16 Abs. 3 weiter (vergl. Anm 8 zu § 33). Es kann aber das Gegenteil vereinbart werden und wird oft den Umständen zu entnehmen sein.

Anm. 4. Es soll noch hervorgehoben werden, daß die Amortisation wohl zu unterscheiden ist von der Kaduzierung. Diese richtet sich gegen den Gesellschafter, nicht gegen den Geschäftsanteil: Der Gesellschafter geht bei der Kaduzierung seines Anteilsrechts verlustig, dieses selbst besteht fort, es geht auf die Gesellschaft über. Bei der Amortisation geht der Geschäftsanteil unter.

Anm. 5. II. **Die verschiedenen Arten der Amortisation.** Die Rechtsakte, durch welche die Einziehung, d. h. der Verlust der Mitgliedschaft zu Gunsten der Gesellschaft mit der Wirkung ihres Unterganges bewirkt wird, können verschiedene sein. Der Rechtsakt kann eine Kündigung sein, d. h. eine Erklärung der Gesellschaft, daß sie den Geschäftsanteil als eingezogen betrachte. Oder es kann eine Auslosung sein. Oder es kann ein Kauf sein oder ein sonstiges Erwerbsgeschäft sein, z. B. auch ein Vergleich.[1]) Es kann z. B. vereinbart werden, daß die Gesellschaft auf Regreßansprüche gegen die Gründer oder die Geschäftsführer verzichtet gegen Amortisation ihrer Geschäftsanteile. Auch durch Schenkung kann die Amortisation erfolgen (vergl. unten Arm. 18). Auch durch letztwillige Verfügung kann der Geschäftsanteil der Gesellschaft überlassen werden mit der Bedingung, daß dadurch die Amortisation bewirkt wird, und mit der Wirkung, daß sie bewirkt wird, wenn die Gesellschaft das Erbe annimmt.

Anm. 6. Selbstverständlich müssen, soweit es sich um Amortisation durch einseitige Rechtsakte der Gesellschaft handelt (Kündigung, Auslosung), die Bedingungen der Einziehung feststehen, ehe der Gesellschafter den Anteil erwirbt. Darüber bestimmt Abs. 2 unseres Paragraphen. Wenn aber dieser Voraussetzung genügt ist, so können die Bedingungen sehr verschiedener Art sein. Insbesondere ist es z. B. zulässig, daß im Gesellschaftsvertrage festgesetzt wird: Wer seine Verpflichtungen nach § 3 Abs. 2 nicht erfüllt, muß sich die Amortisation seines Geschäftsanteils gefallen lassen (vergl. Anm. 31 zu § 3). Oder: wenn ein bestimmter Gesellschafter stirbt, so hat die Gesellschaft das Recht, den Geschäftsanteil einzuziehen (in einem uns bekannt gewordenen Falle war dies mit Rücksicht darauf angeordnet, daß dem Gesellschafter bei seinen Lebzeiten ein enormes Übergewicht über die anderen Gesellschafter in Bezug auf Gewinnbezüge eingeräumt war). Oder: es kann angeordnet werden, daß, sobald ein Gesellschafter aufhört, Mitglied eines bestimmten Vereins (z. B. des Bundes der Landwirte) zu sein, er sich die Entziehung seines Geschäftsanteils gefallen lassen müsse. Dieser letztere Fall ist vom R.G. (49 S. 77) für das Aktienrecht abweichend entschieden worden. Das Reichsgericht meint, ein Ausschluß der Gesellschafter sei nur zulässig im Falle der Verzögerung ihrer Einlageverpflichtung, ferner bei Herabsetzung des Grundkapitals und endlich nach § 227 H.G.B. im Falle der Auslosung. Der letztere Punkt ist es, der nicht zutrifft. Der § 227 H.G.B. umfaßt keineswegs bloß den Fall der Auslosung. Die Kündigung ist in diesem Paragraphen ausdrücklich mit erwähnt, und es ist damit für zulässig erklärt, daß die Gesellschaft unter statutarisch festgelegten Voraussetzungen das Recht der Kündigung des Geschäftsanteiles und der Amortisation auf diesem Wege habe. Ganz das Gleiche gilt für unser Gesetz. Auch hier ist eine Einziehung des Geschäftsanteils ohne Zustimmung des betreffenden Gesellschafters für zulässig erklärt, und es ist für eine solche Einziehung nur bestimmt, daß die Voraussetzungen der Einziehung vor dem Erwerbe des Geschäftsanteils statutarisch festgelegt waren. Daß aber der § 34 Abs. 2 nicht bloß den Fall der Auslosung, sondern auch sonstige Fälle unfreiwilliger Einziehung im Auge hat, ist unzweifelhaft.

Anm. 7. Endlich aber kann die Gesellschaft solche Geschäftsanteile, welche sie zunächst gemäß § 33 erworben hat und welche sie an sich in der Lage wäre weiter zu veräußern, amortisieren, sofern nur die Voraussetzungen der Einziehung vorhanden sind.

Anm. 8. Die Amortisation ist, wie sich aus dem Gesetze ergiebt, ein gegen den Gesellschafter gerichteter Akt, durch welchen sein Geschäftsanteil vernichtet wird. Dieser Akt ist entweder ein einseitiger Akt der Gesellschaft, gerichtet gegen den Gesellschafter (Kündigung, Auslosung u. s. w.)

---

[1]) Über die Form des Rechtsgeschäfts gelten die Ausführungen zu § 15 Anm. 33 ffg.

oder eine Vereinbarung der Gesellschaft mit dem Gesellschafter. Dagegen kann die Amortisation nicht bewirkt werden durch einen einseitigen Akt des Gesellschafters, gerichtet gegen die Gesellschaft: dem Gesellschafter steht kein Kündigungsrecht zu und kann es auch durch Gesellschaftsvertrag nicht gewährt werden, insbesondere kann ihm auch nicht das Recht gewährt werden, den Geschäftsanteil zu amortisieren und sich dadurch von der Mitgliedschaft zu befreien.

III. **In welchem Augenblicke erfolgt die Amortisation, d. h. der Untergang des Geschäftsanteils?** Anm. 9. Das hängt von der Beschaffenheit des Rechtsaktes ab, auf welchem die Amortisation beruht. Bei der Auslosung ist es diese, bei der Kündigung diese, bei dem freiwilligen Erwerb dieser Akt. (Die Form des Erwerbes ist die des § 15). Es kann aber auch sein, daß der Gesellschaftsvertrag den Erwerb des Geschäftsanteils an die Übergabe des Anteilscheins knüpft; dann ist im Falle des freiwilligen Erwerbes erst im Augenblicke der Übergabe des Anteilscheins die Amortisation erfolgt. Einer Anmeldung des Erwerbsaktes bei der Gesellschaft bedarf es nicht (Anm. 2 zu § 16).

IV. **Die Voraussetzungen der Amortisation** sind: Anm. 10.

1. Erste Voraussetzung ist: Die Amortisation muß im Gesellschaftsvertrage zugelassen sein. Die herrschende Ansicht nimmt an, daß der Gesellschaftsvertrag nur die allgemeine Klausel zu enthalten brauche, die Einziehung von Geschäftsanteilen sei zulässig. Wir können uns dem nicht anschließen. Wie für das Aktienrecht, so ist auch hier anzunehmen, daß die Bedingungen der Einziehung in dem Gesellschaftsvertrage in solcher Weise feststehen müssen, daß die Einziehung nicht mehr ein Akt des freien Beliebens der Verwaltungsorgane ist. Hier in unserem Gesetze deutet auch das Wort „soweit" im ersten Absatz darauf hin. Es muß also z. B. gesagt sein, daß ein bestimmter Nennbetrag von Aktien eingezogen werden soll, in welcher Zeit, unter welchen Bedingungen; oder es muß gesagt werden, daß die Gesellschaft das Recht der Kündigung habe, sobald ein bestimmter Fall eintreten sollte, z. B. wenn der Gesellschafter stirbt oder aufhört, Mitglied eines bestimmten Vereins zu sein oder wenn auf den Geschäftsanteil Dividenden in bestimmtem Gesamtbetrag ausgezahlt sein werden u. s. w. (vergl. oben Anm. 6). Überall ist, wie gesagt, notwendig eine Festlegung der Einziehungsbedingungen derart, daß die Einziehung nicht lediglich ein Akt des freien Beliebens der Verwaltungsorgane ist. Stellt z. B. ein Gesellschafter seinen Geschäftsanteil der Gesellschaft zur Einziehung ohne Entgelt zur Verfügung, so wird der Beschluß dahin lauten: Der Gesellschaftsvertrag erhält folgenden Zusatz: Es wird beschlossen, den Geschäftsanteil, welchen der Gesellschafter A der Gesellschaft zur Verfügung gestellt hat, einzuziehen. Darin liegt die Zulassung des § 34 und zugleich der Beschluß des § 46 Nr. 4.

In dem Falle, daß die Einziehung durch einseitigen Rechtsakt, einen Zwangsakt Anm. 11. der Gesellschaft, erfolgen soll, ist sogar notwendig, daß diese Bedingung vor dem Erwerb des Geschäftsanteils durch den betroffenen Gesellschafter statutarisch festgelegt werden muß (Abs. 2; vergl. unten Anm. 14).

Im Übrigen kann die Bestimmung sowohl im ursprünglichen Gesellschaftsvertrage, Anm. 12. als im abgeänderten Gesellschaftsvertrage enthalten sein. Regelmäßig unterfällt ein solcher Statutenänderungsbeschluß den gewöhnlichen Vorschriften über den Statutenänderungsbeschluß. Es kann nicht für zutreffend erachtet werden, wenn Neukamp Anm. 2 stets Einstimmigkeit fordert, Liebmann Anm. 1 einen Majoritätsbeschluß zwar für gültig, aber für den Betroffenen für unverbindlich hält. Der Betroffene muß selbstverständlich zustimmen, weil in sein Sonderrecht eingegriffen wird (vergl. zu § 53). Solange mit dem betreffenden Beschluß nicht eine Vermehrung der Leistungen verbunden ist, braucht die Zustimmung aller übrigen Gesellschafter nicht zu erfolgen. Aber wenn dies der Fall ist, wenn an die Anteilsrechte Pflichten geknüpft sind (z. B. Nachschußpflichten, Pflichten gemäß § 3 Abs. 2, gemäß § 24) und solche noch entstehen können, so ist gemäß § 53 Abs. 3 die Zustimmung aller Gesellschafter erforderlich. Denn der Untergang des einen Anteilsrechts erhöht ja für die übrigbleibenden Geschäftsanteile die Verpflichtungen (vergl. oben Anm. 1).

Anm. 13. Liegt ein Statutenänderungsbeschluß nicht vor, so kann die Amortisation nicht erfolgen. Nicht einmal die Gesellschafterversammlung kann sie gültig beschließen, sofern nicht ein gültig zustandegekommener und eingetragener Statutenänderungsbeschluß vorliegt. Selbst die Zustimmung aller Gesellschafter ändert nichts an dem letzteren Erfordernisse.

Anm. 14. 2. Die zweite Voraussetzung ist: Es muß entweder der Gesellschafter in die Amortisation einwilligen oder es müssen die Bedingungen der Zwangsamortisation vor dem Erwerb des von der Einziehung betroffenen Geschäftsanteils statutarisch festgelegt sein. Diese Alternative liegt in der Natur der Sache. Wer einen Geschäftsanteil erwirbt und auf diese Weise einer Gesellschaft mit beschränkter Haftung beitritt, kann nur mit seinem Willen seine Mitgliedschaft verlieren, wenn er nur seine Einlageverpflichtungen erfüllt. Einen Ausschluß giebt es sonst nicht, außer wenn der Gesellschaftsvertrag die Bedingungen des Ausschlusses festgelegt hat, ehe er der Gesellschaft beitritt. Ist er einer Gesellschaft mit solchen Statuten beigetreten, so hat er sich diesen Bedingungen unterworfen und es bedarf dann seiner Zustimmung nicht, wenn die Bedingungen eintreten. Unter den Voraussetzungen der Zwangsamortisation, welche vor dem Erwerbe des Geschäftsanteils durch den Betroffenen statutarisch festgelegt sein müssen, sind, wie Förtsch Anm. 3 richtig bemerkt, diejenigen Bedingungen zu verstehen, welche den Abschluß eines besonderen Erwerbsvertrages mit dem Anteilsberechtigten entbehrlich machen, mit anderen Worten: die Bedingungen des Zwanges. Selbst dann, wenn man im Allgemeinen eine generelle Gestattung der Amortisation für zulässig hält (vergl. oben Anm. 10), setzt doch die Zwangsamortisation eine spezielle Festlegung der Bedingungen derselben voraus, damit nicht die Gesellschafter hinsichtlich der Zwangsamortisation dem freien Belieben der Gesellschaftsorgane unterworfen werden (Näheres oben Anm. 6).

Anm. 15. Im Übrigen können aber die Bedingungen sowohl im ursprünglichen, als im abgeänderten Gesellschaftsvertrage festgelegt sein (vergl. oben Anm. 12). Welcher Art die Bedingungen einer Zwangsamortisation sein müssen, darüber s. oben Anm. 10.

Anm. 16. 3. Die dritte Voraussetzung ist, daß gegen den § 30 Abs. 1 nicht verstoßen wird. Das schreibt unser Abs. 3 vor. Das bedeutet, daß durch die Einziehung und die dadurch eintretende Verringerung der Stammkapitalsziffer nicht ein verteilbarer Bilanzüberschuß erzeugt werden darf. Erfolgt dies, dann liegt im Sinne des vorliegenden Paragraphen ein Verstoß gegen § 30 Abs. 1 vor. Denn dann bewirkt die Einziehung die Verteilbarkeit von bisher unverteilbarem Gesellschaftsvermögen und dies ist wegen der Verschlechterung der Rechtsposition der gegenwärtigen Gläubiger nur mit ihrer Zustimmung oder nach ihrer Sicherstellung gemäß § 58 gestattet. Daraus folgt für die Amortisation gegen Entgelt Folgendes: Sie ist nur zulässig, wenn das Reinvermögen der Gesellschaft (Aktiva minus Schulden) durch die Zahlung des für die Einziehung zu gewährenden Äquivalents nicht unter die Ziffer des Stammkapitals herabsinkt. Die Amortisation ist also nur zulässig, wenn nach Bezahlung des Entgelts für den Erwerb des Geschäftsanteils soviel Reinvermögen der Gesellschaft (Aktiva minus Schulden) vorhanden bleibt, daß die zur Zeit bestehende Ziffer des Stammkapitals gedeckt ist. Nur aus einem etwaigen Überschusse dieser Art darf die Amortisation erfolgen. Dagegen können die Reserven zu den Kosten der Amortisation mit herangezogen werden. Ihre Schonung ist bei diesem Rechtsakte nicht vorgeschrieben, soweit es sich um echte Reserven handelt. (Über den Unterschied der echten von unechten Reserven siehe zu § 42). Der Weg des § 34 kann also eingeschlagen werden, wenn die Bilanzverhältnisse der Gesellschaft so beschaffen sind, daß vor der Einziehung ein Überschuß des Reinvermögens über das Stammkapital vorhanden ist, aus welchem die zum Erwerb der einzuziehenden Geschäftsanteile erforderlichen Mittel beschafft werden können. Dagegen kann nicht § 34 angewendet, sondern nur der Weg des § 58 eingeschlagen werden, wenn nicht schon vor der Einziehung, sondern erst nach der Einziehung und durch dieselbe, d. h. durch die Streichung des Nennbetrages der eingezogenen Geschäftsanteile von der Ziffer des Stammkapitals ein Überschuß des Reinvermögens über das Stammkapital entsteht. — Ist die Amortisation unter Verletzung des § 30 Abs. 1 erfolgt, so tritt die Rechsfolge des § 31 Abs. 1 ein, d. h. der Betrag muß von dem bezahlten Gesellschafter zurückgezahlt werden. Aber daraus folgt weiter — das ist wohl sicherlich gemeint —, daß das ganze Amortisationsgeschäft ungültig ist. Hat also die Gesellschaft zu einer Zeit, wo im Übrigen die Voraussetzungen der Kündigung eines Geschäftsanteiles vorliegen, diese Kündigung bewirkt, obgleich zu den Bedingungen der Kündigung auch die Auszahlung eines bestimmten Betrages an den gekündigten Gesellschafter gehörte und obgleich ferner der hierzu erforderliche Betrag aus einem Überschusse des Reinvermögens über das Stammkapital nicht zu decken war, so ist die Kündigung rechtsungültig. Das Gleiche ist der Fall bei einem Kaufe des Geschäftsanteils zum Zwecke der Amortisation aus Mitteln, die keinen Überschuß der gedachten Art bilden.

Doch ist nicht gerade notwendig, daß „Gelder" in Höhe jenes Überschusses vorhanden sind. Es genügt, daß Vermögen in dieser Höhe vorhanden ist. Es können ja behufs Auszahlung des Gesellschafters Kredite aufgenommen werden, wie ja auch die Dividendenverteilung nicht voraussetzt, daß flüssige Gelder zu diesem Zwecke zu den Bilanzaktiven gehören (vergl. Anm. 7 zu § 29). Anm. 17.

Wie liegt die Sache, wenn die Einziehung ohne Entgelt erfolgt? Daß auch diese im Wege des § 58 erfolgen kann, ist selbstverständlich. Ohne die Umständlichkeiten des § 58, auf dem einfachen Wege des § 34 kann sie dann erfolgen, wenn § 30 Abs. 1 nicht verletzt wird (vergl. § 34 Abs. 3). Wann ist dies hier der Fall? Durch die für den Erwerb des Geschäftsanteils erforderliche Aufwendung kann eine solche Verletzung hier begrifflich nicht erfolgen, weil ja nichts aufgewendet wird. Allein eine Verletzung des § 30 Abs. 1 würde dann vorliegen, wenn durch die Einziehung und die dadurch erfolgende Verminderung der Stammkapitalsziffer ein verteilbarer Überschuß der Aktiva über die Passiva hergestellt werden würde. Schon der Umstand, daß lediglich durch die Einziehung die Möglichkeit eines verteilbaren Bilanzüberschusses entsteht, verletzt den § 30 Abs. 1. Wird aber nur eine vorhandene Unterbilanz durch die Einziehung getilgt, wird die Stammkapitalsziffer nicht in höherem Grade vermindert, als bis zur Ausgleichung der Aktiv- und Passivziffern, so entsteht durch die Einziehung kein verteilbarer Überschuß und von einer Verletzung des § 30 Abs. 1 kann keine Rede sein. Die gegenwärtigen Gläubiger sind nicht gefährdet und es liegt keine Veranlassung vor, die Einziehung nach § 34 zu versagen und sie nur unter Beobachtung der Gläubigerschutzvorschrift nach § 58 zuzulassen. Dagegen kann eine Verletzung des § 30 Abs. 1 hier nicht deshalb angenommen werden, weil infolge der Einziehung und der dadurch eintretenden Verringerung der Stammkapitalsziffer in der Zukunft, im Verlaufe der weiteren Betätigung des Gesellschaftslebens, ein verteilungsfähiger Bilanzüberschuß sich leichter ergeben kann, als wenn die Einziehung nicht erfolgt und die Stammkapitalsziffer unvermindert geblieben wäre. Denn wollte man auf Grund dieser Erwägung den § 30 Abs. 1 als verletzt ansehen, so stände dies jeder Einziehung entgegen; denn jede Einziehung hat diese Folge. — Eine hiernach gegen § 30 Abs. 1 verstoßende Einziehung ist ungültig (vergl. Anm. 16). Anm. 18.

4. Die vierte Voraussetzung ist: die Geschäftsanteile müssen voll bezahlt sein. Diese Voraussetzung ist zwar in unserem Paragraphen nicht hervorgehoben, aber der § 19 Abs. 2 ergiebt dies. Denn in der Amortisation eines nicht voll bezahlten Geschäftsanteils läge, da durch die Amortisation Rechte und Pflichten untergehen, der Erlaß der rückständigen Einlagen. Dies aber ist unstatthaft, außer im Wege der Herabsetzung des Grundkapitals. Die Amortisation ist deshalb nicht zulässig, wenn der Geschäftsanteil nicht voll eingezahlt ist (vergl. auch Motive S. 33). Auch die Annahme, daß der Veräußerer des Anteils nach § 16 Abs. 3 für die rückständigen Einlagen weiter haftet (vergl. Anm. 1 Fußnote 1) oder eine etwaige Abrede, daß er für sie weiter haften soll, ändert daran nichts, da eine solche Haftung keine ächte und rechte Einlageschuld mit ihren eigentümlichen Folgen und Beitreibungsmodalitäten (Kaduzierung des Anteils Anm. 19.

u. s. w.) darstellen würde. Auch der Hinweis auf § 33 Abs. 1 ist ein gewichtiges Argument. Es kann also die Amortisation des § 34 nicht gewählt werden, wenn es sich um nicht vollbezahlte Geschäftsanteile handelt. Auf dem Wege des § 58 ist auch eine Amortisation solcher Anteile möglich, wie § 58 Abs. 2 ergiebt.

Anm. 20. 5. Voraussetzung der Amortisation ist nicht, daß die Ziffer des Stammkapitals nach erfolgter Amortisation, also nach Streichung des Betrages des eingezogenen Geschäftsanteiles noch 20000 Mk. beträgt. Diese Voraussetzung ist in § 58 Abs. 2 nur bei der ordentlichen, eigentlichen Stammkapitalsherabsetzung aufgestellt, nicht bei der hier vorgesehenen außerordentlichen oder uneigentlichen. — Auch Teile von Geschäftsanteilen können amortisiert werden. Der Geschäftsanteil darf hierbei nicht unter 500 Mark sinken und muß durch 100 teilbar bleiben; denn § 17 Abs. 4 findet Anwendung (vergl. Anm. 4 zu § 33).

Anm. 21. V. Enthalten die Statuten die oben Anm. 14 vorgesehenen Bedingungen, dann ist die Ausführung der Amortisation lediglich eine Verwaltungshandlung. Doch muß diese Verwaltungshandlung nach § 46 Nr. 4, wenn die Statuten nichts Abweichendes bestimmen, durch die Gesellschafter beschlossen werden. Dies aber ist nur eine Vorschrift von dispositiver und von interner Bedeutung. Im Gesellschaftsvertrage kann sie abgeändert werden, und, wenn sie auch nicht abgeändert ist, so hat ihre Nichtbeachtung auf die Rechtsgültigkeit des Amortisationsaktes keinen Einfluß.

Anm. 22. **Zusatz 1. Die Amortisation muß zum Handelsregister angemeldet werden,** nachdem sie erfolgt ist; denn sie enthält eine Veränderung des Stammkapitals. Die Bestimmung des § 58 Nr. 3 muß insoweit analog angewendet werden.

Anm. 23. **Zusatz 2. An Stelle der amortisierten Geschäftsanteile können den Gesellschaftern Genußscheine gegeben werden.** Über diese s. Anm. 18 im Exkurse zu § 14.

Anm. 24. **Zusatz 3. Der Betrag der amortisierten Geschäftsanteile ist nicht etwa zu einem Reservefonds zu nehmen und den Passiven einzureihen.** Für das Aktienrecht ist das behauptet, von uns aber verneint worden (vergl. Staub H.G.B. Anm. 13 zu § 227). Für unser Gesetz muß das Gleiche gelten.

Dritter Abschnitt.

Vertretung und Geschäftsführung.

§ 35.

Die Gesellschaft wird durch die Geschäftsführer gerichtlich und außergerichtlich vertreten.

Dieselben haben in der durch den Gesellschaftsvertrag bestimmten Form ihre Willenserklärungen kundzugeben und für die Gesellschaft zu zeichnen. Ist nichts darüber bestimmt, so muß die Erklärung und Zeichnung durch sämtliche Geschäftsführer erfolgen. Ist der Gesellschaft gegenüber eine Willenserklärung abzugeben, so genügt es, wenn dieselbe an einen der Geschäftsführer erfolgt.

Die Zeichnung geschieht in der Weise, daß die Zeichnenden zu der Firma der Gesellschaft ihre Namensunterschrift beifügen.

Einleitung. Der vorliegende Paragraph behandelt einzelne allgemeine Vorschriften über die rechtliche Stellung der Geschäftsführer und über die Art, wie sie ihr Amt auszuüben haben.

Weitere Vorschriften allgemeiner Art über die Stellung der Geschäftsführer enthält § 6. Dort haben wir nur eine summarische Erläuterung gegeben. Die Erörterung der dort vom Gesetze behandelten Punkte soll hier im Zusammenhange erfolgen.

Um die Übersicht herzustellen, wird die Erläuterung in der Weise erfolgen, daß zunächst diejenigen Materien erörtert werden, welche der § 35 behandelt, sodann in einem Zusatze diejenigen Materien, welche der § 6 behandelt, und endlich in einem weiteren Zusatze weitere, eng damit zusammenhängende, im Gesetze nicht ausdrücklich behandelte Materien.

Der § 35 behandelt in Abs. 1 die rechtliche Stellung der Geschäftsführer überhaupt, in Abs. 2 die Art der Abgabe ihrer Willenserklärungen, in Abs. 3 die Form der Zeichnung. Anm. 1.

I. (Abs. 1.) **Der allgemeine Charakter der rechtlichen Stellung der Geschäftsführer ist in Abs. 1 dahin bestimmt, daß sie die Gesellschaft gerichtlich und außergerichtlich vertreten.**

Damit ist aber die rechtliche Stellung der Geschäftsführer nicht erschöpfend angegeben. Nur die eine Seite derselben, ihre Stellung als gesetzliche Vertreter der Gesellschaft, ist damit gekennzeichnet. Die Geschäftsführer sind aber ferner ihr wirksamstes geschäftsführendes Organ. Sie sind das ordentliche ständige Organ der Gesellschaft für Vertretung und Geschäftsführung.[1]

1. **Die Geschäftsführer vertreten die Gesellschaft gerichtlich und außergerichtlich.** Anm. 2.

a) Sie haben dadurch die Stellung eines gesetzlichen Vertreters der Gesellschaft. Zwar ist das hier nicht, wie in § 26 Abs. 2 B.G.B. für den Vorstand eines rechtsfähigen Vereins, ausdrücklich hervorgehoben. Allein diese letztere Gesetzesvorschrift ist hier subsidiär anwendbar (Allgemeine Einleitung Anm. 3 u. 4). Daraus folgt, daß alle diejenigen Vorschriften, welche die Gesetze für den gesetzlichen Vertreter eines Vereins geben, auf die Geschäftsführer einer Gesellschaft mit beschränkter Haftung angewendet werden müssen, soweit nicht Spezialvorschriften hier entgegenstehen.

Die Geschäftsführer sind gesetzliche Vertreter. Das bedeutet: sie sind das vom Gesetz geforderte ordentliche ständige Organ für die Vertretung der Gesellschaft. Sie sind nicht etwa ihr ausschließliches Vertretungsorgan und nicht etwa ihr absolut notwendiges Vertretungsorgan. Denn ausnahmsweise hat auch der Aufsichtsrat, wenn ein solcher bestellt ist, die gesetzliche Vertretungsbefugnis (§ 52 des Gesetzes, § 247 H.G.B.), ausnahmsweise auch andere ad hoc bestellte Personen (§ 46 Nr. 8), und ganz ausnahmsweise auch die Generalversammlung (nämlich bei der Bestellung der Geschäftsführer (vergl. unten Anm. 41) und endlich kann die Gesellschaft mit beschränkter Haftung auch durch andere Bevollmächtigte vertreten werden, die nicht als gesetzliche Vertreter bezeichnet werden können (Prokuristen, Handlungsbevollmächtigte u.sw.). Die Geschäftsführer sind aber auch nicht ein absolut notwendiges Vertretungsorgan. Das Gesetz verlangt dieses Organ zwar als Norm und Regel. Aber die Geschäftsführer können während des Bestehens der Gesellschaft fehlen, sei es, daß sie abberufen werden, ohne daß sofort Ersatz gefunden oder geschafft wird, oder daß ein Geschäftsführer plötzlich stirbt. Weder hört dadurch die Gesellschaft zu existieren auf, noch ist es richtig, wenn Planck (Anm. 2 zu § 26 B.G.B.) sagt, daß, solange der rechtsfähige Verein einen Vorstand nicht hat, Rechtsgeschäfte weder von dem Verein, noch dem Verein gegenüber vorgenommen werden können. Die Gesellschaft kann vielmehr un- Anm. 3.

[1] Der Ausdruck Geschäftsführer ist, wie bei dieser Gelegenheit hervorgehoben werden mag nicht glücklich gewählt. Denn das eigentlich charakteristische oder wenigstens das mehr hervorstechende, nach außen mehr hervortretende Element ihrer rechtlichen Stellung ist ihre Eigenschaft als Vertretungsorgan. Mit dem Worte Geschäftsführung aber wird sonst das Verhältnis nach innen bezeichnet (vergl. auch die Überschrift des dritten Abschnitts: „Vertretung und Geschäftsführung“). Es ist nicht ersichtlich, warum man nicht die Bezeichnung Vorstand, wie bei der Aktiengesellschaft, oder, wenn man ein anderes Wort gebrauchen wollte, den Ausdruck Vorsteher gewählt hat. Doch das nur nebenbei.

gestört weiter funktionieren, die Beamten und Bevollmächtigten der Gesellschaft besorgen ihre Geschäfte, und nur diejenigen Rechtshandlungen können nicht vorgenommen werden, welche zur ausschließlichen Machtbefugnis der Geschäftsführer von Gesetzeswegen gehören (z. B. die Anmeldung einer Kapitalserhöhung). Auch ist es deshalb nicht richtig formuliert, wenn Neukamp Anm. 2 sagt: Rechtsgeschäftliche Akte können Namens der Gesellschaft nur durch die Geschäftsführer vorgenommen werden. Weder trifft dies zu, wenn die Gesellschaft Geschäftsführer hat, noch, wenn sie zeitweilig keine hat. In beiden Fällen können auch durch sonstige Vertreter Rechtshandlungen in ihrem Namen vorgenommen werden.

Anm. 4. b) Der Umfang der Vertretungsbefugnis erstreckt sich auf alle gerichtlichen und außergerichtlichen Angelegenheiten. Er ist unbeschränkt und unbeschränkbar, oder vielmehr: er unterliegt lediglich denjenigen Beschränkungen, welche das Gesetz macht.

Was insbesondere die gerichtlichen Angelegenheiten betrifft, so sind die Geschäftsführer gesetzliche Vertreter der Gesellschaft im Sinne des § 51 C.P.O. Demgemäß haben sie auch die Parteieide für die Gesellschaft zu leisten, und zwar diejenigen Geschäftsführer, die zur Zeit der Eidesleistung Geschäftsführer sind (R.G. 2 S. 400 für das Aktienrecht). Folgeweise können sie auch nicht als Zeugen vernommen werden. Wie dies für das Aktienrecht (R.G. 2 S. 400; vergl. R.G. 14 S. 20) angenommen wird, so muß es auch hier gelten. Die Meinung Rings (Anm. 8 zu Art. 227 des alten H.G.B.) und Förtsch Anm. 3, daß diejenigen Geschäftsführer, welche die Vertretung im Prozesse nicht ausüben, als Zeugen vernommen werden können, kann nicht gebilligt werden. Denn auch ein solcher Geschäftsführer bleibt ein gesetzlicher Vertreter der Gesellschaft und kann zum Parteieide herangezogen werden (§§ 473, 474 C.P.O.). Zustellungen und Ladungen können an jeden Geschäftsführer erfolgen, auch wenn er allein zur Vertretung nicht berechtigt ist (§ 171 Abs. 3 C.P.O.; vergl. unseren Paragraphen Abs. 2 Satz 3). Will ein Geschäftsführer die Gesellschaft verklagen, z. B. auf Gewährung von Gehalt, so kann er nicht an sich selbst zustellen (§ 181 B.G.B.). Zur Vertretung der Gesellschaft muß eventuell, wenn nämlich die Gesellschaft einen anderen Geschäftsführer nicht hat, ein solcher vom Amtsgericht gemäß § 29 B.G.B. (vergl. unten Anm. 42) oder ein Prozeßpfleger bestellt werden nach § 57 C.P.O. (R.G. 1 S. 404).

Anm. 5. Auch in öffentlichrechtlicher Hinsicht vertreten die Geschäftsführer die Gesellschaft, so gegenüber den Stempelbehörden, den Polizeibehörden 2c. Wegen der Haftung in solchen Angelegenheiten siehe Anm. 7 zu 13 und Anm. 8ffg. zu § 36.

Anm. 6. 2. **Die Geschäftsführer sind außerdem das ordentliche geschäftsführende Organ der Gesellschaft.** Sie sind ihre ständige geschäftsführende Behörde, welcher zunächst eine Reihe von Geschäftsführungspflichten schon von Gesetzeswegen unentziehbar zugewiesen sind (Sorge für die Buchführung § 41; Einreichung der Listen § 40; Beantragung des Konkurses § 64), und welcher außerdem die ganze Geschäftsführung obliegt, soweit sie nicht durch Gesetz oder Statuten anderen Organen zugewiesen ist. Aber hinsichtlich der Geschäftsführung kann im Übrigen anderen Organen so viel Macht über die Geschäftsführer selbst zugewiesen sein, daß diese dadurch im großen und ganzen zu Exekutivbeamten des Aufsichtsrats herabgedrückt werden. Bis auf die erwähnten unentziehbaren Geschäftsführungsakte kann derjenige Aufsichtsrat, dessen Anweisungen die Geschäftsführer zu folgen haben, diesen die Geschäftsführung auch ganz entziehen, nicht bloß bruchstückweise. Diese Geschäftsführungsentziehung in Bausch und Bogen nennt man **Suspension.** Wie bereits erwähnt, ist hierbei zweierlei zu berücksichtigen: einmal, daß nur derjenige Aufsichtsrat sie aussprechen kann, dessen Anweisungen die Geschäftsführer zu befolgen haben; ein Aufsichtsrat, dem diese übergeordnete Stellung nicht eingeräumt wurde, würde das Recht der Suspension nicht haben. Insbesondere würde es nicht genügen, wenn ihm das Recht eingeräumt würde, die Bestellung der Geschäftsführer zu widerrufen. Man könnte nicht etwa sagen, im maius liege das minus. Denn Suspension ist gegenüber dem Widerruf nicht ein minus, sondern zugleich ein aliud, und es ist wohl denkbar, daß die Statuten dem Aufsichtsrat die eine Maßregel anvertrauen wollen, aber nicht die andere. Was hier vom Aufsichtsrat gesagt ist, gilt von jeder anderen Stelle, welche den Geschäftsführern in der hier bezeichneten Weise nach dem Gesetze oder den Statuten übergeordnet ist, z. B. der Gesellschafterversammlung (§ 46 Nr. 5 u. 6). Und ferner ist zu erwägen, daß eine totale Suspension deswegen nicht erfolgen kann, weil es unentziehbare Geschäftsführungsakte giebt.

Sind mehrere Geschäftsführer vorhanden, so sind für ihre Beschlußfassungen die Bestimmungen des B.G.B. §§ 28, 32, 34 hier ebensowenig subsidiär anwendbar, wie beim Vorstand im Aktienrecht, weil der Zusammenhang der aktienrechtlichen Vorschriften ein anderes ergiebt, nämlich im Zweifel Kollektivgeschäftsführung (anders für das Aktienrecht Simon in G.Z. 49 S. 12; danach würde die Beschlußfassung nach dem Mehrheitsprinzip erfolgen; ebenso Ring Nr. 7 zu § 231 H.G.B.; Makower Anm. III zu § 231 H.G.B.; für unsere Ansicht aber Denkschrift zum H.G.B. S. 140). Es können auch durch Statut oder Gesellschafterbeschluß oder durch den Aufsichtsrat den einzelnen Geschäftsführern einzelne Zweige der Geschäftsführung überwiesen werden, z. B. dem technischen Leiter die Fabrikation, dem kaufmännischen der Verkauf und die Buchführung. In solchen Fällen haftet jeder Geschäftsführer der Gesellschaft nur in Betreff der ihm überwiesenen Tätigkeit (R.G. 12 S. 76). Tritt dagegen eine Teilung dieser Art durch Vereinbarung unter den Geschäftsführern selbst ein, so ist dies der Gesellschaft gegenüber ohne Wirkung (R.G. 12 S. 76). Die öffentlichrechtlichen Pflichten der Geschäftsführer (z. B. für übersichtliche Buchführung) werden auch durch statutarische oder sonstige Geschäftseinteilung nicht berührt (vergl. Staub H.G.B. Anm. 3 zu § 38; auch unten zu § 41). Anm. 7.

II. (Abs. 2.) **Der Abs. 2 enthält die Vorschriften über Allein- oder Kollektivvertretung der Geschäftsführer.** Sonderbarer Weise bezeichnet dies Abs. 2 unseres Paragraphen als „die Form" der Willenserklärung. Das ist jedoch keine Formvorschrift, sondern eine materielle Vorschrift. Von der Form der Willenserklärungen der Geschäftsführer handelt Abs. 3. Anm. 8.

1. **Voranzustellen ist hier die Bestimmung des Absatzes 2 Satz 3, wonach zur Empfangnahme von Willenserklärungen, die der Gesellschaft gegenüber abzugeben sind, stets Einzelvertretungsbefugnis gilt.** Also auch dann, wenn die Geschäftsführer nur Kollektivvertretungsbefugnis haben, sind doch Willenserklärungen, welche der Gesellschaft gegenüber abzugeben sind, der Gesellschaft gegenüber abgegeben, wenn sie an einen Geschäftsführer abgegeben sind. Diese gesetzliche Einzelvertretungsbefugnis kann auch durch den Gesellschaftsvertrag nicht ausgeschlossen werden (§ 28 Abs. 2, § 40 B.G.B.). Beispiele sind: Entgegennahme von Vertragsofferten, Kündigungen, Mängelanzeigen, Fristbestimmungen, Wahlanzeigen.

   Zugleich liegt hierin ein durchschlagendes Argument für die schon unter dem früheren Recht herrschend gewesene Ansicht, daß, *wo es auf das Wissen einer Tatsache ankommt*, die Kenntnis auch nur eines Kollektivvertreters genügt, um die Unredlichkeit der Gesellschaft zu begründen (vergl. Bolze 16 Nr. 231; Staub H.G.B. Anm. 9 zu § 48). Haben daher zwei kollektivberechtigte Geschäftsführer einen Rechtsakt für die Gesellschaft vorgenommen und fällt auch nur einem von ihnen betrügerisches Verhalten zur Last, so hat die Gesellschaft dies zu vertreten (R.G. vom 12. Dezember 1898 in J.W. 1899 S. 46). Vom Wissenmüssen gilt das Gleiche nicht.

2. **Im Übrigen, d. h. also für Willenserklärungen der Gesellschaft selbst gilt als gesetzliche Regel die Kollektivbefugnis der Geschäftsführer, doch so, daß der Gesellschaftsvertrag hierüber Anderes bestimmen kann.** Anm. 9.

   a) **Gesetzliche Regel ist die Kollektivvertretungsbefugnis der Geschäftsführer** (Kollektiv- oder Gesamtvertretung). Über diese Kollektivvertretung gelten folgende Regeln:

      α) *Die Kollektivvertretung ist keine beschränkte Vertretung.* Wie die Gesamtprokura eine volle Prokura ist, nur getragen von einer Mehrheit von

Personen (vergl. Staub H.G.B. Anm. 9 zu § 48), so liegt hier eine Vertretungsbefugnis, nur getragen von mehreren Geschäftsführern, vor.

Anm. 10. Demgemäß bezieht sich denn auch die Kollektivvertretung auf Rechtsakte aller Art in dem vollen Umfange des § 35 Abs. 1 und § 37 Abs. 2, und kann nicht eingeschränkt werden auf einzelne Akte oder Geschäftszweige oder Arten von Rechtshandlungen. Wenn sich dennoch Eintragungen im Handelsregister finden, wonach mehrere Geschäftsführer zur Zeichnung der Firma gemeinschaftlich berechtigt sind, so sind solche Eintragungen zwar nicht korrekt, aber doch nicht ungültig, da ihr Inhalt dahin auszulegen ist, daß sie sich auf die Vertretungsbefugnis überhaupt beziehen (R.G. 24 S. 27; Johow 15 S. 98). Die Anordnung der Vertretungsbefugnis derart, daß jeder Geschäftsführer im Allgemeinen allein Vertretungsbefugnis habe, für einzelne Arten von Geschäften aber (z. B. für Eingehung von Wechselverbindlichkeiten) die sämtlichen Geschäftsführer nur Kollektivvertretungsbefugnis haben sollen, ist nicht statthaft.

Anm. 11. β) Die Ausübung der Kollektivvertretung. Soll der Rechtsakt bindend sein, so müssen die sämtlichen Kollektivvertreter mitwirken. Fälle dringender Gefahr sind nicht ausgenommen. Brauchen sie auch nicht gerade stets den Rechtsakt in unmittelbarer Gemeinsamkeit vorzunehmen, so muß sich der Akt doch immerhin als ein von allen Kollektivberechtigten getätigter darstellen, die rechtserhebliche Erklärung muß von allen abgegeben sein (vergl. Staub H.G.B. Anm. 10 zu § 48). Von diesem Gesichtspunkte aus ist zu beurteilen, ob im einzelnen Falle bei nicht gleichzeitigem Handeln der Kollektivberechtigten dennoch ein verpflichtender oder sonst rechtsverbindlicher Akt (z. B. eine rechtserhebliche Kündigung) vorliegt. An sich ist vorherige oder nachträgliche Mitwirkung nicht immer unzulässig (R.O.H. 16 S. 33; Bolze 8 Nr. 548). Auch Mitwirkung durch konkludente Handlungen ist nicht ausgeschlossen (R.O.H. 6 S. 392; 12 S. 34; 17 S. 402), wie z. B., wenn nur ein Kollektivvertreter verhandelt, der andere zuhört und nicht widerspricht. Solennes Mitwirken kann durch die Natur der einzelnen Akte geboten sein (Wechselunterschriften, Abstimmung bei Generalversammlungen). Aber wo es auch nicht durch die Natur des betreffenden Aktes geboten ist, muß doch, damit überhaupt dem Begriff der Kollektivvertretungshandlung entsprochen wird, eine wirkliche Mitwirkung bei dem betreffenden Akte vorliegen, die Zustimmung darf nicht ein Internum der Kollektivvertreter bleiben (R.G. 40 S. 19; R.G. vom 31. Januar 1898 in J.W. S. 164, 165; Johow und Ring Band 20 S. A. 75). Ein allgemeiner Auftrag eines Kollektivvertreters an den anderen genügt nicht, um das Erfordernis der Mitwirkung zu erfüllen (Bolze 4 Nr. 807; Johow und Ring Band 20 S. A. 76; Behrend § 128 Anm. 10). Vergl. jedoch unten Anm. 14. Keineswegs genügt es schließlich, „daß ein Geschäftsführer unter solchen Umständen redend auftritt, daß der Dritte annehmen konnte, aus seinem Munde spreche der Gesamtvorstand der Gesellschaft". (So O.L.G. Hamburg in G.Z. 35 S. 246.) War vielmehr in solchem Falle der einzelne Geschäftsführer nicht allein vertretungsberechtigt, so hat er seine Machtbefugnisse überschritten und verpflichtete nicht die Gesellschaft, sondern sich selbst nach § 179 B.G.B. (vergl. unten Anm. 13 zu § 36).

Anm. 12. γ) Der Beweis der Mitwirkung ist von Dem zu führen, der sich darauf stützt. Er wird nicht angetreten durch Anbietung des Beweises, daß die Erklärung mit Wissen und Willen des anderen Kollektivvertreters abgegeben wurde; es muß vielmehr dargelegt werden, worin die Mitwirkung bestanden hat (R.O.H. 17 S. 402; Bolze 8 Nr. 548). Im Grundbuchverkehr muß der Nachweis in urkundlicher Form geführt werden (Johow und Ring 20 S. A. 76) und auch sonst in manchen Fällen (vergl. § 2 Abs. 2 unseres Gesetzes, ferner Anm. 42 zu § 15).

Anm. 13. δ) Ein Kollektivgeschäftsführer, der ohne Mitwirkung des anderen

In Ermangelung besonderer Bestimmungen des Gesellschaftsvertrages finden die Vorschriften der §§ 46 bis 51 Anwendung.

Der vorliegende Paragraph enthält eine allgemeine Bestimmung darüber, wie die Gesellschafter ihre Rechte in den Angelegenheiten der Gesellschaft, insbesondere in Bezug auf die Führung der Geschäfte auszuüben haben. Einleitung.

I. **Die rechtliche Bedeutung des vorliegenden Paragraphen.** Gemeint sind wohl lediglich die Rechte der Gesellschafter in Bezug auf die Führung der Geschäfte. Es ist wenigstens nicht ersichtlich, welche sonstigen Rechte „in den Angelegenheiten der Gesellschaft" gemeint sein sollen. Es handelt sich lediglich um die Frage: welche Vorschriften sind für die Art und Weise maßgebend, in welcher die Gesellschafter auf die Führung der Geschäfte, auf die Verwaltung der Gesellschaft einwirken können. Anm. 1.

Die Art, wie das Gesetz hierüber Bestimmung trifft, ist eigentümlich und auf den ersten Blick widerspruchsvoll. Denn im ersten Absatz ist gesagt: Hierüber bestimmt der Gesellschaftsvertrag, soweit nicht gesetzliche Vorschriften entgegenstehen. Im zweiten Absatz ist gesagt: Hierüber bestimmen die gesetzlichen Bestimmungen in §§ 46—51, soweit nicht der Gesellschaftsvertrag entgegensteht. Der wahre Sinn der beiden Absätze ist folgender: In erster Linie bestimmt über die Art, wie die Gesellschafter ihre Rechte in Bezug auf die Führung der Geschäfte auszuüben haben, der Gesellschaftervertrag. Dieser darf aber nicht gegen zwingende Gesetzesvorschriften verstoßen. Soweit letzteres aber nicht der Fall ist, ist in erster Linie der Gesellschaftsvertrag maßgebend, und die gesetzlichen Vorschriften kommen erst dann zur Anwendung, wenn der Gesellschaftsvertrag nichts Entgegenstehendes bestimmt. Anm. 2.

II. **Der vorliegende Paragraph bestimmt also hauptsächlich, welche Gesetzesvorschriften für das Maß der gesellschaftlichen Herrschaftsrechte (Mitverwaltungsrechte) der Gesellschafter maßgebend sind, und bestimmt ferner, daß diese Regeln dispositiver Natur sind, durch den Gesellschaftsvertrag also abgeändert werden können.** Anm. 3.

A. **Es wird bestimmt, welche Gesetzesvorschriften für das Maß der gesellschaftlichen Herrschaftsrechte der Gesellschafter maßgebend sind.** Das sind die §§ 46—51. **Der Kern dieser Vorschrift ist der, daß die gesellschaftlichen Herrschaftsrechte sich konzentrieren in dem Beschlusse der Gesellschafter: die Gesellschafter als beschließende Behörde bilden ein Organ der Gesellschaft.** Anm. 4.

Im Einzelnen ist hierüber Folgendes zu sagen.

1. **Man muß von den Gesellschaftern als Beschlußorgan sprechen.** Man kann nicht von einer Generalversammlung oder von einer Gesellschafterversammlung als dem Beschlußorgan sprechen, da die Gesellschafter auch ohne Versammlung beschließen können (§ 48 Abs. 2). Anm. 5.

2. **Die Gesellschafter als Beschlußorgan der Gesellschaft sind regelmäßig nur beschließendes, also geschäftsführendes, nicht Vertretungsorgan der Gesellschaft.** Ordentliches Vertretungsorgan der Gesellschaft sind die Geschäftsführer, ausnahmsweise auch der Aufsichtsrat (vergl. Anm. 3 zu § 35). Aber ausnahmsweise sind allerdings auch die Gesellschafter als Beschlußorgan zur Vertretung der Gesellschaft nach außen berufen. Die Anstellungsverträge, welche die Gesellschafter als Beschlußorgan mit denjenigen Personen schließen, welche ihre Organe (Geschäftsführer oder Aufsichtsrat) werden sollen, und welche sie in den Fällen sogar schließen müssen, wenn ein anderes Vertretungsorgan der Gesellschaft nicht vorhanden ist, sind juristisch nur so konstruierbar, daß in solchen Fällen die Gesellschafter als Beschlußorgan ein Kollegium bilden, welches, wie in gewissen Fällen das Aufsichtsratskollegium, die Gesellschaft vertritt. Das Gleiche gilt von der Bestellung von Vertretern zur Prozeßführung gegen die Geschäftsführer, wenn ein anderer Geschäftsführer nicht besteht (§ 46 Nr. 8). Anm. 6.

3. **Als geschäftsführendes Organ sind die Gesellschafter in der Weise tätig,** daß sie Beschlüsse fassen, durch welche sie auf die Geschäftsführung der anderen Organe (veranlassend, hindernd, Anm. 7.

genehmigend) einwirken. In anderer Weise sind sie geschäftsführend nicht tätig. Will man die Beschlußfassung Geschäftsführung nennen, so ist dagegen nichts einzuwenden. Die Beschlüsse der Gesellschafter sind bindend für die einzelnen Gesellschafter und für die Gesellschaftsorgane, welche letzteren durch dieselben der Gesellschaft gegenüber entlastet werden (vergl. unten Anm. 26 u. 27).

Anm. 8. 4. **Der Zuständigkeit der Gesellschafter als Beschlußorgans** unterliegen zunächst diejenigen Gegenstände, welche das Gesetz diesen ausdrücklich zuweist. Es wird verwiesen auf die §§ 46 und 53.

Anm. 9. Die Zuständigkeit kann durch die Statuten auch erweitert werden. Die Statuten können anordnen, daß über diesen oder jenen Gegenstand nur die Gesellschafter zu bestimmen haben.

Anm. 10. Aber außerdem muß angenommen werden, daß die Gesellschafter über alles bindend beschließen können, was ihrer Zuständigkeit nicht durch Statut entzogen ist. Wie dies im Aktienrecht angenommen wird (vergl. Staub H.G.B. Anm. 7 zu § 250), so muß es auch hier gelten. Die Erwägungen sind die gleichen. Die Gesellschafter sind die Herren der Gesellschaft. Sie können wohl ihre Zuständigkeit beschränken, sie müssen sich auch gefallen lassen, wenn das Gesetz ihre Zuständigkeit beschränkt. Aber soweit weder das Gesetz ihre Zuständigkeit beschränkt hat, noch sie selbst ihre Zuständigkeit beschränkt haben, muß als ihr naturgemäßer Wille angenommen werden, daß sie die Schicksale ihrer Gesellschaft selbst bestimmen wollen. Eine Beschränkung durch das Statut liegt aber nicht schon dann vor, wenn das Statut bestimmt, daß ein anderes Gesellschaftsorgan die betreffende Funktion habe (vergl. hierüber unten Anm. 31). Das bedeutet nur, daß, soweit die Gesellschafter als Beschlußorgan ihre abweichende Entscheidung nicht treffen, jenes Organ die betreffende Funktion habe. Daneben verbleibt den Gesellschaftern als Beschlußorgan das Recht, auf die betreffenden Funktionen des anderen Organs bestimmend einzuwirken. Siehe auch Motive S. 18: „es ist davon auszugehen, daß die Mitglieder als solche die oberste Instanz in den Gesellschaftsangelegenheiten bilden." Die Richtigkeit dieser Auffassung geht auch aus § 46 Nr. 6 hervor, nach welchem die Gesellschafter die Maßregeln zur Prüfung und Überwachung der Geschäftsführung zu bestimmen haben.

Anm. 11. Ganz selbstverständlich ist ferner, **daß der Beschluß der Gesellschafter nicht sogenannte Sonderrechte entziehen kann.** Das bestimmt § 35 B.G.B., aber in überflüssiger Weise. Denn Sonderrechte sind ja diejenigen Rechte, welche durch Majoritätsbeschluß nicht entzogen werden können. Diese Definition ist freilich streitig (vergl. Staub H.G.B. Anm. 8 zu § 250). Doch haben wir bisher einen anderen Sinn der Sonderrechte nicht finden können. Unter Sonderrecht ist ein gesellschaftliches Recht zu verstehen, welches durch Majoritätsbeschluß der Gesellschafter oder durch ein anderes Gesellschaftsorgan den Gesellschaftern weder einem allein, noch allen Gesellschaftern insgesamt entzogen werden kann. Ein gesellschaftliches Recht muß es sein. Daß ein Recht, welches einem Gesellschafter, wie einem Dritten, zusteht, z. B. der Anspruch aus einem der Gesellschaft gegebenen Darlehen, ihm durch Majoritätsbeschluß nicht entzogen werden kann, ist selbstverständlich. Daß auch gesellschaftliche Rechte nicht einem Gesellschafter allein durch Majoritätsbeschluß entzogen werden können, ist ebenfalls selbstverständlich. Es können z. B. unmöglich die Gesellschafter willkürlich beschließen, der Gesellschafter A habe fortan kein Stimmrecht. Das ist selbstverständlich und dazu bedarf es nicht der Aufstellung des Begriffes Sonderrecht. Ein Sonderrecht liegt erst dann vor, wenn die Majorität auch unter Wahrung des Prinzips der Gleichberechtigung den Gesellschaftern das betreffende Recht nicht entziehen kann, also auch nicht allen gemeinsam. Die Sonderrechte spielen aber bei unserer Gesellschaftsform eine geringere Rolle, weil gerade die gesellschaftlichen Herrschaftsrechte, die im Aktienrecht den Hauptstock der Sonderrechte bilden, durch den Gesellschaftsvertrag entziehbar sind vermöge § 45 Abs. 2. Es können aber z. B. durch Statut auch gesellschaftliche Herrschaftsrechte als unentziehbar konstituiert sein, es kann z. B. durch Statut bestimmt sein, daß das Recht aus § 50 nur mit allseitiger Zustimmung genommen werden kann. Dann ist das Recht per maiora nicht entziehbar, also ein Sonderrecht. Die Vorschrift, daß Sonderrechte per maiora nicht entzogen werden können, bedeutet übrigens nicht, daß sie nur durch einstimmigen Beschluß entzogen werden können. Vielmehr genügt ein Mehrheitsbeschluß mit Zustimmung desjenigen Sonderberechtigten, in dessen Recht eingegriffen werden soll, wie das zu § 53 näher ausgeführt ist (wo der Satz von uns behandelt ist, daß Statutenänderungen in Sonderrechte nicht eingreifen können).

5. **Die Beschlüsse der Gesellschafter sind nur gültig, wenn sie Gesetz oder Statut nicht verletzen.** Anm. 12. Aber die Ungültigkeit ist nicht immer von der gleichen Wirkung. Sind solche öffentlichrechtliche Vorschriften verletzt, hinsichtlich daran auf die Folgen der Verletzung nicht verzichtet werden kann, so sind sie eo ipso ungültig, der Geschäftsführer darf sie nicht ausführen (unten Anm. 26) und die Gesellschafter brauchen den Beschluß nicht gegen sich gelten zu lassen. Sind dagegen solche gesetzliche Vorschriften verletzt, hinsichtlich der auf die Folgen der Verletzung verzichtet werden kann, so ist der Beschluß zwar ebenfalls ungültig. Doch kann der Geschäftsführer ihn ausführen (Anm. 27) und es ist Sache der Gesellschafter ihn anzufechten.

Gegen jeden ungültigen Beschluß aber ist die Anfechtungsklage zulässig.

a) Die Bezeichnung dieses Rechtsmittels und seine theoretische Rechtfertigung. Wenn ein Gesellschafterbeschluß Gesetz oder Statut verletzt, so ist er ungültig und es kann diese Ungültigkeit durch jeden Gesellschafter im Wege der Klage geltend gemacht werden. Man kann diese Klage eine Anfechtungsklage nennen, wenn man sich nur bewußt ist, daß nicht erst die Klage die Rechtsungültigkeit des Beschlusses bewirkt, sondern daß die Klage nur die richterliche Feststellung der an sich bestehenden Ungültigkeit erstrebt und bewirkt. Doch ist man geneigt, den Ausdruck Anfechtungsklage zu gebrauchen in Erinnerung an die gleiche Bezeichnung im Aktienrecht, wo daselbe theoretische Bedenken entgegensteht und das Gesetz doch diesen Ausdruck gebraucht. Wir werden fortab diesen Ausdruck ebenfalls gebrauchen.

Die Zulässigkeit einer solchen Anfechtungsklage ist zwar hier nicht ausdrücklich ausgesprochen. Allein auch im Aktienrecht hatte das Reichsoberhandelsgericht und das Reichsgericht schon vor der Aktiennovelle von 1884, welche das Anfechtungsrecht gesetzlich regelte, ein solches Recht gewährt (R.O.H. 25 S. 307; R.G. 3 S. 126). Die Motive zu unserem Gesetze (S. 37) sprechen es ebenfalls aus, daß ein solches Recht allgemeinen Rechtsgrundsätzen entspricht. In den Protokollen zum B.G.B. wurde dasselbe in Ansehung des Vereinsrechts des B.G.B. ausgesprochen (Protokolle I S. 536 ffg.) und in der Literatur zum B.G.B. herrscht darüber beinahe Einigkeit (Cosack, Bürgerl. Recht I S. 103, Goldmann und Lilienthal, System. Darstellung des B.G.B. I S. 84 Anm. 72; Gareis im Kommentar zum B.G.B. Anm. 11 zu § 32; v. Fuhr, Deutsche Juristen-Zeitung 6 S. 447; ferner die Kommentare von Neukamp, Förtsch und Liebmann zu unserem Gesetze). Auch das Reichsgericht steht auf diesem Standpunkte, wenn es ihn zunächst auch nur für den Bilanzfeststellungsbeschluß ausgesprochen hat (R.G. 49 S. 145), desgleichen O.L.G. Hamburg vom 11. Juni 1901 bei Mugdan und Falkmann 3 S. 66.

b) Der rechtliche Charakter dieser Anfechtungsklage ist nichts weiter als Anm. 13. die Feststellungsklage nach § 256 C.P.O. Daraus ergeben sich auch die weiteren Konsequenzen.

c) Wem steht die Anfechtungsklage zu und gegen wen ist sie zu richten? Anm. 14.

Da sie, wie oben Anm. 13 gesagt ist, nichts weiter ist als eine Feststellungsklage, durch welche die Ungültigkeit des Beschlusses durch richterliches Urteil festgestellt werden soll, so ist sie zwischen denjenigen Personen zum Austrag zu bringen, zwischen welchen das fragliche Rechtsverhältnis besteht, also zwischen den Gesellschaftern und der Gesellschaft. Das will sagen: jeder Gesellschafter (sofern er nicht etwa dem Beschlusse zugestimmt hat, vergl. unten Anm. 15) hat das Recht zur Anstellung der Klage und zu richten ist sie gegen die Gesellschaft. Bedenklich dagegen ist es, die Klage auch gegen den widersprechenden Gesellschafter zu gewähren. Die Gesellschafter stehen auf Grund ihrer Mitgliedschaft nicht zueinander in einem Rechtsverhältnis, sondern zur Gesellschaft. Und überdies hat jeder Gesellschafter das Recht zu stimmen nach seinem Belieben. Man kann nicht einem Gesellschafter das Recht geben, die anderen Gesellschafter zu zwingen, in gewissem Sinne zu stimmen oder ihre Stimmabgabe zurückzuziehen, nachdem sie in gewissem Sinne erfolgt ist (vergl. R.G. 49 S. 145). — Auch dem Geschäftsführer kann nicht das Recht gegeben werden, gegen die Gesellschaft oder die Gesellschafter auf Ungültigkeitserklärung zu klagen. Eine solche Klage ist in § 271 H.G.B. dem Vorstande der Aktiengesellschaft gegeben. Doch ist sie dort eine Anomalie. Einmal schon der Gestaltung der Parteirolle wegen: der gesetzliche Vertreter verklagt die von ihm vertretene Gesellschaft in Angelegenheiten der Gesellschaft! Und dann deshalb, weil der Geschäftsführer an die Beschlüsse gebunden ist, auch wenn sie nicht rechtsgültig sind, sofern sie nur nicht unverzichtbare öffentlichrechtliche Ungültigkeiten enthalten. Daß den Geschäftsführern das Recht der Anfechtung nicht zusteht, hat das Reichsgericht wenigstens beim Bilanzfeststellungsbeschluß anerkannt (R.G. 49 S. 149). Dagegen kann es der Gesellschaft nicht verwehrt werden, gegen die Gesellschafter auf Gültigkeit oder Ungültigkeit des Beschlusses zu klagen, sofern die Voraussetzungen der Feststellungsklage nur gegeben sind (rechtliches Interesse an alsbaldiger Feststellung). — Vergl. unten Anm. 17.

Anm. 15. Die hauptsächlichste Anwendung der Klage wird wohl aber die Klage des Gesellschafters gegen die Gesellschaft sein. Diese steht dem nicht erschienenen Gesellschafter ohne weiteres zu, und er kann dieselbe nicht bloß darauf stützen, daß die Einladung nicht gehörig erfolgt sei, sondern auf jede Gesetzes- oder Statutenverletzung. Auch der erschienene Gesellschafter kann die Anfechtung auf jede Gesetzes- oder Statutenverletzung stützen, auch wenn er dem Beschlusse nicht ausdrücklich widersprochen hat, sofern er nur nicht dafür gestimmt oder sonst dem Beschlusse zugestimmt hat. In der letzteren Lage befindet er sich auch dann, wenn er nur mit einem Teil seiner Stimmen dafür gestimmt hat. Er kann nur eine einheitliche Willenserklärung bei der Abstimmung abgeben und es ist eine logische Unmöglichkeit, einer Maßregel zuzustimmen und sie zugleich anzufechten (vergl. R.G. 33 S. 92).

Anm. 16. Bei der Anfechtungsklage des Gesellschafters kann jeder Gesellschafter sowohl dem Kläger als dem Beklagten als Nebenintervenient beitreten (O.L.G. Hamburg bei Mugdan und Falkmann 3 S. 262).

Anm. 17. d) Worauf kann die Klage gestützt werden? Auf Gesetzes- und Statutenverletzung. Doch muß ferner hier hinzukommen, daß der Gesellschafter ein rechtliches Interesse an der Feststellung hat, da es sich ja (vergl. oben Anm. 13) um eine Feststellungsklage im Sinne des § 256 C.P.O. handelt. Demnach kann der Gesellschafter seine Klage nicht lediglich darauf stützen, daß Statut oder Gesetz verletzt sind. Es kann ihm sehr wohl eingewendet werden, ja er muß diesem Einwande zum Zwecke der Klagebegründung seinerseits begegnen, daß er kein Interesse an der Anfechtung habe, sei es, daß die Verhältnisse der Gesellschaft dadurch nicht berührt werden, infolgedessen auch seine Verhältnisse nicht, oder daß seine eigenen Verhältnisse dadurch sich nicht verändert haben. So z. B. kann er, wenn den Vorzugsgesellschaftsanteilen mit Unrecht ihre Vorrechte genommen werden, er selbst aber einen nicht bevorzugten Geschäftsanteil hat, den betreffenden Beschluß nicht anfechten. Umgekehrt können bloße Zweckmäßigkeitsfragen, bloße Schädigungen der Gesellschaft nicht den Grund zur Klage abgeben, wenn nicht Gesetz oder Statut verletzt sind. Treffen aber die beiden Voraussetzungen zusammen, sind Gesetz oder Statut verletzt und hat der anfechtende Gesellschafter ein rechtliches Interesse an der alsbaldigen Feststellung der Rechtsungültigkeit des Beschlusses, so kann dem anfechtenden Gesellschafter nicht eingewendet werden, die Ausführung des Beschlusses sei aus sittlichen oder sozialen Gründen geboten.

Anm. 18. Unter Verletzung des Gesetzes insbesondere ist die Verletzung jeder Rechtsnorm zu verstehen, wenn es sich um materielle oder um formelle Rechtsnormen handelt. Zunächst Verletzung unseres Gesetzes selbst (wenn z. B. derjenige mitgestimmt hat, der durch den Beschluß entlastet werden soll). Dazu gehören natürlich auch die Strafbestimmungen unseres Gesetzes (falsche Darstellung, § 81 Nr. 3). Es brauchen aber nicht gerade die Vorschriften unseres Gesetzes zu sein, die verletzt sind. Auch auf die Verletzung anderer Vorschriften kann die Anfechtung gestützt werden, endlich auch auf die Verletzung von Handelsgewohnheitsrecht; denn unter Gesetz ist jede Rechtsnorm zu verstehen (Art. 2 E.G. zum B.G.B.; vergl. § 550 C.P.O.). Auch bei der Statutenverletzung ist zu bemerken, daß auch hier die Berücksichtigung der Verkehrssitte für die Auslegung Platz greift, ein Verstoß hiergegen ist eine Verletzung der Statuten (§ 157 B.G.B.; § 346 H.G.B.). — Endlich braucht die Gesetzes- oder Statutenverletzung nicht gerade gegen denjenigen Gesellschafter gerichtet zu sein, der sie anficht: Jeder Gesellschafter kann jede Gesetzes- oder Statutenverletzung zum Gegenstande der Anfechtung machen. Es kann z. B. der erschienene Gesellschafter klagen, weil einem anderen unzulässiger Weise der Eintritt verweigert sei. Wer an der Versammlung teilgenommen hat, kann gleichwohl ordnungswidrige Berufung rügen. — Das Requisit der Gesetzesverletzung bedeutet übrigens nicht, daß nur eine revisio in jure, wie bei der Revision im Civilprozesse statthaft sei, so daß wegen tatsächlicher Erwägungen die Anfechtung ausgeschlossen wäre. Das Gesetz kann vielmehr verletzt werden durch jedes Geschehnis, welches mit den Gesetzen im Widerspruche steht. Ob ein solches vorliegt, hat der Anfechtungsrichter zu prüfen, in tatsächlicher und in rechtlicher Hinsicht.

Die im Aktienrecht ventilierte Frage, ob der Beschluß auf der gerügten Verletzung **beruhen** müsse, taucht auch hier auf. Sie muß ebenso beantwortet werden, wie dort (vergl. Staub H.G.B. Anm. 3 zu § 271). Es genügt, daß bei der Vorbereitung der Gesellschafterversammlung, bei der Verhandlung oder bei der Beschlußfassung eine Verletzung von Gesetz oder Statut erfolgt sei. Der Beweis, daß der Beschluß auf ihr beruht, braucht nicht geführt zu werden. Doch ist der Gegenbeweis zulässig, daß die Verletzung auf das Ergebnis einflußlos gewesen ist. So z. B., wenn die erforderliche Majorität auch dann vorhanden gewesen wäre, wenn derjenige, dessen Mitstimmen gerügt wurde, nicht mitgestimmt hätte. Dieser Beweis ist jedoch dahin zu führen, daß die Verletzung sicher ohne Einfluß war. Solche Verletzung jedoch, deren möglicher Einfluß auf das Endergebnis sich nicht übersehen läßt, begründet die Anfechtung, so z. B. ungerechtfertigter Ausschluß eines Gesellschafters von der Gesellschafterversammlung oder von der Diskussion. Anm. 19.

Der Beweis der Verletzung kann durch jedes Beweismittel geführt werden, auch wenn dadurch die Interna einer geheimen Abstimmung an das Tageslicht gezogen werden (Staub H.G.B. Anm. 4 zu § 271).

e) Die Anfechtung ist an keine Frist gebunden. Das ist ein großer Übelstand. Anm. 20. Es kann dadurch kommen, daß noch nach Jahren die Rechtsgültigkeit eines Beschlusses im Wege der Klage angefochten werden kann. Ein Korrektiv hiergegen ist das Recht der Gesellschaft auf Anstellung der Feststellungsklage gegen diejenigen Gesellschafter, welche die Rechtsgültigkeit bestritten haben. Ein weiteres Korrektiv besteht darin, daß der Geschäftsführer berechtigt ist, Beschlüsse der Gesellschaft, auch wenn sie rechtsungültig sind, wenn sie nur nicht öffentlichrechtliche Ungültigkeiten enthalten, auszuführen und die Schadensersatzpflicht gegenüber einem einzelnen, die Rechtsungültigkeit nachträglich behauptenden Gesellschafter damit abzulehnen, daß ihn ein konkurrierendes Verschulden trifft, wenn er den Beschluß unangefochten ließ (vergl. hierüber unten Anm. 24). Auch wird man, wenn ein Gesellschafter von der Gesellschaft aufgefordert wird, seinen Widerspruch im Wege der Klage zu verfolgen, und er dies nicht tut, einen solchen Gesellschafter so behandeln, als habe er dem Beschlusse schließlich zugestimmt oder wenigstens ihn nicht anfechten wollen, und schon deshalb wird trotz Ausführung des Beschlusses ein Anspruch auf Schadensersatz für ihn nicht begründet sein.

f) Zuständig ist dasjenige Gericht, welches nach dem Werte des Streitgegenstandes in Anm. 21. Gemäßheit der Prozeßvorschriften als zuständig zu betrachten ist. Unter Umständen also auch das Amtsgericht. Ist das Landgericht zuständig, so ist die Kammer für Handelssachen die zuständige Kammer (§ 101 Nr. 3a G.V.G.). Das Rechtsmittel der Revision ist nur zulässig, wenn die Revisionssumme mehr als 1500 Mark beträgt.

Anm. 22. g) Als Wert des Streitgegenstandes ist lediglich das Interesse des Klägers anzusehen. Das wird selbst im Aktienrecht, wo doch das Urteil präjudiziell ist, angenommen (Staub H.G.B. Anm. 15 zu § 272); um wieviel mehr hier, wo zur Klagebegründung doch ein rechtliches Interesse des Klägers gehört und das Urteil nicht präjudiziell ist (vergl. unten Anm. 23). Auch wenn die Gesellschaft gegen das Mitglied klagt, gilt nichts anderes. Denn auch hier ist, da das Urteil nicht präjudiziell ist, nur das Verhältnis der Gesellschaft zu dem betreffenden Beklagten, also die Möglichkeit der Schadensersatzleistung an diesen, der höchste Betrag des Interesses der betreffenden Klage.

Anm. 23. f) Das Urteil ist nicht präjudiziell. Es schafft nur Rechte zwischen der Gesellschaft und dem betreffenden Mitgliede. Infolgedessen ist, wenn der Beschluß in das Handelsregister eingetragen ist, die Folge des auf Ungültigkeit gerichteten rechtskräftigen Urteils nicht die, daß nunmehr das Urteil dem Handelsgericht zu überreichen oder der Beschluß zu löschen sei. Nur durch einen aufhebenden Beschluß der Gesellschafter könnte die Löschung des Beschlusses herbeigeführt werden.

Anm. 24. i) **Die Folge des Urteils ist,** daß der Gesellschafter beanspruchen kann, daß der Beschluß, wenn er noch nicht ausgeführt ist, nunmehr nicht ausgeführt werde, und wenn er ausgeführt ist, ihm derjenige Schaden zu ersetzen ist, der ihm durch die Ausführung des Beschlusses erwachsen ist. Man wird jedoch annehmen können, daß der Gesellschafter, wenn er mit der Anfechtung gezögert hat, damit ein konkurrierendes Versehen begangen und dadurch unter Umständen seinen Anspruch auf Schadensersatz gemäß § 254 B.G.B. verwirkt hat (s. oben Anm. 20).

Anm. 25. k) **Außer der Klage auf Ungültigkeit ist aber auch die Einrede der Ungültigkeit zulässig.** Wird ein Gesellschafter auf Grund eines Beschlusses verklagt (z. B. auf Bezahlung von rückständigen Einlagen oder von rückständigen Nachschüssen), so ist er berechtigt, die Ungültigkeit des Beschlusses einwandsweise geltend zu machen.

Anm. 26. l) **Welches ist nun aber das Verhältnis des Geschäftsführers gegenüber einem gesetz- oder statutenwidrigen Beschlusse?** Hier müssen unterschieden werden verzichtbare und unverzichtbare Ungültigkeiten. Bei unverzichtbaren Ordnungswidrigkeiten, also bei Beschlüssen, welche gegen Sonderrechte verstoßen, oder welche gar die Rechte Dritter verletzen, oder welche Maßregeln anordnen, die das Gesetz aus öffentlichrechtlichen Gründen verbietet, sei es, daß sie gegen das Wesen unserer Gesellschaft verstoßen oder sonst dem öffentlichen Recht absolut zuwiderlaufen (z. B. wenn der Beschluß den Gesellschaftern neue Leistungen auferlegt, denen sie nicht zugestimmt haben, oder wenn er Aktiva über ihren Wert in die Bilanz einstellen oder die Auszahlung von Dividenden aus dem Stammkapital anordnen würde), darf der Beschluß nicht ausgeführt werden (vergl. Staub H.G.B. Anm. 7 und 8 zu § 274). Er macht sich sonst selbst verantwortlich gemäß § 43 unseres Gesetzes.

Anm. 27. Anders dagegen, wenn die Ordnungswidrigkeit verzichtbar ist. Verzichtbar sind alle Ordnungswidrigkeiten, die lediglich gegen den Gesellschaftsvertrag verstoßen oder gegen die dispositiven Gesetzesvorschriften, oft auch gegen öffentlichrechtliche Vorschriften (es giebt auch öffentlichrechtliche Vorschriften, deren Verletzung im Einzelfalle aber ungerügt bleiben kann mit der Wirkung, daß auf die Folgen der Verletzung verzichtet ist; vergl. R.G. 51 S. 98). Hier darf der Geschäftsführer den Beschluß auch dann ausführen, wenn er die Ordnungswidrigkeit kennt. Denn er kann immer davon ausgehen, daß die Gesellschafter als Beschlußorgan es in der Hand haben, auch gegen den Vertrag und gegen sonstige verzichtbare Vorschriften zu verfügen, und daß es Sache der Gesellschafter ist, die Rechtsungültigkeit der Beschlüsse geltend zu machen und die Ausführung durch Richterspruch zu verhindern. Nicht der Geschäftsführer ist der Wächter der Rechte der einzelnen Gesellschafter, sondern die Gesellschafter selbst sind es. Der Geschäftsführer hat die Interessen der Gesellschaft, nicht der Gesellschafter zu hüten. Auch wenn er sieht, daß solche Beschlüsse angefochten werden oder angefochten werden sollen, kann er sie ausführen. Denn die Anfechtung wirkt ja nicht präjudiziell. Der Geschäftsführer ist aber nicht dazu da, um die Rechte des einzelnen Gesellschafters zu schützen. Dieser mag sich selbst schützen, mag die Ausführung durch einstweilige Verfügung inhibieren. Nur wenn der Geschäftsführer durch dolos schnelle Ausführung das offenbar begründete Anfechtungsrecht des Gesellschafters vereiteln würde, würde er sich diesem gegenüber aus § 826 B.G.B. verantwortlich machen. Sonst aber kann er auch einer beabsichtigten oder geschehenen Einzelanfechtung gegenüber davon ausgehen, daß das oberste Willensorgan den Beschluß gefaßt und gewollt hat. Diesem Beschlusse darf er nachkommen, ohne sich selbst in Gefahr zu bringen.

6. **Die Beschlüsse der Gesellschafter bedürfen regelmäßig nicht der gerichtlichen oder notariellen Beurkundung.** Ausnahmsweise ist dies bei allen jenen Beschlüssen vorgeschrieben, welche unter dem Namen Statutenänderungsbeschlüsse zusammengefaßt werden (Änderungen des Gesellschaftsvertrages einschließlich der Kapitalserhöhung und der Kapitalsherabsetzung). — Vergl. über Beurkundung von Gesellschafterversammlungen den Zusatz zu § 48. — Anm. 28.

7. **Die Beschlüsse der Gesellschafter werden auch nicht zum Handelsregister eingereicht.** Eine dem § 259 Abs. 5 H.G.B. analoge Vorschrift ist hier nicht gegeben. Anm. 29.

B. **Die gesetzlichen Vorschriften über die Gesellschafter als Beschlußorgan sind jedoch nur dispositiver Natur: sie können durch Gesellschaftsvertrag beseitigt werden.** Das ist der Hauptinhalt unseres Paragraphen (vergl. oben Anm. 2). Anm. 30.

1. *Es können hiernach alle Funktionen der Gesellschafter als Beschlußorgans einem anderen Organe übertragen werden.* Z. B. dem Aufsichtsrat oder auch einem sogenannten delegierten Gesellschafter, also einer einzelnen Person. Es können auch *einzelne Funktionen* der Gesellschafter als des Beschlußorgans einem anderen Organ übertragen werden, z. B. die Beschlußfassung über die Bestellung der Prokuristen und Handlungsbevollmächtigten, über die Jahresbilanz u. s. w.

   Dabei ist jedoch nicht außer acht zu lassen, daß eine Bestimmung, wonach ein anderes Gesellschaftsorgan für eine bestimmte Funktion für zuständig erklärt wird, nicht ohne weiteres dahin auszulegen ist, als wären dadurch die Gesellschafter als Beschlußorgan insoweit unzuständig. Vielmehr ist zunächst davon auszugehen, daß die Gesellschafter als Beschlußorgan das oberste Willensorgan der Gesellschaft sind (vergl. oben Anm. 10), so daß dieses Organ die Funktionen des anderen für zuständig erklärten Organs kontrollieren, korrigieren, auch ersetzen darf. Es kann freilich den Gesellschaftern diese Funktion als oberste Behörde auch genommen werden. Aber dies muß besonders zum Ausdruck gebracht sein und es sollte hier nur betont werden, daß, wenn ein anderes Organ für eine bestimmte Funktion für zuständig erklärt ist, dadurch allein die Zuständigkeit des in den Gesellschaftern bestehenden Beschlußorgans als obersten kontrollierenden, korrigierenden und die Funktion des anderen Organs auch zu ersetzen berechtigten Behörde nicht aufgehoben ist. Anm. 31.

   Ob, wenn etwa das Beschlußorgan der Gesellschafter beseitigt ist, eine Anfechtung der Anordnungen des substituierten Organs möglich ist, kann nur im Einzelfalle durch Auslegung der betreffenden Statutenbestimmungen ermittelt werden. In Zweifelsfällen ist dies anzunehmen. Die Anfechtung richtet sich auch hier gegen die Gesellschaft. Anm. 32.

2. *Es können übrigens auch die Gesellschafter als Beschlußorgan beibehalten, ihnen auch alle Funktionen belassen und nur die gesetzliche Vorschrift über die Art, wie dieses Beschlußorgan zu funktionieren hat, abgeändert werden.* Anm. 33.

3. **Im Einzelnen wird über alle diese Möglichkeiten der Abänderung der gesetzlichen Vorschriften über die Gesellschafter als Beschlußorgan zu den folgenden §§ 46—51 noch näher gehandelt werden.** Es wird bei den einzelnen Paragraphen zu erörtern sein, ob sie wirklich *durchweg* dispositiver Natur und ob und inwieweit sie durch den Gesellschaftsvertrag abänderlich sind. Anm. 34.

Anm. 35. **Zusatz: Die gesetzlichen Rechte, welche den einzelnen Gesellschaftern in Bezug auf die Führung der Geschäfte zustehen, sind in den §§ 46—51 erschöpfend aufgezählt.** Weitere Rechte stehen ihnen von Gesetzes wegen nicht zu. Es steht ihnen z. B. nicht zu das in § 257 H.G.B. dem Aktionär gegebene Recht, gegen Hinterlegung seines Anteilscheines die besondere Mitteilung der Berufung der Generalversammlung zu fordern und die abschriftliche Mitteilung der Gegenstände der Beratung und der gefaßten Beschlüsse zu verlangen. Das letztere Recht wird ihm insofern jedoch gegeben werden müssen, als die Landesrechte ein solches Recht bei gerichtlichen oder notariellen Verhandlungen gewähren. In Preußen ist ihm die Einsicht und auch eine Abschrift des notariellen Generalversammlungsprotokolles vom Notar zu erteilen, da die Urkunde zwar nicht auf seinen Antrag aufgenommen worden ist, er aber doch als Gesellschafter ein rechtliches Interesse hat (Art. 61 des preuß. Gesetzes über die freiwillige Gerichtsbarkeit). — Es steht den Gesellschaftern ferner nicht das Minoritätsrecht des § 266 H.G.B. zu, Revisoren zur Untersuchung von Vorgängen bei der Gründung oder der Geschäftsführung zu ernennen. Nur per maiora kann das beschlossen werden. — Ferner besteht hier nicht das Minoritätsrecht des § 268 H.G.B., die Erhebung von Ersatzansprüchen und die Ernennung von Prozeßbevollmächtigten durch das Gericht zur Geltendmachung ihrer Ansprüche zu verlangen.

Anm. 36. **Doch können solche Rechte durch den Gesellschaftsvertrag einer Minorität von Gesellschaftern gegeben sein.**

Anm. 37. Aber außerdem ist zu erwähnen, daß die §§ 46—51 nicht formell dahin auszulegen sind, daß buchstäblich nur diejenigen Rechte gegeben sind, die dort erwähnt sind. **Die besondere Lage des Falles kann dazu führen, den einzelnen Gesellschaftern weitere Rechte zu geben, wenn dieselben erforderlich sind, um die im Gesetz oder Statut gegebenen Rechte, insbesondere das Recht der Stimmabgabe, zu ermöglichen.** So hat das Reichsgericht in seinem Urteil vom 27. Oktober 1897 (Juristische Wochenschrift 1898 S. 15) dahin erkannt, daß ohne zwingende Gründe nicht solche Auskünfte, Aufklärungen, Vorlegungen von Nachweisen abgelehnt werden dürfen, die nach der konkreten Sachlage für einen verständigen, unbefangenen, redlichen Geschäftsmann erforderlich sind, um sich das für die Ausübung seines Stimmrechts erforderliche Urteil zu bilden. Das Reichsgericht bezeichnet es in diesem Urteil als Mißbrauch, wenn bei solcher Sachlage die Mehrheit sich ohne zwingende Gründe ablehnend verhält, und erachtet einen Gesellschafterbeschluß, der nach solcher Ablehnung ergangen ist, als gegen das Gesetz verstoßend und deshalb anfechtbar. In seinem Urteil vom 30. Oktober 1901 (im Sächsischen Archiv Bd. 11 S. 720) hat es diesen Grundsatz aufrecht erhalten und dabei betont, daß es mißverstanden worden sei, wenn man sein Urteil dahin aufgefaßt habe, als sei damit nur der Schutz gegen ein solches Verhalten gegeben, das keinen anderen Zweck haben könnte, als den Gesellschafter zu schädigen. Davon sei keine Rede, daß die Mehrheit schikanös handeln müsse, um jene Anfechtung zu begründen. In einem Urteile vom 28. Oktober 1901 (R.G. 49 S. 149) hat es sogar ausgesprochen, daß unter besonderen Umständen und auf Grund einer besonderen Sachlage im Einzelfalle dem einzelnen Gesellschafter sogar das Recht auf Einsicht und Prüfung der Bücher und Belege, auch außerhalb der Versammlung und selbst gegen die Bestimmung des Gesellschaftsvertrages nicht versagt werden kann.

Anm. 38. Die in diesen Urteilen niedergelegten Anschauungen können nur gebilligt werden. Sie sind ein Ausfluß des das Gesellschaftsverhältnis in erhöhtem Maße beherrschenden Grundsatzes von Treu und Glauben. Ihre Fortbildung ist sehr erwünscht.

§ 46.

Der Bestimmung der Gesellschafter unterliegen:

1. die Feststellung der Jahresbilanz und die Verteilung des aus derselben sich ergebenden Reingewinns;
2. die Einforderung von Einzahlungen auf die Stammeinlagen;
3. die Rückzahlung von Nachschüssen;
4. die Teilung sowie die Einziehung von Geschäftsanteilen;

5. die Bestellung und die Abberufung von Geschäftsführern sowie die Entlastung derselben;
6. die Maßregeln zur Prüfung und Überwachung der Geschäftsführung;
7. die Bestellung von Prokuristen und von Handlungsbevollmächtigten zum gesamten Geschäftsbetriebe;
8. die Geltendmachung von Ersatzansprüchen, welche der Gesellschaft aus der Gründung oder Geschäftsführung gegen Geschäftsführer oder Gesellschafter zustehen, sowie die Vertretung der Gesellschaft in Prozessen, welche sie gegen die Geschäftsführer zu führen hat.

Der vorliegende Paragraph bestimmt, welche Angelegenheiten der Bestimmung der Gesellschafter unterliegen.

I. **Allgemeines über diese Vorschrift.** Anm 1.

1. **Die der Bestimmung der Gesellschafter unterliegenden Angelegenheiten sind hier keineswegs erschöpfend aufgezählt.** Denn einmal unterstehen nach ausdrücklichen Gesetzesvorschriften noch andere Angelegenheiten der Bestimmung der Gesellschafter, z. B. § 52 des Gesetzes, § 243 Abs. 1 und 4 H.G.B. (Wahl und Abberufung von Aufsichtsratsmitgliedern), § 52 des Gesetzes, § 245 Abs. 3 H.G.B. (Festsetzung der Vergütung für den ersten Aufsichtsrat), zum Teil sogar ausschließlich und ohne die Möglichkeit, die Zuständigkeit der Gesellschafter als Beschlußorgans in diesen Punkten durch den Gesellschaftsvertrag zu beseitigen, so die Einforderung von Nachschüssen (§ 26), die Abänderung des Gesellschaftsvertrages einschließlich der Erhöhung und Herabsetzung des Stammkapitals (§§ 53 ffg.), die Auflösung der Gesellschaft (§ 60 Abs. 1 Nr. 2), der Beschluß, durch welchen in Fällen der Auflösung der Gesellschaft die Liquidation anderen Personen als den Geschäftsführern übertragen wird (§ 66 Abs. 1), sowie derjenige Beschluß, durch welchen die nicht vom Gerichte ernannten Liquidatoren vor Ablauf des Zeitraums, für welchen sie bestellt sind, abberufen werden (§ 66 Abs. 3). Sodann aber ist davon auszugehen, daß die Gesellschafter als Beschlußorgan das oberste Willensorgan der Gesellschaft sind, welches überall da kontrollierend, anordnend, verbietend, ersetzend eingreifen kann, wo dieses Recht den Gesellschaftern nicht genommen ist, wobei die Überweisung einer Angelegenheit an ein anderes Organ noch nicht die Beseitigung der Gesellschaftergesamtheit als Oberbehörde in dem gedachten Sinne bedeutet (vergl. hierüber Anm. 10 u. 31 zu § 45).
2. **Die hier erwähnten Zuständigkeiten können durch den Gesellschaftsvertrag beseitigt werden** Anm. 2.
(bis auf die Zuständigkeit Nr. 2). Siehe hierüber Näheres zu den einzelnen Ziffern.

II. **Die einzelnen der Bestimmung der Gesellschafter unterliegenden Angelegenheiten.**

Nr. 1. Die Feststellung der Jahresbilanz und die Verteilung des aus derselben sich ergebenden Reingewinns.

1. Die hier vorgesehene Feststellung der Jahresbilanz hat lediglich innere Anm. 3.
Bedeutung, d. h. nur für das Verhältnis der Gesellschafter zur Gesellschaft. Die für den Verkehr, dem Publikum gegenüber bestehende öffentlichrechtliche Pflicht der Bilanzaufstellung liegt gemäß § 41 des Gesetzes den Geschäftsführern ob. Diese haben der dort vorgesehenen öffentlichrechtlichen Pflicht zu genügen, die Bilanz innerhalb der dort vorgesehenen Frist aufzustellen und bei Bankgeschäften auch zu veröffentlichen, und es ist für die Erfüllung dieser Pflicht gleichgültig, ob die von den Geschäftsführern aufgestellte Bilanz von den Gesellschaftern genehmigt wird oder nicht (vergl. hierüber Anm. 26 zu § 41).
2. Nach innen aber hat die Feststellung der Bilanz durch die Gesellschafter Anm. 4.
die Bedeutung, daß sie erst durch sie als richtig, als Grundlage weiterer Maßregeln zu erachten ist, insbesondere als Grundlage des in § 29 den Gesellschaftern gegebenen

Anspruchs auf den Reingewinn Anm. 3 zu § 29). Der Gesellschafter kann nicht etwa seinen Anspruch auf den Reingewinn stützen auf die lediglich von den Geschäftsführern aufgestellte Bilanz, ohne daß dieselbe der Beschlußfassung der Gesellschafter unterlegen hat, oder gar auf eine von ihm selbst aufgestellte Bilanz mit der Behauptung, daß dieselbe dem Gesetze gemäß gezogen sei. Vielmehr ist anzunehmen, daß — soweit nicht etwa statutarische Vorschriften die vorliegende Gesetzesbestimmung geändert haben — der Gesellschafterbeschluß die Grundlage und Vorbedingung für die Entstehung des in § 29 gegebenen Dividendenanspruchs ist. Verstößt der Feststellungsbeschluß gegen Gesetz oder Statut, so mag der Gesellschafter den Beschluß anfechten, wie sonst Gesellschafterbeschlüsse angefochten werden (Anm. 12 ffg. zu § 45); den Geschäftsführern als solchen steht ein solches Anfechtungsrecht nicht zu (R.G. 49 S. 145). Auf die Fassung eines solchen Beschlusses hinzuwirken, ist, wenn dies verzögert wird, Sache des Gesellschafters; der § 50 giebt ihm eine Handhabe dazu. Reicht diese nicht aus, so bleibt schließlich nichts übrig als die Auflösungsklage nach § 61 des Gesetzes. — Inwieweit Gesetz- oder Statutenwidrigkeit die Auszahlung der Dividende gemäß dem Feststellungsbeschlusse hindert oder die geschehene Auszahlung zur Rückzahlung verpflichtet, darüber s. Anm. 27 zu § 45 und Anm. 1 ffg. zu § 32.

Anm. 5. Der Bilanzfeststellungsbeschluß ist aber nicht bloß — wenigstens von Gesetzes wegen — die notwendige, sondern auch die einzige Grundlage des Dividendenanspruchs. Zwar sagt unser § 46 Nr. 1, daß die Gesellschafter auch über die Verteilung des aus der Jahresbilanz sich ergebenden Gewinns zu bestimmen haben. Aber damit sollte nicht gesagt werden, daß ein Dividendenanspruch nur insoweit bestehe, als die Gesellschafter die Gewinnverteilung besonders beschließen. Es soll damit nur im allgemeinen gesagt werden, daß für einen etwa erforderlichen Beschluß die Gesellschafter das zuständige Organ seien. Aber trotz dieser Bestimmung ist gemäß § 29 des Gesetzes mit dem die Bilanz feststellenden Beschlusse die Forderung des Gesellschafters auf die ihm hiernach zufallende Dividende als ein klagbarer Anspruch begründet. Regelmäßig ist es also eine bloße Formsache, wenn die Gesellschafter nach dem Bilanzfeststellungsbeschluß noch besonders den Beschluß fassen, die aus der Bilanz hervorgehende Dividende zur Verteilung zu bringen. Regelmäßig kann also der Gesellschafter seinen Dividendenanspruch einfach auf den Bilanzfeststellungsbeschluß stützen und den etwaigen Dividendenverteilungsbeschluß, wie er auch lauten mag, ignorieren. Er braucht den letzteren nicht erst anzufechten, wenn dieser die Dividende anders verteilt, als sich dies aus der Bilanz ergiebt. Er bringt vielmehr seinen Dividendenanspruch durch einfache Klage auf Zahlung auf Grund des Bilanzfeststellungsbeschlusses zur Geltung. Der Einwand des abweichenden Dividendenverteilungsbeschlusses ist ihm gegenüber belanglos, weil ja der Beschluß über ein ihm zustehendes Forderungsrecht verfügt haben würde, was die Zuständigkeit der Gesellschafterversammlung übersteigt (Anm. 11 zu § 45). Noch weniger kann eine neue Gesellschafterversammlung gültig beschließen, daß die aus einem früheren Beschlusse sich ergebende Dividende nicht verteilt werde; auch solcher Beschluß braucht nicht angefochten zu werden, sondern kann einfach ignoriert werden (R.G. 37 S. 63; Aktienrecht).

Anm. 6. Ausnahmsweise aber wohnt auch dem Dividendenverteilungsbeschlusse materielle Bedeutung bei: wenn nämlich nach dem Gesellschaftsvertrage nicht der ganze Reingewinn zur Verteilung bestimmt ist, vielmehr dem Gesellschafterbeschlusse die Disposition über den ganzen oder einen Teil des Reingewinns vorbehalten ist. Eine solche Bestimmung ist nach § 29 gültig. Ja es kann sogar das Statut bestimmen, daß die Gesellschafter nach Gutdünken über die Bildung von Reservekonten oder gar über die Verteilung des Reingewinns überhaupt entscheiden. Eine Bestimmung der letzteren Art ist aber darin noch nicht zu finden, daß das Statut bestimmt, die Gesellschafterversammlung setze die Dividenden fest. Damit ist nur gesagt, daß die Gesellschafterversammlung unter Beobachtung von Gesetz und Statut die Dividende zu bestimmen hat (vergl. Staub H.G.B. Anm. 3 zu § 260).

Anm. 7. 3. Im übrigen gelten über den Bilanzfeststellungsbeschluß die §§ 47—51. Zu erwähnen ist nur, daß auch die Geschäftsführer mitstimmen dürfen, wenn sie Gesellschafter sind (R.G. 49 S. 146; vergl. unten Anm. 23). Es ist ferner zu erwähnen, daß die Gesellschafter die Versammlung auch vertagen können, um Ermittelungen anzustellen. Ein Vertagungsrecht der Minderheit aber nach Art des § 264 H.G.B. findet hier von Gesetzes wegen nicht statt; es durch den Gesellschaftsvertrag einzuführen, besteht kein Hindernis. Eine Einreichung der festgestellten Jahresbilanz zum Handelsregister ist nicht vorgeschrieben. Nur bei Bankgeschäften findet die Einreichung der Publikation statt (vergl. Anm. 24 ffg. zu § 41).

4. Durch das in Anm. 5 u. 6 Gesagte ist zugleich der in Nr. 1 unseres Paragraphen erwähnte Beschluß auf Verteilung des jährlichen Reingewinns behandelt. Derselbe hat, wie dort ausgeführt ist, im allgemeinen nur formelle Bedeutung, ausnahmsweise jedoch auch materielle Bedeutung. Anm. 8.

5. Einer weiteren Betrachtung aber muß die Frage der Vorbereitung der Bilanzfeststellung unterzogen werden. Das Gesetz bestimmt in § 46 Nr. 1 nichts weiter, als daß die Bilanzfeststellung der Beschlußfassung der Gesellschafter unterliegt. Wie die Vorbereitung der Bilanzfeststellung zu erfolgen hat, darüber fehlen gesetzliche Bestimmungen. Es ist weder, wie in § 260 Abs. 2 H.G.B. für das Aktienrecht, angeordnet, daß die Geschäftsführer die Jahresrechnung und einen Geschäftsbericht dem Aufsichtsrat und der Generalversammlung vorzulegen haben, noch, wie in § 263 Abs. 1 H.G.B., daß diese Vorlagen 2 Wochen vor der Gesellschafterversammlung in den Geschäftsräumen der Gesellschaft auszulegen sind, noch, wie in § 263 Abs. 2 H.G.B. angeordnet ist, daß den Gesellschaftern auf Verlangen in den letzten 2 Wochen vor der Gesellschafterversammlung Abschriften der Jahresrechnungen zu erteilen sind. Anm. 9.

Allein aus der Natur der Sache, aus den Gesellschaftsverhältnissen und aus der selbstverständlichen Erwägung, daß, wer seine Stimme abgeben soll, in die Lage versetzt werden muß, die Unterlagen seiner Abstimmung zu prüfen, ergiebt sich folgendes: Anm. 10.

a) Der Gesellschafterversammlung sind die Jahresrechnungen vorzulegen. Ihr sind auf Verlangen der Mehrheit auch die Bücher und Skripturen vorzulegen und jede Auskunft zu erteilen, welche die Mehrheit für erforderlich hält. Das geht auch schon aus § 46 Nr. 6 hervor. Aber auch das Verlangen eines einzelnen Gesellschafters um Auskunft und Nachweisung kann ohne zwingende Gründe von der Mehrheit dann nicht abgelehnt werden, wenn Auskünfte verlangt werden, welche nach der Sachlage für einen verständigen Mann erforderlich sind, um sich über seine Stimmabgabe schlüssig zu machen; unter Umständen kann sich ein solches Verlangen sogar auf Vorlegung der Bücher erstrecken (vergl. über alles dieses Anm. 37 u. 38 zu § 45).

b) Dem Aufsichtsrat, wenn ein solcher bestellt ist, müssen die Jahresrechnungen und Nachweise rechtzeitig vor der Gesellschafterversammlung übergeben werden, damit er sich auf seine Berichterstattung vorbereiten kann (§§ 52 des Gesetzes und 246 H.G.B.). Anm. 11.

6. **Durch den Gesellschaftsvertrag kann die Vorschrift der Nr. 1 abgeändert werden.** Es kann z. B. bestimmt werden, daß die Gesellschafter nicht durch Beschluß über die Feststellung der Jahresbilanz bestimmen, sondern daß die Geschäftsführer den einzelnen Gesellschaftern die Jahresrechnung zuzusenden haben, und daß derjenige, der sich innerhalb bestimmter Zeit nicht erklärt, als zustimmend gilt. Es kann auch bestimmt werden, daß die Bilanz nur dann als genehmigt gilt, wenn alle Gesellschafter sie genehmigen. In solchem Falle kann keine Dividende verteilt werden, bis alle Gesellschafter zustimmen. Tritt dadurch ein unhaltbarer Zustand ein, so kann nur die Auflösungsklage des § 61 helfen (vergl. oben Anm. 4). Anm. 12.

Es kann aber auch bestimmt werden, daß die Bilanzfeststellung oder die Gewinnverteilung einem anderen Organ übertragen wird, z. B. dem Aufsichtsrat oder einem Delegierten der Gesellschaft oder gar den Geschäftsführern. Ob solche Delegationen dahin auszulegen sind, daß gegen eine Bilanzfeststellung, welche nicht den Gesetzen oder den Statuten entspricht, die Anfechtung zulässig ist, kann nur von Fall zu Fall entschieden werden. Im Zweifel wird dies anzunehmen sein. Die Anfechtung erfolgt dann in der- Anm. 13.

jenigen Weise und mit derjenigen Wirkung, wie die Anfechtung eines Gesellschafterbeschlusses (vergl. Anm. 12 ffg. zu § 45).

Anm. 14. 7. Über die Entlastung der Geschäftsführer s. unten Anm. 23.

Nr. 2. Die Einforderung von Einzahlungen auf die Stammeinlage.

Anm. 15. 1. Wenn der Gesellschaftsvertrag nichts anderes bestimmt, so setzt die Einforderung von Einzahlungen auf die Stammeinlage einen Beschluß der Gesellschafter voraus. Die Einzahlungen auf die Einlage werden nicht ohne weiteres fällig. Die Gesellschafter als Beschlußorgan haben vielmehr, wenn im Gesellschaftsvertrage nichts anderes bestimmt ist, souverän darüber zu bestimmen, wann die Einforderung der rückständigen Einlagen erfolgen soll. Dabei haben auch diejenigen Gesellschafter, um deren Einlagerückstände es sich handelt, das Recht der Stimmabgabe, da keiner der Fälle des § 47 Abs. 4 vorliegt. Beschließt die Gesellschafterversammlung die Einforderung nicht, obgleich die Verhältnisse der Gesellschafter dies erfordern, so wird dadurch das Bestehen der Gesellschaft in Frage gestellt. Gleichwohl hat der einzelne Gesellschafter außer seiner Stimmabgabe kein Machtmittel, um die Einforderung der Einzahlung zu erzwingen. Es bleibt ihm eventuell nichts weiter als die Auflösungsklage gemäß § 61 übrig. Das Vorliegen eines Einforderungsbeschlusses gehört also zur Begründung der Klage auf Einzahlung. Excipiendo kann der Gesellschafter die Ungültigkeit des Beschlusses darlegen, aber nicht etwa einwenden, daß das Geld für die Zwecke der Gesellschaft nicht erforderlich sei. Im Konkurse fällt natürlich diese Voraussetzung — nämlich der Gesellschafterbeschluß — weg. (Über die Einziehung von Einlagen im Konkurse siehe Näheres zu § 63). Wenn aber ein Gläubiger außerhalb des Konkurses sich den Anspruch auf Einzahlung im Wege der Pfändung überweisen läßt, so muß er zur Begründung der Klage ebenfalls das Vorliegen eines Gesellschafterbeschlusses nachweisen. Förtsch Anm. 4 leugnet dies mit Unrecht. Der Gläubiger macht ja aber nur das Recht der Gesellschaft gegen die Gesellschafter geltend, und dieses ist eben abhängig von einem Gesellschafterbeschlusse.

Anm. 16. 2. Der Gesellschaftsvertrag kann diese Voraussetzung abschaffen oder modifizieren. Er kann die Bestimmung über die Zeit der Einzahlungen dem Aufsichtsrat, einem Delegierten der Gesellschafter, den Geschäftsführern übertragen, sei es, daß diese Organe zunächst das Bestimmungsrecht und die Gesellschafter das Recht der Aufsicht haben, oder auch so, daß den Gesellschaftern jedes Bestimmungs- und Kontrolrecht hierüber genommen ist; der erstere Zustand ist der präsumtive (vergl. Anm. 10 zu § 45). Der Gesellschaftsvertrag kann das Erfordernis des Beschlusses der Gesellschafter auch in der Weise ausschließen, daß er selbst, der Gesellschaftsvertrag, die Bedingungen der Einzahlungspflicht erschöpfend festsetzt. Er kann z. B. bestimmen, in welchen bestimmten Zeitpunkten die weiteren Einzahlungen fällig sind. Dann sind sie eben fällig, ohne daß die Gesellschafter die Einzahlung beschließen. Er kann auch bestimmte Tatsachen festsetzen, bei deren Eintritt die Einzahlungspflicht ohne weiteres fällig wird. Häufig enthält der Gesellschaftsvertrag die Bestimmung, daß die weiteren Einzahlungen nach Bedarf oder wenn die Geschäftslage dies erfordert, zu erfolgen haben. Eine solche Statutenbestimmung eliminiert das Bestimmungsrecht der Gesellschafter nicht; sie ist jedoch eine Direktive an die Gesellschafter, die Einzahlungen nur dann zu beschließen, wenn die Geschäftslage es erfordert. Wird dadurch auch das Beschlußrecht der Gesellschafter nicht eliminiert, so hat dies doch zur Folge, daß der Beschluß nur dann gültig ist, wenn jene Voraussetzung zutrifft. Der Gesellschafter kann daher in diesem Falle den Beschluß als statutenwidrig anfechten und auch excipiendo darlegen, daß der Beschluß aus jenen Gründen statutenwidrig ist. Doch hat er die Beweislast. Die entgegengesetzte Verteilung der Beweislast würde dazu führen, daß jedem einzelnen Gesellschafter trotz des Beschlusses auf Einforderung besonders dargetan und im Prozesse bewiesen werden müßte, daß und aus welchen Gründen die Geschäftslage die Einforderung der Einzahlung erfordert. Das widerspricht allen Begriffen der Gesellschaftslehre.

Nr. 3. Die Rückzahlung von Nachschüssen.

Auch die Bestimmung hierüber unterliegt dem Beschlusse der Gesellschafter. Welche Anm. 17. weiteren Voraussetzungen vorliegen müssen, darüber s. Anm. 8 ffg. zu § 30. Aber auch diese Voraussetzung, der Beschluß der Gesellschafter, ist erforderlich, und zwar kraft öffentlichen Rechts. Eine Abänderung dieser Voraussetzung durch den Gesellschaftsvertrag ist nicht zulässig. Hier ist § 45 Abs. 1 maßgebend: der abweichenden Bestimmung durch den Gesellschaftsvertrag steht eine zwingende gesetzliche Vorschrift entgegen.

Nr. 4. Die Teilung sowie die Einziehung von Geschäftsanteilen.

1. **Die Teilung von Geschäftsanteilen.** Zur Teilung von Geschäftsanteilen ist regelmäßig Anm. 18. die Genehmigung der Gesellschaft erforderlich (§ 17). Diese Genehmigung erteilt mit Wirkung nach außen der Geschäftsführer. Der Geschäftsführer aber darf zufolge unseres § 46 Nr. 4 die Genehmigung nur erteilen, wenn die Gesellschafter dies beschlossen haben. Hat er ohne solchen Beschluß die Genehmigung erteilt, so ist sie nach § 37 Abs. 2 gleichwohl nach außen wirksam. Aber der Geschäftsführer hat seine Pflicht verletzt und sich gemäß § 43 verantwortlich gemacht.

   Durch Gesellschaftsvertrag kann der Geschäftsführer von dem Erfordernis der Ge- Anm. 19. nehmigung durch Gesellschafterbeschluß befreit werden (§ 45). Dagegen kann von der Genehmigung der *Gesellschaft*, d. h. durch die Geschäftsführer namens der Gesellschaft, außer in den in § 17 Abs. 3 vorgesehenen Fällen auch durch Gesellschaftsvertrag nicht abgesehen werden. Eine *derartige* Bestimmung des Gesellschaftsvertrages wäre ungültig und nicht eintragungsfähig, und wenn eingetragen, nicht wirksam; eine auf sie gestützte konsenslose Teilung wäre unwirksam (vergl. Anm. 12 u. 13 zu § 17).

   Bemerkt wird übrigens der Deutlichkeit wegen, daß die Veräußerung von ganzen Anm. 20. **Geschäftsanteilen unter die vorliegende Bestimmung nicht fällt.** Auch wenn sie gemäß § 15 Abs. 5 von der Genehmigung der Gesellschaft abhängig gemacht ist, so ist damit noch nicht gesagt, daß der Geschäftsführer, ehe er die Genehmigung erteilt, einen Gesellschafterbeschluß einholen muß. Hierfür bietet das Gesetz keine Stütze (anders Liebmann Anm. 6). Doch kann natürlich die Gesellschafterversammlung dies anordnen (§ 46 Nr. 6). Ebenso kann der Gesellschaftsvertrag dies anordnen.
2. **Die Einziehung von Geschäftsanteilen.** Die Voraussetzung derselben sind in § 34 ent- Anm. 20a. halten. Nach innen ist, wenn aus dem Gesellschaftsvertrage nichts Anderes hervorgeht, ein Gesellschafterbeschluß erforderlich (vergl. Anm. 21 zu § 34).

Nr. 5. Die Bestellung und die Abberufung von Geschäftsführern, sowie die Entlastung derselben.

1. **Die Bestellung der Geschäftsführer.** Von Gesetzeswegen steht diese der Gesellschafter- Anm. 21. versammlung zu. Es ist also ein Geschäftsführer nicht berechtigt, einen anderen Geschäftsführer anzustellen. Freilich, wenn er dies dennoch tut, so ist die Bestellung nach § 37 Abs. 2 gültig. Aber er hat seine Pflicht nach innen verletzt und haftet dafür nach § 43. Bestellen die Gesellschafter durch Beschluß einen Geschäftsführer, so vertreten sie insoweit die Gesellschaft, besonders dann, wenn ein anderes Organ, welches den Bestellungsbeschluß ausführen könnte, nicht vorhanden ist. Sie sind dann ein Kollegium, welches die Gesellschaft vertritt (vergl. Anm. 6 zu § 45). Insbesondere gilt dies im Stadium der Gründung.

Die Bestellung der Geschäftsführer kann aber nach dem Gesellschaftsvertrage auch anderen Organen obliegen (vergl. Anm. 14 zu § 35).

Anm. 22. 2. **Die Abberufung der Geschäftsführer.** Auch diese liegt von Gesetzes wegen den Gesellschaftern ob. Doch kann sie durch Gesellschaftsvertrag auch anderen Organen übertragen werden. Über die Abberufung siehe Näheres Anm. 1 ffg. zu § 38.

Anm. 23. 3. **Die Entlastung der Geschäftsführer.**

a) Diese schließt sich normaler Weise an die Bilanzfeststellung an. Sie ist aber begrifflich von dieser verschieden. Bilanzfeststellung und Entlastung sind verschiedene Dinge (R.G. 49 S. 146). Die Bilanz, d. h. das rechnungsmäßige Ergebnis der Geschäftsführung, kann genehmigt werden, ohne daß damit auch die Geschäftsführung gutgeheißen wird. Deshalb dürfen bei der Bilanzgenehmigung auch die Mitglieder der Verwaltung mitstimmen (R.G. 49 S. 146). Umgekehrt kann den Geschäftsführern Entlastung erteilt und die Bilanz möglicherweise doch nicht genehmigt werden, weil vielleicht die Bilanzansätze nicht gebilligt werden.

Anm. 24. b) Der Entlastungsbeschluß ist gültig, wenn er dem Gesetze gemäß zustande gekommen ist. Ob es sachgemäß war, Entlastung zu erteilen, ist dabei gleichgültig. Es kann der die Entlastung aussprechende Beschluß nicht deshalb angefochten werden, weil die Verwaltung Fehler begangen habe — begangene Fehler können fehlerlos verziehen werden — und es kann umgekehrt der die Entlastung verweigernde Beschluß nicht deshalb angefochten werden, weil die Gesellschaftsorgane keine Fehler begangen haben. Die Gesellschaftsorgane selbst, denen die Entlastung verweigert ist, müssen in solchem Falle auf Entlastung klagen (vergl. unten Anm. 25). Dagegen ist die Entlastung fehlerhaft beschlossen und deshalb ungesetzlich und anfechtbar, wenn in der betreffenden Gesellschafterversammlung nicht ordnungsmäßig Rechnung gelegt wurde, obgleich dies auch nur von einem Gesellschafter verlangt wurde (R.G. 34 S. 57 für das Aktienrecht; vergl. oben Anm. 10).

Anm. 25. c) Der Anspruch der Gesellschaftsorgane auf Entlastung. Die Gesellschaftsorgane haben einen civilrechtlichen Anspruch auf Entlastung. Derselbe setzt voraus, daß sie durch Vorlegung der Bilanz und Gewinn- und Verlustrechnung, der sonstigen vom Aufsichtsrat oder der Gesellschafterversammlung geforderten Erklärungen und Nachweise in gehöriger Weise die Ergebnisse ihrer Geschäftsführung zur Prüfung unterbreitet haben. Verweigern die Gesellschafter als Beschlußorgan (oder das sonstige hierzu bestimmte Organ) die Entlastung, so steht den Gesellschaftsorganen ein Klagerecht gegen die Gesellschaft zu, nicht etwa ein Recht der Anfechtung des Gesellschafterbeschlusses (R.G. 49 S. 145).

Anm. 26. d) Die Bedeutung der erteilten Entlastung. Hierüber enthält das Gesetz keine Bestimmung. Es entscheiden daher allgemeine Rechtsgrundsätze über die Natur der hier in Rede stehenden Rechnungslegung.

α) Zunächst kann es keinem Zweifel unterliegen, daß die Entlastung einen Verzicht auf weitere Ansprüche enthält (Dernburg II S. 93).

Anm. 27. β) Was die Frage betrifft, ob die Entlastung sich nur auf diejenigen Punkte bezieht, welche in der Bilanz und in der Gewinn- und Verlustrechnung Erwähnung gefunden haben, so muß mit Simon (S. 20), Makower Anm. IV b zu § 260 H.G.B., Ring Nr. 5 zu § 260 H.G.B.; Pinner Aktienrecht S. 201 die Meinung des Reichsgerichts (12 S. 77; 13 S. 51), wonach nur die aus den Jahresrechnungen erkennbaren Pflichtverletzungen durch die Entlastung gedeckt werden, als unzutreffend bezeichnet werden. Denn die hier zu legende Rechnung ist ihrer Natur nach anders geartet, als im Normalfall. Die Bilanz und die Gewinn- und Verlustrechnung stellen nur eine summarische Darstellung der Geschäftsergebnisse dar. Als Korrelat dieser Kürze besteht die Pflicht der Geschäftsführer, dem Aufsichtsrate jede weitere Aufklärung und jeden Nachweis zu geben, den dieser verlangt (§ 52 des Gesetzes, § 246 H.G.B.); ferner die Pflicht, die von den Gesellschaftern als Beschlußorgan verlangten Auskünfte und Nachweise zu erbringen (vergl. oben Anm. 10). Daraus muß gefolgert werden, daß sich die Entlastung auf alle Punkte erstreckt, welche bei ordnungsmäßiger Prüfung der Bilanz und ihrer Unterlagen hätten wahrgenommen werden können, und nur diejenigen Punkte durch die Entlastung nicht gedeckt sind, die sich weder aus den Jahresrechnungen, noch aus den Büchern und Schriften der Gesellschaft erkennen lassen (vergl. Bolze 15 Nr. 126). Sicherlich genügt es hiernach, wenn die von den Gesellschaftern bestellten Revisoren von den betreffenden Pflichtverletzungen durch die Revision Kenntnis erhielten (R.O.H. 22 S. 278). Dernburg II S. 93 stimmt allerdings dem Reichsgericht zu.

γ) Die erteilte Entlastung bezieht sich an sich auch auf die Folgen von dolosen Pflichtverletzungen. Vergl. jedoch die folgende Anm. 29. Anm. 28.

δ) Überall aber sind ordnungsmäßige Vorlagen Voraussetzung der Entlastung, wenn sie in der angegebenen Weise wirken soll. Auf irreführende Vorlagen kann sich der Rechnungsführer nicht berufen (R.G. 18 S. 63; vergl. auch Bolze 17 Nr. 538). Unvollständigkeit der Vorlagen ist zwar regelmäßig unschädlich, aber es giebt auch eine irreführende Unvollständigkeit und diese verhindert die Wirkungen der Entlastung (vergl. Staub H.G.B. Anm. 12 zu § 260). Anm. 29.

Nr. 6. Die Maßregeln zur Prüfung und Überwachung der Geschäftsführung.

Von Gesetzes wegen und soweit der Gesellschaftsvertrag den Gesellschaftern das Recht nicht genommen hat, steht ihnen als Beschlußorgan das Recht zu, die Geschäftsführung im umfassendsten Maße zu prüfen und zu überwachen. Sie können dies tun, indem sie die Berichterstattung an die Gesellschafterversammlung anordnen, oder indem sie Delegierte, Sachverständige 2c. beauftragen, im Namen der Gesellschafter Revisionen vorzunehmen. Anm. 30.

Die Bestimmung beweist, daß auch bei unserer Gesellschaft die Gesellschafter als Beschlußorgan die oberste, den anderen Organen übergeordnete Behörde ist, nur daß der Gesellschaftsvertrag in diese Stellung abändernd eingreifen kann. Doch wird man eine abändernde Bestimmung nur dann als vorhanden annehmen können, wenn das Statut mit Klarheit dazu zwingt. Denn es handelt sich um das wichtigste Recht der Gesellschafterversammlung.

Der einzelne Gesellschafter hat hiernach nicht das Recht, die Geschäftsführung zu prüfen oder zu überwachen. Doch wird man ihm unter Umständen auch nach dieser Richtung gewisse Rechte geben, die ihm nicht versagt werden können, wenn er sein Abstimmungsrecht verständiger Weise ausüben soll (vergl. hierüber oben Anm. 10). Anm. 31.

Nr. 7. Die Bestellung von Prokuristen und von Handlungsbevollmächtigten zum gesamten Geschäftsbetriebe.

1. **Die Bestellung von Prokuristen.**

a) Die vorliegende Vorschrift hat nur Wirkung nach innen. Nach außen ist der Geschäftsführer auch in dieser Hinsicht gesetzlicher Vertreter der Gesellschaft mit schrankenloser Befugnis. Hat der Geschäftsführer auf die im § 48 H.G.B. bezeichnete Art jemandem Prokura erteilt, so ist derselbe Prokurist mit allen Rechtswirkungen nach außen (§ 37 Abs. 2). Ob die Prokuraerteilung aus inneren Gründen zu Unrecht geschehen, d. h. dem Gesellschaftsvertrage oder einer Anordnung der inneren Organe zuwiderlief, hat der Geschäftsführer nach innen zu verantworten (vergl. unten Anm. 42). Nach außen ist seine Rechtshandlung jedenfalls wirksam. Insbesondere hat auch der Registerrichter eine solche Prokura zu respektieren (vergl. unten Anm. 38). Anm. 32.

b) Die Vorschrift ist auch rein dispositiv. Sie gilt nur, wenn der Gesellschaftsvertrag nichts anderes bestimmt. Der Gesellschaftsvertrag kann den Geschäftsführer von dieser Beschränkung auch befreien, oder auch umgekehrt ihm andere Beschränkungen Anm. 33.

auferlegen, z. B. die Prokuraerteilung an die Zustimmung des Aufsichtsrats binden oder die Prokuraerteilung ganz untersagen. Das Statut kann auch anordnen, daß nur 2 Kollektivprokuristen bestellt werden dürfen. Das ist eine Anweisung an den Geschäftsführer, die nach innen gültig ist (§ 37 Abs. 1); so daß eine derartige Statutenbestimmung gültig und eintragungsfähig ist; aber nach außen ist eine im Widerspruch hiermit bestellte Einzelprokura gültig und wirksam und muß trotz der statutarischen Beschränkung eingetragen werden (§ 37 Abs. 2). Vergl. oben Anm. 32 und unten Anm. 38.

Anm. 34. c) Sonstiges über die Prokura.

α) Der Umfang der in der Prokura enthaltenen Vollmacht. Der im § 49 H.G.B. vorgesehene Umfang der Prokura ist hier begrifflich nicht der gleiche, wie sonst. Der Zusammenhang der Gesetze ergiebt, daß er hier ein weiterer ist. Denn nach § 49 H.G.B. ermächtigt die Prokura im Allgemeinen nur zu solchen Rechtsgeschäften, die der Betrieb eines Handelsgewerbes mit sich bringt. Die Gesellschaft mit beschränkter Haftung ist aber eine Handelsgesellschaft auch dann, wenn sie kein Handelsgewerbe betreibt (§ 13 Abs. 3). Als Wille des Gesetzgebers muß hieraus gefolgert werden, daß hier die Prokura ermächtigt zu allen Geschäften und Rechtshandlungen, welche das von ihr betriebene Gewerbe, es mag ein Handelsgewerbe sein oder nicht, mit sich bringt (außer natürlich zur Veräußerung und Belastung von Grundstücken). Ebenso ermächtigt die Prokura zu allen die Erledigung ihrer Vermögensangelegenheiten mit sich bringenden Geschäften, wenn sie überhaupt kein Gewerbe betreibt, z. B. wenn eine Loge, eine Studentenverbindung, ein Sportverein, eine Wohltätigkeitsgesellschaft für ihre Zwecke ein Grundstück erwirbt und auf dieser Basis eine Gesellschaft mit beschränkter Haftung gründet.

Anm. 35. Bei der Gesellschaft mit beschränkter Haftung ist es aber, wie bei der Aktiengesellschaft fraglich, ob der Prokurist auch die Gesellschaft gegenüber den Gesellschaftern vertritt. Soweit dies zum Betriebe des Gewerbes oder ihrer sonstigen Vermögensangelegenheiten gehört, ist er hierzu berechtigt. Eine Ausnahme machen diejenigen internen Akte, welche dem Geschäftsführer als solchem obliegen, also insbesondere die für die Gesellschafter bestimmten Publikationen. Der Prokurist kann daher nicht die Gesellschafterversammlung einberufen (§ 49), außer wenn das Statut dies besonders zuläßt.

Anm. 36. β) Die Unbeschränkbarkeit der Prokura gilt auch hier als Prinzip (vergl. § 50 H.G.B.). Und auch hier gilt, was im § 50 H.G.B. über die Zulässigkeit von Ausnahmen gesagt ist, insbesondere auch über die Prokura für eine Zweigniederlassung.

Anm. 37. Die Kenntnis des Dritten von einer gleichwohl statuierten Beschränkung macht dieselbe auch hier nicht wirksam, wohl aber Kollusion, die aber nicht in bloßer Kenntnis der Beschränkung liegt (R.G. 22 S. 75; vergl. Anm. 12 zu § 37).

Anm. 38. γ) Die Eintragung der Prokura in das Handelsregister. Sie ist nicht wesentlich für ihre Erteilung und ihre Existenz. Aber sie ist nach § 53 H.G.B. zu bewirken und die Anmeldung ev. nach § 14 H.G.B. durch Ordnungsstrafen zu erzwingen (unten Anm. 39). Hat der Geschäftsführer — gleichviel, ob mit oder ohne Genehmigung der Organe, an deren Zustimmung er gebunden ist — auf irgendwelche Weise die Prokura erteilt, so ist dieselbe zur Eintragung in das Handelsregister anzumelden. Nicht bloß, daß der Registerrichter bei der Anmeldung nicht zu prüfen hat, ob der Geschäftsführer bei der Erteilung innerhalb der statutarischen Beschränkungen gehandelt hat, sondern er muß die Prokura sogar dann eintragen, wenn er in dieser Beziehung das Gegenteil weiß. Denn auch dann liegt eine nach außen wirksame Prokura vor, und das ist allein für den Registerrichter entscheidend (für das Aktienrecht Behrend § 126 Anm. 2; Pinner Aktienrecht S. 152; L.G. Breslau bei Holdheim 3 S. 325; Ring Nr. 3 zu § 238;

anders für das Aktienrecht Kammergericht vom 10. April 1901 in R.J.A. Bd. 2 S. 74 und bei Johow und Ring 22 S. A. 113; auch für unser Gesetz ist die von uns vertretene Ansicht die herrschende, nur Förtsch Anm. 12 zu § 46 vertritt die gegenteilige Auffassung; gegen ihn mit ausführlicher und zutreffender Begründung Neukamp Anm. 8). Die Zustimmung der Gesellschafter ist hiernach dem Registerrichter nicht beizubringen. Ganz unbegründet ist es, wenn der Registerrichter die Eintragung dann versagt, wenn die Statuten über die Bestellung der Prokura nichts enthalten; denn dann greift eben die gesetzliche Bestimmung Platz. Das Gleiche gilt, wenn die Statuten die Bestimmung enthalten, daß die Gesellschaft durch einen oder mehrere Geschäftsführer vertreten wird. Denn damit ist nur die gesetzliche Vertretung geregelt, nicht aber ausgeschlossen, daß die Gesellschaft auch durch Prokuristen als durch gewillkürte Vertreter vertreten werden kann. Ja selbst wenn die Statuten die Bestimmung enthielten, daß Prokuristen nicht bestellt werden dürfen, wäre das nach außen nicht wirksam. Denn darin läge nur eine Beschränkung der Vertretungsbefugnis der Geschäftsführer dahin, daß sie Prokuristen nicht bestellen sollen, und diese Beschränkung wäre eben nach außen nicht wirksam (vergl. oben Anm. 32 und Anm. 7ffg. zu § 37.

δ) Die Anmeldung der Prokura ist zu bewirken von den Geschäftsführern, und zwar in derjenigen Zusammensetzung, in welcher sie auch sonst die Gesellschaft vertreten. Die Geschäftsführer können nach § 14 H.G.B. durch Ordnungsstrafen zur Anmeldung angehalten werden. Anm.39.

ε) Das Erlöschen der Prokura ist in gleicher Weise anzumelden, und zwar wiederum von den Geschäftsführern. Die Gesellschafter und der Aufsichtsrat können nur durch die ihnen zustehenden Machtmittel auf den Geschäftsführer einwirken, daß er die Löschung veranlasse. Sie selbst können die Anmeldung nicht bewirken. Anm.40.

ζ) Die Grundsätze über die Wirkung der erfolgten und nicht erfolgten Registrierung des Erlöschens der Prokura gelten hier unverändert so, wie sich dies aus allgemeinen Rechtsgrundsätzen ergiebt (vergl. Anm. 8—13 zu § 39 und Staub H.G.B. Anm. 5ffg. zu § 53). Anm.41.

η) Die Rechtswirkungen der auf Grund der Prokura abgeschlossenen Rechtsgeschäfte treffen die Gesellschaft, nicht etwa die Geschäftsführer. Denn ein Prokurist ist Vertreter der Gesellschaft, nicht des Geschäftsführers. Für die Versehen der Prokuristen haftet der Geschäftsführer jedoch dann schlechthin, wenn er den Prokuristen ohne die vorgeschriebene Genehmigung bestellt hat. Denn dann liegt auf seiten des Geschäftsführers eine vorsätzliche Pflichtverletzung vor, für deren schädliche Folgen er haftet, auch wenn er diese nicht voraussehen konnte, auch wenn er das Beste der Gesellschaft dabei im Auge hatte (vergl. Anm. 3 zu § 43). — Siehe für das Aktienrecht Behrend § 126 Anm. 14; Ring Nr. 5 zu § 238). Anm.42.

ϑ) Der Widerruf der Prokura ist hier ebenfalls stets gestattet. Es fragt sich, wer die Prokura widerrufen kann. Nach innen wird man annehmen müssen, daß diejenigen Organe, welche zur Erteilung der Prokura ihre Zustimmung geben müssen, auch vom Geschäftsführer verlangen können, daß er die Prokura widerruft. Außerdem aber muß man den Geschäftsführer stets für befugt erachten, die Prokura zu widerrufen. Mit Wirkung nach außen sicherlich. Aber auch nach innen ist er auch dann selbständig zum Widerruf befugt, wenn andere Organe zur Erteilung der Prokura ihre Zustimmung geben müssen, es sei denn, daß ihm der Widerruf ausdrücklich untersagt wäre. Denn das für die Prokurabestellung aufgestellte Konsenserfordernis hat seinen besonderen legislativen Grund und leidet keine analoge Ausdehnung auf den Prokurawiderruf (Behrend § 126 Anm. 2). Anm.43.

2. **Bestellung von Generalhandlungsbevollmächtigten.** Auch diese Vorschrift hat nur Wirkung nach innen. Jeder Bevollmächtigte, auch der allgemeine Bevollmächtigte, wird vom Geschäftsführer bestellt. Bei der Bestellung von Generalhandlungsbevollmächtigten aber muß Anm.44.

er nach unserer Vorschrift die Genehmigung der Gesellschafter einholen. Wenn der Geschäftsführer die Genehmigung, an welche er gebunden ist, nicht einholt, so handelt er pflichtwidrig und haftet daher für die Folgen aller Handlungen, die dieser Bevollmächtigte verübt (vergl. oben Anm. 42). Aber nach außen ist die Bestellung gültig, und mit dem ohne Genehmigung der Gesellschafter vom Geschäftsführer ernannten Generalbevollmächtigten darf der Dritte sich einlassen, auch wenn er wußte, daß die Genehmigung der Gesellschafter nicht eingeholt oder gar verweigert worden ist, bis zur Grenze der Kollusion (über diese letztere Grenze siehe Anm. 12 zu § 37).

Anm.45. Zur Bestellung sonstiger Bevollmächtigter bedarf der Geschäftsführer auch nach innen keiner Genehmigung. Doch kann der Gesellschaftsvertrag dies bestimmen.

Anm.46. Übrigens kann jeder Bevollmächtigte auch seinerseits, soweit dies den Rahmen seiner Vollmacht nicht überschreitet, Bevollmächtigte bestellen mit der Wirkung, daß diese die Gesellschaft vertreten.

Anm.47. Der Widerruf der Vollmacht steht jedenfalls dem Geschäftsführer zu, auch dann, wenn das Widerrufsrecht des Geschäftsführers nach innen beschränkt sein sollte. Dem Dritten gegenüber gelten solche Beschränkungen nicht und auch der Bevollmächtigte ist in dieser Hinsicht ein Dritter.

Anm.48. Auch **Beamte** (Handlungsgehilfen oder sonstige Gehilfen) kann natürlich die Gesellschaft mit beschränkter Haftung haben. Für ihr Dienstverhältnis gelten die sonst gültigen Grundsätze.

Nr. 8. Die Geltendmachung von Ersatzansprüchen, welche der Gesellschaft aus der Gründung oder Geschäftsführung gegen die Geschäftsführer oder Gesellschafter zustehen, sowie die Vertretung der Gesellschaft in Prozessen, welche sie gegen die Geschäftsführer zu führen hat.

Anm.49. 1. Zufolge dieser Vorschrift hat die Mehrheit der Gesellschafter darüber zu beschließen, ob aus der Gründung oder der Geschäftsführung gegen die Geschäftsführer oder Gesellschafter Ansprüche geltend gemacht werden sollen. Daraus folgt aber nicht, daß ein solcher Beschluß zur Begründung der Klage gehört. Besteht ein solcher Anspruch für die Gesellschaft, so gehört seine Geltendmachung zum Machtbereiche der Geschäftsführer, und es muß gegen Förtsch Anm. 13 angenommen werden, daß zur Begründung der Klage die Beibringung eines solchen Beschlusses nicht gehört. Aber nach innen ist der Geschäftsführer an einen solchen Beschluß gebunden: er muß ihn vorher einholen und muß ihn befolgen.

Anm.50. 2. Die Gesellschafter können aber zugleich Vertreter bestellen, welche gegen die Geschäftsführer die Prozesse zu führen haben, dies auch dann, wenn ein Geschäftsführer noch vorhanden ist, gegen welchen sich die Klage nicht richtet. Der von den Gesellschaftern gewählte Vertreter ist gesetzlicher Vertreter der Gesellschaft. Die Gesellschafter sind bei dieser Bestellung ein Kollegium, welches die Gesellschaft vertritt (vergl. Anm. 6 zu § 45). Sie dürfen infolgedessen auch mit den zu wählenden Prozeßvertretern die Bedingungen vereinbaren, unter welchen sie die Prozesse zu führen haben, dürfen auch Beschlüsse fassen darüber, in welcher Weise sie sich die Information zur Führung der Prozesse zu beschaffen haben, und in welcher Weise sie dafür bezahlt werden. Haben die Gesellschafter einen Prozeßvertreter nicht erwählt, so hilft, wenn es sich um einen Prozeß des Geschäftsführers gegen die Gesellschaft handelt, § 57 C.P.O., und wenn sie klagen soll, § 29 B.G.B. (vergl. Anm. 42 zu § 35).

Anm.51. 3. Dagegen hat die Minderheit kein Recht, gegen den Willen der Mehrheit Prozesse im Namen der Gesellschaft anzustellen (vergl. Anm. 35 zu § 45).

Anm.52. 4. Zu den Prozessen, an welche hier gedacht ist, gehören nicht Ansprüche gegen die Gesellschafter aus § 31, nicht Ansprüche gegen die Mitglieder des Aufsichtsrats oder gegen ähnliche Gesellschaftsorgane. Indessen bleibt es selbstverständlich den Gesellschaftern überlassen, auch über die Anstellung solcher Prozesse Beschlüsse zu fassen, deren Ausführung

Pflicht der Geschäftsführer ist, was sich aus der Natur des Gesellschafterbeschlußorgans als oberster Gesellschaftsinstanz und aus § 46 Nr. 6 ergiebt (vergl. Anm. 10 zu § 45).

5. Ist übrigens ein Aufsichtsrat bestellt, so ist auch dieser zur Prozeßführung gegen die Geschäftsführer ohne weiteres bestellt (§ 52 des Gesetzes, § 247 H.G.B.). Anm. 53.

6. **Der Gesellschaftsvertrag** kann den Gesellschaftern das hier erwähnte Bestimmungsrecht nehmen (§ 45), sei es so, daß ein anderes Organ darüber zu bestimmen und die Gesellschafter als Beschlußorgan über die Ausübung zu wachen haben, oder auch so, daß den Gesellschaftern keinerlei Bestimmungsrecht in dieser Hinsicht zusteht (Anm. 31 zu § 45). Anm. 54.

§ 47.

Die von den Gesellschaftern in den Angelegenheiten der Gesellschaft zu treffenden Bestimmungen erfolgen durch Beschlußfassung nach der Mehrheit der abgegebenen Stimmen.

Jede hundert Mark eines Geschäftsanteils gewähren eine Stimme.

Vollmachten bedürfen zu ihrer Gültigkeit der schriftlichen Form.

Ein Gesellschafter, welcher durch die Beschlußfassung entlastet oder von einer Verbindlichkeit befreit werden soll, hat hierbei kein Stimmrecht und darf ein solches auch nicht für andere ausüben. Dasselbe gilt von einer Beschlußfassung, welche die Vornahme eines Rechtsgeschäfts oder die Einleitung oder Erledigung eines Rechtsstreites gegenüber einem Gesellschafter betrifft.

Der vorliegende Paragraph giebt die Vorschriften über die Abstimmung.

I. (Abs. 1.) **Die Mehrheit der abgegebenen Stimmen entscheidet.** Anm. 1.

1. **Die gesetzliche Vorschrift als solche.** Ihr Inhalt geht dahin, daß die Mehrheit der abgegebenen Stimmen entscheidet, d. h. eine Stimme mehr als die Hälfte der Gesamtzahl der abgegebenen Stimmen ist erforderlich. Es ist dasselbe gemeint, wie im § 251 H.G.B. mit der einfachen Stimmenmehrheit. Die Stimmen derjenigen Personen, die sich der Abstimmung enthalten, sei es freiwillig oder auf Grund gesetzlicher Vorschrift, werden nicht mitgezählt, da eben nur die abgegebenen Stimmen zählen. Die unbeschriebenen Stimmzettel werden ebenfalls nicht mitgezählt. Wer seinen Zettel nicht beschreibt, stimmt eben nicht, was Förtsch Anm. 4, der die gegenteilige Auffassung hat, verkennt. Bei Stimmengleichheit ist der Antrag abgelehnt.

Eine Vorschrift, daß eine bestimmte Anzahl von Gesellschaftern erscheinen oder ein bestimmter Betrag des Stammkapitals in der Versammlung vertreten sein, oder daß ein bestimmter Betrag des vertretenen Stammkapitals zustimmen müsse, ist von Gesetzes wegen nicht gegeben. Es kann daher auch ein einziger Gesellschafter die Beschlüsse fassen (für das Aktienrecht R.G. 34 S. 116), auch wenn dieser Gesellschafter einen noch so kleinen Geschäftsanteil hat. Ja es kann sogar ein Gesellschafter die sämtlichen Geschäftsanteile besitzen und als solcher die Beschlüsse fassen (vergl. zu § 60). Anm. 2.

2. **Ausnahmen von der Vorschrift unseres Paragraphen macht das Gesetz insofern,** als es in den §§ 53 u. 60 Nr. 2 eine größere, als die einfache Mehrheit der abgegebenen Stimmen verlangt. Hierüber siehe in Anm. 4. Anm. 3.

3. **Weitere Ausnahmen kann der Gesellschaftsvertrag machen.** Denn § 47 Abs. 1 ist vermöge des § 45 dispositiver Natur. Der Gesellschaftsvertrag kann also bestimmen, daß eine andere als die einfache Mehrheit entscheidet, sei es überhaupt, sei es für bestimmte Beschlüsse, auch daß bei allen Beschlüssen, oder bei gewissen Beschlüssen Stimmeneinhelligkeit erforderlich ist: daß die unbeschriebenen Zettel gezählt werden sollen; daß bei Stimmengleichheit der Vorsitzende des Aufsichtsrats oder der Delegierte der Gesellschafter oder Anm. 4.

(R.G. 49 S. 146) der Syndikus der Gesellschaft, oder daß das Los entscheidet; oder daß die Beschlüsse überhaupt oder Beschlüsse gewisser Art nur gültig sind, wenn in der Versammlung eine bestimmte Höhe des Stammkapitals vertreten ist, oder wenn wenigstens eine bestimmte Mehrheit des bei der Beschlußfassung vertretenen Stammkapitals zustimmt rc. rc. Enthält das Statut eine Bestimmung der letzteren Art (also daß eine bestimmte Mehrheit des bei der Beschlußfassung vertretenen Stammkapitals zustimmen muß), eine Bestimmung, welche im Aktienrecht das Gesetz an verschiedenen Stellen enthält, hier aber seltener (vergl. Anm. 3); so sind zunächst diejenigen Geschäftsanteile nicht mitzuzählen, deren Besitzer sich freiwillig oder infolge gesetzlicher oder statutarischer Vorschrift der Abstimmung enthalten. Gesellschafter, die nur mit einem Teil des Nennwertes ihrer Geschäftsanteile stimmen dürfen, weil das Statut Höchstbeschränkungen nach dieser Richtung enthält (vergl. unten Anm. 7), sind nur mit demjenigen Nennbetrage mitzuzählen, mit welchem sie sich bei der Abstimmung beteiligen (vergl. Staub H.G.B. Anm. 4 zu § 251). Es kann jedoch das Statut nach allen diesen Richtungen Abweichendes vorschreiben. — Auch anderen Personen (z. B. Unterbeteiligten oder Genußscheininhabern) kann ein Stimmrecht gewährt werden, soweit nicht als zwingend vorgeschrieben anzusehen ist, daß ein Beschluß der G e s e l l s c h a f t e r vorliegen muß (letzteres z. B. in §§ 26, 46 Nr. 3, 53 Abs. 1, 60 Nr. 2, 66 Abs. 1 u. 3).

Anm. 5. II. (Abs. 2.) **Jede 100 Mark eines Geschäftsanteils gewähren eine Stimme.** Die Vorschrift ist klar, und bei zutreffender Auffassung des Begriffs Geschäftsanteil bereitet die Vorschrift keine Schwierigkeit. Das Wort „Geschäftsanteil" bedeutet (vergl. zu § 14) den Inbegriff aller derjenigen Rechte, welche dem Gesellschafter zustehen. Jeder Geschäftsanteil enthält einen Nennbetrag, der dem Geldwerte dessen entspricht, was der Gesellschafter auf seine Stammeinlage zu leisten hat. Von diesem Nennbetrage gewähren immer 100 Mark eine Stimme. Neukamp's Meinung (Anm. 4), daß es statt Geschäftsanteil „Stammeinlage" heißen müßte, ist verfehlt. Es hätte freilich auch Stammeinlage heißen können. Verständlich wäre es auch dann; denn der Nennbetrag der Stammeinlage und der Nennbetrag des Geschäftsanteils decken sich ja (§ 14). Aber der Ausdruck wäre minder präzis und überdies hätte dann hinzugefügt werden müssen, daß je 100 Mark der „übernommenen" Stammeinlage eine Stimme gewähren, und es ist nicht richtig, wenn Neukamp Anm. 4 sagt, daß es praktisch „meist" auf dasselbe hinausläuft, ob 100 Mark einer übernommenen Stammeinlage oder 100 Mark der Einlage gesagt wird. Er weist darauf hin, daß ja § 19 zwingend vorschreibe, daß die Einzahlungen auf die Stammeinlage stets nach Verhältnis der letzteren zu leisten seien. Aber er muß selbst zugeben, daß, wenn Sacheinlagen geleistet sind, ein großer Unterschied zwischen den übernommenen Stammeinlagen und den Sacheinlagen überhaupt besteht. Und er übersieht ferner: wenn § 19 auch zwingend vorschreibt, daß die Einzahlungen auf die Stammeinlagen stets nach Verhältnis der letzteren zu leisten sind, so kann das naturgemäß doch nur bedeuten, daß sie nach Verhältnis des Nennwertes der Stammeinlagen e i n z u f o r d e r n seien. Geleistet werden sie nicht immer so, wie sie zu leisten sind. Dann ergiebt sich wiederum ein großer Unterschied zwischen den übernommenen und den eingezahlten Stammeinlagen. Also, wie gesagt, die Gesetzesworte sind klar und hätten besser und kürzer nicht gewählt werden können.

Anm. 6. Je 100 Mark eines Geschäftsanteils gewähren also eine Stimme. Ob die Stammeinlage voll eingezahlt ist oder nicht, ist dabei gleichgültig. Es kommt nur darauf an, daß der Geschäftsanteil noch gilt. Auch daß die Kaduzierung schon angedroht ist, hindert nicht die Stimmberechtigung. Daß die Gesellschaft, solange sie Inhaberin eines Geschäftsanteils ist, nicht mitstimmen darf, darüber siehe Anm. 8 zu § 33. — Mit seinen Stimmen kann der Gesellschafter nur einheitlich stimmen. Denn die Person stimmt, nicht der Geschäftsanteil. Es kann daher ein Gesellschafter, dem 5 Stimmen — und sei es auch auf Grund mehrerer Geschäftsanteile — zustehen, nicht mit 3 Stimmen dafür, mit 2 Stimmen dagegen stimmen (vergl. für das Aktienrecht R.G. 33 S. 94). Die gegenteilige Ansicht wäre begriffswidrig. Deshalb ist auch eine gegenteilige Bestimmung im Gesellschaftsvertrage ungültig. Dagegen ist es zulässig, daß ein Gesellschafter, dem 5 Stimmen zustehen, nur

3 abgiebt. Und ebenso ist zulässig, daß ein und dieselbe Person für sich dafür, als Vertreter eines Anderen dagegen stimmt. Stimmt ein Gesellschafter, dem 5 Stimmen zustehen, mit 3 für einen Antrag, mit 2 dagegen, so gilt seine Stimmabgabe überhaupt nicht, weil sie perplex ist, indem sie den wahren Willen des Gesellschafters nicht erkennen läßt. Stimmt derselbe Gesellschafter mit einem Teil seiner Stimmen, während er sich im Übrigen der Abstimmung enthält, so gilt seine Abstimmung so wie erfolgt. Hat er z. B. mit 3 seiner 5 Stimmen dafür gestimmt, im Übrigen sich der Abstimmuug enthalten, so steht ihm nunmehr überhaupt kein Recht zu, den Beschluß anzufechten; denn er hat ja dafür gestimmt (vergl. R.G. 33 S. 92).

Die Bestimmung des Absatzes 2 ist kraft § 45 nur dispositiver Natur. Der Gesellschaftsvertrag kann hier ändernd eingreifen, sofern die Ändernug nur nicht begriffswidrig ist. Er kann z. B. statt je 100 je 1000 Mark eines Geschäftsanteils eine Stimme gewähren. Er kann auch die Stimmbeteiligung ganz anders festsetzen, als nach Verhältnis der Geschäftsanteile. Er kann z. B. einem bestimmten Geschäftsanteil von 10000 Mark 10 Stimmen, einem anderen Geschäftsanteil von 20000 Mark 5 Stimmen gewähren. Es kann auch die Kapitalbeteiligung als Grundlage des Stimmrechts ganz verlassen und z. B. Stimmenabgabe nach Köpfen trotz Verschiedenheit der Geschäftsanteile festgesetzt oder es kann bestimmt werden, daß der Gesellschafter A. 50 Stimmen, der Gesellschafter B. 100 Stimmen haben soll 2c. Es kann auch ein Gesellschafter ganz von der Stimmenabgabe, ja sogar auch von der Teilnahme an der Gesellschafterversammlung ausgeschlossen werden. Letzteres wollen Parisius und Crüger (Anm. 1) und Liebmann (Anm. 3 zu § 48) nicht zulassen, jedoch ist ein Grund dafür nicht ersichtlich. Es widerspricht durchaus nicht dem Gesellschaftsprinzip, war es doch auch im früheren Aktienrecht vor 1884 und im Genossenschaftsgesetz, wie es bis zum 1. Oktober 1889 gegolten hat, möglich (vergl. Neukamp 1a; Förtsch Anm. 3; O.L.G. Hamburg vom 11. Juni 1901 bei Mugdan und Falkmann 3 S. 66). Es kann auch das Stimmrecht von einer gewissen Dauer der Mitgliedschaft, vom Glaubensbekenntnis, von der Zugehörigkeit zu irgend einer anderen Vereinigung, von dem Besitze eines Grundstücks 2c. abhängig gemacht werden. Der Gesellschaftsvertrag kann auch die Stimmberechtigung nach oben beschränken (z. B. wer mehr als 10000 Mark Geschäftsanteile besitzt, hat für den überschießenden Betrag kein Stimmrecht). Der Gesellschaftsvertrag kann endlich die Stimmabgabe und die Teilnahme an der Gesellschafterversammlung von gewissen formellen Voraussetzungen abhängig machen: er kann z. B. Vorzeigung der Anteilscheine oder vorherige Deponierung derselben oder vorherige schriftliche Anmeldung der Teilnahme verlangen. Der Gesellschaftsvertrag kann aber nicht anordnen, daß jemand, der mehrere Stimmen hat, und sei es auch auf Grund mehrerer Geschäftsanteile, zum Teil für, zum Teil gegen einen Antrag stimmen kann; denn das wäre begriffswidrig (vergl. Anm. 6). Anm. 7.

Können Veränderungen des Stimmrechts auch durch spätere Abänderung des Gesellschaftsvertrages per maiora vorgenommen werden? Neukamp Anm. 2b verneint dies, weil das einmal gewährte Stimmrecht ein Sonderrecht sei. So allgemein läßt sich das aber nicht sagen. Wenn z. B. im ursprünglichen Gesellschaftsvertrage gesagt ist, daß jede 1000 Mark eines Geschäftsanteils eine Stimme gewähren, oder wenn nichts gesagt ist, und damit die gesetzliche Bestimmung gilt, daß jede 100 Mark eines Geschäftsanteils je 1 Stimme gewähren, so ist nicht einzusehen, warum diese Bestimmung als unentziehbar gewollt angesehen werden müßte. Darin liegt nichts weiter, als die gleichmäßige Behandlung aller Gesellschafter in Bezug auf ein gesellschaftliches Herrschaftsrecht. Durch einen alle gleichmäßig behandelnden abändernden Beschluß kann diese Bestimmung sehr wohl geändert werden. Wenn aber einem Gesellschafter ein besonders hohes Stimmrecht gewährt ist, so ist dies Vorzugsrecht als per maiora nicht entziehbar gewollt, als Sonderrecht anzusehen und es kann dann nur mit seiner Zustimmung geändert werden. Ebenso kann, wenn einem Geschäftsanteilsinhaber ein besonders niedriges Stimmrecht gewährt ist, dasselbe nicht per maiora erhöht werden, sondern nur unter Zustimmung aller anderen, durch diese Erhöhung benachteiligten Gesellschafter. Es ist eben hier wie immer Auslegungssache, ob ein gesell- Anm. 8.

schaftliches Herrschaftsrecht als unentziehbar gewollt, als Sonderrecht anzusehen ist; aber ganz allgemein kann man dies von dem Stimmrecht nicht sagen.

Anm. 9. III. (Abs. 3.) **Vollmachten bedürfen von Gesetzes wegen der schriftlichen Form.** Bevollmächtigte sind also von Gesetzes wegen zugelassen. Es kann der Gesellschafter selbst oder durch einen Bevollmächtigten sein Stimmrecht ausüben. Er kann auch für einen Geschäftsanteil persönlich erscheinen und für einen anderen ihm gehörigen Geschäftsanteil sich einen Bevollmächtigten bestellen.[1]) Denn er ist so viele Male Mitglied, als er Geschäftsanteile hat, nur daß die sämmtlichen für einen Gesellschafter — und sei es auch auf Grund mehrerer Geschäftsanteile — abzugebenden Stimmen einheitlich, d. h. in einem und demselben Sinne abgegeben werden müssen, weil das Gegenteil begriffswidrig wäre (siehe oben Anm. 6). Die schriftliche Vollmacht ist ausreichend. Für ihre Form ist § 126 B.G.B. maßgebend. Wenn die Echtheit der schriftlichen Vollmacht angezweifelt und der Bevollmächtigte deshalb nicht zugelassen wird, so geschieht dies auf die Gefahr der Gesellschaft. Die Nichtzulassung eines solchen Bevollmächtigten bewirkt die Ungültigkeit des Beschlusses, wenn die Vollmacht in Wahrheit echt war (R.G. 40 S. 85). Telegraphische Vollmacht genügt nicht. Denn der § 127 B.G.B. greift nicht Platz, weil es sich um eine gesetzlich vorgeschriebene Form handelt; wenn der Gesellschaftsvertrag die gesetzliche Vorschrift der schriftlichen Vollmacht wiederholt, so wird hieran nichts geändert. Mündliche Vollmacht genügt ebenfalls nicht. — Daß die Vollmacht in der Verwahrung der Gesellschaft bleiben müsse, ist hier (anders nach § 252 Abs. 2 H.G.B. für das Aktienrecht) nicht vorgeschrieben. Andererseits ist auch nicht vorgeschrieben, daß sie in der Versammlung oder sonst den abstimmenden Gesellschaftern vorgelegt werden oder dem Protokoll beigefügt oder im Protokolle wiedergegeben werden müsse. Sie braucht eben nur erteilt zu sein. Doch hat der Registerrichter, soweit es sich um einzutragende Beschlüsse handelt, auf Grund des § 12 F.G. das Recht, den Nachweis der Vollmacht zu verlangen.

Anm. 10. Eine Spezialvollmacht ist nicht erforderlich (O.L.G. Hamburg vom 11. Juni 1901 bei Mugdan und Falkmann 3 S. 66). So ist eine allgemeine Handlungsvollmacht oder die Prokura ausreichend.

Anm. 11. Das Erfordernis der Vollmacht bezieht sich nur auf den Fall der freiwilligen Vertretung. Gesetzliche Vertreter von juristischen Personen, Geschäftsunfähigen ꝛc. bedürfen keiner Vollmacht. Sie müssen und können ihre Legitimation auf andere Weise dartun (vergl. Anm. 7 zu § 2).

Anm. 12. Durch nachträgliche Genehmigung wird der Mangel der schriftlichen Vollmacht ersetzt. Das Gegenteil anzunehmen liegt kein Anlaß vor (vergl. Anm. 8 zu 2). Doch muß naturgemäß auch die Genehmigung schriftlich sein (vergl. Anm 8 zu § 2).

Anm. 13. Kollektivvertreter üben ihr Stimmrecht durch Zusammenwirken aus. Sie müssen beide erscheinen oder aber sie geben beide einem von ihnen oder einem Dritten Vollmacht.

Anm. 14. Das Erfordernis der schriftlichen Vollmacht bezieht sich nur auf den, der ein fremdes Recht im fremden Namen ausübt, nicht auf den, der in eigenem Namen ein fremdes Recht ausübt. Hier liegt kein Vertretungsverhältnis vor. Hier genügt die zum Zwecke der Rechtsausübung erfolgte Übertragung des Geschäftsanteils, die sogenannte Legitimationsübertragung, deren Wesen wir in Anm. 73 zu § 15 dargelegt haben. Es liegt eine andere Rechtsgestaltung vor, als bei einer Bevollmächtigung, und die vorliegende Vorschrift besagt nicht etwa, daß ein Gesellschafter, der seine Rechte nicht selbst ausübt, dies durch einen Bevollmächtigten tun müsse, sondern nur, daß er dies durch einen Bevollmächtigten tun könne und in diesem Falle eine schriftliche Vollmacht erforderlich sei.

Anm. 15. **Durch den Gesellschaftsvertrag kann die Vorschrift abgeändert werden.** Das geht aus § 45 Abs. 2 hervor. Es kann also von dem Erfordernis der schriftlichen Vollmacht abgesehen und die mündliche Vollmacht als genügend angesehen werden, es kann die telegraphische Vollmacht als genügend angesehen werden, es kann ein für allemal angeordnet werden, daß

---

[1]) Aber einen Beistand (Rechtsbeistand) kann er sich ohne Zustimmung der Versammlung nicht mitbringen.

jeder Gesellschafter als bevollmächtigt angesehen wird, einen anderen Gesellschafter zu vertreten, es kann bestimmt werden, daß Rechtsanwälte einer Vollmacht nicht bedürfen; es kann auch bestimmt werden, daß jeder Gesellschafter mehrere Bevollmächtigte stellen darf,[1]) nur daß den mehreren Bevollmächtigten keine heterogenen Stimmrechte gewährt werden können; vielmehr müssen alle Vertreter eines Gesellschafters in einheitlichem Sinne stimmen (oben Anm. 9). Es kann aber auch die Vorschrift verschärft werden; es kann bestimmt werden, daß die Vollmacht beglaubigt sein muß; daß Vertretung nur durch Gesellschafter zulässig sei; daß Vertretung durch Frauen nicht zulässig sei; ja sogar, daß Vertretung überhaupt nicht zulässig sei und jeder Gesellschafter seine Rechte persönlich wahrnehmen müsse. Es kann auch umgekehrt bestimmt werden, daß die Gesellschafter ihre Rechte nur durch Bevollmächtigte oder durch bestimmte Bevollmächtigte wahrnehmen können.

Alles dies bezieht sich natürlich nicht auf gesetzliche Vertreter. Diese sind durch Vorlegung ihrer Legitimation genügend ausgewiesen. Aber es kann bestimmt werden, daß sie sich in der Gesellschafterversammlung noch besonders vertreten lassen müssen 2c. Anm. 16.

IV. (Abs. 4.) **Die Hindernisse der Stimmenabgabe.** Anm. 17.

1. **Die Gesetzesvorschrift enthält folgende Stimmenthaltungsanordnungen:**
Es darf nicht mitstimmen:

a) wer durch die Beschlußfassung entlastet werden soll oder wer von einer Verpflichtung befreit werden soll. Das bezieht sich hauptsächlich auf die Mitglieder der Verwaltung hinsichtlich des Entlastungsbeschlusses, dagegen nicht auch hinsichtlich des Bilanzgenehmigungsbeschlusses, da dieser Beschluß nur die zahlenmäßigen Ergebnisse der Geschäftsführung, nicht die Geschäftsführung genehmigt (R.G. 49 S. 146; auch Anm. 23 zu § 46).

Daran reiht sich die Vorschrift, daß ein Gesellschafter dann nicht mitstimmen soll, wenn der Beschluß die Einleitung oder die Beendigung eines Rechtsstreits „ihm gegenüber" betrifft. Selbstverständlich können die betreffenden Gesellschafter auch nicht über einen Vertagungsantrag in dieser Hinsicht mitstimmen. Wohl aber kann der Gesellschafter A. mitstimmen, wenn es sich um die Entlastung oder einen Vergleich mit dem Gesellschafter B. handelt, der mit ihm als Gesamtschuldner haftet. Denn rechtlich wird A. dadurch nicht entlastet, und wirtschaftlich wird er eher belastet, wenn der mit ihm solidarisch haftende B. zu haften oder voll zu haften aufhört. Anm. 18.

b) Ein Gesellschafter bei Beschlußfassungen, welche die Vornahme eines Rechtsgeschäfts ihm gegenüber betreffen. Die Beschlußfassung muß, um die Pflicht zur Stimmenthaltung zur Folge zu haben, die Vornahme eines Rechtsgeschäfts mit dem Gesellschafter (unser Gesetz sagt „gegenüber" dem Gesellschafter, das Aktiengesetz § 252 sagt „mit" dem Gesellschafter) betreffen, und zwar, wie hinzugefügt werden muß, die Vornahme eines Rechtsgeschäfts mit dem Gesellschafter als Dritten. Soweit unmittelbar aus der Beschlußfassung dem Gesellschafter Rechte erwachsen, sind es Mitgliedschaftsrechte, die hier nicht getroffen sind, so z. B. das Recht auf Zuteilung von neuen Geschäftsanteilen, wenn diese an die bisherigen Gesellschafter beschlossen wird. Es bezieht sich das ferner nicht auf sonstige Verwaltungsbeschlüsse, so z. B. wenn der Geschäftsführer ermächtigt wird, ein Grundstück von der Stadtgemeinde zu erwerben, so darf er als Gesellschafter mitstimmen, obwohl hieriu ein Auftrag an den Geschäftsführer, also streng genommen die Vornahme eines Rechtsgeschäfts mit ihm oder „ihm gegenüber" liegt. Das Gleiche gilt, wenn es sich um die Wahl des Vorsitzenden der Gesellschafterversammlung handelt oder um die Festsetzung der Tantieme für die Aufsichtsratsmitglieder. Es ist, wie Anm. 19.

---

[1]) Es kann auch bestimmt werden, daß jeder Gesellschafter mehrere Bevollmächtigte stellen könne und jeder Bevollmächtigte eine Stimme habe. So bestimmt z. B. ein Statut einer Gesellschaft, welche von drei Kreisen gebildet wird, daß der eine Kreis 16, der andere 11, der Dritte 5 „Abgeordnete" wählt und daß jeder Abgeordnete eine Stimme hat. Darin liegt lediglich die Zulassung mehrerer Bevollmächtigter zur Stimmenabgabe und die Gewährung von mehreren Stimmen an einen Gesellschafter; ersteres ist zulässig nach § 47 Abs. 2, § 45 Abs. 2; letzteres nach § 47 Abs. 1, § 45 Abs. 2.

gesagt, nur ein Rechtsgeschäft gemeint, welches mit dem Gesellschafter nicht als Gesellschafter, und nicht als Gesellschaftsorgan, sondern als Dritten geschlossen werden soll. Hierbei ist nun aber wiederum zu bedenken, daß die Gesellschafter als Beschlußorgan regelmäßig solche Rechtsgeschäfte nicht selbst abschließen, sondern die anderen Gesellschaftsorgane, häufig die Geschäftsführer, ausnahmsweise auch der Aufsichtsrat. Wenn in solchen Fällen die Gesellschafterversammlung darüber Beschluß faßt, ob das in Rede stehende Geschäft mit dem Gesellschafter als Dritten vorgenommen werden soll, darf der Gesellschafter nicht mitstimmen. Das ist gemeint und auch klar zum Ausdruck gebracht. Der Fall muß aber so liegen, daß die Ausführung des Beschlusses nur noch in dem Abschluß des Geschäftsführers liegt, so daß also der Gesellschafter, wenn er mitgestimmt hätte, durch seine Stimme die Gesellschaft gezwungen hätte, in bestimmter Weise mit ihm zu kontrahieren. Wenn es dagegen trotz des Gesellschafterbeschlusses noch in dem Ermessen der Gesellschaftsorgane liegt, das Rechtsgeschäft zu schließen oder nicht, so liegt der Fall des Abs. 4 nicht vor.

Anm. 20. Eine praktisch sehr wichtige Frage ist, ob Personen, deren Aufsichtsratswahl oder deren Geschäftsführerwahl in Frage steht, bei dem Wahlbeschlusse mitwirken können. Die Praxis des Aktienrechts läßt ganz allgemein solche Personen zu, oft könnten sonst solche Wahlen gar nicht zustande kommen, meist wäre es, wenn man gerade diese Personen vom Mitstimmen ausschließen würde, eine große Ungerechtigkeit, da dann gerade diejenigen Personen, die durch die Größe ihrer Beteiligung und durch ihr Interesse an der Gesellschaft das größte Anrecht haben, die Gesellschaft mitzuverwalten, bei der Wahl wegfallen und nicht interessierte Personen in die Verwaltung hineingewählt werden würden. Ring (Nr. 8 zu § 252) will trotzdem solche Personen nicht zum Stimmen zulassen, ebenso Liebmann Anm. 7; indessen wird man doch wohl den Wortlaut nicht entscheiden lassen können, und die Praxis als berechtigt anerkennen müssen. Der Wortlaut der Bestimmung geht ja überhaupt weiter, als nach der allgemeinen Meinung die Tragweite der Vorschrift geht; denn nach ihrem Wortlaut würde sie sich auch auf die Fälle beziehen, wo durch die Beschlußfassung Mitgliedsrechte entstehen und Verwaltungsgeschäfte mit Gesellschaftsorganen vorgenommen werden, und doch wird ganz allgemein der Vorschrift diese weitergehende Bedeutung versagt. Und auch hier handelt es sich um ein Verwaltungsgeschäft, um ein Rechtsgeschäft, welches zwar nicht mit einem Verwaltungsorgan als solchem vorgenommen wird, aber doch um ein Verwaltungsgeschäft, durch welches ein Gesellschaftsorgan geschaffen werden soll. Nicht die Vornahme eines Rechtsgeschäfts gegenüber einem Dritten im gewöhnlichen Sinne liegt vor, sondern eine Organisationsmaßregel, eine Verwaltungshandlung, durch welche ein Gesellschaftsorgan geschaffen wird, und hierbei kann der Gesellschafter seine Gesellschaftsrechte ausüben, auch wenn er selbst bei dieser Organisationsmaßregel eine persönliche Rolle spielt.

Anm. 21. Aus dem gleichen Grunde sind die Geschäftsführer und Aufsichtsratsmitglieder nach unserer Ansicht zur Abstimmung zuzulassen, wenn es sich um ihre Abberufung handelt. Aber auch hier sind andere Schriftsteller anderer Auffassung (vergl. z. B. Parisius und Crüger Anm. 4). Das Gleiche gilt von Vereinbarungen über die Besoldung der Geschäftsführer.

Anm. 22. Andererseits kann ein Rechtsgeschäft mit dem Gesellschafter als Dritten auch dann vorliegen, wenn es sich um Paktierung über Mitgliedschaften handelt. Wenn z. B. darüber Beschluß gefaßt werden soll, ob das Bezugsrecht auf die neuauszugebenden Geschäftsanteile einem Bankhause gewährt werden soll, so darf das Bankhaus nicht mitstimmen, wenn es selbst Gesellschafter ist. Desgleichen, wenn darüber Beschluß gefaßt werden soll, ob einem Gesellschafter seine Geschäftsanteile zu einem bestimmten Preise zum Zwecke der Vernichtung abgekauft werden sollen. In solchem Falle darf der Gesellschafter nicht mitstimmen.

Anm. 23. Ob Identität des Gesellschafters mit derjenigen Person, welche als Gegenkontrahent auftreten soll, vorliegt, ergiebt der Einzelfall unter Zugrundelegung allgemeiner

Rechtsgrundsätze. Danach ist von der Abstimmung ausgeschlossen der Mitinhaber einer offenen Handelsgesellschaft, wenn mit dieser kontrahiert werden soll, der Kommanditist, wenn mit der Kommanditgesellschaft kontrahiert werden soll, dagegen nicht der Aktionär, wenn mit seiner Gesellschaft kontrahiert werden soll, nicht der Gesellschafter einer Gesellschaft mit beschränkter Haftung, mit welcher kontrahiert werden soll; nicht ein Vereinsmitglied, wenn mit einem rechtsfähigen Verein kontrahiert werden soll; wohl aber das Mitglied eines nicht rechtsfähigen Vereins, wenn mit diesem kontrahiert werden soll, nicht der Bürger einer Stadt, wenn mit der Stadtgemeinde kontrahiert werden soll; auch kann der gesetzliche Vertreter einer juristischen Person für seine Person mitstimmen, wenn mit der juristischen Person kontrahiert werden soll; dagegen ist von der Abstimmung ausgeschlossen der Komplementar, wenn mit einer Kommanditgesellschaft auf Aktien kontrahiert werden soll, nicht der Kommanditist einer solchen, ersterer, obwohl nach unserer Ansicht die A.K.G. juristische Person ist. Denn immerhin überkommt er alle Schulden sofort und unmittelbar und deshalb greift die ratio des Gesetzes auf ihn Platz. — Ist die Person, mit welcher kontrahiert werden soll, nur Kommissionär eines Gesellschafters, soll das Geschäft für Rechnung und im Auftrage dieses Gesellschafters geschlossen werden, so ist auch dieser vom Mitstimmen ausgeschlossen. Im Sinne der vorliegenden Vorschriften soll das Rechtsgeschäft mit ihm vorgenommen werden. — Auch sonst kann sich das Gesagte aus wirtschaftlichen Erwägungen ähnlicher Art verschieben. Wenn z. B. ein Rechtsgeschäft mit einer Gesellschaft mit beschränkter Haftung abgeschlossen werden soll, und es sind sämtliche Geschäftsanteile derselben in einer Hand, so ist dieser Alleinbesitzer aller Anteile vom Mitstimmen ausgeschlossen.

2. **Ist auch diese Vorschrift dispositiv?** Wir bejahen diese Frage. Der § 45 macht hier Anm. 24. keine Ausnahme. Man könnte vielleicht durch §§ 34 und 40 B.G.B. stutzig werden, nach welchen die gleiche Vorschrift für rechtsfähige Vereine aller Art gegeben ist und zwar als zwingende Vorschrift. Doch ist dem gegenüber darauf hinzuweisen, daß auch das im § 37 B.G.B. gewährte Minderheitsrecht auf Einberufung einer Mitgliedsversammlung gemäß § 40 B.G.B. als zwingende Vorschrift gegeben ist, während der korrespondierende § 50 unseres Gesetzes dispositiven Charakter hat. Man kann auch nicht sagen, daß die Vorschrift des § 37 B.G.B. aus öffentlich rechtlichen Erwägungen folgt. Man kann höchstens sagen, daß die Vorschrift sehr empfehlenswert sei, man kann wohl auch bei der gleichen Vorschrift des § 252 H.G.B. den zwingenden Charakter ohne weiteres annehmen; aber man kann dies nicht bei unserem Gesetze, wo der § 45 ausdrücklich bestimmt, daß die folgenden Paragraphen erst in zweiter Linie in Frage kommen, wenn der Gesellschaftsvertrag nichts anderes bestimmt. Man kann auch nicht sagen, der vertragliche Ausschluß dieser Bestimmungen widerspreche den guten Sitten. Das geht zu weit. Auch die Teilnahme an den Aufsichtsratsabstimmungen ist dadurch nicht ausgeschlossen, daß ein Aufsichtsratsmitglied bei der betreffenden Abstimmung beteiligt ist. In der Literatur sind die Meinungen geteilt. Mit uns Parisius und Crüger Anm. 4, gegen uns die meisten Schriftsteller Liebmann Anm. 7; Förtsch Anm. 3; Neukamp Anm. 2c. Glücklicherweise ist der Streit mehr theoretischer Natur, da es praktisch kaum vorkommt, daß der Gesellschaftsvertrag diese Bestimmungen ausschließt.

3. **Die Vorschrift des § 47 Abs. 4 enthält nur eine Abstimmungsvorschrift.** Das Recht Anm. 25. der sonstigen Teilnahme an der Versammlung und ihren Beschlüssen ist dem an der Abstimmung behinderten Gesellschafter nicht versagt. Der solchergestalt an der Abstimmung behinderte Gesellschafter ist hiernach wohl berechtigt, an der Versammlung teilzunehmen, in ihr zu erscheinen und durch Teilnahme an der Diskussion seinen Einfluß auf die Gestaltung der Abstimmung auszuüben. Er kann auch dem Beschluß widersprechen und ihn anfechten, nicht bloß deshalb, weil er zu Unrecht von der Abstimmung ausgeschlossen sei, sondern auch, wenn er seinen Ausschluß von der Abstimmung als berechtigt anerkennt und sich wohl gar freiwillig von der Abstimmung ferngehalten hat, den Beschluß aber aus sonstigen Gründen nicht für gesetz- oder statutenmäßig erachtet.

§ 48.

Die Beschlüsse der Gesellschafter werden in Versammlungen gefaßt.

Der Abhaltung einer Versammlung bedarf es nicht, wenn sämmtliche Gesellschafter schriftlich mit der zu treffenden Bestimmung oder mit der schriftlichen Abgabe der Stimmen sich einverstanden erklären.

Der vorliegende Paragraph bestimmt, in welcher Form die Beschlüsse der Gesellschafter gefaßt werden.

Anm. 1. I. (Abs. 1.) **Regelmäßig werden die Beschlüsse der Gesellschafter in Versammlungen gefaßt.**

1. Es steht nichts entgegen, die Versammlungen auch hier, wie dies im Aktienrecht vom Gesetz geschieht, Generalversammlungen zu nennen. Man nennt sie hier gewöhnlich Gesellschafterversammlungen.

Anm. 2. 2. Die Versammlung ist auch dann gültig, wenn nur ein Gesellschafter erscheint (Anm. 2 zu § 47).

Anm. 3. 3. Über den Ort der Versammlungen sagt das Gesetz nichts. Die Statuten der Aktiengesellschaften enthalten darüber gewöhnlich besondere Bestimmungen, die der Gesellschaften mit beschränkter Haftung nicht. Bei dem engeren Anschluß der Gesellschafter unter sich wird es hier als selbstverständlich vorausgesetzt, daß die Versammlungen am statutarischen Sitze der Gesellschaft stattfinden, und das ist auch, wenn die Statuten nichts anderes besagen, von Gesetzes wegen anzunehmen (vergl. R.G. 44 S. 8; O.L.G. Karlsruhe in D.J.Z. 4 S. 468). Doch kann der Gesellschaftsvertrag hier Abweichendes bestimmen, auch dahin, daß den Geschäftsführern oder dem Aufsichtsrat die jedesmalige Bestimmung des Versammlungsortes anheimgegeben wird. — Was das Versammlungslokal anlangt, so muß ein solches gewählt werden, das sich zu Beratungszwecken eignet. Sollte z. B. der Geschäftsführer eine öffentliche Gaststube eines Wirtshauses wählen, und den Gesellschaftern zumuten, daß dort coram publico verhandelt wird, oder sollte der Geschäftsführer eine große Versammlung in das nur wenige Menschen fassende Kontor der Gesellschaft laden, oder sollte endlich der Geschäftsführer die mit ihm verfeindeten anderen Gesellschafter in seine Privatwohnung laden, so brauchten sich die Gesellschafter auf alles das nicht einzulassen. Die Gesellschafter können verlangen, daß idoneo loco verhandelt werde.

Anm. 4. 4. Darüber, wer den Vorsitz in der Generalversammlung führt, bestimmt das Gesetz gleichfalls nichts. Häufig werden die Versammlungen ohne eigentlichen Vorsitz verlaufen können. Wenn z. B. zwei Gesellschafter oder ein Gesellschafter nur erscheint, so wird sich die Verhandlung in der Weise abspielen, daß die Erklärungen zu Protokoll gegeben werden, eine eigentliche Leitung der Verhandlung wird sich in solchem Falle erübrigen. Aber wenn mehrere erscheinen, so ist eine Leitung notwendig. In solchem Falle muß, wenn die Statuten über den Vorsitz nichts bestimmen, die Versammlung per maiora einen Vorsitzenden wählen, wie dies auch im Aktienrecht angenommen wird (Staub H.G.B. Anm. 10 zu § 256). Ebenso, wenn der statutarisch bestimmte Vorsitzende sich weigert oder nicht erscheint. Es kann der statutarische Vorsitzende nicht etwa sein Recht einem anderen übertragen. Dadurch, daß sich der gestellte Antrag gegen den Vorsitzenden richtet, wird dieser nicht verhindert, den Vorsitz zu führen.

Anm. 5. Oft haben die Gesellschafter den Wunsch, daß der ganz unparteiische Notar die Versammlung leitet. Von Gesetzes wegen steht dem kein Bedenken entgegen. So ist z. B. auch von Gesetzes wegen dem beurkundenden Richter die Leitung der Verhandlung im § 196 Abs. 2 H.G.B. übertragen.

Anm. 6. 5. Nach welchen Grundsätzen ist die Versammlung zu leiten?

a) Zunächst ist zu betonen, daß der Vorsitzende nur die Verhandlung zu leiten und dahin zu wirken hat, daß ordnungsmäßig beraten und beschlossen werde. Dagegen steht ihm nicht die Befugnis zu, die Verhandlungen eigenmächtig zu vertagen oder zu schließen.

Will er die Verhandlungen nicht mehr leiten, so mag er den Vorsitz niederlegen und die Versammlung wählt dann einen anderen Vorsitzenden. Er darf auch nicht die Verhandlung oder die Abstimmung über einen Antrag ablehnen, weil er ihn für unbegründet hält. Vielmehr muß er die Beschlußfassung zulassen, den gefaßten Beschluß verkünden und den Beteiligten die Anfechtung des Beschlusses überlassen.

b) Zur Verhandlung ist erforderlich, daß in der Versammlung Anträge gestellt werden. Die Ankündigung der Tagesordnung ist nicht Antragstellung, sondern Ankündigung derselben. Doch kann der Vorsitzende davon ausgehen, daß ein angekündigter Antrag auch als in der Versammlung gestellt gilt, vorausgesetzt, daß der Antragsteller in der Versammlung erscheint. Anm. 7.

Innerhalb der Tagesordnung können Anträge gestellt werden, welche den Inhalt der Tagesordnung modifizieren (Amendements). Lautet z. B. der Antrag auf Erhöhung des Stammkapitals um 50000 Mark, so kann innerhalb der Versammlung der Antrag gestellt werden, das Stammkapital um 100000 Mark zu erhöhen. Anm. 8.

In Verlegenheiten kommen die Vorsitzenden gewöhnlich, wenn die Zulassung von Gesellschaftern zur Abstimmung streitig wird. In solchen Fällen ist wie folgt zu verfahren: Die Versammlung beschließt darüber, ob der Betreffende zuzulassen ist; dieser selbst kann dabei mitstimmen, denn es handelt sich nicht um die Vornahme eines Rechtsgeschäfts mit ihm und auch sonstige Hinderungsgründe nach § 47 Abs. 4 liegen nicht vor. Der hierüber gefaßte Beschluß der Versammlung ist vorläufig maßgebend. Hierauf wird in der Sache selbst abgestimmt. Der Vorsitzende verkündet alsdann, was hiernach von der Versammlung beschlossen ist. Gegen diesen Beschluß richtet sich alsdann die Anfechtungsklage. Dieselbe ist, wenn die Zulassung versagt ist, von dem Gesellschafter, dem sie versagt ist, wenn sie genehmigt ist, von den anderen Gesellschaftern anzustellen. Anm. 9.

c) Die Entscheidungen des Vorsitzenden bei der Leitung der Versammlung sind nach unserer Ansicht als definitiv zu erachten. Die Zulassung einer Appellation an die Versammlung würde dazu führen, daß die Mehrheit nach Willkür schalten könnte. Aber die Übertragung des Vorsitzes an eine bestimmte Person soll doch gerade dazu führen, daß die Minderheit gegen die Willkür der Mehrheit durch einen objektiven Vertrauensmann geschützt werde. Läßt sich der Vorsitzende Übergriffe zu Schulden kommen, so ist gegen den unter solchem Vorsitz gefaßten Beschluß die Anfechtungsklage zulässig (vergl. Staub H.G.B. Anm. 28 zu § 256). Siehe Anm. 11. Anm. 10.

d) Der Vorsitzende hat die Verhandlung nicht nach Willkür, nicht nach Gutdünken, sondern so zu leiten, wie es im Sinne dieses Amtes liegt, d. h. unparteiisch und sachgemäß. Er hat dabei im Allgemeinen die Grundsätze parlamentarischer Verhandlungen zu beobachten, und bei groben Verstößen gegen dieselben ist gegen Beschlüsse, die unter solcher Leitung gefaßt sind, die Anfechtungsklage gegeben. So z. B. wenn einem Gesellschafter ganz ohne Grund das Wort entzogen wird. Anm. 11.

6. Die Form der Ausübung des Stimmrechts, ob durch Stimmzettel oder durch Zuruf oder durch Aufstehen oder durch Sitzenbleiben, ist dem Gesellschaftsvertrage überlassen. Meist treffen die Gesellschaftsverträge aber hierüber keine Bestimmung. Dann ist alles dem Vorsitzenden überlassen. In der Praxis erachtet man eine Abstimmung durch Zuruf meist nur dann für zulässig, wenn sich kein Widerspruch gegen eine solche Abstimmungsart ergiebt. Das ist aber nicht richtig. Will der Vorsitzende diese Abstimmungsart wählen, so kann er dies, wenn das Statut nicht entgegensteht, stets tun. Er zählt dann die bejahenden und verneinenden Zurufe und stellt so das Ergebnis der Abstimmung fest. Er ist auch berechtigt zu erklären: Wenn niemand dem gestellten Antrage widerspreche, so werde er allseitige Zustimmung annehmen. Anm. 12.

7. Die Verhandlung kann durch Majoritätsbeschluß auch vertagt werden. Das bedeutet: Die Generalversammlung kann beschließen, daß über den betreffenden Gegenstand heute nicht beraten und beschlossen werden soll. Es kann aber nicht etwa Anm. 13.

brevi manu, wie im Civilprozesse, eine neue Versammlung angesetzt und dann von einer neuen Einladung abgesehen werden. Zwar sagen die Motive S. 39 das Gegenteil. Sie meinen, daß die betreffende Vorschrift des § 51 Abs. 4 sich selbstverständlich nicht bezieht auf Beschlüsse über die Einberufung einer neuen Generalversammlung. Doch ist dies keineswegs selbstverständlich und im Gesetze hat es keinen Ausdruck gefunden. In einer Universalversammlung d. h. in einer Versammlung, an welcher alle Gesellschafter teilnehmen, kann mit Einverständnis aller allerdings die Einberufung einer Generalversammlung beschlossen und diese sofort angesetzt werden, ohne daß es einer besonderen Einladung bedürfte.

Anm. 14. II. (Abs. 2.) **Schon von Gesetzes wegen bedarf es der Abhaltung einer Versammlung zur Fassung von Beschlüssen in zwei Fällen nicht.**

1. Wenn sämtliche Gesellschafter sich mit der betreffenden Bestimmung schriftlich einverstanden erklären. Es kann dabei nicht angenommen werden, daß die Vorschrift des § 126 B.G.B. genau beachtet werden muß. Der gewöhnliche Fall wird freilich der sein, daß ein Zirkular von allen Gesellschaftern unterschrieben wird. Es wird aber auch genügen, wenn der Geschäftsführer schriftlich anfragt und die Gesellschafter kurz antworten, daß sie mit der ihnen vorgeschlagenen Abstimmung einverstanden seien. Telegraphische Einverständniserklärung wird ebenfalls genügen. — Das Wort „sämtliche Gesellschafter" führt dazu, die Bestimmung des § 47 Abs. 4 außer Anwendung zu setzen. Auch wer nach dieser Vorschrift von der Abstimmung ausgeschlossen ist, muß sich, wenn von der Abstimmung in der Versammlung abgesehen werden soll, mit der betreffenden Bestimmung einverstanden erklären. Es kann nicht über seinen Kopf hinweg von der normalen Art der Beschlußfassung abgesehen werden. Denn wenn er auch bei der Abstimmung nicht mitwirken kann, so könnte er in der Versammlung durch sonstige Teilnahme (an der Diskussion) seinen Einfluß auf die Gestaltung der Abstimmung auszuüben versuchen, und dieses Recht und diese Möglichkeit darf ihm nur mit seiner Zustimmung genommen werden.

Anm. 15. 2. Wenn sämtliche Gesellschafter damit einverstanden sind, daß schriftlich abgestimmt wird. In diesem Falle genügt es, wenn der Beschluß in der Sache selbst schriftlich durch Mehrheitsabstimmung gefaßt wird. Über das Erfordernis der Schriftlichkeit gilt das zu 1 Gesagte. Darüber, daß zu den sämtlichen Gesellschaftern auch diejenigen gehören, welche nach § 47 Abs. 4 von der Abstimmung ausgeschlossen sind, siehe Anm. 14. Hier muß das noch mehr gelten, da es sich hier um ein direktes Einverständnis mit der formalen Gestaltung der Abstimmung, nicht um die Abstimmung selbst handelt.

Anm. 16. 3. Der Abs. 2 gilt aber nicht bei Änderungen des Gesellschaftsvertrages. Hier muß gemäß § 53 gerichtliche oder notarielle Beurkundung der Versammlungsbeschlüsse erfolgen (Anm. 10 ffg. zu § 53).

Anm. 17. III. **Der Gesellschaftsvertrag** kann die Vorschriften unseres Paragraphen abändern. Er kann bestimmen, daß die Ausnahmen des Abs. 2 nicht Platz greifen sollen, oder daß noch weitere Ausnahmen stattfinden, ja sogar, daß Gesellschafterversammlungen überhaupt nicht stattzufinden brauchen oder stattfinden sollen oder stattfinden dürfen (außer in den Fällen der Statutenänderung — 53 —, wo nicht bloß die Abhaltung, sondern sogar die gerichtliche oder notarielle Beurkundung einer Versammlung vorgeschrieben ist, vergl. zu § 53), oder daß telephonische Verständigung zulässig ist oder sonstige mündliche Einverständniserklärung genügt. Er kann ferner anordnen, daß der Geschäftsführer oder der Vorsitzende des Aufsichtsrats nach seinem Ermessen berechtigt ist, das schriftliche Votum in der Weise einzuholen, daß dem Adressaten angedroht wird, wenn er in bestimmter Frist nicht antworte, so werde angenommen werden, daß er sich der Abstimmung enthalte, oder daß er zustimme, oder daß er den Antrag ablehne 2c. 2c.

Anm. 18. **Zusatz. Eine Beurkundung der Gesellschafterversammlung und ihrer Beschlüsse schreibt unser Gesetz nicht vor,** wenigstens nur ausnahmsweise für Statutenänderungen (§ 53). Im Allgemeinen ist also in der Tat keinerlei Beurkundung vorgeschrieben, nicht einmal eine einfache

Protokollierung. Doch geschieht dieselbe wohl allgemein. Der Gesellschaftsvertrag kann aber Protokollierung vorschreiben, auch solche durch einen Notar. Oft werden Notare auch zugezogen, wo das weder nach Gesetz, noch nach Statut notwendig ist, um eine zuverlässige Protokollierung herbeizuführen. Geschieht dies, so liegt nicht ein Fall der §§ 169 ffg. F.G. vor, sondern die Beurkundung eines Rechtsvorganges, die nach Landesrecht zu beurteilen ist, in Preußen nach Art. 56 ffg. des preußischen Gesetzes über die freiwillige Gerichtsbarkeit, wobei besonders hervorzuheben ist, daß es dem Ermessen des Notars überlassen ist, inwieweit er das Protokoll vorlesen und unterschreiben lassen will. Die Vorschriften der §§ 258 und 259 H.G.B. finden dabei keine Anwendung, ihre Anwendung ist aber empfehlenswert. Es ist daher zu wünschen, wenn auch nicht erforderlich, daß ein Gesellschafterverzeichnis angefertigt wird, daß die Belege über die Berufung dem Protokoll einverleibt oder als Anlagen zum Protokoll genommen werden.

§ 49.

Die Versammlung der Gesellschafter wird durch die Geschäftsführer berufen.

Sie ist außer den ausdrücklich bestimmten Fällen zu berufen, wenn es im Interesse der Gesellschaft erforderlich erscheint.

Insbesondere muß die Versammlung unverzüglich berufen werden, wenn aus der Jahresbilanz oder aus einer im Laufe des Geschäftsjahres aufgestellten Bilanz sich ergiebt, daß die Hälfte des Stammkapitals verloren ist.

Der vorliegende Paragraph bestimmt, durch wen die Gesellschafterversammlung berufen wird (Abs. 1) **und in welchen Fällen sie berufen wird** (Abs. 2 und 3).

I. (Abs. 1.) **Die Versammlung der Gesellschafter wird durch die Geschäftsführer berufen.** Anm. 1.

1. Von der Versammlung der Gesellschafter ist hier die Rede. Aber natürlich bezieht sich die Vorschrift auf die Beschlußfassung der Gesellschafter überhaupt. Gemeint ist, daß die Beschlußfassung der Gesellschafter durch die Geschäftsführer herbeizuführen ist. Denn nach § 48 Abs. 2 bedarf es nicht immer der Abhaltung einer Versammlung, um die Beschlußfassung der Gesellschafter herbeizuführen und nach dem Gesellschaftsvertrage kann noch in anderen Fällen von dem Erfordernisse einer Versammlung als Voraussetzung eines Gesellschafterbeschlusses abgesehen werden.

2. Durch die Geschäftsführer (sc. durch so viele Geschäftsführer, als zur Geschäftsführung ausreichen) wird die Beschlußfassung der Gesellschafter herbeigeführt. Damit ist nichts weiter gesagt, als daß die Geschäftsführer das normale Organ sind, um die Beschlußfassung herbeizuführen. Außer den Geschäftsführern hat auch der etwa bestellte Aufsichtsrat das Recht (und die Pflicht) zur Berufung der Gesellschafterversammlung bezw. zur Herbeiführung des Beschlusses der Gesellschafter (§ 52 des Gesetzes, § 246 Abs. 2 H.G.B.). Selbstverständlich können die Gesellschafter, auch ohne durch die Geschäftsführer oder den Aufsichtsrat zusammenberufen zu sein, Beschlüsse fassen. Die Gültigkeit der Beschlüsse ist nicht etwa davon abhängig, daß der Geschäftsführer sie berufen hat (vergl. §§ 50, 51 Abs. 3). Anm. 2.

3. Durch den Gesellschaftsvertrag können diese Bestimmungen geändert werden. Die meisten Schriftsteller sprechen sich zwar dahin aus, daß den Geschäftsführern das Recht der Einberufung der Generalversammlung nicht gänzlich entzogen werden könnte (vergl. z. B. Liebmann Anm. 1; dagegen Förtsch Anm. 1). Doch ist nicht einzusehen, warum die Gesellschaft in dieser Weise in ihrer Privatautonomie beschränkt sein sollte. Es ist nicht ersichtlich, warum die Geschäftsführer absolut das Recht und die Pflicht haben müßten, die Beschlüsse der Gesellschafter herbeizuführeu. Zunächst ist dies dann nicht anzunehmen, wenn das Recht anderen Organen, z. B. dem Prokuristen oder einem delegierten Gesellschafter oder einem erwählten Beirat oder dem Aufsichtsrat allein übertragen wurde. Aber auch, wenn dafür nicht gesorgt wurde, so ist es eben Sache der Anm. 3.

Gesellschafter, von selbst zur Beschlußfassung zusammenzutreten. Daß die Geschäftsführer (so Neukamp Anm. 1) den Gesellschaftern nach § 43 verantwortlich sind, spricht nicht gegen unseren Standpunkt. Daraus folgt nur, daß sie insoweit von ihrer Verantwortlichkeit befreit sind. Und wenn Birkenbihl Anm. 1 sagt, der § 45 besage nur, daß für die Rechte der Gesellschafter, nicht auch für die Rechte der Geschäftsführer die Gesellschafterversammlung das oberste Organ sei, so kann nicht zugegeben werden, daß es sich hier um ein Recht der Geschäftsführer um ihrer selbst willen handelt. Es handelt sich lediglich um das Rechtsverhältnis der Gesellschafter. Nur deren Interessen sind dabei im Spiele, nicht die Interessen der Geschäftsführer.

Anm. 4. II. (Abs. 2.) **In welchen Fällen ist die Gesellschafterversammlung zu berufen?** Nach Abs. 1 ist die Gesellschafterversammlung außer in den ausdrücklich bestimmten Fällen immer dann zu berufen, wenn es im Interesse der Gesellschaft erforderlich erscheint, nach Abs. 3 insbesondere dann, wenn die Hälfte des Stammkapitals verloren gegangen ist.

Anm. 5. 1. Also zunächst in den ausdrücklich bestimmten Fällen. Gemeint ist, in den vom Gesetz ausdrücklich bestimmten Fällen. Doch enthält das Gesetz keine solchen Fälle, außer unserem Abs. 3. Gemeint sind daher wohl diejenigen Fälle, in denen die Gesellschafter zu beschließen haben (§§ 46, 53, 60 Abs. 1 Nr. 2, 26, 66 Abs. 3; vergl. Anm. 1 zu § 46). In diesen Fällen ist es Sache der Geschäftsführer, die Beschlußfassung herbeizuführen.

Anm. 6. 2. Außerdem immer dann, wenn es im Interesse der Gesellschaft erforderlich erscheint. Damit ist nicht etwa gesagt, daß in allen wichtigen Fragen die Gesellschafterversammlung zu befragen sei. Oft wird im Gegenteil das Gesellschaftsinteresse es gebieten, gerade in wichtigen Fragen die Gesellschafterversammlung nicht zu fragen, weil z. B. die Diskussion der geplanten Verwaltungsmaßregel nachteilig wirken kann. Auch nicht die Bedeutung hat es, daß die Gesellschafterversammlung immer dann zu befragen sei, wenn es zweifelhaft ist, ob die Gesellschafterversammlung das Rechtsgeschäft genehmigen werde. Denn solche Zweifel bestehen im geschäftlichen Leben sehr oft. Auf Schritt und Tritt stehen sich Verlustgefahr und Gewinnaussicht gegenüber und man würde die Bedeutung des Geschäftsführers verkennen, wollte man ihn für verpflichtet halten, in jedem bedenklichen Falle die Generalversammlung der Gesellschafter zu befragen. Aber eine Pflichtwidrigkeit ist es jedenfalls, das Rechtsgeschäft auf eigene Faust vorzunehmen, wenn man sich bewußt ist, die Gesellschafterversammlung werde es nicht genehmigen (R.G. 35 S. 87). Weiter geht freilich das Reichsgericht. In der Entscheidung vom 3. Mai 1902 (im Sächsischen Archiv Bd. 12 S. 726 und bei Holdheim 11 S. 266) spricht es (für § 253 Abs. 2 H.G.B., doch ist die Vorschrift dieselbe) aus, daß infolge dieser Vorschrift die Gesellschaftsorgane verpflichtet seien, sich vor Einlassung auf wichtige, kostspielige und riskante, und deshalb das Interesse der Gesellschaft in besonderem Maße berührende Unternehmungen der Einwilligung der Generalversammlung zu versichern, ohne solche aber auf ihre Gefahr handeln, so daß sie also auch dadurch nicht entschuldigt sind, daß sie das Beste der Gesellschaft gewollt und anzunehmen befugt waren. Dieser Ansicht können wir uns durchaus nicht anschließen. Der hier aufgestellte Grundsatz ist ganz exorbitant und geeignet, das ganze Gesellschaftsleben lahmzulegen. Wenn der Geschäftsführer keine wichtigen, kostspieligen und riskanten (es ist überdies nicht klar, ob alle Erfordernisse zusammentreffen müssen) Geschäfte vornehmen darf, ohne die Gesellschafterversammlung zu befragen, wenn er, falls er sie ohne diese Anfrage vornimmt, weil er nach vernünftiger Erwägung der Sachlage einen guten Erfolg erhoffen konnte, für den etwaigen Mißerfolg mit seinem Vermögen einzustehen hat, dann ist nicht ersichtlich, wie sich ein gedeihliches Gesellschaftsleben entwickeln soll. Nicht einmal dadurch erachtet das Reichsgericht in jener Entscheidung den Geschäftsführer als frei von der Verantwortlichkeit, daß er den Nachweis erbringen kann, daß sämtliche Gesellschafter zugestimmt haben würden. Das Reichsgericht wird nicht umhin können, von dieser Entscheidung wieder abzugehen. Es wägt doch sonst so sorgfältig und mit solchem Verständnis für die Bedürfnisse des Verkehrs alles Für und Wider ab. Im vorliegenden Falle mag es sehr schwer sein, die Formulierung zu finden. Wann soll es das Interesse der Gesellschaft gebieten, die Gesellschafter zu befragen? Daß die Angelegenheit wichtig, kostspielig und riskant ist, reicht dazu nicht aus. Auch solche Unternehmungen erheischen tausendfach schnelles und diskretes Handeln und es würde den Interessen der Gesellschaft in solchen Fällen oft widersprechen, wollte man erst handeln, nachdem man die Gesellschafter befragt hat; daß es zweifelhaft ist, ob die Gesellschafter es genehmigen werden, reicht ebenfalls nicht aus, um die Anfragepflicht zu begründen; denn sicher ist das nie. Der Ausdruck ist schlecht gewählt und schief. Denn ob im Einzelfalle das Interesse der Gesellschaft besser gewahrt wird, wenn die Generalversammlung befragt wird oder wenn sie nicht befragt wird, läßt sich im voraus überhaupt nicht sagen. Oft erweist sich das, was ein Mann beschließt, besser, als was viele beraten. Will man der Vorschrift überhaupt einen Sinn beilegen, so wird man sagen müssen: Die Gesellschafter sollen wohl den regelmäßigen Gang der Geschäfte leiten, sie mögen auch wichtige, kostspielige und riskante Geschäfte machen, wenn sie überzeugt sind, daß sie von denen, deren Interessen sie zu schützen haben, gebilligt werden würden. Aber wenn sie ein Geschäft machen, welches aus dem Rahmen der gewöhnlichen Geschäftstätigkeit heraustritt, wenn sie ein ungewöhnliches Geschäft vornehmen — der Begriff ist dem Gesetze nicht unbekannt, vergl. § 116 H.G.B. —, und wenn sie ferner begründete Zweifel haben oder nach Lage der Sache daran haben müssen, ob dieses Geschäft seiner besonderen Eigenart wegen, von der Gesellschafterversammlung gebilligt werden würde, unter dieser doppelten Voraussetzung ist anzunehmen, daß nach dem Willen des Gesetzes das Interesse der Gesellschaft es erfordert, daß die Gesellschafter befragt werden, ehe die Geschäftsführer handeln. Dann sind die Grenzen überschritten, innerhalb deren die Gesellschafter dem von ihnen erwählten Geschäftsführer die Führung ihrer Interessen anvertraut haben; dann ist der Zeitpunkt, wo der Schutz ihrer Interessen und der Interessen der Gesellschaft den Gesellschaftern selbst vorbehalten ist, gekommen. Das Gleiche gilt dann, wenn es sich um Transaktionen handelt, welche für den ganzen Bestand der Gesellschaft, ihre Fundamente von Bedeutung sind. So, wenn es sich um Aufnahme einer einen erheblichen Teil des Stammkapitals in ihrem Nennbetrage erreichenden Obligationsanleihe, um den Verkauf von Betriebsgegenständen in erheblichem Umfange, um die Veräußerung des Geschäfts oder gar des ganzen Vermögens, um die Gründung einer sogenannten Betriebsgemeinschaft handelt. Auch in solchen Fällen ist anzunehmen, daß die Gesellschafter selbst, die eigentlichen Herren des Gesellschaftsvermögens, die obersten Verwalter desselben, die entscheidende Stimme abgeben wollen, und sich ihres Bestimmungsrechts nicht begeben haben zu Gunsten der Geschäftsführungsbefugnis der Geschäftsführer. In solchen fundamentalen Fragen müssen die Geschäftsführer die Generalversammlung befragen, auch wenn sie selbst gegen das Geschäft keine Bedenken haben.

Außerdem ist die Gesellschafterversammlung immer dann zu berufen, wenn das Interesse der Gesellschaft eine Maßregel erfordert, welche nur von der Gesellschafterversammlung beschlossen werden kann (z. B. eine Kapitalserhöhung oder eine Kapitalsherabsetzung oder eine sonstige Statutenänderung). — Vergl. oben Anm. 5. Anm. 7.

Unterlassung der Berufung, wenn die Pflicht sie gebietet, macht den Geschäftsführer nach § 43 verantwortlich. Auf das Selbsthilferecht der Gesellschafter nach § 50 kann der Geschäftsführer sich zur Befreiung von seiner Verantwortlichkeit nicht berufen. Andererseits sind die Gesellschafter auf diese Selbsthilfe angewiesen, wenn sie eine Beschlußfassung herbeiführen wollen, da sie keine Macht haben, den Geschäftsführer zur Einberufung zu zwingen. Anm. 8.

3. **Besonders aber muß die Versammlung unverzüglich berufen werden wenn aus einer Bilanz sich ergiebt, daß die Hälfte des Stammkapitals verloren ist.** Anm. 9.

a) Bei Aufstellung einer Jahresbilanz oder einer im Laufe des Geschäftsjahres aufgestellten Bilanz muß sich der Verlust ergeben haben. Aus welchem Anlaß die Zwischen- Anm. 10.

bilanz aufgestellt ist, ist gleichgültig. Eine gesetzliche Verpflichtung zu Zwischenbilanzen, etwa Semestralbilanzen, besteht nicht. Sie können statutarisch angeordnet, auch von der Generalversammlung oder dem Aufsichtsrat kraft seiner Befugnisse gefordert oder aus eigener Initiative der Geschäftsführer aufgestellt sein.

Anm. 11. b) Ein bilanzmäßiger Verlust muß vorhanden sein. Ein Geschäftsverlust im Laufe des Jahres ist gleichgültig, wenn der Schlußsaldo der Bilanz keinen Verlust in der hier gemeinten Höhe ergeben hat. Für die Aufstellung der Bilanz sind § 42 und die statutarischen Bilanzvorschriften maßgebend. Wenn nach Maßgabe dieser Vorschriften ein Bilanzverlust in Höhe der Hälfte des Stammkapitals vorhanden ist, muß der Gesellschafterversammlung die Anzeige gemacht werden. Die Bilanz ist nicht etwa von den Gesichtspunkten aus zu machen, welche bei der Frage der Überschuldung nach § 64 maßgebend sind.

Anm. 12. c) Der Bilanzverlust muß ziffernmäßig so viel betragen, als die Hälfte der Ziffer des Stammkapitals beträgt, d. h. des übernommenen, nicht etwa des eingezahlten Grundkapitals. Alsdann ist der Verlust so erheblich, daß die Gesellschafter davon verständigt werden müssen, um zu beraten, was nun geschehen soll.

Anm. 13. d) Die Geschäftsführer haben diese Verpflichtung, d. h. die Geschäftsführer in derjenigen Zusammensetzung, in welcher sie zur Geschäftsführung befugt sind. Doch muß jedes Mitglied auf die Erfüllung dieser Verpflichtung hinwirken und nötigenfalls dem etwa bestellten Aufsichtsrat davon Anzeige machen.

Anm. 14. e) Die Geschäftsführer müssen, d. h. sie sind nach § 43 haftbar, wenn sie der Pflicht nicht genügen. Sie haften dafür mit der Sorgfalt eines ordentlichen Geschäftsmannes. Ist also die Bilanz zwar objektiv unzutreffend, aber mit der Sorgfalt ordentlicher Geschäftsleute aufgestellt, so sind die Geschäftsführer entschuldigt.

Anm. 15. f) Die Gesellschafterversammlung muß unverzüglich berufen und ihr Anzeige gemacht werden. Aus § 51 Abs. 2 folgt die fernere Verpflichtung, bei der Berufung den Zweck der Versammlung bekannt zu machen. Der Zweck ist eben die Anzeige von dem Verluste der Hälfte des Stammkapitals. Dieser Zweck muß auch dann in der Einladung der Gesellschafter angegeben werden, wenn sich der Verlust aus der der betreffenden Gesellschafterversammlung vorzulegenden ordentlichen Jahresbilanz ergiebt. Es kann dies nicht etwa deshalb unterbleiben, weil ja in der Generalversammlung die Bilanz vorgelegt und aus dieser der Verlust sich ergeben wird. Die Tendenz der Vorschrift geht vielmehr dahin, daß die Gesellschafter in der Generalversammlung eine besondere ausdrückliche Anzeige davon erhalten müssen, daß die Hälfte des Stammkapitals verloren gegangen ist. Deshalb muß auch die Einladung zur Generalversammlung jene Anzeige als einen der Verhandlungspunkte ausdrücklich enthalten, damit die Gesellschafter schon vor der Gesellschafterversammlung auf diesen Punkt hingewiesen werden und sich auf die Beratung über diesen Punkt von so weittragender Bedeutung vorbereiten können. Eine Verhüllung oder Verschleierung dieses Zweckes, wenn auch in wohlmeinender Hinsicht, ist unstatthaft. Andererseits wird mit der bloßen Anzeige des Verlustes wenig geholfen sein, da die Generalversammlung ohne vorherige Ankündigung sachliche Beschlüsse nicht fassen kann. Es wird sich daher empfehlen, daß die Geschäftsführer gleichzeitig ihre Vorschläge zur Abhilfe unter den Zwecken der Gesellschafterversammlung ankündigen.

Anm. 16. g) Die Gesellschafterversammlung nimmt die Anzeige entgegen und erörtert die einschlägigen Gesichtspunkte. Sachliche Beschlüsse kann sie aber, wie eben ausgeführt ist, nur dann fassen, wenn die Tagesordnung dementsprechend publiziert ist, außer im Falle des § 51 Abs. 3. Sonst muß für eine neue Gesellschafterversammlung Sorge getragen werden. Ihre Maßnahmen können sehr verschiedenartig sein: Liquidation der Gesellschaft; Absetzung des Geschäftsführers; Aufnahme von Anleihen; Erhöhung des Stammkapitals; Herabsetzung desselben. Sie kann auch von Maßnahmen absehen und die Sache weiter so fortgehen lassen. In der Kaufmannswelt ist oft die Meinung verbreitet, als müsse der Konkurs angemeldet werden, wenn die Hälfte des Grundkapitals verloren sei. Das ist irrig. Der Konkurs muß angemeldet, wenn Überschuldung (oder Zahlungsunfähigkeit) vorliegt (§ 64).

4. Eine sehr wichtige Frage ist, inwieweit die Vorschriften der Abs. 2 und 3 durch den Gesellschaftsvertrag abgeändert werden können. Hinsichtlich des Abs. 2 ist diese Frage bereits oben Anm. 3 implicite erörtert. Dort ist ja bereits ausgeführt, daß nach unserer Ansicht den Geschäftsführern das Recht und die Pflicht der Berufung überhaupt genommen werden kann. In dem Absatze 2 ist ja aber von dem Recht und der Pflicht der Geschäftsführer zur Berufung der Gesellschafterversammlung die Rede. Insbesondere kann es auch keinem Zweifel unterliegen, daß der Gesellschaftsschaftsvertrag bestimmen kann, daß die Geschäftsführer auch dann die Gesellschafterversammlung nicht zu berufen brauchen, wenn das Gesellschaftsinteresse dies erfordert. Enthält der Gesellschaftsvertrag eine solche Bestimmung, so mag dies nicht zweckmäßig sein. Aber es ist eben Sache der Gesellschafter, was sie für zweckmäßig erachten. Anm. 17.

Sehr fraglich ist es allerdings, ob auch die Bestimmung des Abs. 3 durch den Gesellschaftsvertrag beseitigt werden kann. Esser konstatiert, daß alle Kommentatoren über die Verneinung einig seien, nachdem auch er sich zu dieser Ansicht bekehrt hat. Wir bedauern, diese Einmütigkeit stören zu müssen. Wir können nicht anerkennen, daß die Bestimmung des Abs. 3 öffentlichen Rechtens ist. Der § 45 bestimmt ganz allgemein und mit Rücksicht auf alle Bestimmungen der §§ 46—51, daß sie dispositiven Charakter haben. Für die Interessen der Gesellschaftsgläubiger sorgt § 64. Unser § 49 Abs. 3 hat lediglich interne Bedeutung. Es erfolgt keine öffentliche Anzeige, keine Anzeige an die Gläubiger oder an eine Behörde. Nur die Gesellschafter sollen Anzeige erhalten, und diesen bleibt es überlassen, ob sie auf die Anzeige hin etwas veranlassen wollen oder nicht (vergl. oben Anm. 17). Im Grunde genommen sind auch die Gläubiger bei dem bilanzmäßigen Verluste der Hälfte des Stammkapitals nicht erheblich interessiert. Denn es ist dann immer noch außer dem zur Deckung der Schulden erforderlichen Vermögen die Hälfte des Stammkapitals vorhanden, also mehr als überreiche Deckung für die Gläubiger, und eine Gefahr für sie liegt nicht vor, sondern nur ein mißlicher Vermögensstand für die Gesellschafter, welche sich dem Dividendenbezuge weit entrückt sehen. Wenn auch der korrespondierende § 240 Abs. 1 H.G.B. seiner Tendenz nach zwingender Natur ist, so kann doch das Gleiche hinsichtlich unseres Abs. 3 nicht angenommen werden, nachdem § 45 die dispositive Natur aller in den §§ 46—51 enthaltenen Bestimmungen ausdrücklich angeordnet hat. Nur für den § 46 Nr. 3 haben wir eine Ausnahme machen müssen, weil sich hierfür auf Grund einer anderen gesetzlichen Bestimmung ein anderes ergiebt. Anm. 18.

§ 50.

Gesellschafter, deren Geschäftsanteile zusammen mindestens dem zehnten Teile des Stammkapitals entsprechen, sind berechtigt, unter Angabe des Zwecks und der Gründe die Berufung der Versammlung zu verlangen.

In gleicher Weise haben die Gesellschafter das Recht zu verlangen, daß Gegenstände zur Beschlußfassung der Versammlung angekündigt werden.

Wird dem Verlangen nicht entsprochen oder sind Personen, an welche dasselbe zu richten wäre, nicht vorhanden, so können die im Absatz 1 bezeichneten Gesellschafter unter Mitteilung des Sachverhältnisses die Berufung oder Ankündigung selbst bewirken. Die Versammlung beschließt, ob die entstandenen Kosten von der Gesellschaft zu tragen sind.

Der vorliegende Paragraph giebt den Gesellschaftern ein sogenanntes Minderheitsrecht, nämlich ein der Minderheit zustehendes Selbsthilferecht, um gegen den Willen Einleitung.

der leitenden Personen eine Beschlußfassung herbeizuführen. Die Vorschrift ist ähnlich, wenn auch nicht gleich der des § 254 H.G.B. Sie kann zwar durch den Gesellschaftsvertrag beseitigt werden (vergl. unten Anm. 17). Doch wäre eine derartige Bestimmung des Gesellschaftsvertrages höchst unpraktisch.

Anm. 1. **Der Inhalt der Vorschriften ist folgender:**

1. Das Verlangen der Gesellschafter auf Einberufung einer Gesellschafterversammlung (Abs. 1).
2. Das Verlangen der Gesellschafter auf Ankündigung von Gegenständen zur Beschlußfassung (Abs. 2).
3. Das Selbsthilferecht der Gesellschafter (Abs. 3).
4. Die Kosten der Einberufung (Abs. 3 Satz 2).

Anm. 2. 1. (Abs. 1.) **Das Verlangen der Gesellschafter auf Einberufung einer Gesellschafterversammlung.**

a) Wem steht dieses Recht zu? Gesellschaftern, deren Geschäftsanteile zusammen mindestens den zehnten Teil des Stammkapitals betragen. Unzweifelhaft ist, daß auch ein Gesellschafter, der Geschäftsanteile in dieser Höhe besitzt, das Recht hat. Selbstverständlich kann nur derjenige Gesellschafter das Recht geltend machen, der der Gesellschaft gegenüber als Gesellschafter gilt (vergl. § 16). Ob die Geschäftsanteile eingezahlt sind oder nicht, ist gleichgültig.

Anm. 3. b) Das Verlangen muß Zweck und Gründe enthalten. Daß es auch Gründe enthalten muß, wird oft übersehen. Enthält der Antrag keine Gründe, so ist das Verlangen unberechtigt.

Anm. 4. Daß es schriftlich sein müsse, ist hier nicht gesagt (anders § 254 H.G.B.). Man kann aber dieses Erfordernis nicht ohne weiteres aufstellen.

Anm. 5. Das Verlangen kann auch durch einen Bevollmächtigten gestellt werden, der natürlich mit ausreichender Vollmacht versehen sein muß. Der Bevollmächtigte muß die Vollmacht vorlegen, sonst kann das Verlangen zurückgewiesen werden (§ 174 B.G.B.).

Anm. 6. c) An wen ist das Verlangen zu richten? Wie im Aktienrecht (vgl. Staub H.G.B. Anm. 11 zu § 254), müssen wir auch hier die Ansicht vertreten, daß der Gesellschafter seinen Antrag nur an die Gesellschaft zu richten braucht. Innerhalb der Gesellschaft muß dafür Vorsorge getroffen werden, daß Anträge auf Einberufung an die zuständige Stelle gerichtet werden. Insbesondere haben die Geschäftsführer, wenn außer ihnen oder mit Ausschluß ihrer andere Organe das Einberufungsrecht haben, die Verpflichtung, das Gesuch an die zuständige Stelle zur ressortmäßigen Erledigung abzugeben. Wenn freilich keine Geschäftsführer vorhanden sind, wohl aber andere Personen, welche zur Einberufung zuständig sind, so muß natürlich der Antrag an diese gerichtet werden.

Anm. 7. d) Welches ist die Verpflichtung der Gesellschaftsorgane, wenn das Verlangen an sie rite gestellt ist? Ihre Verpflichtung besteht in der Einberufung. Die Einberufung muß, da eine bestimmte gesetzliche Frist nicht vorgeschrieben ist, in einer den Umständen nach angemessenen Frist erfolgen.

Anm. 8. Aber diese Verpflichtung kann im Wege Rechtens nicht erzwungen werden, weder durch Klage beim Prozeßgericht, noch durch Ordnungsstrafen seitens des Registergerichts. Die Nichterfüllung der Verpflichtung hat eben zur einzigen Folge, daß den Gesellschaftern das Selbsthilferecht nach Abs. 3 zusteht.

Anm. 9. 2. (Abs. 2.) **Das Verlangen der Gesellschafter auf Ankündigung von Gegenständen zur Beschlußfassung.** Dies Verlangen hat dieselben Voraussetzungen, wie das in Abs. 1 behandelte Recht auf Einberufung einer Generalversammlung, nur daß hier das Verlangen schleuniger erledigt werden muß, da hier die Fristen des § 51 von den Gesellschaftern innezuhalten sind. (Unter der Ankündigung ist hier die Mitteilung der Tagesordnung an die Gesellschafter, nicht die Anzeige an die Gesellschaftsorgane zu verstehen).

3. (Abs. 3.) **Das Selbsthilferecht der Gesellschafter besteht in der Selbstberufung und Selbstankündigung.** Es ist hier nicht, wie im § 254 H.G.B., ein Recht gegeben, sich an den Registerrichter zu wenden, und sich von diesem zur Einberufung oder Ankündigung ermächtigen zu lassen. Unser Gesetz geht viel radikaler vor: es gewährt dem Gesellschafter, dessen Verlangen von den Gesellschaftsorganen nicht erfüllt wird, das Selbsthilferecht. Anm. 10.

a) Die Voraussetzungen dieses Selbsthilferechts sind die in den Absätzen 1 und 2 enthaltenen. Die Gesellschafter haben also das Recht der Selbstberufung und Selbstankündigung, wenn sie den 10. Teil des Stammkapitals in Geschäftsanteilen besitzen, die Einberufung der Gesellschafterversammlung oder die Ankündigung von Gegenständen der Tagesordnung verlangt haben, und ihrem gehörig ausgesprochenen Verlangen nicht in angemessener Frist entsprochen worden ist. Außerdem haben sie dieses Recht, wenn keine Person vorhanden ist, an welche sich diese Gesellschafter mit ihrem Antrage wenden können, wenn z. B. kein Geschäftsführer vorhanden und ein anderes Organ zur Einberufung nach den Statuten nicht ermächtigt ist. Es braucht also in solchem Falle nicht erst nach § 29 B.G.B. ein Geschäftsführer bestellt und an diesen das Verlangen gerichtet zu werden.

Gleichgültig ist, ob die Gesellschaftsorgane dem Verlangen deshalb nicht entsprochen haben, weil sie den Zweck und die Gründe, die ihnen von dem Antragsteller mitgeteilt wurden, nicht billigen. Das Recht der Selbsthilfe ist hiervon nicht abhängig; die auf Grund des Selbsthilferechts berufene Versammlung ist vielmehr rite zusammenberufen, wenn die formellen Voraussetzungen desselben vorhanden sind. Erachten die Gesellschaftsorgane Zweck und Gründe nicht für sachgemäß, so mögen sie sich in der Versammlung dagegen wenden und die Versammlung mag die vom Einberufer zur Sache gestellten Anträge ablehnen. Anm. 11.

b) Der Inhalt des Selbsthilferechts ist das Recht, die Versammlung selbst zu berufen und die Ankündigung selbst zu bewirken. Dabei können aber nur diejenigen Gegenstände angekündigt werden, deren Ankündigung der Gesellschafter von der Gesellschaft gemäß Abs. 1 und 2 verlangt hatte. Anm. 12.

Zur Ausübung dieses Rechts werden die Gesellschafter oft der Mitgliederliste bedürfen. Es muß angenommen werden, daß ihnen diese in solchen Fällen zugänglich gemacht werden muß, und daß sie, wenn dies verweigert wird, sich durch Klage und einstweilige Verfügung die Einsicht erzwingen können (vergl. Anm. 37 u. 38 zu § 45).

Die Einberufung und Ankündigung hat zu erfolgen „unter Mitteilung des Sachverhältnisses" (Abs. 3), d. h. unter der Darlegung, daß und wiefern die Voraussetzungen derselben vorliegen. Dagegen ist ein Beweis dieses Sachverhältnisses nicht verlangt und es braucht die Einladung der Gesellschafter nicht etwa die Gründe der Einberufung nochmals darzulegen. Sie braucht nur die Mitteilung zu enthalten, daß das Verlangen unter Angabe des Zwecks und der Gründe vergeblich gestellt worden ist, obwohl dem Antragsteller der erforderliche Stammanteilsbesitz zusteht. Die ganze Mitteilung muß so gehalten sein, daß sie die Voraussetzungen des Selbsthilferechts als vorhanden erkennen lassen muß, also z. B. auch daß dem Verlangen innerhalb angemessener Frist nicht entsprochen worden ist. Der Zweck der Versammlung soll in der Einladung natürlich angegeben werden, dies wegen § 51 Abs. 2. Der Zweck kann aber auch in einer besonderen Ankündigung 3 Tage vor der Versammlung mitgeteilt werden (§ 51 Abs. 4). Die Einberufung muß natürlich auch allen Voraussetzungen des § 51 entsprechen. Ebenso muß sie allen sonstigen Vorschriften über die Versammlung entsprechen (statutarischer Ort der Versammlung, geeigneter Raum u. s. w.). Anm. 13.

Der Antragsteller hat dagegen keine Pflicht, auch der Gesellschaft, den Geschäftsführern oder sonstigen Organen von der Gesellschafterversammlung Nachricht zu geben. Anm. 14.

c) Die in dieser Versammlung gefaßten Beschlüsse sind Beschlüsse der Gesellschafter. Wenn die Voraussetzungen des Selbsthilferechts nicht vorlagen, wenn z. B. der Einberufer den 10. Teil des Stammkapitals nicht besaß oder nicht angemessene Zeit gewartet hatte, ehe dem Verlangen entsprochen wurde u. s. w., so kann die Anfechtung erfolgen. Absolut ungültig sind sie darum nicht (vergl. Anm. 6 zu § 51). Anm. 15.

Anm. 16. 4. (Abs. 3 Satz 2.) **Die Kosten der Einberufung.** Da die Versammlung zu beschließen hat, ob die entstandenen Kosten von der Gesellschaft getragen werden sollen, so folgt daraus, daß, wenn die Versammlung dies nicht beschließt, die Gesellschaft die Kosten nicht trägt, sondern der Antragsteller. Der Antragsteller kann verlangen, daß über diesen Kostenpunkt Beschluß gefaßt wird. Besonderer Ankündigung dieses Antrages bedarf es nicht. Er selbst hat das Stimmrecht, da keiner der Gründe des § 47 Abs. 4 vorliegt. Beschließt die Gesellschaft, daß die Gesellschaft die Kosten tragen soll, so kann er sie ohne weiteres von der Gesellschaft ersetzt verlangen, eventuell steht ihm ein Klagerecht hierauf zu. Beschließt aber die Versammlung das Gegenteil, so muß er sich damit bescheiden, auch dann, wenn seine Anträge durchgegangen sind, und er hat nicht etwa ein Anfechtungs- oder Klagerecht aus dem Grunde, weil seine Einberufung zweckmäßig oder gar notwendig war. Es ist immerhin nur ein ihm zustehendes Recht, welches er ausgeübt hat, und es giebt keinen Rechtsgrundsatz, wonach die Gesellschaft demjenigen, der sein Recht sachgemäß ausübt, die Kosten der Rechtsausübung zu ersetzen hat. Sonst müßte sie ja auch jedem Gesellschafter die Kosten der Reise zur Generalversammlung ersetzen.

Anm. 17. 5. **Alle Bestimmungen des § 50 können durch den Gesellschaftsvertrag abgeändert werden.** Es ist zwar nicht wünschenswert, daß das Recht des § 50 durch den Gesellschaftsvertrag beseitigt oder auch nur herabgemindert werde, aber angesichts des § 45 kann an der Zulässigkeit nicht gezweifelt werden.

Anm. 18. Es kann daher durch den Gesellschaftsvertrag das Recht der Gesellschafter aus § 50 gänzlich aufgehoben werden, und es kann umgekehrt jedem Gesellschafter das jederzeitige Recht der selbständigen Einberufung ohne die Voraussetzungen der Absätze 1 und 2 gegeben werden. Das Recht kann ferner an einen höheren oder geringeren Besitz von Geschäftsanteilen geknüpft werden. Es kann das Erfordernis der Schriftlichkeit oder gar der Beglaubigung des Antrages eingeführt werden. Es kann das Erfordernis des Zwecks und der Gründe beseitigt werden; es kann eine bestimmte Frist, innerhalb deren die Geschäftsführer dem Verlangen zu entsprechen haben, eingeführt werden u. s. w. u. s. w.

Anm. 19. **Zusatz. Gewährt unser Gesetz auch andere Minderheitsrechte?** Hierüber s. Anm. 35 zum § 45.

§ 51.

Die Berufung der Versammlung erfolgt durch Einladung der Gesellschafter mittelst eingeschriebener Briefe. Sie ist mit einer Frist von mindestens einer Woche zu bewirken.

Der Zweck der Versammlung soll jederzeit bei der Berufung angekündigt werden.

Ist die Versammlung nicht ordnungsgemäß berufen, so können Beschlüsse nur gefaßt werden, wenn sämtliche Gesellschafter anwesend sind.

Das Gleiche gilt in Bezug auf Beschlüsse über Gegenstände, welche nicht wenigstens drei Tage vor der Versammlung in der für die Berufung vorgeschriebenen Weise angekündigt worden sind.

Einleitung. **Der vorliegende Paragraph bestimmt, in welcher Weise und in welcher Frist die Berufung der Gesellschafterversammlung und die Ankündigung der Gegenstände der Beschlußfassung zu erfolgen hat.**

Anm. 1. 1. **In welcher Weise** hat die Berufung der Versammlung und die Ankündigung der Gegenstände der Beschlußfassung zu erfolgen?

a) Für beide Rechtsakte gemeinsam ist vorgeschrieben die Form des eingeschriebenen Briefes. Über die Unterschrift siehe Anm. 29 zu § 35. Ob schon

Ebenso, wenn die Gesellschaft keinen Geschäftsführer hat. (Hierüber auch noch Anm. 42 zu § 35).

3. **In welcher Weise wird das Recht ausgeübt?** Durch Klage beim ordentlichen Gericht. Anm. 3.

Zur Vorbereitung der Klage und ihrer Folgen können auch einstweilige Verfügungen angeordnet werden. Es steht nichts entgegen, daß durch richterliche Verfügung der Geschäftsführer seines Amtes enthoben und ein anderer Geschäftsführer eingesetzt wird oder daß ein Sequester über das Gesellschaftsvermögen eingesetzt und dem Geschäftsführer die Vertretungsbefugnis einstweilen entzogen wird. Denn wenn einmal dem einzelnen Gesellschafter ein gegen den Bestand der Gesellschaft gerichtetes Klagerecht gegeben wird, so ist damit auch die Befugnis des Prozeßrichters etabliert, alle zur Sicherung und wirksamen Durchführung dieses Rechts erforderlichen Maßregeln im Wege der einstweiligen Verfügung anzuordnen (§§ 938, 940 C.P.O.). Eine solche einstweilige Verfügung bindet gemäß § 16 H.G.B. auch den Registerrichter und muß von diesem eingetragen werden, wenn der Kläger sie ihm mit dem Antrage auf Eintragung einreicht.

4. **Worauf kann die Klage gestützt werden?** Anm. 4.

a) Darauf, daß die Erreichung des Gesellschaftszweckes unmöglich wird. Das liegt z. B. vor, wenn das Patent, auf Grund dessen die Gesellschaft begründet wurde, für nichtig erklärt oder durch ein anderes überholt ist oder sich als wertlos erwiesen hat. Auch sonst kann mangelnde Rentabilität ein solcher Grund sein. Natürlich nicht immer, sondern nur, wenn eine Aussicht auf Rentabilität in absehbarer Zeit nicht vorhanden ist. Kinderkrankheiten und Krisen genügen nicht, sondern nur dauernde organische Zustände. Absolute Unmöglichkeit aber kann andererseits auch nicht verlangt werden. Es müssen genügen Schwierigkeiten, deren Überwindung auf exceptionelle Hindernisse stößt. Dabei ist freilich auch die Möglichkeit einer Kapitalserhöhung und eventuell auch die der Einziehung von Nachschüssen in Betracht zu ziehen. Doch ist wiederum zu erwägen, daß neue Opfer vernünftigerweise nur gefordert werden können, wenn Aussicht auf Besserung vorhanden ist.

b) Andere Gründe, wenn sie wichtig sind und in den Verhältnissen der Gesellschaft liegen. Anm. 5. Wichtig sind sie dann, wenn dem Gesellschafter nicht zugemutet werden kann, die Gesellschaft fortzusetzen, weil eine gedeihliche Fortentwickelung der Gesellschaft nicht anzunehmen ist. Wenn z. B. die beiden einzigen Gesellschafter gleich viel Stimmen haben, und über einen besonders wichtigen Punkt sich nicht einigen können, oder wenn sie fortgesetzt verschieden stimmen, oder wenn der Geschäftsführer fortgesetzt Willkürlichkeiten begeht oder schädigende Maßregeln trifft, seine Abberufung aber nicht möglich ist, weil er oder seine Ehefrau die Majorität besitzt.

Die Gründe müssen aber in den Verhältnissen der Gesellschaft liegen. Damit Anm. 6. sind persönliche Gründe nicht absolut ausgeschlossen, insofern sie nur auf die Verhältnisse der Gesellschaft zurückwirken, wie z. B. wenn derjenige Gesellschafter, der allein imstande ist, die Geschäfte zu führen, weil er allein das Fabrikationsgeheimnis ausreichend kennt, fortgesetzt krank ist. Aber nicht in Betracht kommen solche Gründe, welche es nur einem Gesellschafter wünschenswert erscheinen lassen, der Gesellschaft ferner nicht anzugehören, während die Verhältnisse der Gesellschaft geordnete sind und gedeihen. An einem Beispiele soll dies klargemacht werden:

In einer in Berlin domizilierenden Gesellschaft trat ein Wechsel der Gesellschafter Anm. 7. ein, ein in Köln wohnender Gesellschafter brachte die Mehrzahl der Geschäftsanteile an sich und durch seinen Anteilsbesitz wurde der Sitz der Gesellschaft nach Köln verlegt. Dem anderen Gesellschafter wurde dadurch der Zusammenhang mit den Verhältnissen der Gesellschaft erschwert. Gleichwohl lag darin allein kein Grund zur Auflösung nach § 61, weil die Sitzverlegung auf das Gedeihen der Gesellschaft einen nachteiligen Einfluß nicht ausübte.

Darauf, daß der Gesellschafter durch Betrug zum Beitritt bewogen worden ist, kann die Klage nicht gestützt werden (vergl. Anm. 21 zu § 2). Wohl aber kann die

Auflösungsklage angestellt werden, wenn ein wertvoller Teil der Beteiligungen wirklich nichtig wird.

Anm. 8. 5. **Zuständig ist das Landgericht,** in dessen Bezirk die Gesellschaft ihren Sitz hat, und zwar ausschließlich. Nach § 101 Nr. 3a G.V.G. ist die Kammer für Handelssachen zuständig.

Das Landgericht ist auch dann zuständig, wenn etwa der Wert des Streitgegenstandes unter 300 Mark angenommen werden sollte.

Zu bemerken ist, daß, da das Landgericht ausschließlich zuständig ist, **auch stets die Revision ohne Rücksicht auf den Wert des Streitgegenstandes zulässig ist** (§ 547 Nr. 2 C.P.O.). Dieses Letztere wird häufig übersehen.

Anm. 9. 6. **Das Urteil wirkt konstitutiv,** nicht deklarativ. Die Auflösung der Gesellschaft tritt mit der Rechtskraft ein. Alsdann ist sie von den Geschäftsführern zur Eintragung in das Handelsregister anzumelden (§§ 65, 77, 78). Es tritt dann die Liquidation ein. Die vorläufige Vollstreckbarkeit hat hier gar keine Wirkung. § 16 H.G.B. kann hier zu keinem anderen Ergebnisse führen. Die vorläufige Auflösung einer Gesellschaft mit beschränkter Haftung kann als Rechtsbegriff oder Rechtsinstitut nicht anerkannt werden.

Anm. 10. 7. **Durch Vertrag** kann das Klagerecht nicht beseitigt werden. — Die Vorschrift ist zwingendes Recht. — Auch kann die Zuständigkeit eines anderen Gerichts nicht vereinbart werden (§ 40 Abs. 2 C.P.O.). Umsoweniger kann die Zuständigkeit des ordentlichen Gerichts überhaupt beseitigt und statt dessen ein Schiedsgericht vereinbart werden.

Anm. 11. Kann aber der Gesellschaftsvertrag die Klagebedingungen erleichtern? Das ist insofern zu bejahen, als nach § 60 Abs. 2 der Gesellschaftervertrag Auflösungsgründe festsetzen, Kündigungsrechte verleihen kann. Nur ist festzuhalten, daß in solchen Fällen nicht der § 61 Platz greift, was z. B. für die Zuständigkeitsfrage von Einfluß ist (oben Anm. 8).

§ 62.

Wenn eine Gesellschaft das Gemeinwohl dadurch gefährdet, daß die Gesellschafter gesetzwidrige Beschlüsse fassen oder gesetzwidrige Handlungen der Geschäftsführer wissentlich geschehen lassen, so kann sie aufgelöst werden, ohne daß deshalb ein Anspruch auf Entschädigung stattfindet.

Das Verfahren und die Zuständigkeit der Behörden richtet sich nach den für streitige Verwaltungssachen landesgesetzlich geltenden Vorschriften. Wo ein Verwaltungsstreitverfahren nicht besteht, kann die Auflösung nur durch gerichtliches Erkenntnis auf Betreiben der höheren Verwaltungsbehörde erfolgen. Ausschließlich zuständig ist in diesem Falle das Landgericht, in dessen Bezirk die Gesellschaft ihren Sitz hat.

Einleitung. **Der vorliegende Paragraph giebt den Staatsbehörden ein Recht auf Auflösung der Gesellschaft mit beschränkter Haftung.** Nach unserer Ansicht ist die Vorschrift wegen § 43 B.G.B. überflüssig, da ja die Gesellschaft mit beschränkter Haftung ein Verein ist, und daher subsidiär die Vorschriften des B.G.B. über die Vereine Anwendung finden (Allgemeine Einleitung Anm. 3 und 4; vergl. Staub H.G.B, Anm. 10 zu § 292).

Anm. 1. 1. **Voraussetzung** ist, daß die Gesellschaft das Gemeinwohl gefährdet durch gesetzwidrige Beschlüsse der Gesellschafter oder durch wissentliches Geschehenlassen von gesetzwidrigen Handlungen der Geschäftsführer.

a) Die Gesellschafter müssen also diejenigen sein, denen die Schuld beizumessen ist. Sie müssen entweder selbst gesetzwidrige Beschlüsse fassen oder wissentlich geschehen lassen, daß die Geschäftsführer gesetzwidrige Handlungen vornehmen. Gesetzwidrige Beschlüsse müssen es sein oder gesetzwidrige Maßnahmen müssen es sein. Bloße Statutenwidrigkeiten genügen nicht. Welches Gesetz verletzt ist, ist allerdings gleichgültig. Es kann unser Gesetz sein, es kann aber auch — und das wird wohl meist der Fall sein — ein Strafgesetz sein. Als Beispiel wäre denkbar, daß die Geschäftsführer fortgesetzt Betrügereien in großem Maßstabe begehen, ohne daß die Gesellschafter, obwohl sie davon wissen, dagegen einschreiten, oder daß die Gesellschafter den Beschluß fassen, einer feindlichen Macht im Kriege Gewehre zu liefern.

b) Das Gemeinwohl muß gefährdet sein. Es braucht nicht gerade schon verletzt zu sein, aber es muß gefährdet sein. Der Fall wird vorliegen, wenn die Fortsetzung einer Gesetzwidrigkeit zu befürchten ist und dadurch die Interessen einer unübersehbaren Anzahl von Personen gefährdet sind. Etwas anderes kann man unter Verletzung des Gemeinwohls kaum verstehen. Das Interesse des Staates braucht nicht gerade gefährdet zu sein. Eine Gefahr für die Allgemeinheit, also für eine unübersehbare Zahl von Personen, ist eine Gefahr für das Gemeinwohl. Anm. 2.

c) **Über das Verfahren** sind im Abs. 2 Normativvorschriften gegeben. Das Nähere ergiebt das Landesrecht. Für Bayern ist ein eigenes Gesetz ergangen zur Ausführung dieses Paragraphen (Gesetz vom 22. März 1892, Gesetz- und Verordnungsblatt S. 119). Für Preußen vergl. §§ 7 und 83 des Landesverwaltungsgesetzes vom 30. Juli 1883. Anm. 3.

2. **Die Folge des rechtskräftigen Urteils** ist die Auflösung des Vereins. Diese muß von den Geschäftsführern angemeldet werden (§§ 65, 79). Es erfolgt dann die Liquidation. Eine vorläufige Vollstreckbarkeit wird es auch in diesem Falle nicht geben (vergl. Anm. 9 zu § 61). Anm. 4.

Zusatz. § 43 Abs. 2 B.G.B. greift hier nicht Platz (vergl. Staub H.G.B. Anm. 10 zu § 292). Nach diesem § 43 Abs. 2 B.G.B. kann einem rechtsfähigen Verein, dessen Zweck nach der Satzung nicht auf einen wirtschaftlichen Geschäftsbetrieb gerichtet ist, die Rechtsfähigkeit entzogen werden, wenn er einen solchen Zweck verfolgt. Obwohl die Vorschriften über die Vereine auf unsere Gesellschaft subsidiäre Anwendung finden, so muß doch die Anwendbarkeit dieser Vorschrift verneint werden, weil sie sich ganz spezifisch auf den Unterschied zwischen den wirtschaftlichen und nichtwirtschaftlichen Vereinen des B.G.B. bezieht, während die Gesellschaften mit beschränkter Haftung ihrer Natur nach und vermöge der ausdrücklichen Vorschrift des § 1 unseres Gesetzes wirtschaftliche oder nichtwirtschaftliche Zwecke verfolgen und deshalb auch einen Zweck dem anderen substituieren können. Das ist hier eine zulässige Änderung des Gegenstandes des Unternehmens. Anm. 5.

§ 63.

Über das Vermögen der Gesellschaft findet das Konkursverfahren außer dem Falle der Zahlungsunfähigkeit auch in dem Falle der Überschuldung statt.

Die auf das Konkursverfahren über das Vermögen einer Aktiengesellschaft bezüglichen Vorschriften im § 207 Absatz 2, § 208 der Konkursordnung finden auf die Gesellschaft mit beschränkter Haftung entsprechende Anwendung.

§ 207 Abs. 2 K.O. lautet:

Nach Auflösung einer Aktiengesellschaft ist die Eröffnung des Verfahrens so lange zulässig, als die Verteilung des Vermögens nicht vollzogen ist.

§ 208 K.O. lautet:

Zu dem Antrage auf Eröffnung des Verfahrens ist außer den Konkursgläubigern jedes Mitglied des Vorstandes und jeder Liquidator berechtigt.

Wird der Antrag nicht von allen Mitgliedern des Vorstandes oder allen Liquidatoren gestellt, so ist derselbe zugelassen, wenn die Zahlungsunfähigkeit oder Überschuldung glaubhaft gemacht wird. Das Gericht hat die übrigen Mitglieder oder Liquidatoren nach Maßgabe des § 105 Abs. 2, 3 zu hören.

Anm. 1. **Der vorliegende Paragraph giebt einige Vorschriften über den Konkurs der Gesellschaft mit beschränkter Haftung.** Von uns soll hier die ganze Lehre vom Konkurse der Gesellschaft mit beschränkter Haftung im Zusammenhange erörtert werden.

I. **In welchem Stadium kann die Gesellschaft in Konkurs geraten?** Nicht bloß die bestehende Gesellschaft, sondern auch die aufgelöste, liquidierende Gesellschaft kann in Konkurs geraten, ja sogar, wenn die Liquidationsbeendigung und das Erlöschen der Firma eingetragen ist, sich aber wieder neues Vermögen vorfindet, kann der Konkurs wieder eröffnet werden (vergl. für die Aktiengesellschaft Jaeger Konkursordnung Anm. 2 zu § 208).

Anm. 2. II. **Die Voraussetzungen der Zulässigkeit des Konkurses** sind alternativ zweierlei: Zahlungsunfähigkeit oder Überschuldung. Es weicht dies von den Vorschriften, welche sonst gelten, ab. Der Einzelkaufmann, die offene Handelsgesellschaft, die Kommanditgesellschaft, sind nur dann konkursreif, wenn sie in den Zustand der Zahlungsunfähigkeit geraten sind. Die Überschuldung reicht dazu nicht aus. Nur bei Aktiengesellschaften und Aktienkommanditgesellschaften gilt das Gleiche, wie bei unserer Gesellschaftsform (§§ 207 und 209 K.O.).

Anm. 3. 1. Die Zahlungsunfähigkeit. Dieser Begriff ist civil- und strafrechtlich viel ventiliert und durch die Rechtsprechung wohl hinlänglich klargestellt. Die Zahlungsunfähigkeit ist das Fehlen bereiter Mittel zur Tilgung fälliger Schulden, doch so, daß sich dasselbe nach außen fühlbar gemacht hat (R.G. in Strafsachen 3 S. 195; 3 S. 295; 4 S. 61). Zahlungsunfähigkeit ist insbesondere anzunehmen, wenn Zahlungseinstellung vorliegt (§ 102 K.O.). Das ist der Zustand, in welchem der Schuldner aufhört, seine fälligen Verbindlichkeiten in der Allgemeinheit zu erfüllen (R.G. 6 S. 95; R.G. in Strafsachen 14 S. 222) oder, wie das R.G. dies an anderer Stelle präzisiert hat, wenn der Gemeinschuldner entweder seine Zahlungen ausdrücklich einstellt, oder seinen Zahlung verlangenden Gläubigern zu einem wesentlichen Teile ihrer Ansprüche aus dem zur äußeren Erscheinung gelangenden Grunde der Insolvenz Befriedigung werden zu lassen aufhört, wobei der Umstand, daß einzelne Zahlungen geleistet werden, unerheblich ist, selbst wenn dieselben noch in großer Zahl und fortlaufend geleistet werden (R.G. 50 S. 41). Zu unterscheiden von der Zahlungseinstellung ist die Zahlungsstockung, welche dieselben äußeren Kriterien hat, sich aber von der Zahlungseinstellung dadurch unterscheidet, daß der Schuldner erwarten kann, innerhalb eines Zeitraums, der nach Auffassung des Verkehrslebens den Mangel an bereiten Mitteln als einen nur vorübergehenden erscheinen läßt, seinen Gläubigern gerecht werden zu können (R.G. 50 S. 41).

Anm. 4. 2. Die Überschuldung. Sie ist vorhanden, wenn das Vermögen nicht mehr die Schulden deckt. Bei Feststellung der Überschuldung ist von den für die Gesellschaft mit beschränkter Haftung geltenden Sondervorschriften für die Aufstellung der Bilanz abzusehen. Die normale Bilanz der Gesellschaft mit beschränkter Haftung hat mit dem Begriff der Überschuldung nichts zu tun. Die normale Bilanz unserer Gesellschaft wird nicht aufgestellt, um festzustellen, wieviel Vermögen und wieviel Schulden die Gesellschaft hat, sondern wieviel Werte die Gesellschaft hat, und wieviel an Werten sie zu ihrem Gedeihen braucht. Es ist aber durchaus nicht bloß der Betrag der Schulden, der zum Gedeihen der Gesellschaft und zum Schutze der Gläubiger notwendig ist, diesem Zwecke dient vielmehr auch ein weiterer der Stammkapitalsziffer gleichkommender Wertsbetrag und noch weitere Beträge, die mit dem Namen Reservekonten bezeichnet werden (vergl. Anm. 15 ffg. zu § 42). Was die Aktiva betrifft, so erfolgt bei der normalen Geschäftsbilanz ihre Bewertung schon von Gesetzes wegen nicht immer von dem Standpunkte, daß der wahre Wert und nur dieser zum Ansatz kommt (§ 42 Nr. 1), und noch mehr gilt dies von der tatsächlichen Übung, welche in zutreffender Würdigung der Sachlage die Aktiva oft weit unter dem Werte einstellt, damit ein geringerer verteilungsfähiger Überschuß der Aktiva über die Passiva sich ergiebt.

Anm. 5. Für die Feststellung der Überschuldung sind ganz andere Gesichtspunkte maßgebend. Gleichviel, ob die Aktiva sich zur Verteilung unter die Gesellschafter als Überschuß eignen oder nicht, soll hier nichts weiter festgestellt werden, als die Frage: wieviel Vermögen besitzt die Gesellschaft? Und wieviel betragen ihre Schulden, ihre wirklichen Passiva? Zum Vermögen gehören dabei alle Aktiva, bei nicht eingezahlten Stammeinlagen selbstverständlich auch die Ansprüche der Gesellschaft auf die rückständigen Einzahlungen. Zu bewerten sind die Aktiva nach ihrem wahren Werte. Der Buchwert als solcher ist nicht maßgebend. Dort finden sich oft Abschreibungen weit unter dem wahren Werte. Oft sind wertvolle Gegenstände auf 1 Mark abgeschrieben. Auch die Bewertungsvorschrift des § 42 Nr. 1 kommt nicht zur Anwendung, sowohl soweit sie eine Erschwerung, als auch soweit sie eine Erleichterung enthält. Als Passivum kommt lediglich das in Betracht, was allein so genannt werden sollte: die Schulden. Was sonst in der Bilanz auf der Passivseite steht, sind keine Schulden, sondern sind Beträge, welche der lebenden Gesellschaft aus irgend einem Grunde erhalten werden müssen. Die sämtlichen übrigen Passivposten, der Posten Stammkapital und die Reservekonten, bleiben also bei der Feststellung der Überschuldung außer Ansatz. Natürlich aber fallen nur die echten Reservekonten fort. Der Erneuerungsfonds, der Delkrederefonds und sonstige Fonds, soweit sie nur Korrektivposten, d. h. Gegenposten gegen zu hohe Bewertung der Aktiven (vergl. Anm. 50 zu § 42) sind, fallen selbstverständlich bei der Feststellung der Überschuldung nicht fort. Ferner sind festgestellte Dividendenansprüche wirkliche Schulden und fallen aus diesem Grund nicht fort. Die Prämienreserve ist als wirkliche Schuld zu betrachten (§ 61 Abs. 2 des Reichsgesetzes über die Privatversicherungen vom 12. Mai 1901).

III. Wer ist berechtigt, den Konkurs anzumelden? Anm. 6.

1. Die Konkursgläubiger. Dazu können auch die Gesellschafter gehören, und zwar nicht bloß hinsichtlich ihrer Forderungen, die sie unabhängig von ihrer Mitgliedschaft erworben haben (Kauf, Darlehen rc.), sondern auch hinsichtlich solcher Forderungen, die aus der Mitgliedschaft entspringen z. B. wegen fälliger Dividendenforderungen (Anm. 8 zu § 29), Rückzahlungsansprüche bei Herabsetzung des Grundkapitals (Anm. 31 zu § 58), und endlich wegen rückständiger Ansprüche aus § 3 Abs. 2 (siehe unten Anm. 15).

2. Jeder Geschäftsführer und jeder Liquidator. An sich müßten bei den Konkursanträgen soviel Vertreter der Gesellschaft mitwirken, als zur Vertretung der Gesellschaft berechtigt sind. Denn der Konkursantrag ist ein Vertretungsakt. Aber nach § 208 K.O. ist jedes Mitglied des Vorstandes und jeder Liquidator dazu berechtigt, hier also jeder Geschäftsführer und jeder Liquidator. Für den Fall, daß nicht alle Geschäftsführer oder nicht alle Liquidatoren den Antrag stellen, sind nach § 208 Abs. 2 K.O. die anderen zu hören, und es ist in diesem Falle die Zahlungsunfähigkeit glaubhaft zu machen. Das gilt also auch dann, wenn so viele, als zur Vertretung berechtigt sind, den Konkursantrag stellen. Anm. 7.

Die Gesellschafterversammlung, auch nicht alle Gesellschafter gemeinsam, der Aufsichtsrat, der Prokurist, haben nicht das Recht, den Konkursantrag zu stellen. Ebenso auch nicht der Generalbevollmächtigte der Gesellschaft.

IV. Dabei ist zu bemerken, daß nach §§ 64, 69, 84 die Geschäftsführer und Liquidatoren auch die Verpflichtung haben, den Konkurs zu beantragen, wenn die gedachten Voraussetzungen vorliegen (siehe darüber zu § 64). Anm. 8.

V. Die Rechtsfolgen des Konkurses, insbesondere die Organe und ihre Funktionen, sowie die Rechtsverhältnisse der Gesellschafter. Anm. 9.

1. Die Gesellschaft gelangt durch den Konkurs in den Zustand der Auflösung (§ 60 Nr. 4). Während aber sonst die Auflösung die Liquidation zur Folge hat, ist dies hier nicht der Fall (§ 66). Eine Liquidation kann ja auch nicht erfolgen. Denn die Liquidation besteht in der Versilberung des vorhandenen Vermögens, Befriedigung der Gläubiger sowie Teilung des Überschusses unter die Gesellschafter. Die Versilberung des vorhandenen Vermögens und die Befriedigung der Gläubiger erfolgt aber hier durch den Konkursverwalter. Für eine Liquidationstätigkeit ist also hier kein Raum.

2. Die Organe der Gesellschaft. In erster Linie gehört dazu der Konkursverwalter. Auf diesen sind alle diejenigen Funktionen übergegangen, welche sich aus der Aufgabe des Konkursverwalters, das zur Zeit der Konkurseröffnung der Gesellschaft gehörige Vermögen zu verwalten Anm. 10.

und darüber zu verfügen, ergeben (§ 6 K.O.). Aber auch die übrigen Organe der Gesellschaft bestehen fort, nur daß ihre Funktionen insoweit zurücktreten, als die Funktionen des Konkursverwalters reichen. Sie haben keine solchen Funktionen, welche darauf abzielen, das zur Zeit der Konkurseröffnung vorhandene Vermögen zu verwalten und darüber zu verfügen. Aber alle übrigen Funktionen sind ihnen geblieben. Zu den Organen der Gesellschaft gehört zunächst der Geschäftsführer (die Gesellschaft erhält keinen Liquidator, da sie ja nicht in Liquidation tritt: oben Anm. 9; es sei denn, daß sie im Zustande der Liquidation in Konkurs geraten ist); hat sie keinen Geschäftsführer oder Liquidator, so kann ein solcher nach § 29 B.G.B. durch das Amtsgericht bestellt werden (Anm. 42 zu § 35, Anm. 12 zu § 66), auch der Konkursverwalter kann dies beantragen. Die anderen Organe sind: die Gesellschafter als Beschlußorgan; der Aufsichtsrat, wenn ein solcher nach dem Gesellschaftsvertrage besteht, und die sonstigen, im Gesellschaftsvertrage etwa vorgesehenen Organe (Beirat, Delegierter der Gesellschaft 2c.).

Im Einzelnen ist hierbei zu erwähnen:

Anm. 11. a) Der Konkursverwalter hat alles zu tun, und zwar ohne Mitwirkung der Gesellschaftsorgane, was zur Verfügung über das zur Zeit der Konkurseröffnung vorhandene Vermögen gehört. Er hat insbesondere auch die rückständigen Einzahlungen auf die Stammeinlagen geltend zu machen und zur Konkursmasse einzuziehen. Er braucht hierbei nicht die Gesellschafter zu befragen; § 46 Nr. 2 fällt weg. Ob die Einzahlungen zur Zeit der Konkurseröffnung fällig sind oder nicht, ist gleichgültig. Es kommt nur darauf an, daß der Anspruch zur Zeit der Konkurseröffnung bestand. Ist er zu dieser Zeit nicht fällig, so wartet er eben die Fälligkeit ab und zieht ihn dann ein. Daß der Konkursverwalter die rückständigen Einzahlungen einzuziehen berechtigt ist, darüber siehe R.O.H. 19 S. 227; 20 S. 270; Jaeger K.O. Anm. 18 zu § 208. Er hat dabei das Prinzip der Gleichberechtigung in derselben Weise zu beachten, als dies auch bei lebender Gesellschaft vorgeschrieben ist (§ 19 des Gesetzes), und kann sich über diese Bestimmung des Gesetzes nicht hinwegsetzen, da sie eine Modalität der Einzahlungspflicht ist, die ihr als Charakteristikum anhaftet, wie ja auch der pfändende Gläubiger hieran gebunden ist. Ferner darf er nicht mehr an Einzahlungen einziehen, als zur Befriedigung der Gläubiger erforderlich ist, ein hierauf gestützter Einwand, der aber von dem in Anspruch genommenen Gesellschafter darzulegen und zu beweisen ist, ist zulässig (RG. vom 25. März 1899 in J.W. S. 305, 306; R.G. 45 S. 155). Ebenso kann er rückständige Nachschüsse einziehen (R.G. vom 25. März 1899 in J.W. S. 305). Dagegen kann er nicht Nachschüsse einziehen, deren Einziehung von den Gesellschaftern noch nicht beschlossen war. Denn hier ist der Gesellschafterbeschluß die Existenzbedingung des Anspruchs. Er kann aber nicht die Bedingungen neuer Ansprüche schaffen, sondern nur bestehende Ansprüche einziehen und sich hierbei über die sonstigen Bedingungen der Geltendmachung hinwegsetzen (vergl. hierüber Anm. 1 und 4 zu § 26). Aber die Gesellschafterversammlung kann auch während des Konkurses die Einziehung von Nachschüssen beschließen (siehe unten Anm. 13).

Anm. 12. b) Den übrigen Organen stehen alle diejenigen Funktionen zu, welche dem Gemeinschuldner im Konkurse obliegen. Die Geschäftsführer bezw. die Liquidatoren haben Anträge gemäß §§ 135, 165, 180, 182, 202 zu stellen, sie haben gemäß § 173 den Zwangsvergleich zu schließen, sie haben die Auskunfts- und Offenbarungseidespflicht nach §§ 100 und 125 K.O. Die Gesellschafterversammlung und der etwa bestellte Aufsichtsrat haben diese Tätigkeit des Geschäftsführers zu überwachen.

Anm. 13. c) Die übrigen Organe haben ferner alle diejenigen Funktionen, welche mit dem Konkurse nichts zu tun haben, also alle internen gesellschaftlichen Angelegenheiten zu besorgen. Es steht nichts entgegen, daß die Gesellschafter auch innerhalb des Konkurses wechseln; es kann ein Gesellschafter seinen Anteil cedieren, auch zum Teil, die hierzu erforderliche Genehmigung erteilt der Geschäftsführer, gegebenenfalls auf Beschluß der Gesellschafter. Die Konkursmasse kann hierbei keinen Schaden leiden. Denn soweit mit solcher Abtretung rückständige Pflichten verbunden sind, bleibt für dieselben ja derjenige Gesellschafter verhaftet, der es zur Zeit der Konkurseröffnung war (§ 16 Abs. 3). Es steht auch nichts entgegen, daß die Gesellschafter Nachschüsse einfordern. Die hieraus entstehenden Ansprüche gehören der Gesellschaft, nicht zur Konkursmasse (nur daß, wenn die Gesellschaft zu neuem Vermögen gelangt, ein neuer Konkurs über sie verhängt werden kann; Jaeger K.O. Anm. 59 zu § 1). Solche Nachschüsse werden vielleicht notwendig sein, um einen Akkord abschließen zu können. Auch kann die Gesellschafterversammlung eine Kapitalserhöhung beschließen, was der Konkursverwalter natürlich nicht kann. Die in dieser Weise der Gesellschaft zufließenden Gelder (Nachschüsse, Einlagen rc.) fließen nicht in die Konkursmasse. Liebmann Anm. 8 meint im Gegensatze hierzu, daß die eingehenden Nachschüsse selbstverständlich in die Konkursmasse fallen. Allein dem steht § 1 K.O. entgegen, nach welchem zur Konkursmasse nur dasjenige Vermögen fällt, welches dem Gemeinschuldner zur Zeit der Konkurseröffnung gehört hat. Solche Nachschüsse aber haben der Gesellschaft zur Zeit der Konkurseröffnung noch nicht gehört, auch nicht die Ansprüche auf sie, vielmehr ist der Gesellschafterbeschluß erst die Existenzbedingung des Anspruchs (Anm. 1 zu § 26).

Auch sonst kann die Gesellschafterversammlung sich betätigen: sie kann z. B. Anm. 14. die Statuten ändern, z. B. den die Firma enthaltenden Bestandteil derselben, was z. B. erforderlich sein wird, wenn das Geschäft mit Firma veräußert werden soll; das geht ja nur auf dem Wege einer Statutenänderung, und nur die Gesellschaft selbst kann diese bewirken, nicht der Verwalter. Will daher der Verwalter das Geschäft mit Firma veräußern, so müssen der Verwalter, die Gesellschafterversammlung und der Geschäftsführer zusammenwirken: jener veräußert das Geschäft, die Gesellschafterversammlung ändert das Statut durch Firmenänderung und der Geschäftsführer giebt auf Grund dieser Statutenänderung dem Erwerber die Genehmigung zur Führung der Firma (vergl. Jaeger Anm. 9 zu § 208; ferner bei uns Anm. 17 zu § 4).

3. Das Verhältnis der Gesellschafter zur Gesellschaft und zum Konkurse ergiebt sich Anm. 15. daraus, daß die Gesellschafter alle diejenigen Vermögensrechte, welche sich als wirkliche Forderungen darstellen, mögen sie auch aus der Mitgliedschaft entsprungen sein, zur Konkursmasse als Gläubiger anmelden können, so insbesondere fällige Dividendenforderungen, Rückzahlungsansprüche auf Grund einer Kapitalsherabsetzung, sofern diese Ansprüche zur Zeit der Konkurseröffnung bereits existent waren (Anm. 8 zu § 29), Ansprüche auf Rückzahlung von Nachschüssen unter der gleichen Voraussetzung (Anm. 7 ffg. zu § 30), auch Ansprüche aus § 3 Abs. 2, wenn sie rückständig sind, gehören dazu. Soweit sie rückständig, aber von einer Gegenleistung der Konkursmasse abhängig sind, muß der § 17 K.O. analog für anwendbar erachtet werden. Dagegen können sie selbstverständlich nicht einfach ihre Einlagen zur Konkursmasse anmelden. Eine Verteilung von Gesellschaftsvermögen kann vielmehr erst erfolgen, nachdem alle Gläubiger befriedigt sind. Alsdann hört der Konkurs auf, es beginnt die Liquidation und dann kann die Verteilung erfolgen (§ 73). Auch auf etwaige Reservefonds haben sie keine Ansprüche; auch diese gehören zum Gesellschaftervermögen und bilden nach § 1 K.O. einen Bestandteil der Konkursmasse. Sonstige gesellschaftliche Rechte üben die Gesellschafter der Gesellschaft d. h. dem Geschäftsführer bezw. Liquidator gegenüber aus: z. B. das Recht auf Einberufung einer Generalversammlung, auf Erteilung einer Genehmigung zur Abtretung eines Geschäftsanteils, endlich auch auf Anerkennung ihrer Mitgliedschaft (für letzteres siehe R.G. vom 30. Mai 1896 in J.W. S. 373).

VI. **Die Konkurseröffnung ist in das Handelsregister einzutragen** und zwar auf Grund der Anm. 16. allgemeinen Vorschrift, welche im § 32 H.G.B. enthalten ist. Die Eintragung hat aber im Allgemeinen nicht die Wirkungen, welche sich sonst an die Eintragung in das Handelsregister nach § 15 H.G.B. knüpfen. Der gute Glaube wird hier im Allgemeinen nicht geschützt. Auch dies ist im § 32 H.G.B. vorgeschrieben. (Vergl. § 7 K.O.; näheres bei Staub H.G.B. zu § 32; Jaeger K.O. Anm. 18 ffg., besonders Anm. 29 zu § 7 K.O.; endlich auch Staub H.G.B. Anm. 73 zu § 366 u. oben Anm. 29 zu § 4). Die Eintragung erfolgt von Amts wegen (§ 112 K.O.). Auch eine Veröffentlichung durch das Registergericht ist nicht erforderlich. Ebenso ist auch die Aufhebung des Konkurses einzutragen.

Anm. 17. VII. **Die Konkursbeendigung.**

1. Sie kann erfolgen durch Zwangsvergleich (daß dieser zulässig ist, ergiebt sich aus § 60 Nr. 4), durch Einstellung des Verfahrens auf Antrag des Gemeinschuldners (§ 202 K.O.), durch Ausschüttung der Masse (§ 163 K.O.) und durch Beschluß des Gerichts wegen Geringfügigkeit der Masse (§ 204).

Anm. 18. 2. Die Folge der Konkursbeendigung ist, daß die Liquidation in ihr volles Recht tritt. Mag die Gesellschaft zur Zeit der Konkurseröffnung im Liquidationszustande gewesen sein oder nicht, sie befindet sich jetzt nach Beendigung des Konkurses jedenfalls in Liquidation. An ihrer Spitze stehen nunmehr Liquidatoren, deren Aufgabe es ist, die Liquidation und sich als Liquidatoren anzumelden, das Vermögen zu versilbern, die Gläubiger zu befriedigen und das Vermögen zu verteilen. Eine Ausnahme macht nur der Fall, daß das Verfahren beendet ist durch Ausschüttung der Masse. Nach § 32 H.G.B. wird dies letztere in das Handelsregister eingetragen und damit ist auch die Firma erloschen. Findet sich nachträglich Vermögen vor, so wird es nach § 166 Abs. 2 K.O. zur Verteilung gebracht. Unter Umständen kann auch noch nachträglich die Wiedereröffnung einer Liquidation, die Bestellung eines Liquidators erforderlich und von einem Interessenten beantragt werden. Es findet sich z. B. zwar kein eigentliches Vermögensstück vor, aber doch ein formelles Recht, z. B. eine Vormerkung für die in Konkurs geratene und durch Ausschüttung der Masse erloschene Gesellschaft, etwa eine Vormerkung zu Gunsten der Gesellschaft, kraft deren ein Grundstück ohne ihre Zustimmung nicht aufgelassen werden kann. In einem solchen Falle bleibt doch dem Eigentümer des Grundstücks nichts übrig, als nach § 29 B.G.B. die Bestellung eines Liquidators zu beantragen, um sich mit diesem wegen der Vormerkung auseinanderzusetzen.

Anm. 19. 3. Eine Rückbildung der hiernach in Liquidation befindlichen Gesellschaft kann regelmäßig nicht erfolgen, sondern nur im Wege der Neugründung (vergl. Anm. 3 zu § 60).

Anm. 20. **Ausnahmsweise aber ist eine Fortsetzung der Gesellschaft zulässig, wenn der Konkurs durch Zwangsvergleich oder durch Einstellung des Verfahrens auf Antrag des Gemeinschuldners beendet ist** (§ 60 Nr. 4).

Über diesen Fortsetzungsbeschluß gilt Folgendes:

Anm. 21. a) Voraussetzung ist, daß der Konkurs beendet ist durch Zwangsvergleich oder auf Antrag des Gemeinschuldners mit Zustimmung der Gläubiger. Wird der Konkurs durch Ausschüttung der Masse (§ 163 K.O.), oder wegen Mangels an Masse (§ 204 K.O.) eingestellt, so liegt die Voraussetzung nicht vor. Selbstverständliche weitere Voraussetzung ist, daß der Konkurs nicht eingetreten ist im Stadium der Liquidation. Denn der Fortsetzungsbeschluß kann nur die Folgen des Konkurses beseitigen. Hier aber war die Liquidation nicht die Folge des Konkurses, sondern schon vorher eingetreten.

Anm. 22. b) Die Fortsetzung erfolgt durch Beschluß. Besondere Erfordernisse für diesen Beschluß sind nicht gegeben. Er folgt daher den allgemeinen Regeln, insbesondere denen des § 48. Es ist weder eine Formvorschrift, noch eine besondere Abstimmungsvorschrift gegeben. Der Beschluß kann also ohne gerichtliche oder notarielle Beurkundung gültig gefaßt werden, auch in den Formen des § 48 Abs. 2. Der Beschluß bedarf nur der einfachen Mehrheit der abgegebenen Stimmen und muß ein Beschluß der Gesellschafter sein, sodaß andere Personen nicht mitstimmen dürfen (vergl. Anm. 4 zu § 47). Weder ist $^3/_4$ Mehrheit, wie bei Statutenänderungen erforderlich, noch gar Einstimmigkeit, wie Neukamp will. Das Gesetz enthält davon keine Andeutung. Jeder Gesellschafter muß sich eben gefallen lassen, daß die Mehrheit die Fortsetzung der Gesellschaft in den hier vorgesehenen Fällen beschließt und hat kein Recht, insbesondere kein Sonderrecht darauf, daß die einmal in Konkurs geratene Gesellschaft durch Liquidation und Ausschüttung endet; gerade dieses Sonderrecht ist ihm durch § 60 Nr. 4 genommen. Die Fortsetzung der Gesellschaft soll durch diese Vorschrift dadurch erleichtert werden, daß ein einfacher Beschluß sie ermöglicht; sowohl die Schwierigkeiten, die mit einer Neugründung, als diejenigen, die mit dem Widerstande eines einzelnen Gesellschafters verknüpft sind, sollen dadurch beseitigt werden. Selbst dann, wenn dadurch die Leistungspflichten der Gesellschafter gemäß § 3 Abs. 2 zeitlich ausgedehnt werden, ist Zustimmung der einzelnen Gesellschafter nicht erforderlich. Eine statutarische Vermehrung ihrer Leistungspflichten liegt nicht vor. Haben ihre Pflichten vielleicht während der Dauer der Liquidation geruht, so haben sie doch auf die Fortdauer dieses Ruhens keinen Anspruch; sie sind vielmehr kraft des Gesellschaftsvertrages verpflichtet, mit ihren Leistungen fortzufahren, sobald die Fortsetzung der Gesellschaft beschlossen wird. § 53 Abs. 3 greift daher nicht Platz. In ein Sonderrecht kann der Fortsetzungsbeschluß allenfalls dann eingreifen und deshalb kann die Zustimmung eines einzelnen Gesellschafters dann erforderlich werden, wenn ein Gesellschafter z. B. ein statutarisches Recht auf Aufhören der Gesellschaft in einem bestimmten Zeitpunkte hat. Soll dann über diesen Zeitpunkt hinaus die Fortsetzung beschlossen werden, so ist seine Zustimmung erforderlich. Auch können die Erfordernisse der Statutenänderung erforderlich werden, wenn in der Fortsetzung eine Statutenänderung liegt, z. B. wenn zwar die statutarische Dauer der Gesellschaft noch nicht abgelaufen ist, der Fortsetzungsbeschluß aber dahin lautet, daß die Gesellschaft über diese Dauer hinaus fortgesetzt werden soll.

c) Der Beschluß ist einzutragen nach § 65, nur daß die Eintragung hier keine Anm. 23. rechtserzeugende Kraft hat, der Beschluß gilt vielmehr von seiner Fassung ab, außer wenn (vergl. Anm. 22 am Ende) der Fortsetzungsbeschluß eine Statutenänderung enthält. Alsdann gilt er erst von der Eintragung ab.

d) Die Fortsetzung hat zur Folge, daß die Gesellschaft wieder eine lebende, werbende Anm. 24. Gesellschaft wird. Ihre Organe sind wieder die Geschäftsführer, nicht mehr die Liquidatoren; was vorher geschehen ist, bleibt gültig und wirksam, insbesondere was der Konkursverwalter im Namen der Gesellschaft getan hat.

§ 64.

Die Geschäftsführer haben die Eröffnung des Konkursverfahrens zu beantragen, sobald die Zahlungsunfähigkeit der Gesellschaft eintritt oder aus der Jahresbilanz oder aus einer im Laufe des Geschäftsjahres aufgestellten Bilanz Überschuldung sich ergiebt.

Die Geschäftsführer sind der Gesellschaft zum Ersatze aller nach diesem Zeitpunkt geleisteten Zahlungen verpflichtet. Auf den Ersatzanspruch finden die Bestimmungen in § 43 Absatz 3 und 4 entsprechende Anwendung.

Der vorliegende Paragraph legt den Geschäftsführern die Pflicht auf, den Konkurs der Gesellschaft beim Vorliegen seiner Voraussetzungen zu beantragen (Abs. 1), und normiert ferner die Folgen der Verletzung dieser Verpflichtung. Der § 63 des Gesetzes in Verbindung mit § 208 Abs. 1 K.O. handelt von der Berechtigung zur Stellung des Konkursantrages. Einleitung.

1. (Abs. 1.) **Die Pflicht zur Stellung des Konkursantrages.**

a) Wer hat die Pflicht? Die Geschäftsführer. Nach § 71 liegt die gleiche Pflicht Anm. 1. auch den Liquidatoren ob. Auch diese haben, wenn während der Liquidation Zahlungsunfähigkeit oder Überschuldung eintritt, den Konkurs zu beantragen. Den Gesellschaftern (auch wenn ein Gesellschafter alle Gesellschaftsanteile besitzt) oder dem Aufsichtsrat oder ähnlichen Organen (Anm. 2 zu § 52) liegt eine gleiche Pflicht nicht ob. Der Aufsichtsrat hat jedoch nach § 52 des Gesetzes und § 249 H.G.B. darüber zu wachen, daß die Geschäftsführer den Konkursantrag stellen, wenn die Voraussetzungen desselben vorliegen, widrigenfalls der Aufsichtsrat auf Ersatz des durch die Unterlassung der Gesellschaft erwachsenen Schadens haftet.

Von den Geschäftsführern (und bezw. Liquidatoren) hat jeder die Verpflichtung. Anm. 2. Jeder von ihnen hat zur Vermeidung der gesetzlichen Folgen die Verpflichtung zur

Stellung des Konkursantrages. Er hat ja auch die Berechtigung dazu, auch wenn er im Übrigen nicht alleinige Vertretungsbefugnis hat (§ 63 des Gesetzes und § 208 Abs. 1 K.O.), und er kann daher nicht vorschützen, daß sein selbständiges Vorgehen beim Widerstande der anderen gesetzlichen Vertreter keinen Zweck gehabt hätte.

Anm. 3. b) Unter welcher Voraussetzung entsteht die Pflicht? Unter der alternativen Voraussetzung, daß entweder die Zahlungsunfähigkeit der Gesellschaft eintritt, oder daß sich aus einer Bilanz Überschuldung ergiebt.

α) Wann das Erfordernis der Zahlungsunfähigkeit vorliegt, darüber siehe Anm. 3 zu § 63.

Hierbei ist jedoch nochmals Folgendes zu bemerken:

Zwar soll der Konkurs beantragt werden, wenn die Voraussetzungen desselben gegeben sind. Wenn aber diese Vorschrift nicht gegen die Absicht des Gesetzes destruktiv wirken soll, so muß sie dahin ausgelegt werden, daß nicht sofort im Momente, wo sich die Geschäftsführer von der Zahlungsunfähigkeit überzeugen, Konkurs beantragt werden muß. Eine mäßige Spanne Zeit kann vorübergehen, wenn dieselbe dazu benutzt wird, um durch Geldbeschaffung oder Stundung den Zustand zu beseitigen, sofern die schwebenden Verhandlungen nicht aussichtslos sind. Solange die naheliegende Möglichkeit der Beschaffung neuer Mittel oder der Stundung besteht, braucht der Konkurs nicht beantragt zu werden. Denn solange der Schuldner erwarten kann, innerhalb eines Zeitraums, der nach Auffassung des Verkehrslebens den Mangel an bereiten Mitteln als einen nur vorübergehenden erscheinen läßt, seinen Gläubigern gerecht werden zu können, liegt keine Zahlungseinstellung, sondern nur Zahlungsstockung vor (R.G. 50 S. 42).

Anm. 4. *β*) Wann das Erfordernis der Überschuldung vorliegt, darüber siehe eingehend Anm. 4 zu § 63. Von den Kommentatoren wird zu diesem Punkte gelehrt, daß die Berechtigung zur Stellung des Konkursantrages nach § 63 schon dann vorliegt, wenn Überschuldung vorliegt, die betreffende Verpflichtung aber erst dann, wenn sich die Überschuldung aus einer aufgestellten Bilanz ergiebt. Doch können wir darin einen sachlichen oder wenigstens einen der Hervorhebung werten Unterschied nicht finden, da nicht abzusehen ist, wie anders als durch eine aufgestellte Bilanz, aus einer Gegenüberstellung der Aktiva und Passiva, sich das Vorhandensein einer Überschuldung ergeben soll. Wer die Bilanz aufstellt, ob der Geschäftsführer selbst, oder ein Prokurist, oder ein Buchhalter, oder ein Bücherrevisor, oder ein stiller Gesellschafter, oder ein Gläubiger, dem Einsicht gewährt wurde, oder eine von der Gesellschafterversammlung bestellte Revisionskommission, oder ein Aufsichtsratsmitglied, ist natürlich gleichgültig. Ergiebt eine von irgendwelcher Seite erfolgte Gegenüberstellung der Aktiven und Passiven, die natürlich nicht willkürliche Ziffern enthalten darf, die Überschuldung, so besteht die Verpflichtung zur Konkurseröffnung. Es könnte höchstens noch der Fall gedacht werden, daß sich der Geschäftsführer eine solche Gegenüberstellung im Kopfe macht, nicht aber niederschreibt. Aber ein solcher Fall ist doch wohl kaum praktisch und überdies würden wir auch in diesem Falle annehmen, daß die Verpflichtung zum Konkursantrage Platz greift. Auch in diesem Falle ist die Bilanz aufgestellt.

Anm. 5. Gewarnt muß ferner vor der Auffassung werden, als müsse die Bilanz unmittelbar die Überschuldung ergeben. Das ist z. B. dann nicht immer der Fall, wenn die Gesellschaft von der im § 42 Nr. 1 enthaltenen Konzession Gebrauch macht und gewisse Gegenstände über ihren wahren Wert eingestellt hat. Der vorliegende Paragraph ist nicht formalistisch dahin aufzufassen, daß die Überschuldung unmittelbar aus den Ziffern der Bilanz in die Augen springen muß. Die Bilanz ergiebt vielmehr die Überschuldung auch dann, wenn die in ihr enthaltene Zahlengruppierung in Verbindung mit sonstigen für die Gesellschaftsorgane erkennbaren Momenten die Überschuldung ergiebt (vergl. Staub H.G.B. Anm. 12 zu § 240).

2. (Abs. 2.) **Die Folgen der Verletzung der Verpflichtung zur Konkursanmeldung.** Anm. 6.

a) Zunächst muß vorausgeschickt werden, daß die Folgen der Pflichtverletzung nur dann eintreten, wenn die Pflicht schuldhaft verletzt ist. Nach Abs. 1 hat es zwar den Anschein, als sei subjektives Verschulden nicht vorausgesetzt. Doch wäre diese Annahme irrig. Es liegt kein Grund vor zu der Annahme, daß der Geschäftsführer subjektiv hier anders behandelt werden soll, als bei jeder sonstigen Pflichtverletzung. Es kann das umsoweniger angenommen werden, als die Folge hier noch härter ist, als sonst: sie geht über die einfache Schadensersatzpflicht hinaus (vergl. unten Anm. 7). Eine schuldhafte Pflichtverletzung liegt aber nicht immer vor, auch wenn Zahlungsunfähigkeit oder Überschuldung vorhanden war. Es kann die Zahlungsunfähigkeit vorhanden, für den Geschäftsführer aber nicht erkennbar sein, und es kann die Überschuldung sich aus einer Bilanz ergeben, ohne daß dies für den Geschäftsführer erkennbar ist, wenn er z. B. zu der fraglichen Zeit auf einer Geschäftsreise in einem fernen Erdteil war oder wenn er von seinen Mitgeschäftsführern über das Vorhandensein von Mitteln oder über die wahre Gestaltung der Bilanz getäuscht wurde, wenn ihm z. B. die Bilanz, welche die Überschuldung ergiebt, nicht vorgelegt ist, sondern eine andere gefärbte oder gefälschte Bilanz. In allen solchen Fällen liegen zwar die objektiven Voraussetzungen des Abs. 1, nicht aber subjektive Verschuldung vor, und deshalb greift Abs. 2 nicht Platz.

b) Die Folge der Pflichtverletzung ist, daß der Geschäftsführer alle nach diesem Zeitpunkte (d. h. nachdem durch sein Verschulden der Konkursantrag unterblieben) geleisteten Zahlungen ersetzen muß. Die Folge ist sehr hart. Denn an und für sich hat die Gesellschaft doch keinen Schaden dadurch, daß die Zahlung erfolgt, da sie ja von einer Schuld befreit worden ist. Der Gedanke des Gesetzes ist aber der, daß die Allgemeinheit, die Gesamtheit der Gläubiger geschädigt wurde. Denn im Konkursverfahren würde der bezahlte Gläubiger nur die Konkursquote erhalten haben. Soweit also die Allgemeinheit nicht geschädigt wurde, also in Höhe der Konkursdividende, kann auch der Konkursverwalter Ersatz der geleisteten Zahlungen nicht verlangen. Würde man auch insoweit, als weder die Gesellschaft, noch ihre Gläubigerschaft durch die Zahlung geschädigt worden ist, der Konkursmasse das Recht auf Rückzahlung des Gezahlten gewähren, so läge eine Art Strafe vor. Daß eine solche hier ausgesprochen werden sollte, dafür liegt kein Anhalt vor, da ja der § 84 noch außerdem eine Kriminalstrafe anordnet und Abs. 2 unseres Paragraphen ausdrücklich von einem „Ersatze" spricht. Dagegen genügt zur Befreiung des Geschäftsführers nicht der Hinweis darauf, daß die Zahlung ja anfechtbar sei. Auf diesen umständlichen Weg braucht sich die Gesellschaft eben nicht verweisen zu lassen. Anm. 7.

c) Jeder Geschäftsführer, den ein Verschulden trifft, haftet auf diesen Ersatz. Ihre Haftung ist solidarisch. Zwar sind nur Abs. 3 und 4 des § 43 für anwendbar erklärt, aber die entsprechende Anwendbarkeit von § 43 Abs. 2 ist selbstverständlich. Anm. 8.

d) Aus der Anwendbarkeit des § 43 Abs. 3 folgt, daß Verzichtleistungen und Vergleiche über diese Ersatzansprüche von beschränkter Wirksamkeit sind, soweit der Ersatz zur Befriedigung der Gläubiger erforderlich ist, und daß insoweit auch eine Berufung auf einen Beschluß der Gesellschafter nicht statthaft ist. Anm. 9.

Näheres Anm. 14ffg. zu § 43.

e) Aus der Anwendbarkeit des § 43 Abs. 4 folgt die Verjährung der Ansprüche in fünf Jahren. Näheres Anm. 20ffg. zu § 43. Anm. 10.

Zusatz 1. Eine weitere Folge der Verletzung der im Abs. 1 angeordneten Pflicht ist die Pflicht zum Ersatze allen weiteren Schadens, der der Gesellschaft etwa dadurch erwachsen ist, daß der Konkursantrag unterblieben ist. Anm. 11.

Zusatz 2. Eine noch weitere Folge ist die Strafbarkeit nach § 84. Siehe hierüber zu § 84. Anm. 12.

§ 65.

Die Auflösung der Gesellschaft ist außer dem Falle des Konkursverfahrens zur Eintragung in das Handelsregister anzumelden. Das Gleiche gilt von einer Fortsetzung der Gesellschaft in den im § 60 Absatz 1 Nr. 4 bezeichneten Fällen.

Die Auflösung ist von den Liquidatoren zu drei verschiedenen Malen durch die im § 30 Absatz 2 bezeichneten öffentlichen Blätter bekannt zu machen. Durch die Bekanntmachung sind zugleich die Gläubiger der Gesellschaft aufzufordern, sich bei derselben zu melden.

Einleitung. Der vorliegende Paragraph behandelt zwei verschiedene Materien. **Im Abs. 1 ist die Anmeldung der Auflösung der Gesellschaft und die Anmeldung der Fortsetzung der Gesellschaft vorgeschrieben,** im Abs. 2 ist den Liquidatoren die Pflicht auferlegt, **die Auflösung bekannt zu machen.**

Anm. 1. 1. (Abs. 1.) **Anzumelden ist zunächst die Auflösung der Gesellschaft.**

a) Wer hat diese Verpflichtung? Derjenige gesetzliche Vertreter, der zur Zeit legitimiert ist, die Gesellschaft zu vertreten, also der Geschäftsführer, wenn die Auflösung zugleich eine Statutenänderung enthält, so daß sie erst mit der Eintragung wirksam wird, sonst die Liquidatoren. Sollte keine gesetzliche Vertretung bestehen (es ist z. B. die Auflösung beschlossen, ein Geschäftsführer besteht nicht und die zum Liquidator erwählte Person lehnt die Annahme der Wahl ab), so kann jeder Beteiligte nach § 29 B.G.B. einen Vertreter ad hoc bestellen lassen, der die Anmeldung der Auflösung zu besorgen hat.

Anm. 2. Dabei ist überall nur die Mitwirkung so vieler Vertreter erforderlich, als zur Vertretung der Gesellschaft überhaupt nötig sind. Es ist nicht vorgeschrieben, daß sämtliche Geschäftsführer oder sämtliche Liquidatoren anmeldungspflichtig sind.

Anm. 3. Zugleich ist übrigens auch die Person der Liquidatoren anzumelden (§ 67). Doch wäre es irrig, anzunehmen, daß immer nur die Auflösung und die Liquidatoren zu gleicher Zeit oder keines von beiden eingetragen werden könnte. Wenn z. B. das Amt des Geschäftsführers mit der Anmeldung der Auflösung enden soll, der gewählte Liquidator aber das Amt nicht annimmt, so steht nichts entgegen, zunächst die Auflösung anzumelden und einzutragen, damit wenigstens insoweit die Rechtsfolgen des § 15 H.G.B. eintreten.

Anm. 4. b) Jede Art der Auflösung ist anzumelden, nur die durch Konkurseröffnung erfolgte nicht. Über diese siehe Anm. 16 zu § 63.

Anm. 5. c) Die Anmeldung erfolgt bei allen Gerichten, bei welchen die Gesellschaft eingetragen ist (§ 13 H.G.B.).

Anm. 6. d) Form und Beilagen der Anmeldung. Die Form ist die im § 12 H.G.B. vorgeschriebene (persönlich oder in beglaubigter Form). Beigefügt werden muß diejenige Urkunde, aus welcher die Auflösung sich ergiebt, also das rechtskräftige Urteil, die Kündigung des kündigungsberechtigten Gesellschafters, der Auflösungsbeschluß 2c. Davon kann unmöglich abgesehen werden. Parisius und Crüger Anm. 1 meinen, daß diese Beilagen nicht erforderlich seien. Allein der Registerrichter würde seines Amtes nicht walten, wenn er die schwerwiegende Tatsache der Auflösung eintragen und publizieren würde, ohne sich von ihrer Wahrheit überzeugt zu haben. Ja wir gehen noch weiter. Fordern wir auch nicht ganz generell die Beibringung einer notariellen oder gerichtlichen Beurkundung oder Beglaubigung des Beschlusses oder der sonstigen Beilagen, so erachten wir doch den Registerrichter für berechtigt, Ermittelungen darüber anzustellen, ob die angemeldete Auflösung wirklich eingetreten ist (§ 12 F.G.).

Anm. 7. e) Der Zwang zur Anmeldung besteht nach § 14 H.G.B. Doch besteht er dann nicht, wenn die Auflösung eine Statutenänderung in sich birgt (vergl. Anm. 11 zu § 60). In diesem Falle unterbleibt der Zwang (§ 79).

f) Die Wirkung der Eintragung ist im Allgemeinen nicht die, daß sie die Rechts- Anm. 8.
gültigkeit der Auflösung bewirkt. Vielmehr tritt im Allgemeinen die Auflösung durch die sonstigen Tatsachen ein (rechtskräftiges Urteil, Kündigung, Ablauf der Zeit, Beschluß der Gesellschafter). Nur wenn der Auflösungsbeschluß eine Statutenänderung enthält, bewirkt erst die Eintragung die Rechtsgültigkeit des Beschlusses (vergl. Anm. 11 zu § 60).

Immer aber hat die Eintragung die Rechtsfolgen des § 15: in Verbindung mit der durch das Registergericht bewirkten Publikation bewirkt sie, daß sie jedem Dritten entgegengehalten werden kann.

g) Zu bemerken ist, daß das Registergericht die Eintragung auch noch zu Anm. 9.
publizieren hat (§ 10 H.G.B.). Daß die Liquidatoren außerdem noch die Publikation zu bewirken haben, darüber siehe Anm. 11 ffg.

2. (Abs. 1.) **Außerdem ist anzumelden die Fortsetzung der Gesellschaft in den im § 60 Abs. 1 Nr. 4** Anm. 10.
bezeichneten Fällen. Über diese ist von uns in Anm. 20 ffg. zu § 63 ausführlich gehandelt worden. Auch diese Eintragung ist vom Registergericht zu publizieren (§ 10 H.G.B.). Über die Pflicht zur Anmeldung, die Form, den Zwang rc. gilt das oben Anm. 6 u. 7 Gesagte.

3. (Abs. 2.) **Die Pflicht der Liquidatoren zur Bekanntmachung der Auflösung und zur öffent-** Anm. 11.
lichen Aufforderung an die Gläubiger, sich zu melden.

a) Die Liquidatoren haben diese Verpflichtung sofort zu erfüllen, sobald dies nach dem ordnungsmäßigen Geschäftsgange tunlich ist. Die Eintragung des Auflösungsbeschlusses ist regelmäßig nicht Voraussetzung dieser Verpflichtung der Liquidatoren und ihre eigene Eintragung überhaupt nicht. Denn erstere Voraussetzung gehört regelmäßig nicht zur Gültigkeit des Auflösungsbeschlusses (Anm. 11 zu § 60) und letztere Eintragung überhaupt nicht (Anm. 11 zu § 67).

b) Die Aufforderung ist dreimal in den im § 30 Abs. 2 bezeichneten Anm. 12.
Blättern zu publizieren. Welches diese Blätter sind, darüber siehe Anm. 10 zu § 30. In welchen Zwischenräumen die Publikation zu erfolgen hat, ist nicht gesagt. Sie kann also auch an drei hintereinanderfolgenden Tagen erfolgen. Auch die Publikation in der Morgen- und in der Abendnummer einer Zeitung ist eine zweimalige Publikation.

c) Neben der Publikation der Auflösung ist nur die öffentliche Auf- Anm. 13.
forderung an die Gläubiger erforderlich, nicht auch eine private Aufforderung an die bekannten Gläubiger, während diese bei der Herabsetzung des Stammkapitals gefordert wird (§ 58 Nr. 1). Diese besondere Bekanntmachung ist deshalb nicht nötig, weil den bekannten Gläubigern, auch ohne daß sie sich melden, ihre Forderungen zu bezahlen oder zu hinterlegen sind (§ 73 Abs. 2, anders bei der Herabsetzung § 58 Nr. 2).

d) Ein Ordnungsstrafrecht zur Erzwingung dieser Verpflichtung besteht Anm. 14.
nicht. § 14 H.G.B. enthält ein solches nicht. Die Folge der unterlassenen Publikation ist, daß die Verteilung nicht erfolgen kann, die Folge der verspäteten Publikation, daß sie erst später erfolgen kann (§ 73 Abs. 1). Für die Verspätung oder Unterlassung haften sie jedenfalls der Gesellschaft nach §§ 42, 69, desgleichen der Aufsichtsrat, der die Liquidatoren nicht anhält zur Erfüllung ihrer Verpflichtungen (§ 52 des Gesetzes, § 249 H.G.B). Aber den Gesellschaftern kann ein direkter Anspruch auf Schadensersatz (z. B. wegen entgangener Zinsen) gegen die Liquidatoren nicht zugestanden werden. Denn die Liquidatoren stehen zu den einzelnen Gesellschaftern nicht in einem Rechtsverhältnis. Die Gesellschafter mögen durch ihre Tätigkeit als Beschlußorgan darauf halten, daß der Liquidator seine Pflicht erfüllt, und in dieser Weise ihre Interessen wahren.

§ 66.

In den Fällen der Auflösung außer dem Falle des Konkursverfahrens erfolgt die Liquidation durch die Geschäftsführer, wenn nicht dieselbe durch den

Gesellschaftsvertrag oder durch Beschluß der Gesellschafter anderen Personen übertragen wird.

Auf Antrag von Gesellschaftern, deren Geschäftsanteile zusammen mindestens dem zehnten Teile des Stammkapitals entsprechen, kann aus wichtigen Gründen die Bestellung von Liquidatoren durch das Gericht (§ 7 Absatz 1) erfolgen.

Die Abberufung von Liquidatoren kann durch das Gericht unter derselben Voraussetzung wie die Bestellung stattfinden. Liquidatoren, welche nicht vom Gerichte ernannt sind, können auch durch Beschluß der Gesellschafter vor Ablauf des Zeitraums, für welchen sie bestellt sind, abberufen werden.

Der vorliegende Paragraph giebt Vorschriften darüber, wer als Liquidator zu fungieren hat, und giebt nähere Bestimmungen über die Berufung und Abberufung der Liquidatoren.

Anm. 1. 1. (Abs. 1.) **In erster Linie hat als Liquidator der Geschäftsführer zu fungieren.** Dieser ist vom Gesetz berufen. Enthält der Gesellschaftsvertrag keine Bestimmung über die Person der Liquidatoren, bestimmt auch die Generalversammlung hierüber nichts, so wird der Geschäftsführer ohne weiteres zum Liquidator. Er bleibt Vertreter der Gesellschaft, nur mit eingeschränkten Vertretungsbefugnissen.

Anm. 2. 2. **Aber der Gesellschaftsvertrag kann hierüber anderes bestimmen.** Wie unser Abs. 1 ergiebt, erfolgt die Liquidation durch die Geschäftsführer dann nicht, wenn der Gesellschaftsvertrag die Liquidation anderen Personen überträgt. Diese Bedingung liegt aber nur dann vor, wenn die Liquidation bestimmten anderen Personen übertragen wird, wenn also der Gesellschaftsvertrag andere Personen benennt. Dagegen wäre es ungültig und unbeachtlich, und würde die gesetzliche Vorschrift, daß der Geschäftsführer zum Liquidator wird, nicht ausschließen, wenn der Gesellschaftsvertrag die Person des Liquidators nicht bestimmt bezeichnen würde, wenigstens nicht so bestimmt, daß ein Zweifel nicht übrig bleibt (z. B. den jeweiligen Bischof von Breslau oder den jeweiligen Syndikus einer bestimmten Bank oder den jeweiligen Vorsitzenden des Vorstandes einer bestimmten Anwaltskammer), wenn er vielmehr z. B. das Ernennungsrecht einer anderen Person oder einem Kollegium, etwa dem Aufsichtsrat übertragen würde. Solche Delegation wäre, wie gesagt, ungültig und unbeachtlich. Auch das kann der Gesellschaftsvertrag nicht bestimmen, daß die Liquidatoren sich andere Personen kooptieren dürfen.

Anm. 3. 3. **Die gesetzliche Vorschrift, daß der Geschäftsführer Liquidator wird, greift ferner dann nicht Platz, wenn der Beschluß der Gesellschafter die Liquidation anderen Personen überträgt.** Die Gesellschafter als Beschlußorgan haben es in der Hand, zugleich mit der Auflösung eine andere Person als den Geschäftsführer zum Liquidator zu bestellen. Ob dieser letztere durch den Dienstvertrag auf Jahre hinaus angestellt ist, ist gleichgültig; ebenso ob ein wichtiger Grund vorliegt, den Geschäftsführer nicht als Liquidator zu belassen. Aber auch der Gesellschafterbeschluß hat nur dann eine die gesetzliche Berufung des Geschäftsführers zum Liquidator beseitigende Kraft, wenn er die Liquidation einer anderen Person überträgt, also eine Person entweder dem Namen nach oder sonst so bestimmt bezeichnet, daß ein Zweifel nicht übrig bleibt (vergl. Anm. 2). Dagegen wäre es unzulässig und unbeachtlich, wenn der Gesellschafterbeschluß einer anderen Person oder einem Kollegium, etwa dem Aufsichtsrat, die Wahl des Liquidators übertragen würde.

Der Beschluß hat im Übrigen keine andere Voraussetzung, als die allgemeinen Voraussetzungen von Gesellschafterbeschlüssen (§§ 45 ffg.). Nur muß es ein Beschluß der Gesellschafter sein, sodaß andere Personen nicht mitstimmen dürfen (Anm. 4 zu § 47). Gerichtliche oder notarielle Beurkundung ist von Gesetzes wegen nicht erforderlich.

Anm. 4. 4. **Zu bemerken ist, daß auch die Bestimmung des Gesellschaftsvertrages über die Person des Liquidators dann weicht und nicht in Kraft tritt, wenn der Gesellschafterbeschluß eine andere Person als Liquidator bezeichnet.** Zwar wird dies von Neukamp Anm. 2 und Förtsch Anm. 2 bestritten. Aber wir müssen hier, sowie im Aktienrecht (Anm. 1 zu § 295), diese Ansicht für zutreffend erachten, weil ja die Gesellschafter nach Abs. 3 das jederzeitige Abberufungsrecht haben. Warum sollten sie also den durch den Gesellschaftsvertrag bestellten Liquidator nicht sofort abberufen oder — was dasselbe bedeutet — nicht sofort bestimmen können, daß er seine Funktionen überhaupt nicht anzutreten habe?

2. (Abs. 2.) **Unter Umständen erfolgt auch richterliche Ernennung von Liquidatoren.** Anm. 5.

a) Der Antrag muß an das Gericht des Sitzortes gerichtet werden. Dies ist durch die Citierung des § 7 Abs. 1 zum Ausdruck gebracht. Antragsteller sind Gesellschafter, deren Geschäftsanteile zusammen mindestens dem 10. Teil des Stammkapitals entsprechen. Dem Aufsichtsrat ist hier das Recht zu diesem Antrag nicht gegeben (anders im § 295 H.G.B.). Aber auch das Statut kann dieses Antragsrecht dem Aufsichtsrat nicht geben, weil dieses Recht nicht erweitert werden kann. Es handelt sich nicht um dispositives Recht. Das Recht kann weder beschränkt, noch erweitert werden. Aus dem gleichen Grunde kann der Gesellschaftsvertrag das Antragsrecht auch nicht an einen größeren oder geringeren Besitz von Geschäftsanteilen knüpfen. Die Machtbefugnis des Richters, welche ihm im vorliegenden Paragraphen gegeben ist, sein Ernennungsrecht richtet sich gegen jede Art von Liquidatoren, sie mögen durch das Gesetz berufen sein (d. h. weder Gesellschaftsvertrag noch Gesellschafterbeschluß haben eine andere Person als Geschäftsführer ernannt) oder durch Gesellschafterbeschluß oder durch den Gesellschaftsvertrag ernannt sein. Zuständig ist das Amtsgericht. Das Verfahren richtet sich nach §§ 145, 146, 148 F.G. Der Antrag wird an das Gericht gestellt in einfacher schriftlicher Form, auch zu Protokoll des Gerichtsschreibers (§ 11 F.G.). Als Gegner ist jedenfalls die Gesellschaft zu hören, wenn sie gesetzliche Vertreter hat. Wenn sie keine hat, so ist eben die Anhörung der Gesellschaft nicht tunlich und kann infolgedessen unterbleiben. Als Gegner sind aber auch die anderen Gesellschafter zu hören, gegen deren Widerspruch der Antrag gestellt wird. Im Aktienrecht sind wir zwar anderer Auffassung; aber hier entspricht diese Auffassung dem engeren Anschlusse der Gesellschafter an die Gesellschaft und aneinander. Soweit es tunlich ist, sind sie also zu hören. Gegen die Entscheidung des Amtsgerichts giebt es sofortige Beschwerde und weitere Beschwerde. Die letztere geht an das Oberlandesgericht, in Preußen an das Kammergericht (vergl. § 28 F.G. und Art. 7 des preußischen Gesetzes über die freiwillige Gerichtsbarkeit), welches in Konfliktsfällen die Entscheidung dem Reichsgericht zu überlassen hat (§ 28 F.G.).

b) Über den Inhalt des Antrages ist materiell nur vorgeschrieben, daß die Gründe wichtig sein müssen. Wichtig sind die Gründe dann, wenn eine Liquidation durch diejenigen Personen, welche vom Gesellschaftsvertrage oder von der Gesellschafterversammlung oder durch das Gesetz (Geschäftsführer) zu Liquidatoren bestellt sind, für das Gedeihen der Gesellschaft verderblich wäre. Dies muß glaubhaft gemacht werden. Das Amtsgericht kann darüber Ermittelungen anstellen (§ 12 F.G.). Anm. 6.

c) Das Gericht kann dem Antrage stattgeben. Das bedeutet: es liegt in seinem Ermessen. Aber wenn die Sachlage dazu angetan ist, so muß es dem Antrage entsprechen, seine Entscheidung unterliegt sonst der Beschwerde. So ist das Wort „kann" im Gesetze aufzufassen (vergl. Planck B.G.B. I S. 25). Anm. 7.

Giebt das Gericht dem Antrage statt, so kann es gleichzeitig darüber Bestimmung treffen, ob der Ernannte Kollektivvertretungsbefugnis oder Einzelbefugnis haben soll (§ 68 Abs. 1). Trifft es darüber keine Bestimmung, so besteht Kollektivbefugnis (§ 68 Abs. 1 Satz 2). Anm. 8.

In jedem Falle, das Gericht mag dem Antrage stattgeben oder ihn verwerfen, findet dagegen sofortige Beschwerde statt (§ 146 Abs. 2, § 148 F.G.). — Vergl. über die Beschwerde oben Anm. 5. Anm. 9.

d) Die Kosten der Liquidation sind auch bei richterlicher Ernennung durch die Gesellschaft zu tragen. Die ernannten Liquidatoren können ein angemessenes Anm. 10.

Honorar für sich beanspruchen und der Liquidationsmasse entnehmen. Die Konstruktion dieses Anspruches ist nicht schwierig. Die Liquidatoren stehen auch im Falle richterlicher Ernennung in einem Dienstverhältnisse zur Gesellschaft. Der Vertrag ist zustande gekommen durch die Entscheidung des Richters einerseits, die Annahme des Amtes durch den Liquidator andererseits. Die erstere ergänzt die Anstellungserklärung der Gesellschaft, ähnlich wie ein richterliches Erkenntnis gemäß § 894 C.P.O.

Anm. 11. e) Auch das Amt des richterlich ernannten Liquidators beginnt mit der Ernennung, nicht erst mit der Eintragung. Über die Eintragung siehe § 67 Abs. 3.

Anm. 12. 3. **Hinzuzufügen ist, daß in dringenden Fällen auf Antrag jedes Beteiligten das Amtsgericht einen Liquidator bestellen kann,** wenn ein solcher nicht vorhanden ist, und bis zur Behebung dieses Mangels. Gläubiger, Schuldner, einzelne Gesellschafter können von diesem Rechte Gebrauch machen. Das Recht beruht auf §§ 29, 48 B.G.B., welche auch hier gelten (Kammergericht vom 2. Dezember 1901 bei Johow und Ring 23 S. A 105 und in R.J.A. 3 S. 25; vergl. unsere Erörterungen in der Allgemeinen Einleitung Anm. 2 und 3). Das Amt des so ernannten Liquidators beginnt ebenfalls mit der Ernennung. Für seine Eintragung gilt § 67 Abs. 3 analog, d. h. sie muß von Amts wegen erfolgen.

Anm. 13. 4. (Abs. 3.) **Die Abberufung von Liquidatoren.** Sie erfolgt durch den Gesellschafterbeschluß oder durch den Richter, nicht auch durch den Aufsichtsrat.

a) Durch den Beschluß der Gesellschafter kann jeder Liquidator abberufen werden, nur nicht der vom Richter bestellte. Wohl aber kann der vom Gesetz berufene (also der Geschäftsführer, der ohne weiteres Liquidator geworden ist) und der durch Statut bezeichnete durch den Gesellschafterbeschluß abberufen werden. Ein Recht auf Durchführung der Liquidation durch ihn hat der bestellte Liquidator nicht. Auch kann ihm ein solches durch Gesellschaftsvertrag nicht gegeben werden. Eine solche Bestimmung wäre ungültig, Der bestellte oder im Gesellschaftsvertrage bezeichnete Liquidator kann also in keiner Weise im Wege Rechtens durchsetzen, daß er Liquidator bleibe. Die Ansprüche aus bestehenden Dienstverträgen sind ihm von selbst vorbehalten, das Gesetz brauchte sie nicht besonders vorzubehalten. Das Gleiche gilt von gesellschaftlichen Ansprüchen, wenn z. B. einem Gesellschafter im Gesellschaftsvertrage in seiner Eigenschaft als Gesellschafter zugestanden ist, daß er die Liquidation durchführen solle. Die Gesellschafter als Beschlußorgan haben allerdings gleichwohl das Recht, ihn abzuberufen. Aber wenn sie ohne Grund davon Gebrauch machen, so hat die Gesellschaft jenen Gesellschafter zu entschädigen. Die Gesellschafter können also ganz nach freiem Belieben das Abberufungsrecht ausüben, auch eine Beschränkung gemäß § 38 Abs. 2 (aus wichtigen Gründen) kann durch Gesellschaftsvertrag hier nicht festgesetzt werden. Der Beschluß auf Abberufung folgt allgemeinen Regeln, eine besondere Form ist von Gesetzes wegen nicht erforderlich (§§ 45 ffg.). Doch dürfen nur Gesellschafter mitstimmen (Anm. 4 zu § 47). Ob der abzuberufende Liquidator, wenn er Gesellschafter ist, mitstimmen kann, darüber siehe Anm. 21 zu § 47.

Anm. 14. Der Gesellschafterbeschluß hat aber nicht die Macht, den vom Richter bestellten Liquidator abzusetzen. Auch nicht, wenn der Beschluß einstimmig gefaßt wird? Bei der strikten Vorschrift des Gesetzes ist auch das zu verneinen (vergl. Staub H.G.B. Anm. 10 zu § 295).

Anm. 15. b) Auch der Richter hat ein Abberufungsrecht. Unter denselben Voraussetzungen wie das Ernennungsrecht, übt das Gericht auch ein Abberufungsrecht aus. Das Nähere über die Modalitäten eines solchen Antrages und der Entscheidung darüber ꝛc. siehe oben Anm. 5 ffg.

Das richterliche Abberufungsrecht richtet sich gegen jeden Liquidator, gleichviel worauf seine Berufung beruht, dieselbe mag auf Statut, auf Gesellschafterbeschluß oder auf richterlicher Ernennung beruhen.

Anm. 16. c) Der Aufsichtsrat hat kein Abberufungsrecht. Auch eine Delegation des Abberufungsrechts an den Aufsichtsrat durch Gesellschafterbeschluß oder durch Statut ist nicht zulässig (unten Anm. 17).

5. **Die Bestimmungen des vorliegenden Paragraphen sind zwingender Natur.** Der Gesellschaftsvertrag kann das Recht weder erweitern, noch beschränken. So kann der Gesellschaftsvertrag nicht bestimmen, daß das Ernennungsrecht oder das Abberufungsrecht auch dem Aufsichtsrat zustehen soll oder sonstigen anderen Personen; es kann auch nicht bestimmt werden, daß auch eine geringere oder eine größere Minderheit das Recht der Antragstellung aus Abs. 2 haben soll, es kann auch nicht bestimmt werden, daß etwa eine Minderheit das Recht der Abberufung aus Abs. 3 haben soll (vergl. oben Anm. 5). Anm. 17.

Zusatz 1. Das Nähere über die persönlichen Verhältnisse des Liquidators siehe zu § 35. Über die Zahl der Liquidatoren, über ihre Fähigkeiten, über ihre Dienstverhältnisse 2c. gilt das Gleiche, wie das, was dort hinsichtlich der Geschäftsführer ausgeführt ist. Anm. 18.

Hinzuzufügen ist:

Wenn der Geschäftsführer Liquidator wird, so ändert sich dadurch allein sein Dienstvertrag nicht (R.G. 24 S. 70). Darüber, ob der Liquidator sein Amt auch niederlegen kann, siehe Anm. 9 u. 10 zu § 38.

Zusatz 2. Im Falle des Konkurses tritt keine Liquidation ein. Dies geht aus unserem Abs. 1 und aus § 60 hervor. Der Konkursverwalter übernimmt die Aufgabe, das Vermögen zu versilbern und die Gläubiger zu befriedigen, soweit die Masse reicht. Die Gesellschaft ist Gemeinschuldner, ihre Organe bestehen fort, insbesondere auch der Geschäftsführer. Hat sie keinen, so ist ein solcher zu bestellen, eventuell durch das Amtsgericht gemäß § 29 B.G.B. Näheres zu § 63. Anm. 19.

Wird aber der Konkurs beendet, so tritt die Gesellschaft dadurch in Liquidation. In gewissen Fällen kann dann die Gesellschaft wieder fortgesetzt werden (vergl. hierüber Anm. 20 ffg. zu § 63). Anm. 20.

§ 67.

Die ersten Liquidatoren sind durch die Geschäftsführer, jede Änderung in den Personen der Liquidatoren sowie eine Beendigung ihrer Vertretungsbefugnis ist durch die Liquidatoren zur Eintragung in das Handelsregister anzumelden.

Der Anmeldung ist eine Abschrift der Urkunden über die Bestellung der Liquidatoren oder über die Änderung in den Personen derselben beizufügen. Diese Vorschrift findet auf die Anmeldung zum Handelsregister einer Zweigniederlassung keine Anwendung.

Die Eintragung der gerichtlichen Ernennung oder Abberufung von Liquidatoren geschieht von Amts wegen.

Die Liquidatoren haben ihre Unterschrift zur Aufbewahrung bei dem Gerichte zu zeichnen.

Der vorliegende Paragraph ordnet die Anmeldung der Liquidation an.

1. **Was ist anzumelden?** Die Personen der Liquidatoren. Und zwar ist jeder Liquidator anzumelden, außer den gerichtlich bestellten. Der Letztere ist zwar ebenfalls in das Handelsregister einzutragen, aber die Eintragung erfolgt von Amts wegen, also ohne besondere Anmeldung (Abs. 3). Alle anderen Liquidatoren aber sind zur Eintragung in das Handelsregister anzumelden, also nicht bloß diejenigen, welche von der Gesellschafterversammlung bestellt werden, sondern auch diejenigen, die durch den Gesellschaftsvertrag bestellt sind, und endlich auch die Geschäftsführer, wenn diese ohne weiteres Liquidatoren werden (Anm. 1 zu § 66). Anm. 1.

Ferner ist anzumelden jede Änderung in der Person der Liquidatoren und die Beendigung der Vertretungsbefugnis. Anm. 2.

Anm. 3. Zu bemerken ist endlich, daß nicht bloß die Person des Liquidators anzumelden ist, sondern daß hierbei auch die Zeichnung der Unterschrift erfolgen muß (Abs. 4) — vergl. unten Anm. 9 — und daß auch die Art der Vertretungsbefugnis anzumelden ist, wenn sie nicht derart geordnet ist, daß alle Liquidatoren kollektiv die Gesellschaft vertreten (vergl. § 68 Abs. 2).

Anm. 4. 2. **Wer hat die Verpflichtung zur Anmeldung?** Die ersten Liquidatoren, sagt das Gesetz, sind durch „die Geschäftsführer" anzumelden. Diese Ausdrucksweise ist aber nicht genau. Würde die Vorschrift wörtlich genommen werden, so müßte, auch wenn sofort andere Personen als die bisherigen Geschäftsführer zu Liquidatoren bestellt sind, wenn also das Amt des Geschäftsführers mit dem Eintritt der Auflösung endet, gleichwohl die Anmeldung durch ihn erfolgen. Das ist rechtlich eine Anomalie, weil sonst die Anmeldungen immer durch die jeweiligen gesetzlichen Vertreter erfolgen, und tatsächlich wäre die Vorschrift oft nicht ausführbar, weil die Geschäftsführer, nachdem ihre Beziehungen zur Gesellschaft gelöst sind, oft nicht geneigt sein werden, für die Gesellschaft noch eine Anmeldung zu bewirken, während sie von der Gesellschaft, eben weil die Beziehungen gelöst sind, dazu nicht gezwungen werden können. Gedacht hat das Gesetz wohl daran, daß die Geschäftsführer durch die Liquidation Liquidatoren werden (§ 66), so daß in dem Normalfalle, den das Gesetz sich denkt, ein Personenwechsel nicht stattfindet. Wo er aber stattfindet, da hat dies zur Folge, daß die Anmeldung der ersten Liquidatoren durch die nunmehrigen gesetzlichen Vertreter erfolgt. Die Auflösung selbst wird ja ebenfalls durch diese angemeldet (Anm. 1 zu § 65) und das Gesetz wollte in solchem Falle sicherlich nicht zwei gesonderte Anmeldungen: der Liquidation und der Liquidatoren. Die Verpflichtung wird erfüllt, wenn so viele Geschäftsführer oder Liquidatoren, als zur Vertretung der Gesellschaft erforderlich sind, die Anmeldung bewirken. Daß der bestellte Liquidator sich selbst anmeldet, dem steht nichts entgegen, auch dann nicht, wenn neben ihm noch andere Liquidatoren fungieren, falls er selbst nur alleinige Vertretungsbefugnis hat. Bei einer vollständigen Änderung in der Person der Liquidatoren sind diejenigen Liquidatoren anmeldungspflichtig, welche durch die Änderung Liquidatoren werden (Johow 14 S. 27). Wenn also z. B. von zwei kollektivberechtigten Liquidatoren der eine durch den Tod ausscheidet und an seiner Stelle ein anderer bestellt wird, so haben nunmehr diese beiden, der alte und der neue, die Anmeldung gemeinschaftlich zu bewirken. Wenn durch Gesellschafterbeschluß der einzige Liquidator abberufen und ein anderer gewählt wird, so meldet der Letztere sich selbst an. Wenn aber von zwei Liquidatoren, welche einzeln zur Vertretung legitimiert sind, der eine durch einen anderen ersetzt wird, so kann der übrig gebliebene und der neue Ersatzmann, d. h. jeder von ihnen, die Anmeldung bewirken.

Anm. 5. 3. **Wie erfolgt die Anmeldung?** Nach § 12 H.G.B. persönlich bei Gericht oder durch notariell oder gerichtlich beglaubigte Erklärung. Beizufügen ist eine Abschrift der Urkunde über die Bestellung der Liquidatoren oder über die Änderung in den Personen. Eine beglaubigte Abschrift ist also nicht erfordert (anders nach § 296 H.G.B. für die Aktiengesellschaften). Der Registerrichter darf aber Ermittelungen anstellen über die Richtigkeit der Urkunden (§ 12 F.G.). Oft wird übrigens weniger, oft auch mehr als eine Abschrift der Urkunde erfordert werden müssen. Weniger dann, wenn eine Urkunde überhaupt nicht vorliegt, wenn also der Gesellschaftsvertrag die Bestellung enthält, oder wenn der Geschäftsführer ohne weiteres Liquidator wird, oder wenn eine Änderung eintritt, ohne daß eine Urkunde vorliegt, z. B. wenn der Liquidator verschwunden ist oder mündlich sein Amt niedergelegt hat. In solchen Fällen wird die Anmeldung genügen und dem Registerrichter bleibt es überlassen, die ihm geeignet erscheinenden Ermittelungen gemäß § 12 F.G. anzustellen. Mehr als eine einfache Abschrift wird man aber in Todesfällen verlangen können. Stirbt der Liquidator, so muß eine Sterbeurkunde beigebracht werden oder eine beglaubigte Abschrift derselben. Doch kann dem Registerrichter auch die Versicherung des Anmeldenden genügen.

4. **Zu welchem Gericht erfolgt die Anmeldung?** Zum Gerichte des Hauptsitzes und zum Gerichte der Zweigniederlassung. Zu diesem letzteren sind aber die Abschriften der Urkunden nicht einzureichen (§ 67 Abs. 2). Hier genügt es, daß die Eintragung am Hauptsitze erfolgt ist. In dem Falle, wo keine Anmeldung, sondern eine Eintragung von Amts wegen erfolgt, also bei den gerichtlich bestellten Liquidatoren, muß der Registerrichter das Gericht am Zweigsitze um Eintragung ersuchen. Anm. 6.

5. **Der Zwang zur Anmeldung** richtet sich nach § 14 H.G.B. Er erfolgt durch Ordnungsstrafen. Anm. 7.

6. **Ohne Anmeldung eingetragen werden die gerichtlich bestellten Liquidatoren.** (Abs. 3.) Auch beim Zweigregister (siehe Anm. 6). Anm. 8.

7. **Außer der Anmeldung erfolgt auch noch die Zeichnung der Unterschriften.** Die Liquidatoren haben auch noch ihre Unterschrift und zwar ihre persönliche, nicht die Firma, zur Aufbewahrung bei dem Gerichte zu zeichnen. Diese Zeichnung liegt allen Liquidatoren ob. Wenn also nur einzelne Liquidatoren vermöge ihrer Vertretungsbefugnis die Anmeldung bewirken, so muß doch dieser Anmeldung die Zeichnung der Unterschriften aller Liquidatoren beigefügt werden. Auch diejenigen Liquidatoren sind davon nicht ausgenommen, deren Unterschrift sich schon bei den Registerakten befindet, also wenn die Geschäftsführer ohne weiteres Liquidatoren werden. Auch die richterlich bestellten müssen die Zeichnung einreichen und sind nach § 14 H.G.B. dazu anzuhalten. Die Zeichnung muß auch dem Gericht der Zweigniederlassung eingereicht werden (§ 13 H.G.B.). Anm. 9.

8. **Nach der Anmeldung muß die Person der Liquidatoren** in das Handelsregister eingetragen werden; also auch die Geschäftsführer, wenn sie ohne weiteres Liquidatoren werden. Die Eintragung dieser muß also noch einmal erfolgen. Ferner aber muß die Person der Liquidatoren auch veröffentlicht werden. (§ 10 H.G.B.) Das Gleiche gilt, wenn irgend eine Veränderung in der Person der Liquidatoren zum Handelsregister angemeldet ist. Anm.10.

Zusatz. Bedeutung der Eintragung. Das Amt des Liquidators datiert von der Bestellung, nicht erst von der Eintragung. Das gilt auch von dem richterlich bestellten. In dem Falle, wo der Geschäftsführer ohne weiteres Liquidator wird, datiert sein Amt in der veränderten Gestalt von dem Moment, wo die Auflösung erfolgt. Die Eintragung in Verbindung mit der Veröffentlichung bewirkt aber, daß die eingetragene Tatsache jedem entgegen gehalten werden kann (§ 15 H.G.B.). War z. B. ein Liquidator eingetragen, so kann seine Abberufung einem Dritten nur entgegengehalten werden, wenn dieser die Abberufung kannte. Anm.11.

§ 68.

Die Liquidatoren haben in der bei ihrer Bestellung bestimmten Form ihre Willenserklärungen kundzugeben und für die Gesellschaft zu zeichnen. Ist nichts darüber bestimmt, so muß die Erklärung und Zeichnung durch sämtliche Liquidatoren erfolgen.

Die Bestimmung ist mit der Bestellung der Liquidatoren zur Eintragung in das Handelsregister anzumelden.

Die Zeichnungen geschehen in der Weise, daß die Liquidatoren der bisherigen, nunmehr als Liquidationsfirma zu bezeichnenden Firma ihre Namensunterschrift beifügen.

Der vorliegende Paragraph handelt von der Art, wie die Liquidatoren ihre Willenserklärungen kund zu geben haben (Abs. 1 und 3) und ordnet an, daß gewisse Bestimmungen darüber in das Handelsregister einzutragen sind (Abs. 2). Einleitung.

1. (Abs. 1.) **Wann haben die Liquidatoren Einzelvertretungsbefugnis und wann Kollektivvertretungsbefugnis?** Das ist es, was das Gesetz unter der Form der Willenserklärung Anm. 1.

versteht. Der Ausdruck „Form" ist hier ebensowenig glücklich gewählt, wie im § 35 (vergl. Anm. 8 zu § 35).

Anm. 2. Von Gesetzes wegen haben die Liquidatoren Kollektivvertretungsbefugnis. Das ist im Abs. 1 ausgedrückt. Etwas anderes soll nach Abs. 1 nur gelten, wenn es bei ihrer Bestellung bestimmt ist. Allein es muß hinzugefügt werden, daß etwas anderes auch dann gilt, wenn der Gesellschaftsvertrag etwas anderes bestimmt. Wenn also der Gesellschaftsvertrag bestimmt, daß die Liquidatoren Einzelvertretungsbefugnis haben, oder daß, wenn mehr als zwei Liquidatoren bestellt sind, immer zwei von ihnen die Gesellschaft gemeinschaftlich vertreten, so gilt das in dem Augenblicke, wo die Liquidatoren, sei es durch Gesellschafterbeschluß oder durch den Richter bestellt werden. Es gilt jedoch nur für den Fall, daß der Gesellschaftsvertrag auch für die Liquidatoren eine solche vom Gesetz abweichende Bestimmung trifft. Sollte der Gesellschaftsvertrag nur für die Geschäftsführer eine solche Bestimmung treffen, so gilt dies nicht ohne weiteres für die Liquidatoren, vielmehr greift in diesem Falle Abs. 1 unseres Paragraphen Platz.

Anm. 3. Außer im Gesellschaftsvertrage kann auch bei der Bestellung etwas von der Kollektivvertretungsbefugnis Abweichendes bestimmt werden. Bei der Bestellung, d. h. durch den richterlichen Befehl oder durch den Gesellschafterbeschluß. Denn diese beiden Akte sind es, durch welche eine „Bestellung" von Liquidatoren erfolgt. Liquidatoren sind ja entweder die durch Gesetz oder durch Statut ohne weiteres dazu berufenen oder die durch Gesellschafterbeschluß oder durch den Richter bestellten Personen. Bei dieser Bestellung kann also auch über die Frage der Einzelvertretung statt der Gesamtvertretung der Liquidatoren Bestimmung getroffen werden. Daß diese Bestimmung abweichend vom Gesetze (d. h. anders als kollektivistisch) getroffen werden kann, sagt unser Abs. 1. Aber sie kann auch abweichend vom Gesellschaftsvertage getroffen werden. Denn da sowohl der Richter, als die Gesellschafter als Beschlußorgan das Recht haben, einen durch Gesetz oder Statut bestellten Liquidator gänzlich abzuberufen, so haben sie auch das Recht, dem von ihnen bestellten Liquidator eine vom Gesetze oder vom Gesellschaftsvertrage abweichende Vertretungsbefugnis zu verleihen.

Anm. 4. Über den Gesetzestext hinaus muß endlich angenommen werden, daß durch richterliche Verfügung oder durch Gesellschafterbeschluß nicht bloß bei der Bestellung eine von der Kollektivvertretung abweichende Bestimmung getroffen werden kann, sondern daß durch diese Akte auch die Vertretungsbefugnis des irgendwie berufenen oder bestellten Liquidators abgeändert werden kann, während die Person bestehen bleibt. Das folgt daraus, daß diese Maßregel gegenüber dem Akte der Bestellung mit einer vom Gesetze abweichenden Vertretungsbefugnis und gegenüber dem Akte der Abberufung ein minus ist. Nur kann die Gesellschafterversammlung nicht die Vertretungsbefugnis des vom Richter bestellten Liquidators ändern (§ 66 Abs. 3), wohl aber kann umgekehrt der Richter ändern, was der Gesellschafterbeschluß oder der Gesellschaftsvertrag über die Vertretungsbefugnis des Liquidators bestimmt hat. Letzteres leugnet Liebmann Anm. 3 mit Unrecht. Denn wie der Richter die Personen abberufen kann, die der Gesellschaftsvertrag zu Liquidatoren beruft, so kann er auch die geringere Maßregel anordnen: ihre Vertretungsbefugnis ändern.

Anm. 5. 2. (Abs. 3.) **Wie erfolgt die Zeichnung?** Durch Zeichnung der bisherigen Firma, die nunmehr als Liquidationsfirma zu bezeichnen ist, unter Beifügung der persönlichen Namensunterschrift.

a) Die Vorschrift ist nur instruktioneller Natur. Sie ist keine Bedingung für die Rechtsgültigkeit der Akte. Die Gesellschaft wird auch dann verpflichtet, wenn die Liquidatoren in anderer Weise kundgeben, daß sie für die Gesellschaft auftreten. Sie ist eben eine Ordnungsvorschrift, wie die ähnlichen Vorschriften des H.G.B. (§§ 51, 57, 233) und unseres Gesetzes (§ 35 Abs. 3) — vergl. R.G. 50 S. 60. — Auch für Formalakte gelten keine strengeren Vorschriften. So können z. B. auch Mietsverträge, wenn nur aus ihrem Inhalte hervorgeht, daß sie für die Gesellschaft geschlossen werden, mit den persönlichen Namen der Liquidatoren unterschrieben werden, um der Vorschrift des § 126 B.G.B. zu genügen. Bei Wechselerklärungen gilt insofern anderes, als hier die Firma unterschrieben werden muß. (Vergl. Staub W.O. § 8d zu Art. 95, wo auch eine Abweichung von der reichsgerichtlichen Judikatur behandelt ist.) Die Vorschrift des vorliegenden Paragraphen aber ist auch bei Wechselerklärungen eine bloße Ordnungsvorschrift. Ist also die Firma unterschrieben, so ist die Wechselerklärung gültig, auch wenn der Liquidationszusatz oder der Name des Liquidators, oder beides nicht beigefügt ist (vergl. über alles dies auch Anm. 29 zu § 35).

b) Wird die Vorschrift beobachtet, so ist dies nicht ohne civilrechtliche Bedeutung. Anm. 6. Denn der Zusatz in Liquidation zeigt dem Dritten an, daß die Gesellschaft in Liquidation getreten ist. Der Dritte darf daher die Gesellschaft nicht mehr als bestehend erachten, auch wenn die Auflösung noch nicht eingetragen ist.

c) Die Liquidationsfirma ist keine veränderte Firma, sondern nur die Anm. 7. bisherige Firma mit einem den Liquidationszustand bezeichnenden Zusatze. Eine neue gleichlautende Firma darf daher nicht eingetragen werden, bis die Liquidationsfirma gelöscht ist (Johow 10 S. 17; R.G. 29 S. 68).

d) Kann die Firma auch noch im Liquidationsstadium geändert werden? Anm. 8. Darüber siehe Anm. 38 u. 39 zu § 69.

3. (Abs. 2.) **Unter Umständen, aber nicht immer, ist die Art, wie die Liquidatoren die Gesellschaft zu** Anm. 9. **vertreten haben, ob kollektiv oder einzeln, zur Eintragung in das Handelsregister anzumelden.** In dieser Beziehung schreibt unser Paragraph im Abs. 2 vor, daß die von der gesetzlichen Regel (der Kollektivvertretung) abweichende, bei der Bestellung des Liquidators erfolgende Bestimmung zur Eintragung in das Handelsregister anzumelden ist. Hat also der Richter oder der Gesellschafterbeschluß eine von der Kollektivvertretung abweichende Bestimmung bei der Bestellung getroffen, so ist das zur Eintragung in das Handelsregister anzumelden. Bleibt es bei der Kollektivvertretung, so unterbleibt die Anmeldung.

Es ist aber hinzuzufügen, daß außerdem immer dann eine Eintragung in das Anm. 10. Handelsregister anzumelden ist, wenn die Vertretungsbefugnis sich gegen denjenigen Zustand ändert, wie er in das Handelsregister eingetragen ist. Soll z. B. nach dem Gesellschaftsvertrage jeder Liquidator Einzelvertretungsbefugnis haben und bestimmt der Richter Einzelvertretung, so ist dies zum Handelsregister anzumelden; hatte der Gesellschafterbeschluß bei der Bestellung Einzelvertretung angeordnet und bestimmt ein späterer Gesellschafterbeschluß, daß die bestellten Liquidatoren Kollektivvertretungsbefugnis haben sollen, so ist letzteres anzumelden, wenn ersteres bereits eingetragen war 2c.

Zusatz 1. Für Erklärungen gegenüber der Gesellschaft gilt der Satz, daß sie der Gesell- Anm. 11. **schaft gegenüber als abgegeben gelten, wenn sie auch nur einem Liquidator gegenüber abgegeben sind, selbst wenn dieser nur Kollektivvertretungsbefugnis hat.** Es gilt also der Grundsatz des § 35 Abs. 2 Satz 3 auch hier. Zwar wird dies von Förtsch Anm. 1 bestritten, jedoch mit Unrecht. Unser Paragraph steht dieser Annahme nicht entgegen. Er behandelt die Erklärungen, welche Namens der Gesellschaft abgegeben werden. Für Erklärungen gegenüber der Gesellschaft gilt nach § 69 die Bestimmung des § 35 Abs. 2 Satz 3. Zu dem gleichen Ziele führt die Bezugnahme auf §§ 28 Abs. 2, 48 Abs. 2 B.G.B., die ja hier subsidiär gelten (ebenso Neukamp Anm. 1, Liebmann Anm. 1).

Daraus folgt auch, daß, wo es auf das Wissen einer Tatsache ankommt, das Wissen Anm. 12. eines Liquidators stets genügt, auch wenn die Liquidatoren nur kollektiv zur Vertretung berechtigt sind (vergl. Anm. 8 zu § 35).

Zusatz 2. Näheres über die Kollektivvertretung der Liquidatoren siehe zu § 35 (Anm. 9 ffg.). Anm. 13. Es gilt hier das, was dort ausgeführt ist, über das Wesen der Kollektivvertretung; sie ist keine beschränkte Vertretung, sondern eine volle Vertretung, nur getragen von mehreren Personen; sie gilt für Rechtsakte aller Art, nicht bloß für schriftliche Erklärungen, wie ja Abs. 1 unseres Paragraphen deutlich ergiebt; über die Ausübung der Kollektivvertretung (alle Vertreter müssen mitwirken), über den Beweis der Mitwirkung; darüber, daß, wenn ein Kollektivvertreter allein handelt, er Pseudovertreter ist, und als solcher haftet; darüber, daß einem einzelnen der Kollektivberechtigten zur Vornahme bestimmter Geschäfte oder bestimmter Arten von Geschäften besondere Vollmacht erteilt werden kann; darüber, daß eine eigenmächtige Handlung eines kollektivberechtigten Liquidators auch durch nachträgliche Genehmigung seitens der sämtlichen Vertretungsberechtigten geheilt werden kann 2c.

Anm. 14. Zusatz 3. Die auch bei unserer Gesellschaftsform zuzulassende **Vertretung durch einen Geschäftsführer und einen Prokuristen** (Anm. 21 zu § 35) ist auf das Liquidationsstadium nicht zu übertragen, weil in diesem Stadium Prokuristen nicht bestellt werden können. Zwar fehlt hier die Vorschrift des § 298 Abs. 4 H.G.B., wonach bei Aktiengesellschaften im Liquidationsstadium die Bestellung von Prokuristen nicht stattfindet, woraus dort weiter gefolgert wird, daß die bestehenden Prokuren durch den Eintritt der Liquidation erlöschen. Aber das Gleiche muß auch hier gelten, wie es auch für die offene Handelsgesellschaft gilt, obgleich auch da das ausdrückliche Verbot der Prokurenbestellung für das Liquidationsstadium nicht gegeben ist (vergl. Staub H.G.B. Anm. 28 zu § 149). Vergl. auch Anm. 2 zu § 60.

§ 69.

Bis zur Beendigung der Liquidation kommen ungeachtet der Auflösung der Gesellschaft in Bezug auf die Rechtsverhältnisse derselben und der Gesellschafter die Vorschriften des zweiten und dritten Abschnitts zur Anwendung, soweit sich aus den Bestimmungen des gegenwärtigen Abschnitts und aus dem Wesen der Liquidation nicht ein anderes ergibt.

Der Gerichtsstand, welchen die Gesellschaft zur Zeit ihrer Auflösung hatte, bleibt bis zur vollzogenen Verteilung des Vermögens bestehen.

Einleitung. **Der vorliegende Paragraph enthält die allgemeine Vorschrift über die Anwendbarkeit der für die lebende Gesellschaft geltenden Bestimmungen auf die liquidierende.** In diesem Zusammenhange wollen wir bei sämtlichen in Frage kommenden Vorschriften untersuchen, ob und inwieweit sie auf die liquidierende Gesellschaft Anwendung finden. Dabei wird vorweg bemerkt, daß die Vorschriften des ersten Abschnittes nicht in Frage kommen, weil sie Gründungsvorschriften sind. **Hinsichtlich der Vorschriften des zweiten und dritten Abschnittes ist die Anwendbarkeit im Allgemeinen in unserem § 69 vorgeschrieben,** im Einzelnen wird sie unten näher erörtert werden. Hinsichtlich der Vorschriften des vierten Abschnittes endlich wird die Anwendbarkeit von der herrschenden Ansicht bestritten, von uns jedoch angenommen, das Nähere hierüber wird unten Anm. 38 u. 39 dargelegt.

Anm. 1. I. **Die Vorschriften des zweiten Abschnittes.** Diese finden nach § 69 Anwendung, soweit sich nicht aus den Bestimmungen des gegenwärtigen Abschnittes oder aus dem Wesen der Liquidation ein anderes ergiebt. Im Einzelnen ist hier zu bemerken:

1. § 13. Dieser Paragraph findet in allen seinen Absätzen Anwendung. Abs. 1: Die Gesellschaft hat auch im Liquidationsstadium selbständig ihre Rechte und Pflichten, sie kann klagen und verklagt werden, Eigentum erwerben 2c. (vergl. Anm. 2 zu § 60). Abs. 2: Für die Verbindlichkeiten der Gesellschaft haftet auch in diesem Stadium den Gläubigern nur das Gesellschaftsvermögen. Abs. 3: Die Gesellschaft gilt auch im Liquidationsstadium als Handelsgesellschaft; ihre Rechtsgeschäfte sind auch in diesem Stadium Handelsgeschäfte. Es frägt sich nun aber weiter: befindet sie sich in diesem Stadium niemals mehr im Betriebe eines Handelsgewerbes? Auch dann nicht, wenn die lebende Handelsgesellschaft ein Handelsgewerbe betrieben hat? In dieser Beziehung ist anzunehmen, daß wenn den lebende Gesellschaft ein Gewerbe betrieben hat, die Liquidationstätigkeit den letzten Ausläufer dieses Betriebes darstellt und demzufolge noch zum Gewerbebetrieb gehört (vergl. Staub H.G.B. Anm. 24 zu § 1).

2. § 14 (der Geschäftsanteil jedes Gesellschafters richtet sich nach dem Betrage der übernommenen Stammeinlage). Die Anwendbarkeit ist selbstverständlich. Anm. 2.

3. § 15. Die Vorschriften über die Veräußerlichkeit und Vererblichkeit der Geschäftsanteile treten durch die Liquidation nicht außer Anwendung (Förtsch Anm. 2). Die Geschäftsanteile können also auch in diesem Stadium ihren Besitzer wechseln. Anm. 3.

4. § 16. Der Gesellschaft gegenüber gilt im Falle der Veräußerung eines Geschäftsanteils nur derjenige als Erwerber, dessen Erwerb der Gesellschaft gehörig angezeigt ist, und für die bis zu diesem Zeitpunkte rückständigen Verpflichtungen des veräußernden Gesellschafters bleibt derselbe neben dem Erwerber verhaftet. Auch dieser Paragraph ist ohne weiteres anwendbar. Anm. 4.

5. § 17. Die Vorschriften über die Teilung von Geschäftsanteilen sind anwendbar. Anm. 5.

6. § 18. (Rechtsverhältnis im Falle, daß ein Geschäftsanteil mehreren Mitberechtigten zusteht) findet Anwendung. Anm. 6.

7. §§ 19—25. (Die Vorschriften über die Einzahlung der Stammeinlagen und über die Maßregeln zur Erzwingung dieser Einzahlungen) finden Anwendung. Hier, wie im Aktienrecht, ist anzunehmen, daß der Liquidator rückständige Einlagen einfordern kann, jedoch mit der Maßgabe, daß er nicht mehr einziehen kann, als für die Zwecke der Liquidation, also zum Zwecke der Beendigung der laufenden Geschäfte, zur Befriedigung der Gläubiger und zur gesetz- und statutenmäßigen Verteilung des Überschusses erforderlich ist. Mehr darf er nicht einziehen, seine Aufgabe ist es nicht, darüber hinaus noch Vermögen einzuziehen, welches alsdann doch wieder zur Verteilung unter die einzahlenden Gesellschafter gelangt. Es kann ihm daher ein diesbezüglicher Einwand gemacht werden (R.G. vom 25. März 1899 in J.W. S. 305, 306; R.G. 45 S. 155 a. E.). Soweit hierin eine Art Kompensation liegt (es wird ja die Haftung des Rückstandes deshalb verweigert, weil das Gezahlte für die ebengedachten Liquidationszwecke überflüssig ist und deshalb an den zahlenden Gesellschafter wieder zurückgezahlt werden müßte), ist dieselbe hier gestattet und § 19 Abs. 2 insoweit hier nicht anwendbar, weil mit dem Wesen der Liquidation unverträglich. Doch hat der Gesellschafter die Beweislast, daß die Einziehung die Grenzen des Liquidationsbedürfnisses überschreitet (R.G. vom 25. März 1899 in J.W. S. 305). Sollte ein Gesellschafterbeschluß die Einziehung von Einlagerückständen beschlossen haben, so ändert dies an der Rechtslage nichts. Ein Beschluß, der die Einlage einfordert über das Liquidationsbedürfnis hinaus, würde eben mit dem Wesen der Liquidation in Widerspruch stehen, die diesbezügliche Vorschrift des § 46 Nr. 2 ist aber auf das Liquidationsstadium nicht anwendbar, soweit sie mit dem Wesen der Liquidation im Widerspruch steht, wie dies unser Paragraph ausdrücklich vorschreibt. Ein solcher Beschluß wäre insoweit ungültig und diese Ungültigkeit könnte auch einwandsweise von den belangten Gesellschaftern geltend gemacht werden.

Ist umgekehrt zur Einforderung von Einlagen ein Gesellschafterbeschluß erforderlich? Darüber siehe unten Anm. 30. Desgleichen über die Frage, was unter Einforderung über das Liquidationsbedürfnis hinaus zu verstehen ist, siehe unten Anm. 30. Anm. 7.

Die §§ 26—28 über die Nachschußpflicht finden Anwendung, jedoch ebenfalls nur mit der Maßgabe, daß der belangte Gesellschafter den Einwand erheben kann, der Nachschuß sei für die Zwecke der Liquidation nicht erforderlich (vergl. Anm. 6 und die dort citierte Judikatur, auch Neukamp Anm. 2 a B). Anm. 7a.

8. § 29. Der hier gegebene Anspruch auf den jährlichen Reingewinn fällt weg. Die Liquidationsgesellschaft verteilt keine periodischen Gewinne ohne Rücksicht darauf, ob die Gläubiger schon befriedigt sind, sie verteilt vielmehr lediglich dasjenige, was schließlich übrig bleibt nach Tilgung oder Sicherstellung der Forderungen und nicht vor Ablauf des Sperrjahres (§ 73). Das ist die Sonderbestimmung, welche an die Stelle des § 29 für das Liquidationsstadium tritt. Zwar haben die Liquidatoren bei Beginn der Liquidation und demnächst in jedem Jahre eine Bilanz aufzustellen (§ 71 Abs. 2) und es können sich dabei Überschüsse der Aktiva über die Passiva ergeben. Aber diese Überschüsse sind nicht verteilbar, wenn nicht die Voraussetzungen des § 73 vorliegen. Insbesondere gilt dies auch Anm. 8.

von demjenigen Bilanzüberschuß, der sich bei der Eröffnungsbilanz ergiebt. Allerdings sagen die Motive (S. 43), daß durch den § 73 die Verteilbarkeit des aus der Eröffnungsbilanz sich ergebenden Gewinnes nicht ausgeschlossen werde, weil dieser ja noch von der lebenden Gesellschaft erzielt sei. Das ist jedoch nicht zutreffend und wird von Neukamp mit Unrecht gebilligt. Von dem Augenblicke an, wo die Gesellschaft in Liquidation tritt, darf nichts verteilt werden, ehe nicht die Gläubiger befriedigt oder sichergestellt sind. Es mag sein, daß jener Gewinn noch bei lebender Gesellschaft erzielt ist. Aber der Anspruch der Gesellschafter auf diesen Gewinn ist doch nicht bei lebender Gesellschaft entstanden, da ja nach § 29 nur der aus der jährlichen Bilanz hervorgegangene Gewinn verteilbar ist. Ein Gewinn für einen Bruchteil eines Geschäftsjahres darf nicht verteilt werden (Anm. 14 zu § 29), ein Anspruch der Gesellschafter auf Verteilung dieses Gewinnes war daher vor der Auflösung nicht entstanden, und jetzt nach Eintritt der Liquidation ist jener unverteilte Gewinn nichts weiter, als ein Bestandteil des Gesellschaftsvermögens, welches in erster Linie der Befriedigung der Gesellschaftsgläubiger dient und zur Verteilung an die Gesellschafter erst geeignet ist nach Befriedigung dieser, wie dies § 73 deutlich vorschreibt (vergl. auch Staub H.G.B. Anm. 1 zu § 299). Das Gleiche gilt, wie ebenfalls im Gegensatz zu den Motiven angenommen werden muß, für den Fall, daß der Gewinn für das ganze abgelaufene Geschäftsjahr in dem Augenblicke, wo die Auflösung in Kraft trat, noch nicht bilanzmäßig festgestellt war. Denn auch in diesem Falle ist der Anspruch der Gesellschafter auf den Gewinn noch nicht existent geworden. Er entsteht ja erst mit der Feststellung der Bilanz durch die Gesellschafter (vergl. Anm. 4 u. 8 zu § 29). Die Gesellschafter hatten wohl ein Recht auf die Bilanzaufstellung. Wurde aber, ehe diese erfolgte, die Auflösung rite beschlossen, so wurde sie eben beschlossen, ehe die Gesellschafter einen obligatorischen Anspruch auf die Dividende erlangt hatten, und der an sich vorhandene Gewinn ist nunmehr wiederum nichts weiter, als ein Bestandteil des Gesellschaftsvermögens, das in allen seinen Bestandteilen nach eingetretener Auflösung zunächst zur Befriedigung der Gläubiger zu verwenden ist; erst nach Befriedigung der Gläubiger darf in diesem Stadium das Gesellschaftsvermögen unter die Gesellschafter verteilt werden. Es wird ja dadurch auch kein materielles Unrecht geschaffen, da ja der wirklich vorhandene Gewinn den Gesellschaftern schließlich doch in den Liquidationsraten zu Gute kommt. — Anders liegt die Sache nur dann, wenn zu gleicher Zeit die Bilanz für das zur Zeit abgelaufen gewesene volle Geschäftsjahr festgestellt und die Auflösung beschlossen wird. In diesem Falle werden die Gesellschafter Gläubiger in Höhe der Dividende und die Gesellschaft tritt mit diesen Gläubigeransprüchen in das Liquidationsstadium. In dieser Eigenschaft als Gläubiger haben sie aber einen Anspruch auf Befriedigung, wie alle anderen Gläubiger.

Anm. 9. 9. Der § 30 Abs. 2 wird modifiziert durch § 73. Denn die Nachschüsse sind Bestandteile des Gesellschaftsvermögens und dieses darf an die Gesellschafter erst ausgezahlt werden nach Befriedigung der Gesellschaftsgläubiger. Aber daß der § 30 Abs. 2 nicht ersetzt wird durch § 73, daß vielmehr die Bestimmung auch hier praktische Bedeutung haben kann, darüber siehe unten Anm. 31. Was ferner den § 30 Abs. 1 anbelangt, so ist derselbe ein Fundamentalsatz des Rechts unserer Gesellschaft. Derselbe gilt auch hier; er wird durch § 73 nicht ersetzt, vielmehr ist § 73 nur eine Präzisierung und Verdeutlichung für einen bestimmten Fall.

Anm. 10. 10. Der § 31 greift auch hier Platz. Wird Vermögen verteilt entgegen dem § 30, wird also Vermögen verteilt, ohne daß die Voraussetzungen des § 73 vorliegen, so müssen die Zahlungen der Gesellschaft erstattet werden. Das Nähere siehe zu § 31 und zu § 73.

Anm. 11. 11. Der § 32 ist hier gegenstandslos. Denn der Fall, daß die Gesellschafter in gutem Glauben Gewinnanteile beziehen, kann im Liquidationsstadium nicht eintreten. In diesem Stadium können Gewinne nicht bezogen werden, wenigstens nicht Gewinne, die in diesem Stadium entstehen, sondern nur solche Gewinne, auf deren Verteilung ein Gläubigeranspruch schon früher entstanden war. Soweit solche Gewinne erst im Liquidationsstadium zur Verteilung kommen, — vergl. oben Anm. 8 —, kann allerdings § 32 in Anwendung kommen.

Anm. 12. 12. § 33 Abs. 1 findet Anwendung, ebenso auch § 33 Abs. 2, insbesondere auch, insoweit sich aus diesem Abs. 2 die positive Erlaubnis ergiebt, den Geschäftsanteil zu erwerben, falls der Erwerb erfolgen kann aus dem über dem Stammkapital vorhandenen Vermögen. Dies widerspricht ja nicht den Liquidationszwecken, da ja die Befriedigung der Gläubiger dadurch nicht gefährdet wird.

13. § 34 findet Anwendung, insbesondere auch insofern, als in ihm der positive Satz enthalten ist, daß unter Umständen die Einziehung von Geschäftsanteilen gestattet ist. Das Wesen der Liquidation steht dem nicht entgegen. Warum sollen nicht einzelne Geschäftsanteile billig erworben und dadurch die Verteilungschancen für die übrigen Gläubiger verbessert werden, wenn andererseits die Interessen der Gläubiger dabei nicht gefährdet werden? Anm. 13.

II. **Die Vorschriften des dritten Abschnitts.** Auch diese finden nach unserem § 69 auf das Stadium der Liquidation Anwendung, soweit sich nicht aus den Bestimmungen des gegenwärtigen Abschnitts oder aus dem Wesen der Liquidation ein anderes ergiebt. Anm. 14.

Im Einzelnen ist hier zu bemerken:

1. § 35 (die gesetzlichen Vertreter der Gesellschaft, der Umfang ihrer Vertretungsbefugnis und die Form, in welcher sie ihre Willenserklärungen kundgeben). Dieser Paragraph ist durch §§ 68 und 70 ersetzt, bis auf § 35 Abs. 2 Satz 3, der hier anwendbar ist (vergl. hierüber Anm. 11 zu § 68).

2. § 36 (Prinzip der direkten Stellvertretung; die Gesellschaft wird durch die in ihrem Namen von den Geschäftsführern vorgenommenen Rechtsakte unmittelbar berechtigt und verpflichtet) ist durch § 71 ausdrücklich für anwendbar erklärt. Selbstverständlich muß sich das Geschäft innerhalb der Vertretungsbefugnis halten. Die Grenzen der Vertretungsbefugnis werden durch die Aufgabe der Liquidation bestimmt. Siehe darüber § 70 und Anm. 1 ffg. dazu, insbesondere Anm. 16 über die Frage, ob, wenn eine Grenzüberschreitung nicht erkennbar war, das Geschäft für die Gesellschaft gilt. Anm. 15.

3. § 37 (nach außen ist die Vertretungsbefugnis, wie sie vom Gesetz aufgestellt ist, unbeschränkbar, nach innen haben die Geschäftsführer die Beschränkungen innezuhalten, welche der Gesellschaftsvertrag und die Beschlüsse der Gesellschafter ihnen auferlegen) ist im § 71 für anwendbar erklärt. Siehe hierüber Näheres Anm. 20 zu § 70). Anm. 16.

4. § 38 (die Widerruflichkeit der Geschäftsführer) ist ersetzt durch § 66 Abs. 3 und daher hier nicht anwendbar. Anm. 17.

5. § 39 (Anmeldung der Änderung in den Personen der Geschäftsführer und der Beendigung ihrer Vertretungsbefugnis) ist ersetzt durch § 67 und daher hier nicht anwendbar. Anm. 18.

6. § 40 (Einreichung der jährlichen Gesellschafterliste) ist hier anwendbar. Auch im Liquidationsstadium kann die Person der Gesellschafter und der Betrag ihrer Anteile sich ändern, sowohl dadurch, daß vor der Liquidation erfolgte Cessionen nach der Liquidation bei der Gesellschaft angemeldet werden, als auch dadurch, daß während der Dauer der Liquidation Abtretungen stattfinden und angemeldet werden (vergl. oben Anm. 3 u. 4), als auch endlich dadurch, daß Gesellschafter während der Liquidation sterben oder eine sonstige Universalrechtsnachfolge (Fusion von Aktiengesellschaften, welche Mitglieder der Gesellschaft sind) eintritt. Anm. 19.

7. § 41. Anm. 20.

   a) Abs. 1 (Verpflichtung der Geschäftsführer zur Sorge für die ordnungsmäßige Buchführung) ist durch § 71 ausdrücklich für anwendbar erklärt. Auch im Liquidationsstadium muß die Buchführung erfolgen. Die Gesellschaft bleibt ja in diesem Stadium eine Handelsgesellschaft (vergl. oben Anm. 1) und es sind ja jährliche Bilanzen zu ziehen (§ 71 Abs. 2).

   b) Die Absätze 2, 3 und 4 (Pflicht zur Aufstellung der Bilanz innerhalb der ersten drei Monate des Geschäftsjahres und Pflicht zur Publikation bei Bankgeschäften innerhalb derselben Frist) sind entsprechend anwendbar. Die Pflicht zur jährlichen Bilanzziehung selbst ist den Liquidatoren durch § 71 Abs. 2 auferlegt. Nun ist im § 41 Abs. 3 auch von der Gewinn- und Verlustrechnung die Rede. Aber aus § 71 Abs. 2 folgt, daß Anm. 21.

den Liquidatoren die Aufstellung einer Gewinn- und Verlustrechnung nicht zur Pflicht gemacht ist. Mithin sind der § 71 Abs. 2 und der analog anwendbare § 41 Abs. 2 und 3 dahin zu vereinigen, daß die Liquidatoren alljährlich eine Bilanz, aber keine Gewinn- und Verlustrechnung aufzustellen haben und zwar innerhalb der im § 41 Abs. 2 und 3 bezeichneten Fristen. Ebenso Neukamp Anm. 2 b α, während Liebmann Anm. 2 zu § 71 und Förtsch Anm. 2 zu § 71 den § 41 Abs. 2, 3 und 4 außer Anwendung setzen wollen, weil er im § 71 Abs. 2 nicht erwähnt ist. Doch ist das kein durchschlagender Grund. Auch macht Neukamp mit Recht darauf aufmerksam, daß auch die Publikationspflicht wichtig ist, weil, wenn auch der Betrieb von Bankgeschäften im Liquidationsstadium aufhört, doch die Abwickelung der bankgeschäftlichen Transaktionen für die Öffentlichkeit Interesse hat.

Anm. 22. 8. § 42 (Vorschriften für die Aufstellung der Bilanz). Diese kommen hier nicht zur Anwendung. Näheres hierüber zu § 71 Abs. 2.

Anm. 23. 9. § 43.

a) Abs. 1 (Die Geschäftsführer haben die Sorgfalt eines ordentlichen Geschäftsmannes anzuwenden) ist durch § 71 Abs. 1 ausdrücklich für anwendbar erklärt. Mithin haben auch die Liquidatoren diese Sorgfalt anzuwenden.

Anm. 24. b) Abs. 2 (Haftung für Schadensersatz bei Verletzung dieser Sorgfalt). Durch § 71 ausdrücklich für anwendbar erklärt.

Anm. 25. c) Abs. 3 (einzelne besondere Fälle von Pflichtverletzung) ist durch § 73 Abs. 3 ersetzt. Dort ist aber die ungesetzliche Verteilung von Gesellschaftsvermögen besonders hervorgehoben, während im § 43 Abs. 3 auch noch der unzulässige Erwerb von Geschäftsanteilen besonders hervorgehoben ist. In diesem letzteren Falle greifen also die Sonderbestimmungen des § 43 Abs. 3 nicht Platz, wenn die Zuwiderhandlung von Liquidatoren begangen wird. An sich ist der Erwerb von Geschäftsanteilen durch die Liquidatoren nicht absolut unerlaubt (vergl. oben Anm. 12).

Anm. 26. d) Abs. 4 (Verjährung der Ersatzansprüche in fünf Jahren) ist durch § 71 Abs. 1 und § 73 Abs. 3 ausdrücklich für anwendbar erklärt.

Anm. 27. e) Was von uns über die Haftung der Geschäftsführer gegenüber den Gesellschaftern und dritten Personen ausgeführt ist (Anm. 23 ffg. zu § 43), gilt hier analog.

Anm. 28. 10. § 44 (die für die Geschäftsführer gegebenen Vorschriften gelten auch für stellvertretende Geschäftsführer) ist analog anwendbar. Es können auch stellvertretende Liquidatoren gewählt werden. Über die Bedeutung einer solchen Wahl siehe die Erläuterungen zu § 44.

Anm. 29. 11. § 45 (die Gesellschafter machen im Allgemeinen ihre Rechte durch Gesellschafterbeschlüsse geltend) ist entsprechend anwendbar. Insbesondere ist auch Abs. 2 anwendbar. Auch hier geht der Gesellschaftsvertrag vor, insbesondere also diejenigen Bestimmungen, welche für das Liquidationsstadium im Gesellschaftsvertrage gegeben sind. Hervorzuheben ist, daß die Gesellschafter solche Beschlüsse nicht fassen können, welche mit dem Wesen der Liquidation unverträglich sind (vergl. z. B. Anm. 6).

Anm. 30. 12. § 46. Dieser zählt auf, welche Gegenstände der Bestimmung der Gesellschafter unterliegen.

a) Die Feststellung der Jahresbilanz und die Verteilung des aus derselben sich ergebenden Reingewinnes. Die Feststellung der Jahresbilanz ist auch im Stadium der Liquidation Sache des Gesellschafterbeschlusses (vergl. Anm. 7 zu § 71), die Beschlußfassung über die Verteilung des Reingewinns aber steht mit dem Wesen der Liquidation im Widerspruch (vergl. oben Anm. 8) und kommt deshalb hier in Wegfall.

b) Die Einforderung der Einzahlungen auf die Stammeinlagen. Auch im Liquidationsstadium hat die Gesellschafterversammlung die Bestimmung darüber. Doch ist diese Beschlußbefugnis eingeengt durch das Wesen der Liquidation. Ihre Beschlüsse sind nur insoweit gültig, als sie dem Wesen der Liquidation nicht widersprechen. Insoweit sie ihr widersprechen, sind sie ungültig. Das Wesen der Liquidation besteht nun darin, daß die Aktiva angemessen verwertet, insbesondere auch die Forderungen eingezogen werden, damit die Gläubiger befriedigt und der Überschuß gleichmäßig bezw. statutenmäßig verteilt werde (§§ 69, 70, 72). Der Liquidator ist auf Grund dieser Gesetzesbestimmungen auch ohne Befragung der Gesellschafterversammlung berechtigt und verpflichtet, die Einlagerückstände einzuziehen, soweit sie für jene Zwecke erforderlich sind, und ein Beschluß der Gesellschaft, der die Erfüllung dieses Zweckes verhindern würde, wäre ungültig. Wenn z. B. Geschäftsanteile zweier Emissionen bestehen, die älteren vollgezahlt, die jüngeren zu 50 % gedeckt, so hat der Liquidator die Pflicht, die 50 % einzuziehen, ohne Befragung der Gesellschafterversammlung und unter Ignorierung eines entgegenstehenden Beschlusses der Gesellschafterversammlung. Daß er einen entgegenstehenden Beschluß der Gesellschafterversammlung ignorieren kann, während er im Allgemeinen Gesellschafterbeschlüsse zu respektieren hat, beruht darauf, daß die Gesellschafter ein unentziehbares Sonderrecht darauf haben, daß das gesamte Vermögen gleichmäßig und statutenmäßig verteilt werde, zu dem gesamten Vermögen aber auch die Einlagerückstände gehören, so daß ein Beschluß, welcher diese Verteilung hindert, gegen ein unentziehbares Sonderrecht verstoßen würde und deshalb den benachteiligten Gesellschaftern gegenüber ungültig und unbeachtlich ist (vergl. Anm. 11 zu § 45). Dagegen kann ihm von dem belangten Gesellschafter eingewendet werden, daß er nicht Einlagerückstände einziehen dürfe, die nach Lage der Sache doch wieder an dieselben zahlenden Gesellschafter zurückgezahlt werden müssen. Dann würde sein Einziehungsversuch über das Liquidationsbedürfnis hinausgehen und das kann gültig eingewendet werden (siehe oben Anm. 6).

Über die Frage, ob der Liquidator mehr Einlagerückstände einziehen darf, als zur Befriedigung der Gläubiger und zur gesetzlichen und statutarischen Verteilung des Überschusses erforderlich ist, siehe noch Anm. 4 zu § 70; über die Frage, ob der Anspruch der Gesellschaft auf die Liquidationsquote und der Anspruch der Gesellschaft auf Einlagerückstände kompensiert werden können, siehe Anm. 3 zu § 72.

c) Die Rückzahlung von Nachschüssen. Diese kann beschlossen werden. Aber es ist dabei Anm. 31.
zu berücksichtigen, daß das Gesellschaftsvermögen überhaupt erst zur Verteilung gelangen kann, wenn die Gläubiger befriedigt oder sichergestellt sind. Immerhin kann man nicht sagen, daß die Bestimmung des § 46 Nr. 3 im Liquidationsstadium wesenlos oder durch § 73 ersetzt sei. Denn es fragt sich eben, ob unter Wahrung des § 73, also nach Befriedigung oder Sicherstellung der Gläubiger, eine Rückzahlung von Nachschüssen überhaupt beschlossen werden kann. Das muß trotz § 72 bejaht werden. Allerdings bestimmt § 72, daß das Vermögen der Gesellschaft unter die Gesellschafter nach Verhältnis ihrer Geschäftsanteile zu verteilen ist. Allein wenn auch nicht zu leugnen ist, daß die einmal eingezahlten Nachschüsse Vermögen der Gesellschaft werden, so nehmen sie doch innerhalb dieses Vermögens eine Sonderstellung ein. Es besteht zwar kein Recht auf Rückzahlung, aber es ist doch das Recht gegeben, die betreffenden Beträge, für die auch in der Bilanz ein besonderes Passivkonto anzulegen ist (§ 42 Nr. 4), durch einen Beschluß der Gesellschafter zur Rückzahlung zu bringen (§ 30 Abs. 2). Die Nachschüsse werden also anders behandelt, als die Einlagen. Diese letzteren können nur zurückbezahlt werden in Verbindung mit einer Herabsetzung des Stammkapitals. Sie sind im Übrigen ein Bestandteil des Gesellschaftsvermögens, das den Gesellschaftern nicht zurückbezahlt werden kann. Einen so untrennbaren Bestandteil des Gesellschaftsvermögens bilden die Nachschüsse nicht. Sie werden zwar Bestandteile des Gesellschaftsvermögens, aber doch behaftet mit der für die Gesellschafter bestehenden Möglichkeit, durch Beschlußfassung ein Recht auf Rückzahlung zu erlangen, und mit dem Rechte der Gesellschafter, einen solchen Beschluß unter den gesetzlichen Kautelen zu fassen. Dieses Recht und diese Möglichkeit nach eingetretener Auflösung den Nachschußzahlern zu nehmen, dazu liegt keine Veranlassung vor. Es besteht kein Grund, den Nachschüssen ihre Sonderstellung in diesem Stadium zu nehmen, die §§ 30 Abs. 2 und 46 Nr. 3 widersprechen nicht dem Wesen der Liquidation und der § 72 steht, richtig verstanden, der Anwendung der §§ 30 Abs. 2 und 46 Nr. 3 nicht entgegen, eben weil sich der § 72 nur auf die normalen Bestandteile des Gesellschaftsvermögens bezieht, nicht auch auf

diesen schon bei Lebzeiten der Gesellschaft mit der Besonderheit der Rückzahlungsmöglichkeit ausgestatteten Bestandteil des Gesellschaftsvermögens.

Anm. 32. d) Die Teilung, sowie die Einziehung von Geschäftsanteilen. Die Bestimmung ist hier anwendbar. Daß sowohl die Teilung, wie die Einziehung von Geschäftsanteilen im Liquidationsstadium erfolgen kann, darüber siehe oben Anm. 5.

e) Die Bestellung und Abberufung von Geschäftsführern, sowie die Entlastung derselben. Die ersten beiden Punkte sind ersetzt durch § 66 Abs. 3. Der dritte Punkt, die Entlastung, ist hier anwendbar.

f) Die Maßregeln zur Prüfung und Überwachung der Geschäftsführung. Dieser Punkt ist hier anwendbar.

g) Die Bestellung von Prokuristen und von Handlungsbevollmächtigten zum gesamten Geschäftsbetriebe. Die Bestellung von Prokuristen fällt hier weg (vergl. Anm. 14 zu § 68). Handlungsbevollmächtigte zum gesamten Liquidationsbetriebe können bestellt werden.

h) Die Geltendmachung von Ersatzansprüchen, welche der Gesellschaft aus der Gründung und Geschäftsführung gegen Geschäftsführer und Gesellschafter zustehen, sowie zur Vertretung der Gesellschaft in Prozessen, welche sie gegen die Geschäftsführer zu führen hat. Dieser Punkt ist hier in allen Teilen anwendbar und ist auszudehnen auf Prozesse, die die Gesellschaft gegen die Liquidatoren zu führen hat (vergl. § 73 Abs. 3 und die dort gegebenen Erläuterungen).

Anm. 33. 13. § 47 (die Beschlußfassung erfolgt nach einfacher Stimmenmehrheit, je 100 Mark geben eine Stimme; Vollmachten bedürfen der schriftlichen Form; in gewissen Fällen darf ein Gesellschafter nicht mitstimmen) gilt hier überall.

Anm. 34. 14. § 48 (die Beschlüsse werden regelmäßig in Versammlungen gefaßt, ausnahmsweise ohne Versammlung) ist anwendbar.

Anm. 35. 15. § 49 (die Versammlung wird durch die Geschäftsführer berufen; sie ist zu berufen, wenn dies im Interesse der Gesellschaft erforderlich erscheint; insbesondere wenn die Hälfte des Stammkapitals verloren gegangen ist) ist hier anwendbar. In Bezug auf Abs. 1 und 2 ist dies im § 71 ausdrücklich angeordnet; aber auch die Anwendbarkeit des Abs. 3 (Pflicht zur Berufung der Gesellschafterversammlung, wenn die Hälfte des Stammkapitals verloren gegangen ist) ist mit Neukamp Anm. 2 b gegen Förtsch Anm. 2 anzunehmen, da auch im Liquidationsstadium die Gesellschafter ein erhebliches Interesse daran haben, zu erfahren, wann die Hälfte des Stammkapitals verloren gegangen ist. Vielleicht wollen sie dann die Liquidation in anderer Weise fortsetzen, vielleicht den Konkurs anmelden ꝛc.

Anm. 36. 16. § 50 (Recht der Minderheit, die Versammlung einzuberufen) gilt auch hier.

17. § 51 (Art der Einberufung der Versammlung und der Ankündigung der Tagesordnung) gilt auch hier.

Anm. 37. 18. § 52 (die Vorschriften über den Aufsichtsrat) gilt auch hier. Das heißt: wenn nach den Statuten ein Aufsichtsrat zu bestellen ist, so gilt dies auch für das Liquidationsstadium, falls das Statut nichts Gegenteiliges vorschreibt. Kann aber auch im Liquidationsstadium das Erfordernis des Aufsichtsrats im dem Statut einverleibt werden? Darüber siehe Anm. 38 u. 39.

Anm. 38. III. **Die Vorschriften des vierten Abschnittes über die Abänderungen des Gesellschaftsvertrages.** Nach unserer Ansicht sind auch diese anwendbar. Die herrschende Ansicht nimmt das Gegenteil an. Unsere Gründe sind folgende: Die Tendenz unserer Gesetzesvorschrift geht offenbar dahin, nur diejenigen für die lebende Gesellschaft gegebenen Vorschriften von der Anwendung im Liquidationsstadium auszuschließen, welche sich mit dem Wesen der Liquidation nicht vertragen. Das letztere kann aber keineswegs von den Vorschriften über die Änderungen des Gesellschaftsvertrages schlechtweg gesagt werden, wie dies an zahlreichen Beispielen gezeigt werden kann. Es enthält z. B. das Statut Vorschriften über die Art, wie die Liquidation durchgeführt werden soll, die sich, nachdem die Lage der Gesellschaft eine ganz andere geworden ist, als man bei der Gründung erwartet hatte, als unpraktisch erweisen. Warum in aller Welt sollte das Statut jetzt im Liquidationsstadium in dieser Hinsicht nicht geändert

Druck von A. Rietz & Sohn in Naumburg a. S.

FSC
www.fsc.org
MIX
Papier | Fördert gute Waldnutzung
FSC® C083411

Kolibri 360 GmbH
Ferdinand-Jühlke-Straße 7
99095 Erfurt, Deutschland
produktsicherheit@kolibri360.de